AtV

Netty Reiling, die sich später Anna Seghers nannte, wurde 1900 in Mainz geboren. 1920–1924 Studium in Heidelberg und Köln: Kunst- und Kulturgeschichte, Geschichte und Sinologie. Erste Veröffentlichung 1924: »Die Toten auf der Insel Djal«. 1925 Heirat mit dem Ungarn Laszlo Radvanyi. Umzug nach Berlin. 1928 »Aufstand der Fischer von St. Barbara.« Kleist-Preis. Eintritt in die KPD. 1929 Beitritt zum Bund proletarisch-revolutionärer Schriftsteller. 1933 Flucht über die Schweiz nach Paris, 1941 von Marseille nach Mexiko. Dort Präsidentin des Heinrich-Heine-Klubs. Mitarbeit an der Zeitschrift »Freies Deutschland«. 1943 schwerer Verkehrsunfall. 1947 Rückkehr nach Berlin. Georg-Büchner-Preis. 1950 Mitglied des Weltfriedensrates. 1952–1978 Vorsitzende des Schriftstellerverbandes der DDR. Ehrenbürgerin von Berlin und Mainz. 1983 in Berlin gestorben.

Romane: Die Gefährten (1932); Der Kopflohn (1933); Der Weg durch den Februar (1935); Die Rettung (1937); Das siebte Kreuz (1942); Transit (1944); Die Toten bleiben jung (1949); Die Entscheidung (1959); Das Vertrauen (1968). Zahlreiche Erzählungen und Essayistik.

Nach dem »Kahlschlag« in der Kunstproduktion der DDR reagierte Anna Seghers auf ihre Weise gegen die Reglementierung der Kunst durch eine dogmatische Politik: sie schrieb vom Gebrauchtwerden der Phantasie und der Kunst und von unheldischen Menschen. So erzählt die Geschichte »Das wirkliche Blau« von der unbeirrbaren Suche nach dem Unverwechselbaren, Eigenen. »Die Reisebegegnung«, eine Literatur-Geschichte, in der drei Meister des Phantastischen in einem Prager Café zusammentreffen, ist Anna Seghers' Plädoyer für das Phantastische. Nach den Umständen, unter denen ein Mensch sich treu bleiben oder sich verfehlen kann, fragen die beiden, in ganz entgegengesetzten politischen Welten spielenden Erzählungen »Steinzeit« und »Wiederbegegnung«. Ein Triptychon vom Leid der Frauen während eines halben Jahrtausends entstand, als Anna Seghers ihre drei letzten Geschichten zum Zyklus »Drei Frauen aus Haiti« vereinte. Eine bittere Bilanz über den Verlust an Menschlichkeit im Kampf um eine gerechtere Welt.

Anna Seghers

Steinzeit

Erzählungen 1967–1980

Aufbau Taschenbuch Verlag

Mit einem Nachwort von Sonja Hilzinger

ISBN 3-7466-5164-6

1. Auflage 1994
Aufbau Taschenbuch Verlag GmbH, Berlin

Umschlaggestaltung Torsten Lemme
unter Verwendung eines Ausschnitts aus dem Gemälde
»Vögel«, 1914 von Franz Marc
Satz LVD GmbH, Berlin
Druck Elsnerdruck, Berlin
Printed in Germany

Inhalt

Das wirkliche Blau
Eine Geschichte aus Mexiko

Geschrieben in Dilishan

Meinen armenischen Freunden, Schriftstellern und Töpfern, gewidmet

Benito stieg langsam mit seinem beladenen Maultier und seiner Familie den Abhang bis zum Stadtrand hinunter. Zuletzt kam Luísa, das jüngste Kind im Rebozo. Andrés, der älteste Junge, ging wie sein Vater bedächtig neben dem Mulo, damit kein Schaden entstehe. Der mittlere Sohn, Gabriél, ging ein wenig voran. Er vergaß sich manchmal und sprang, oder er pflückte etwas; denn nach der Regenzeit war alles im Wachsen und Blühen. Die Wiesen waren gesprenkelt in allen Farben, ein lila Hauch Bugambilien lag auf den weißen Häusern der Vorstadt.

Das Maultier war achtsam. Es wußte sehr gut, was es schleppte. Es hätte auch allein das ganze Geschirr, das sein Herr Benito geformt und gebrannt, bemalt und glasiert hatte, heil nach Mexiko-Stadt auf den Markt gebracht. Es machte immer von selbst, bevor man es warnte, die leichte Bewegung, die nötig war, um nicht anzustoßen.

Das Geschirr war Stunden vor ihrem Aufbruch in Netze verpackt und auf seinem Rücken verschnürt worden. Auf mattweißem Grund besaß es ein Muster aus einem tiefen unnachahmlichen Blau. Viele Leute suchten auf dem Mercado den Stand des Töpfers Benito Guerrero aus dem Dorf Santiago Ixcuintla, um ihr altes Geschirr zu ergänzen oder ein neues zu erstehen.

Wenn bei solchen Leuten jemand zu Gast war, zum Beispiel bei Doña Isabel, sagte er: »Ach, deine Teller. Solch Blau gibt es nicht noch mal.«

Dann hieß es: »Kauf es dir bei dem Töpfer Benito auf dem Mercado.« –

Das Maultier trug nur Geschirr. Der Vater trug über der Schulter in einem Doppelsack Sandalen für seine Frau und sich selbst und Dosen zum Auffüllen mit Farbe und einige andere nötige Dinge.

Sie hielten noch einmal, bevor es endgültig in die Stadt ging. Die Frau verteilte die Wegzehrung. Sie stillte das Kind, ihren dritten Sohn. Der große Junge führte das Maultier an den Quell. Er schöpfte, rasch, rasch, damit es nicht auf den Gedanken kam, sich zu bücken. Aber das Maultier, obgleich es durstig war, wußte, daß es nur trinken konnte mit Hilfe des Knaben. Es regte sich nicht, damit nichts verrutschte, nichts anstieß.

Die Eltern hatten für den Stadtweg ihre Sandalen angezogen, nun ging es Straße für Straße zum Markt. Der Tag erwachte, es war bald lärmig und voll. Der mittlere Junge hüpfte nicht mehr, er gab genauso scharf acht wie sein großer Bruder. Er war beklommen von dem Staub und dem Lärm und auch von der Vorsicht, die keiner in der Familie nur eine Sekunde vergaß. Das Mulo sah bald den Vater, bald einen Knaben, bald die Mutter an. Mit seinen erstaunten, traurigen Augen dankte es, sobald Benito behutsam die Hände auf sein Fell legte oder sich schützend breit machte, wenn aus der Nacht eines Tores ein Betrunkener oder sonstwie ungebärdige Leute in den Weg kamen.

Schließlich waren sie angelangt in einem großen Hof, in dem die Maultiere Quartier bezogen. Und Futter und Wasser zur richtigen Zeit. Benito zahlte dem Wächter das bißchen Kostgeld im voraus. Der mittlere Junge beklopfte noch einmal das Maultier, von dem er sich ungern trennte. Es sah ihm ernst nach, als fürchte es, das Geschirr könnte Schaden leiden, seiner Obhut entzogen.

Luísa, die ihr Kleines ein wenig vorschob, war zuerst am Stand. Sie begrüßte die Nachbarn rechts und links, auch die in der Marktbude gegenüber. Dann wischte sie das Geschirr ab, das ihr Mann auspackte, und stellte alles zurecht. Das Blau an den Rändern und in dem leicht verschnörkelten Muster war auch in dem dämmrigen Marktgang stark sichtbar.

Die ersten Käufer traten heran, sie guckten und schwatzten. Benito war aber kein gesprächiger Mensch, er war selbstbewußt, er war wortkarg. Was hätte er den Leuten erzählen können? Sie wußten, was für ein Töpfer er war. Sie kannten seine Muster, sie kannten seine Vorzugsfarbe.

Doña Mercedes, mit langen geschmeidigen Fingern, steckte ein Krüglein in ihren Korb. Minuten wurde gehandelt, auf so viel Centavos, wie es Brauch war. Doña Isabel, die immer kaufte, sowohl für ihre Posada wie für ihre eigne Wohnung, sagte nach einem schnellen Blick: »Ihr seid heute nicht sehr stark eingedeckt?«

Man sah es Luísas Augen an, daß sie solche Frage erwartet hatte. – »Für euch reicht's.« – »Wie Sie sich irren«, sagte die Frau, »meine Tochter hat mir die letzte Woche in ihrer Aufregung, denn die Hochzeit wurde endgültig beschlossen, ein ganzes Brett voll Geschirr fallen lassen, zwischen Küche und Eßzimmer. Sie hat mir mehr als ein Dutzend verdeppert. Da wollte ich heute drei Sätze auf einmal kaufen. Denn sie ist ebenfalls an Ihr Blau gewöhnt, Don Benito, und ich kaufe dann gleich für ihre Mitgift. Sie mag kein anderes Geschirr.«

Benito schwieg. Statt stolz zu sein, war er ratlos, denn der Händler Don Victor in der Straße de las Manzanas, von dem er seinen Bedarf bezog, hatte schon das zweitemal gerade dieses Blau nicht beschafft, das Benito seit Jahrzehnten benutzte. Luísa erwiderte, gleichfalls bedrückt durch die Anforderungen, die sie nicht erfüllen konnte: »Ich bewahre bestimmt für Sie, meine liebe Frau, fürs nächste Mal einen Satz Teller auf, wenn es nur eine kleine Möglichkeit geben wird.«

Andrés, der älteste Junge, blieb, die Vorübergehenden musternd, wobei sich nur seine Augen bewegten, schützend neben der Mutter stehen. Er wußte aus den Gesprächen daheim, daß dieser Marktgang für seine Eltern verschiedne Unannehmlichkeiten brachte. Nur ein Teil der Bestellungen war erfüllt. Viele Leute mußte man wieder und wieder vertrösten. Gewiß, es gab zum Verkauf auch einige unbemalte, erdfarbne Stücke; doch ihr Verkauf brachte wenig ein.

Da vorerst in der Bude nichts mehr zu tun war, weder Einpacken noch Auspacken, gab Luísa dem Kind die Brust. Ohne sich zu rühren, verfolgte Andrés im engen Marktgang verschiedene Streitigkeiten. Ihr Stand war der vorletzte in der Reihe der Töpfer. In einigen fremden Geschirrmustern herrschten Rot oder Grün vor. – Im Nebengang gab es vielerlei Zeug aus Bast und Stroh, Körbe und Matten und Vögel und Reiter. Der Geruch vermischte sich mit dem Tongeruch, die Luft war verflimmert von feiner Spreu.

Die Hutbuden schlossen sich an die Töpferbuden. Andrés schielte nach einem kleinen Mädchen, das zwischen Türmen übereinandergestülpter Sombreros saß. Es verzehrte ein Zuckerbrot. Ein finsterer, magerer Käufer probierte einen Hut nach dem anderen auf. Die Großmutter des Kindes, die flink und geschwätzig war, drehte ihm den Spiegel zurecht. Allerlei Leute rieten: »Nimm diesen! Nimm jenen!« Und als der Magere seinen Sombrero erstanden hatte, probierte sogleich ein Lustiger, Dicker flink nacheinander mehrere Hüte; er fand ziemlich rasch einen, der ihm gefiel. Das Mädchen, so klein, daß ein Sombrero sein Nest sein konnte, piekte bereits am zweiten Zuckerbrot. Andrés sah starr hin, aber er sagte nichts. Gabriél war längst zu dem Mulo gelaufen. Er kam nicht zurück.

Auch Andrés verdrückte sich. Er lief in den Straßen herum, die in den Markt mündeten. Er blieb manchmal stehen und sah in einer Höhle von Laden schwer erkennbare Sachen an, goldbenageltes, kostbares Sattelzeug. Er hätte sich nicht von dem Anblick getrennt, doch plötzlich packte ihn jemand im Nacken und schüttelte ihn: sein Vater.

Benito schimpfte aber nicht. Er setzte seinen Weg fort. Andrés lief neben ihm her. Benito achtete nicht auf den Jungen. Erst vor einer Geschäftstür befahl er: »Warte!« Das Schaufenster kam Andrés langweilig vor: Farbtöpfe, Farbtuben, Flaschen mit Ölen, allerlei Zeug, das sein Vater daheim in der Werkstatt ständig benutzte.

»Don Victor!« sagte Benito im Eintreten. »Ich komme selbst, um endlich zu holen, was Sie mir fest versprachen.« – »Mein Bester, Sie müssen sich etwas gedulden –«. »Das haben Sie mir schon zehnmal gesagt. Ich kann nicht mehr länger warten. Meine Käufer gedulden sich auch nicht mehr. Sie sind auf mein Blau versessen. Ich werde sie alle verlieren.«

»Verstehen Sie denn nicht«, erwiderte Don Victor, »daß ich Ihr Blau nicht vom Himmel kratzen kann? Die Firma Fernandéz läßt auch mich warten und warten.«

Benito sagte ruhig: »Wo wohnt er, dieser Fernandéz?«

»In der Straße Alvaro Obregon, an dem großen Platz. Wollen Sie vielleicht selbst mit ihm reden? Bitte.« Er lachte.

Benito sah ihn eine Sekunde starr an. Dann sagte er: »Don Victor, Sie müssen gleich noch einmal zu Ihrem Fernandéz fahren. Er kennt Sie, mich nicht. Bevor wir heimgehen, will ich wissen, woran ich bin. Mit diesem Blau, das ich von jeher bei Ihnen kaufe, sind meine Teller, meine Krüge und Schüsseln bemalt. Sie, Sie müssen dem Herrn Fernandéz erklären, daß meine Kundschaft daran gewöhnt ist. Ja, darauf versessen. Don Victor, um Christi willen, fahren Sie gleich hin. Ich kann ja nicht heim, und ich kann nicht zurück auf den Markt, nächste Woche, ohne das Blau, das ich versprach.«

Da merkte Don Victor, die Augen Benitos glänzten so

stark aus reiner Verzweiflung. Das war nicht bloß ein Verdruß. Das war ein richtiges Leid. Er sagte plötzlich zu seiner eignen Überraschung, fast gegen seinen Willen: »Ich fahre. Gut. Und Sie, Benito, behüten mir unterdes mein Geschäft, damit keine Strolche kommen.« –

An der Straßenbahn klebten Trauben von Menschen.

Don Victor zog sich mit Mühe hoch. Er schwitzte, er fluchte.

Die Firma Fernandéz, die viele Drogisten und Farbhandlungen mit Waren versah, besaß keine Schaufenster, nur ein blankes Namensschild über dem Haupteingang.

Don Victor war schäbig, verglichen mit dem geringsten Angestellten in diesem Geschäft. Er hatte auf den Ärmeln schlecht ausgeriebene Farbflecken, gleichsam als Zeichen seines Berufes. Denn aus den Kübeln, die ihm Fernandéz lieferte, schöpfte er mit eignen Händen das Quantum von Farbe oder Öl, das seine Kunden verlangten.

Nachdem der erste und dann der zweite geschniegelte Angestellte eine Weile versucht hatte, ihn loszuwerden, sagte Don Victor barsch: »Genug. Ich muß euren Chef sprechen. Keinen anderen. Sofort.«

Fernandéz hatte seine Firma mit Schlauheit und Zähigkeit hochgebracht. Er wußte wohl, daß sein Verdienst von Dutzenden kleinen Geschäften abhing. – Freilich, gerade im letzten Jahr hatte Fernandéz auch große Pläne. Zum Beispiel schwebte ihm eine Verhandlung mit der Staatlichen Eisenbahn vor, die sich um das Imprägnieren von Eisenbahnschwellen drehte. Die Verwirklichung dieser Sache würde ihm Geschäftsfreunde verschaffen, die zu einer anderen, zu einer höheren Welt gehörten. Er hielt es aber für richtig, die kleinen Leute nicht vor den Kopf zu stoßen. Die blieben auf jeden Fall. Das große Geschäft kann schiefgehen.

Er sagte, als Don Victor in sein Zimmer kam: »Alles regelt sich schnell, mündlich, zwischen zwei Männern. Was gibt es?«

Nun brachte Don Victor seine Klagen vor, die nicht nur verschiedne Farben betrafen, zum Beispiel Benitos Blau, sondern auch mehrere andere Lieferungen, die Fernandéz ihm längst versprochen hatte.

Fernandéz seufzte. Er sagte: »Ich weiß. Ich weiß. Mich, der ich die Pünktlichkeit in Person bin, bringt jede Verzögerung zur Verzweiflung.«

Dabei ging ihm sein Lieblingsprojekt durch den Kopf. Er hatte sich schon im vergangenen Jahr, um Konkurrenten zu überbieten und schnell das beste und billigste Holzschutzmittel zu beschaffen, mit einem Alfredo Müller in Verbindung gesetzt, der damals der Vertreter der bedeutendsten deutschen Firma war. Jetzt dachte er: Ich habe einen Vertrag mit dem Mann, und ich muß ihn auftreiben.

Er sagte zu Don Victor: »Ich kann Ihnen nur versprechen, daß ich mich noch diese Woche mit der richtigen Stelle in Verbindung setze. – Die Schwierigkeit für uns beide besteht darin, daß die Firma, die auch mich schon seit Jahren beliefert, nun einmal in Deutschland liegt. Und Deutschland ist jetzt der Feind der Vereinigten Staaten. Nicht nur das, es liegt in einem Krieg, von dem Sie sich, Don Victor, kein Bild machen können. Die Städte verbrennen auf der anderen Seite des Ozeans. Deutschland hat den Krieg vom Zaune gebrochen. Aus diesem Land darf nichts gekauft werden, es ist gut Freund mit den Japanern. Die werfen Bomben auf die amerikanische Küste. Die Namen seiner Firmen stehen auf einer Schwarzen Liste. Auch die Firma, die uns seit soundso viel Jahren Farben schickt und viele andere Sachen. Es ist bei hoher Strafe verboten, von ihren Beständen, die alle beschlagnahmt sind, hintenherum etwas zu kaufen.

Kann sein, Don Victor, der Mensch, der früher diese große verbotene Firma vertreten hat, besitzt noch irgendwo einen Rest Waren, die er selbst gern los wird.

Ich möchte mir freilich nicht die Finger verbrennen.

Immerhin, Freund, fragen Sie nächste Woche noch mal nach.«

Don Victor bedankte sich für die Auskunft. Er ging verwirrt weg. Der Anflug von Mitleid, der ihn plötzlich dazu gebracht hatte, den Herrn Fernandéz aufzusuchen, war so gänzlich verschwunden, daß er gar nicht sofort begriff, warum der Töpfer Benito Guerrero in seinem Laden stand.

Benito hatte vielleicht erwartet, Don Victor brächte gleich einen Bottich Blau mit.

»Gehen Sie schon. Es gibt nichts«, sagte Don Victor ungeduldig. Mehrere Kunden hatten gleichfalls seine Rückkehr erwartet, wenn auch nicht so heiß und fassungslos. »Verstehen Sie«, fügte er noch hinzu, »das Land, aus dem Ihr Blau kommt, liegt mitten im Krieg.«

»Was hat denn mein Blau damit zu tun?« fragte Benito.

»Ach, Benito, fragen Sie noch mal nächste Woche. Kann sein, Fernandéz treibt noch ein bißchen was auf.«

Benito sah ihn so sonderbar an, daß er wieder die nahe Gefahr des Mitleids spürte.

Er redete rasch drauflos: »Warum muß es denn dieses Blau sein? Das reden Sie sich bloß ein. Sehen Sie mal meine Farben. Zum Beispiel die Farbe hier. Ist sie nicht beinah wie Ihr Blau?«

Benito sagte dumpf. »Das ist nicht wirklich mein Blau.«

»Mein Gott, es ist vielleicht etwas lila. Wie Bugambilien.« – »Sind Bugambilien vielleicht blau?« fragte Benito traurig.

»Nun hör mal zu. Versuch doch mal ganz was anderes. Ich hab hier zum erstenmal eine Farbe, die ich dir als erstem verkaufen würde. Ich versichere dir, sie macht sich vortrefflich. Sie ist nicht so ähnlich wie blau. Es ist ganz was anderes. Sie ist ziegelrot. Sieh selbst.«

Er öffnete einen neuen Bottich. Benito sah ernst hinein. Zuerst blieb er stumm. In seinem Kopf entstand ein Muster aus Grün und Braun mit ziegelroten Ranken und ziegelrotem Rand. Es kam ihm nicht schlecht vor, wenn auch nur als Behelf. Er sagte schließlich: »Bitte füllen Sie mir zwei Dosen. Ich will es probieren.« Er hatte vor dem Marktgang all seine leeren Dosen in Säcke gesteckt in der Hoffnung, sie füllen zu können mit Blau.

Sein Junge wartete noch vor der Tür. Der hatte vielleicht gehofft, er käme endlich zu einem Zuckerbrot. Doch als er den Vater ansah, bat er ihn nicht darum. Benito sagte: »Ich hol das Mulo. Hol die anderen.«

Es war noch Nachmittag. Es war noch heiß. Das Gedränge war dicht. Zuerst ging das Mulo unbeladen voraus mit dem Vater. Die Knaben folgten mit kleinen Schritten. Zuletzt ging die Frau, ihr Kind im Tuch. Am Stadtrand hob Benito die Frau auf das Mulo.

Sie hatten noch nichts miteinander gesprochen. An der Stelle, an der sie auch auf dem Hinweg gerastet hatten, tranken sich alle satt. Luísa stillte ihr Kind. Beim Weitergehen sagte Benito zu seiner Frau: »Es gibt kein Blau mehr.« –

»Warum?« – Er zuckte die Achseln. »Das Land, aus dem es kommt«, sagte er schließlich, »liegt im Krieg.«

Sie fragte, was auch ihr Mann gefragt hatte: »Was hat unser Blau mit dem Krieg zu tun?«

Statt etwas, was er nicht richtig verstand, zu erklären, sagte er nur: »Don Victor hat mir zwei Dosen Rot verkauft. So ziegelrot. Ich will mir was Neues ausdenken. Die Kunden müssen sich daran gewöhnen.«

Luísa erwiderte nichts. Die beiden Knaben, die ihren Eltern verwundert zugehört hatten, trieben das Maultier an.

Als sie im Dunkeln ins Dorf kamen, saß Leona, Luísas Schwester, noch wach. Sie hatte eine Mahlzeit für die Familie zubereitet, aus Reis und braunen Bohnen. Ihr Mann war vor einem halben Jahr ins Innere des Landes gefahren. Er war nicht mehr zurückgekommen. Leona hatte gesagt: »Der hat jeden Geschmack an uns verloren, an mir, an unseren Kindern, am Dorf, an der Arbeit auf der Milpa, und er denkt, Benito wird schon sorgen.«

Luísa hatte dazu nichts gesagt. Sie wußte, Benito würde nie seine Kinder im Stich lassen. Er sorgte eher auch noch für die drei fremden. Bis jetzt freilich hatte Benito alle Hände in seiner Werkstatt verwenden können.

Am nächsten Morgen drehten sich wieder die Töpferscheiben. Es gab noch einen kleinen Vorrat. Leona, mit ihren geschickten Händen, versuchte im alten Muster die neue Farbe.

Im letzten Jahr hatte Andrés furchtbar gebettelt, bis ihn sein Vater zur Schule ließ. Doch wie er nun auch noch daheim verstohlen etwas kritzelte, in das Heft, das ihm sein Lehrer geschenkt hatte, begann Benito zu fluchen.

Leona sagte sanft: »Laß ihn. Ausprobieren können wir nur allein.«

Als die Dunkelheit fiel, machte sie sich an die Tortillas. Ihre Hände, die behutsam gemalt hatten, klatschten heftig den Teig. Sie hatte schon bei Tagesanbruch Mais gerieben. Sie war nie müßig. So dankbar war Leona der Familie Guerrero. –

Es klopfte hart an die Tür. Noch härter. Bevor man öffnete, sprang die Tür auf. Da stand Leopoldo, der Töpfer, und auch ein paar Nachbarn guckten herein.

Leopoldo sagte voll Haß: »Du hast mir mein Ziegelrot gestohlen. Glaub nicht, daß so was geheim bleibt!«

Die Kinder stellten sich schnell vor die Töpfe. Er hätte sonst alles in Stücke geschlagen.

»Was fällt dir ein«, sagte Benito, »ich hab nie im Leben etwas geklaut. Wer das sagt, der ist selbst ein Schuft.«

Er hatte, breit und stark wie er war, die Menschen über die Schwelle gedrängt. Es würde gleich ein Geraufe geben unter dem Mond, in der Dorfgasse.

Da kam mit seinem allen bekannten, zweiknotigen Stock der Älteste der Töpfermeister, ihr Richter, der uralte Manuel. Er sagte: »Nicht alle auf einmal. Zuerst du, Leopoldo, dann du, Benito.«

Als er sie angehört hatte, schloß er die Augen. Dann entschied er: »Ja, Leopoldo, der hat schon längst im Muster sein Ziegelrot. Du, Benito, bleib bei deinem Blau.«

Benito sagte leise: »Ich will durchaus nichts als Blau. Das andre war nur für einen Marktgang.«

Darauf sagte Manuel: »Auch dafür nimm's nicht.« –

Als Benito erklärte, er hätte sein Blau nicht aufgetrieben, hinter dem Meer sei jetzt ein Krieg, und das Blau werde nicht mehr geschickt, sagte der Richter Manuel: »Das versteht man nicht. Das kann man nicht glauben.«

Leopoldo, in seiner Schadenfreude, war überraschend großmütig. Er kaufte sogar Benito ab, was der an Ton in unzulässiger Farbe verbraucht hatte. Benito hätte ihm zwar gern die paar Centavos vor die Füße geschmissen, er wußte aber sowieso nicht, wie weiterleben.

Benito zog nachts Luísa weg von der Matte. Sie saßen im Dunkeln zusammen. Er sagte: »Im Grunde genommen war alles nur meine Schuld. Ich habe mir etwas aufdrängen lassen von dem verdammten Don Victor. Warum? Aus Angst vor Not. Anstatt immer weiter zu suchen, zu suchen nach dem Blau, an dem mein Herz hängt, das Blau, das mir allein und wahrhaftig zusteht. Weil ich mich nicht daran hielt, ist mir so was Schlechtes geschehn.«

Luísa sagte nichts. Aber Benito fühlte sich ruhiger, weil er seine Verzweiflung aufgedeckt und kundgetan hatte.

Der Kaufmann Fernandéz war klein, lebhaft, mit funkelnden Augen. Nachdem Don Victor bei ihm hineingeplatzt war, faßte er schnell einen Entschluß.

Dieser Deutsche, Alfredo Müller, sollte ihm endlich Rede und Antwort stehen. Müller war zwar schon seit langem kein richtiger Deutscher mehr, er war Mexikaner seit Jahren. Er war eingeheiratet. Doch seit ihn Fernandéz kannte, war er Vertreter der mächtigen deutschen Farbfirma, und dadurch hatte er auch die Hand auf allen möglichen Unternehmungen. Er hatte schon vor geraumer Zeit Fernandéz die Materialien versprochen, auf denen das Geschäft mit dem Staat beruhen sollte. Daher hatte Fernandéz dem Deputado Ramirez versichert, das Holzschutzmittel zum Imprägnieren der Eisenbahnschwellen sei auf Abruf beschaffbar. Müller hatte behauptet, es gehöre zu seinen Lagerbeständen.

Nun war das Geschäftshaus der deutschen Firma geschlossen worden. Die Lagerbestände waren beschlagnahmt, die Geschäftsbücher eingezogen. Denn nach dem Überfall auf Pearl Harbour waren die USA im Krieg gegen Japan und Deutschland; Mexiko hatte sich den Amerikanern angeschlossen. Alfredo Müller war plötzlich verschwunden. Für ein paar Monate. Dann war er, wie zufällig, auf Fernandéz gestoßen. »Bei mir ist alles beim alten.« Er hatte ihm seine Karte gegeben mit der neuen Adresse. Er hatte beiläufig hinzugefügt: »Selbst wenn Sie ein bißchen warten müssen, Ihr Schaden wird es nicht sein.«

Jetzt aber war ein gerüttelt Maß voll. Obwohl es Fernandéz gegen den Strich ging, er mußte selbst mal zu diesem verdammten Alfredo Müller. Was ging ihn denn der Krieg an hinter dem Ozean? Wer weiß, wie das alles endete? Er wollte sich auch nicht mit den kleinen Leuten verkrachen. Einen von ihnen gegen sich haben, das hieß, den ganzen Mercado gegen sich haben. Doch mit dem Alfredo Müller wollte er sich erst recht nicht verkrachen.

Wie ihm auch an dem Staatsgeschäft gelegen war, an den Holzschutzmitteln für Eisenbahnschwellen und Telegrafenstangen, an der Beziehung zu diesem und jenem Advokat oder Deputado, er vergaß nie die kleinen Bestellungen, die aus den Läden um den Markt herum an ihn ergingen, dauernd und von jeher – gerade an diesen war seine Firma groß geworden. Und Müller allein verfügte, Gott weiß wie, über die Waren, die alle begehrten.

Er fuhr also kurz entschlossen auf die Straße San Juan de Letran. Er wunderte sich über das schlechte Haus, in das Alfredo Müller übergesiedelt war. Er wunderte sich noch mehr, daß Müller nicht im Vorderhaus wohnte. Durch den Hinterhof mußte Fernandéz und dann hinauf in den dritten Stock, in dem er, obwohl es ihm unglaubwürdig erschien, das bezeichnete Büro fand. Auf dem Schild stand der auf der Karte angegebene Name mit dem Namen der englischen Firma, die jetzt Alfredo Müller vertrat.

Das Fräulein, das ihm öffnete, war für das dürftige Vorzimmer, oder was es sonst war, erstaunlich gekleidet, ein schlauäugiges, höfliches Fräulein. »Ah, Señor Fernandéz!« erkannte sie ihn, und sie führte ihn in das anstoßende Zimmer. Das war offenbar Müllers Geschäftsraum. Im ersten Moment dachte Fernandéz: Der muß vor die Hunde gegangen sein, der muß auf einer nachtschwarzen Liste stehen, der Alfredo Müller.

Freilich, der Mann hinter dem Schreibtisch sah aus wie immer. Gestriezt und geschniegelt. Unbekümmert. Er roch nach gutem Haarwasser. Sein Anzug und seine Krawatte, die stammten von der besten Firma, das konnte sich der dann immer noch leisten. Sein dünnes Haar, um die Kopfhaut einigermaßen zu bedecken, war so fein gebürstet, daß man nicht bloß Strähnen, sondern die Haare in den Strähnen zählen konnte. Ein Mensch, der von Sorgen niedergedrückt ist, findet für so was keine Zeit.

Sein Schreibtisch war das einzige ansehnliche Möbelstück in diesem Raum. Durch das Fenster neben dem Schreibtisch sah man im Hof die Verladungen der Möbelfirma, die im Erdgeschoß ihren Sitz hatte. Alfredo Müller saß in keinem Sessel. Er saß auf einem drehbaren Bürostuhl. Und er bot Fernandéz den einzigen festen Besucherstuhl an. Zwei Wände waren bedeckt mit halbleeren Regalen. Fernandéz entzifferte juristische Titel, die Gesetzgebung dieses Landes. Auch einige Überschriften, die er nicht verstand. Auf deutsch oder auf englisch. Ein staubiges Licht kam aus dem Hoffenster. Es lag auf Müllers glattem Gesicht und auf seinen weißen Händen. Er trug einen Ehering. Weder verärgert noch schmeichlerisch bat Müller seinen Besucher, ihm alle Beschwerden mitzuteilen. Auf den Ruf »Señorita!« kam die Kleine, die Feine. Sie stenographierte. Sie ging ins Nebenzimmer und tippte. Und Müller, der in all der Enge, in dem staubigen Hoflicht, gelassen blieb wie in dem großen hellen Geschäftsraum, den er noch vor kurzem beherrscht hatte, bat Fernandéz, sich etwas zu gedulden. »Wir werden alles in Ordnung bringen«, sagte er. »Ist doch klar. Sie müssen verstehen, die Firma, die ich vertreten habe, beliefert seit der Veränderung der Verhältnisse in Europa ungefähr dreimal soviel Land als der Staat Mexiko ausmacht.«

Bevor Fernandéz nachgedacht hatte, was diese Ausführung bedeuten sollte, kam die Hübsche zurück mit seinen getippten Beschwerden

Alfredo Müller las sie langsam halblaut ab, Punkt für Punkt, sich nur etwas wendend nach rechts und links in seinem Drehstuhl. Er öffnete diese und jene Schublade. In jeder lagen ordentlich, Kante auf Kante, verschiedene Register und Mappen. Er zog bald diese, bald jene Mappe heraus mit seinen weißen, bis auf den Trauring ringlosen Fingern. Er gab Antwort auf jede Beschwerde. In acht Tagen bekäme Fernandéz aus Vera Cruz dieses, in zehn Tagen aus Campeche jenes geliefert, was andres aus Monterry. Durch Brillengläser, die im Tanz von Milliarden Sonnenstäubchen so sauber geblieben waren wie sein Gesicht, studierte er kurz eine Aufstellung.

Sogar den Blaufarbstoff, auf den Don Victor erpicht gewesen war, fand Müller in einer Mappe. »Allerdings«, sagte er, »verschiedene Posten, zum Beispiel einige Farben, sind leider zur Zeit schwer beschaffbar. Das übrige spätestens in einem Monat. Beruhigen Sie Ihre Kunden.«

Das sagte er so widerspruchslos, bestimmt, daß Fernandéz zunächst einmal nickte.

Müller schloß eine Schublade auf, eine andre zu. Er fand die letzten Posten, über die sich Fernandéz beschwert hatte. Der begriff inzwischen, daß Müllers Firma ihre Lagerbestände an verschiedne, weit voneinander entfernte Orte verteilte. Warum, das war Müllers Sache.

Nach einem kurzen Gespräch war jedenfalls alles, was er an Lacken und Holzschutzmitteln und anderen Chemikalien bestellte, auf den Listen in diesem Schreibtisch zu finden. »Wir sind uns also einig«, sagte Alfredo Müller. – »Gewiß«, sagte Fernandéz, und er verabschiedete sich.

Luísa sprach nicht mit ihrem Mann über die große Sorge, die die Familie bedrohte. Sie sagte aber zu ihrer Schwester Leona: »Kann sein, wir verlieren viele Kunden, wenn Benito sein Blau nicht auftreibt.«

Leona sagte: »Wenn es dann knapp bei euch wird, soll ich weg mit den Kindern?«

»Nein, nein«, sagte Luísa, »ihr gehört jetzt zu uns. Und wo willst du auch hin?«

Leona sagte zaghaft: »Warum muß Benito gerade die blaue Farbe benutzen, die er bisher benutzt hat? Gibt es kein anderes Blau im Lager von Don Victor? Und wenn es dort keins gibt, soll er dann nicht woanders kaufen?«

Luísa, die immer sanft war, erwiderte mit einer Spur Hochmut: »Das verstehst du nicht, Leona. Sieh mal, hier hab ich einen Satz Teller für Doña Isabel aufbewahrt, weil ich es ihr versprach. Weil ich sie von jeher kenne.

Sie braucht viel Geschirr in ihrer Posada. Alles hat Benito gemacht. Auf jedem Stück findest du etwas von seinem Blau. Don Victor hat Benito so was Blaues angeboten, so lila, so ähnlich wie Bugambilien. Nein, dann ist etwas vollkommen anderes schon besser. Dann nimmt man schon besser Ziegelrot. Nur, da macht Leopoldo Stunk.

Gewiß, in anderen Geschäften findest du vielleicht ein anderes Blau. Wer aber gewöhnt ist an Benitos Blau, der will kein anderes. Er drängt auf das Blau, das er liebt.« –

Doña Isabel kaufte seit Jahren bei Benito. Alles ergänzte sie auf dem Markt an Guerreros Stand. Sie besaß eine ziemlich große Wirtschaft. Die nächste Woche, nach dem Umzug, bekam sie noch ein mehrbettiges Zimmer dazu.

Kein Wunder, daß sich Luísa genau erinnerte, wie Doña Isabel bei ihr eingekauft hatte. Sie war ihre erste Kundin gewesen, als Luísa ganz kurz mit Benito verheiratet war. Zum erstenmal mit ihm auf dem Mercado. Vielleicht bezwungen durch den scheuen und treuen Blick der Töpfersfrau, vielleicht auch, weil ihr das blaue Muster besonders gefiel, hatte Isabel zugegriffen. Und sie war bei dem Blau geblieben, und sie hatte stets, wenn sie noch etwas kaufen mußte oder ergänzen, bei den Guerreros gekauft. Sie hatte mehrere Dauermieter in ihrer Posada und Gäste, die immer wiederkamen, ehrlich empfohlene Leute. Jetzt stand mit der ganzen Wirtschaft der Umzug ins andere Haus bevor. Ihr widerstand es, das alte Geschirr mit andren, mit fremden Mustern und Farben zu mischen. Sie hatte herausgefunden: Die Dauermieter waren richtig daran gewöhnt. Den neuen Gästen gefiel es sofort, von diesem Geschirr zu essen. Benitos Blau, so glaubte sie, gehörte nun mal zu ihrer Posada und ihrem Glück.

Sie traf sehr früh auf dem Markt ein. Sie sagte: »Ich brauche nicht nur die Teller, die ich neulich bestellte. Ich mache in der Straße San Ramiro eine viel größere Posada auf. Da brauche ich mehr Geschirr. Darum bin ich gekommen, bevor ihr ausgepackt habt. Was ich mitnehme, braucht ihr nicht erst auszupacken.«

Luísa tauschte einen Blick mit ihrem Mann. Manchmal verstand sie es besser als er, mit Kunden zu reden. Sie sagte schnell, aber leise und sanft: »Meine liebe Doña Isabel. Bitte warten Sie noch ein wenig. Sie brauchen es ja noch nicht diese Woche. Hier ist der Satz Teller, den ich versprach. Die große Bestellung, die brauchen Sie wohl erst, wenn Ihr Umzug vollzogen ist.« –

»Ich bin extra so früh gekommen«, sagte Isabel, »habt ihr denn nicht sowieso eingepackt, was ich brauche?« – »Nein, leider nicht«, sagte Luísa. »Es ist gewöhnliches, unbemaltes Geschirr.« Isabel sagte: »Schade. Dann komm ich ein anderes Mal zu euch. Denn du weißt, Luísa, ich bleibe euch immer treu.« – »Gewiß, ich weiß«, sagte Luísa mit ihrem ruhigen, sanften, bindenden Blick.

Andrés, der alles verstand, hörte mit Angst und Spannung zu, ohne sich zu bewegen. Sein Bruder Gabriél war bei dem Mulo.

Die Drehscheiben waren längst abgestellt. Die letzten Tortillas, der Rest vom vorigen Abend, waren trocken und spröde. Doch wurden sie gründlich und langsam zernagt von den Alten und von den Kindern. Sie legten sich auf die Matten. Die Kleinen schliefen bald ein. Die Alten waren kummerstumm. Benito, der Vater, blieb aufrecht auf der Erde im Dunkeln sitzen. Er ging nicht ins Freie, weil er sich schämte; denn ihn, ihn gerade, der wußte, was recht und richtig ist, genauer als irgendeiner im Dorf, ihn hatte der Leopoldo vor allen verächtlich angezischt wie einen Betrüger, und er schämte sich auch, weil er für den nächsten Markt nur das allerdürftigste Geschirr bereit haben würde, das sich kaum absetzen ließ, und wenn, für schandbar wenig Centavos, die nicht zum Leben und nicht zum Sterben reichten.

Was sollte er nur tun mit all den Kindern, eignen und fremden, mit der eignen Frau und der Frau seines Schwagers? Er hatte sich eingesetzt für jene Familie, als der Schwager auf und davon war. Der war ertrunken in Schulden, der hatte nicht aus noch ein gewußt, da war er eben weg, da hatte der sich gedacht, man wird ihnen helfen, wenn ich bloß nicht mehr hier bin. Und wirklich, Benito hatte geholfen. Er konnte aber jetzt unmöglich dasselbe tun, was sein Schwager getan hatte, einfach weggehen.

Was aber würde mit seiner Familie geschehen? Er hing an seinem Blau, als ob es sein Schicksal wäre. Und es war wohl auch sein Schicksal. Er mußte es aufstöbern. Man findet schließlich, was einem gehört.

Durch solche Gedanken schlängelte sich ein neuartiges Muster, das sich sein Kopf ausdachte, als hätte der Kopf eigne, andere Gedanken als der Mann, auf dessen Schultern er saß. Was er auch für ein Muster ersann, es wurde nur richtig, wenn sein Blau darin war. Er konnte sich in nichts andres hineindenken. Ihm war es wie ein Befehl. Von innen heraus genauso gut wie von Manuel.

Und Doña Isabel, die hatte gesagt: »Wir behelfen uns, bis du dein richtiges Blau besorgt hast.« Sie wollte keine anderen Farben, und sie hatte recht, sie hatte ja recht.

Es war so still, daß man hinter der Wand das Maultier im Schlaf schnaufen hörte. Benito starrte ins Dunkle. Auf einmal scharrte es an der Tür, es wartete, und es scharrte noch einmal. Benito öffnete einen Spalt. Ihm funkelten unwiderstehlich scharfe grünliche Augenlichter entgegen. Das Huckepack auf dem Kopf – es ragte spitz gegen die Sterne. Jetzt waren die Augen deutlich in dem gefälteten Gesicht, so klug und so alt wie die Sterne. Er sagte: »Oh, Tante Eusebia, du!«

Benito weckte sofort seine Frau. »Steh auf. Mach Feuer.« Er fügte hinzu: »Sie hat zum Glück schon alles bereit für morgen. – Ja, auch die Eier!« befahl er. Die Frau sah ihn ängstlich an. Denn mit den paar Eiern hätte man sich versorgen können.

Gleich blinkte unter dem Vordach ein kleines Holzfeuer. Die alte Eusebia wärmte sich ihre Hände. Sie hatte den Korb abgestellt.

Tortillaklatschen minutenlang in der Nacht. Bevor

noch Benito gestanden hatte, es fehle ihm an Pulque, hatte die Tante aus ihrem Sack die eigne Flasche herausgezogen.

Nachdem Luísa aus allem, was sie besaß, ein Mahl für den Gast bereitet hatte, legte sie sich zurück auf die Matte.

Mit ihren uralten grüngelben Sternenaugen hatte die Tante Eusebia, obwohl sie nur zusah, wie man ihr die Tortillas buk, alles bemerkt. Die Frau so vergrämt. Benito nicht mehr so hartstolz wie ehmals. Und auch nichts zum Füllen für die Tortillas, bis auf den roten Pfeffer. Und diese Eier waren die letzten.

Sie saß mit dem Hausherrn vor dem Haus. Sie sprach zuerst von sich selbst, um Benito zu ermuntern. Sie sei unterwegs nach San Blas. Der Apotheker brauche dreimal im Jahr ihr Kraut. Das sei schwierig zu finden und nur bei ihr. Sie kaufe sich für den Verdienst auf dem Markt, was sie an Stoff brauche, und wenn sie keinen Stoff brauche, Bohnen und Tabak.

Sie unterbrach ihren Bericht, als Benito seinen eignen begann, erstaunlich schnell, als seien ihm die letzten Minuten gegeben, sich von unerträglicher Last zu befreien; er stand bis zum Hals im Mißgeschick.

Nachdem Eusebia nachgedacht hatte, erwiderte sie: »Mein Sohn« – denn wenn auch Benito selbst Söhne hatte, er war und blieb der älteste Sohn dieser Familie, ob er ihr Großenkel war oder ihr Großneffe –, »mein Sohn, du hast doch den krummen Rubén gekannt, den mit dem kurzen Bein von Geburt an, der hat es zu etwas gebracht gegen alle Voraussicht. Jetzt ist er ein Capataz, etwas wie Aufseher in einem Bergwerk, das weit von uns weg liegt. Noch weiter, viel weiter als die Stadt Mexiko. Ich glaube, es liegt in Durango. Er war aber bei uns, teils mit Bahn, teils mit Wagen, als sein Großvater starb.

Und an dein Blau, Benito, mein Sohn, kann ich mich ausgezeichnet erinnern. Es gibt kein ähnliches. Kein Wunder, daß all deine Kunden darauf versessen sind.

Wenn ihnen Teller und Töpfe zerbrechen, dann wollen sie zur Ergänzung nicht irgendeins, das man nur Blau nennt, weil kein anderer Name bereit ist, man nennt es Blau, aber das Herz geht einem dabei nicht auf, das haben deine Kunden gespürt, ohne zu wissen, was sie spürten. Ich aber, ich weiß es, es wird einem ganz besonders zumut, wenn man es vor sich hat.

Und dieser Rubén, als er des langen und breiten von der glücklichen Wendung in seinem Leben erzählte, er hat uns ein Pulver gezeigt, einen Beutel voll trug er in seiner Tasche, das war der Farbstoff, den du brauchst, das war dein Blau, ich kann darauf schwören.

Er hat nämlich festgestellt, mit seiner Vernunft, die noch gewachsen ist, weil sein Bein nicht gewachsen ist, daß irgendein Ausschuß von dem Zeug, nach dem sie dort gruben, in dem Bergwerk, wo er den Aufseher macht, einen seltsamen Farbstoff ergibt, sofern man ihn mahlt und röstet, und eben davon brachte er eine Probe. Sie haben den Abfall für wertlos gehalten und haben ihn auf die Halden geschmissen, auf die Halden des Bergwerks, ich meine, es ist ein Silberbergwerk. Ich glaube, diese Probe trägt er immer mit sich, weil sie ihm Glück bringt. Er hat einen kleinen Vetter, flink, langbeinig, den hatte er zuerst untergebracht im Bergwerk, aber der Kleine, ich meine, er heißt Lorenzo, der schleppt ihm stets von der Halde diese Art Schutt nach Hause. Sie haben ihn dann gemahlen und geröstet, wie, weiß ich selbst nicht, ich weiß nur, daß sie Käufer gefunden haben in einigen Städten. Aber die Städte sind arg weit weg. Ich rate dir aber, fahre zu diesem Rubén. Wenn er's bis zu uns geschafft hat, warum sollst du es nicht bis zu ihm schaffen? Warum soll sein kleiner Vetter Lorenzo dir, der du der Älteste bist in der Familie, nicht etwas billig lassen? Warum soll das Blau, um das du dich grämst, in fremden Städten vertan sein? Also, ich rate dir, fahre zu diesem Bergwerk, besser morgen als übermorgen.« –

Benito dachte vor sich hin, aber die Tante funkelte mit ihren bösen und guten Augen. Es war, als würde der Himmel funkeln mit zwei besonderen Sternen. Und sie sagte: »Wozu denkst du? Dieser Händler in der Gasse am Markt, der kann dir nicht verschaffen, was du brauchst. Erwarte es nicht von ihm. Vertu deine Zeit nicht. Verschaff es dir selbst.«

»Ja«, sagte Benito, »du hast wohl recht, Tante Eusebia, und nun leg dich auf unsere Matte.«

»Nein, nein«, sagte Eusebia. »Ich muß jetzt weiter. Solange die Sonne nicht beißt. Mein Sohn, auf Wiedersehen. Ja, wir sehen uns wieder auf deinem Rückweg. Es gibt in San Blas, wohin ich jetzt muß, eine Bahn, mit der kannst du tief ins Land. Und du fragst unterwegs, und einer, der mit dir fährt, wird wissen, wo dieses Bergwerk liegt. Nicht weit von San Mateo. Es gehört den Herrn Gonzalez, wenn ich mich richtig erinnere. Rubén sagte nämlich, die seien auf Silber so wild, darum nennt man sie Silber-Gonzalez, daß niemand sich mehr um die Schutthalden kümmert. Nur dein Vetter Rubén, der fand heraus, was darin steckt.«

Sie lud ihren Korb auf. Sie bedankte sich für die Gastfreundschaft. Und auch für das große, ihr geschenkte Vertrauen. Benito bedankte sich für den Besuch und auch für den vorzüglichen Rat. Es war ihm leichter ums Herz. Er legte sich schlafen.

In seinem Garten, der weit und groß erschien, weil er unmittelbar an den Park von Chapultepec stieß – darum war auch das Grundstück mächtig im Wert gestiegen –, ging der Deputado Ramirez heftig redend mit seinem Schwiegersohn Vázquez auf und ab. Das Haus war vor kurzem erbaut worden in neuartig glattem, die Augen beruhigendem Stil, von einem jungen, talentvollen, bereits von Aufträgen überhäuften Architekten, der ein Freund des Schwiegersohns war.

Die Tochter Mercedes, die trotz ihrer sanften Schönheit dem etwas klotzigen Vater Ramirez glich, saß mit ihrer runden, unschlauen, mit dem Dasein zufriedenen Mutter auf der Veranda. Es gab in Mercedes' weichem Gesicht denselben, im Horchen aufmerksam offenen Mund, bei dem Alten war er zu klein, aber durch den Schnurrbart verdeckt, und die gleichen Augen mit schmalen Seitenblicken, als seien Überfälle nicht ausgeschlossen und eine gewisse Vorsicht geboten. Bei ihnen saßen drei Gäste, zwei Freundinnen Mercedes' und eine Mutter, die Witwe war. Das Hausmädchen schenkte dampfend heißen Kakao ein. Auf dem Tisch standen ein Berg von süßen Brötchen und auch Tequila, mit dem man die Männer erwartete. So nah war der Zoologische Garten, daß man das Brüllen und Schnauben der Tiere hörte; sie wurden um diese Zeit gefüttert. Die Frauen lachten. Mercedes rief: »Vater! Pedro! So kommt doch rauf!« Ihr Mann rief zurück: »Gleich. Gleich. Nur einen Moment.« Sie merkte, daß die Männer etwas Wichtiges zu besprechen hatten, und sie rief kein zweites Mal. –

»Ich habe dir alles genau erzählt, weil ich glaubte, die Sache könnte dich interessieren. Es ist meiner Meinung nach ausgeschlossen, daß uns aus diesem Geschäft eine Unannehmlichkeit erwächst. Denn dieser Müller, oder wie er heißt, ist schon seit zwanzig Jahren und länger, also längst, längst vor dem Krieg hier ansässig. Seine Frau, die ist aus Morelia. Aus der Familie Covarrubias. Die Holzhändler Covarrubias. Warum soll ich ausgerechnet mit diesem Mann, der so sicher ist wie kein anderer, plötzlich keine Geschäfte mehr machen? Oder gerade dieses Geschäft nicht? Die deutsche Farbenfirma, die ist requiriert. Doch Müller vertritt jetzt andre Firmen, englische, argentinische. Ich habe außerdem zugesagt, und es ist geradezu ein Regierungsauftrag. Er braucht nur noch eine Unterschrift unter den Auftrag, die Spezialgenehmigung, darum ist er an mich herangetreten, verstehst du?« –

»Ja, ich verstehe. Sogar zu gut«, erwiderte Vázquez, der

Schwiegersohn, »und da du mich fragst, muß ich dir abraten, besonders als Deputado, mit diesen Geschäften irgend etwas zu tun zu haben. Es gibt keine Ausnahme, es gibt keine Spezialgenehmigung für Geschäfte mit Firmen, die auf der Schwarzen Liste stehen. Mir scheint, dein Müller versteht sich darauf, Verbotenes mit Normalem zu mischen.«

Ramirez bereute sofort, seinen Schwiegersohn eingeweiht zu haben. Nun war es geschehen. Er beschloß, den jungen Vázquez jedenfalls anzuhören, damit er all die Verbote kennenlerne und ihre Gründe und dadurch auf der Hut sein könne, er würde aber stets die Geschäfte machen, nach denen ihm der Kopf stand.

Ein wilder Anhänger Cardenas', des letzten Präsidenten, war der junge Vázquez gewesen. Zum Glück hatte der Präsident, wie das Gesetz es vorschrieb, nur fünf Jahre im Amt bleiben dürfen. In diesem Fall war Ramirez völlig auf seiten des Gesetzes. Der hatte genug enteignet, genug Land verteilt. Mercedes, Ramirez' einziges Kind, hatte sich nun einmal in den kleinen Rechtsanwalt Vázquez verliebt. Und daß sie nachschwätzte, was er schwätzte, sich von ihrem Mann belehren ließ, gehörte nun mal dazu. Vázquez hatte vor seiner Ehe eine ganz kleine Landpraxis gehabt, in der es meistens um Bauernprozesse ging infolge der neuen Rechtslage. Er hat aber auch nichts dagegen, dachte Ramirez, jetzt, unter dem neuen Präsidenten, die neue Praxis auszuüben, die ich ihm hier in der Hauptstadt verschaffte, und er hat auch nichts dagegen, mit uns und mit Mercedes und ihren zwei kleinen Jungens in dem Haus zu wohnen, das mich eineinhalb Millionen Pesos gekostet hat. Das könnte er freilich nicht, wenn er immer spucken könnte in meine Geschäfte, zum Beispiel in das Geschäft mit dem Müller. –

Vázquez redete fortwährend: »In diesem Krieg sind wir durchaus auf Roosevelts Seite. Wir sind auf der Seite der Amerikaner. Ihr Roosevelt ist der gerechteste und vernünftigste Mann unserer Zeit. Und die Leute, die Farbenfirma, die dieser Müller hier seit Jahrzehnten vertrat, er soll aber jetzt die Finger davon lassen, sonst kann er eingesperrt werden, diese Leute, die Deutschen, werden von Hitler geführt. Sie sind auf der Seite der Japaner, die haben Pearl Harbour bombardiert. Hitler hat ganz Europa überfallen. Ich habe gelesen in vielen Zeitungen, in englischen und französischen, wie grausam und böse er ist. Diese Deutschen ermorden gar Gefangene. Sie verbrennen Dörfer und Ernten. Sie sind auf einmal wie die Teufel, und all die deutschen Firmen sind in des Teufels Geschäften. Darum hat man ja die Schwarze Liste gemacht. Man nennt sie so, weil kein ehrlicher Mensch mit irgendeiner dieser Firmen Handel treibt. Jedes Geschäft verlängert doch diesen entsetzlichen Krieg.« –

Der Tag war plötzlich zu Ende, und auch im Zoologischen Garten waren die Tiere ruhig geworden. Als die zwei Männer umkehrten, waren die Fenster schon hell. Die Frauen saßen im Haus.

Ramirez sagte: »Beruhig du dich mal. Europa, das ist weit weg. Und sieh mal, dieser Fernandéz drängt jeden Tag. Er sagt, seine Händler, die kleinen Händler am Markt, machen ihn ganz verrückt, weil er manche Farben, Firnisse, Öle nicht liefern kann.« –

Sie gingen durch die Veranda ins Wohnzimmer. Mercedes fühlte, daß Vater und Mann in irgend etwas nicht einig waren. Bei der Begrüßung fragte sie Vázquez mit den Augen. Der murmelte: »Später, mein Lieb.« Ein Löwe oder ein anderes Tier brüllte noch einmal unerwartet in die Nacht. Mercedes sagte: »Die haben doch schon geschlafen. Ich möchte wissen, ob eins was träumt.«

Vázquez strich ihr übers Haar. Sie gefiel ihm noch immer gut. Es gefiel ihm hier gut.

Benito hatte den Rat der Eusebia befolgt. Und seine Frau gab ihm Proviant für die Reise mit. Gott weiß, wie Luísa es fertigbrachte, Tortillas mit Fleisch zu füllen. Beim ersten Bissen war Benito erstaunt und dankbar und gleich dazu tief besorgt: Das geht meinen Söhnen ab. – Doch wie es auf Reisen geschieht, der Faden, der ihn mit daheim verband, war straffer und straffer geworden. Dann war er unerträglich gespannt. Benito brütete über den Sorgen, die ihn dazu gebracht hatten, sich aufzumachen nach San Blas und diesen Zug zu besteigen. Als ob es verhängnislose alltägliche Sorgen wären, die jeden beklemmen könnten, der nach gewöhnlichen Speisen hungert, nach Reis und Tortillas, nicht nur den Mann, der auf etwas Besondres aus war, mit all seinem Sinnen und Trachten. Doch mit den Sorgen, sofern sie handgreiflich waren, hatte daheim seine Frau zu tun, je weiter der Zug davonrollte. Sie mußte entscheiden, wie sie sich mit ihrer Schwester und ihren Kindern durchbeißen konnte bis zu seiner Heimkehr. Vielleicht, indem sie dem Wirt oder gar dem frechen Leopoldo Verschiedenes auf das Maultier lud, das Benito ein paar Tage nicht benutzte. Oder, indem sie die Truthähne schlachtete, was sonst erst auf Weihnachten geschehen wäre, und teils verkaufte, teils einsalzte.

Benito hatte die Säcke mit leeren Dosen, die Rubén ihm füllen würde, unter den Knien verstaut.

Der furchtbar gespannte Faden riß aber noch immer so stark, daß er stumm und verzweifelt kaute, denn hungrig war er. Zu Fuß war er in der Nacht, die auf Eusebias Besuch gefolgt war, an den Bahnhof nach San Blas. In dem vollgestopften Abteil hatten die Menschen schon längst begonnen zu kauen und zu schwatzen. Er aber, er glaubte, er könne den Riß nicht mehr ertragen, so gespannt war der Faden, der ihn in dem stickigen Abteil mit daheim verband, mit den hungrigen Kindern, mit seinem Mulo, mit der Werkstatt, in der die Drehscheiben stillstanden, weil das Wichtigste fehlte. Auf einmal riß der Faden, denn er war allzu straff gespannt. Benito dachte nicht mehr an daheim, er war jetzt richtig auf der Reise.

Und er beschloß, nicht zurückzufahren, bevor er sein Blau gefunden hatte.

Die Mitreisenden merkten vielleicht, daß er jetzt richtig zu ihnen gehörte. Sie begannen ihn auszufragen. Eine Flasche Pulque hüpfte von einem zum anderen. Benito tat einen Zug. Er fühlte sich dann so leicht, wie schon lange nicht mehr. Er gestand zwar nicht, was ihn drückte, oder eher, gedrückt hatte, denn im Erzählen und im Aufhorchen seiner Reisegefährten war der Druck schwächer und schwächer geworden. Er berichtete aber, »ich suche einen Verwandten, der ist in San Mateo in Arbeit im Silberbergwerk« – zu verraten, warum er ihn suchte, kam gar nicht in Frage, er konnte auch nicht schwören, ob es wirklich ein Silberbergwerk war. Denn schließlich, was hatte ein solches Bergwerk mit seinem Blau zu tun? Und auch, was nicht? – Da sagte der freigebige Mann, bei dem die leere Pulqueflasche gelandet war: »Also nach San Mateo willst du? Ich glaube aber, die Herren, die haben die längste Zeit gegraben. Aus der Erde, zum Beispiel auf einer Milpa, wächst alles nach. In einem Bergwerk hört alles mal plötzlich auf.« Er hatte seinen riesigen Strohhut vor die Brust gebunden, als sei er gewohnt, daß man ihm und mit ihm seinem Hut Platz ließ. Fünf, sechs andere hatten ihre Strohhüte übereinandergestülpt. Ein kleiner Pfiffiger hatte den Hutturm auf seinen Knien. Benito ließ seinen immer noch auf dem Kopf. Eine Frau, die vielleicht die Tochter des Selbstbewußten, des Freigebigen war, ein Kind im Schoß und eins im Rebozo, die waren vielleicht seine Enkel, sagte: »Diese Gonzalez', die haben ihre Schäfchen im trocknen, ihre Silberschäfchen.«

Benito fragte: »Wo steige ich aus?«

Darüber wurde lange gestritten. Der freigebige Mann, er hatte ein strenges und hartes Gesicht, bartlos, auch seine wuchtigen Arme waren kaum behaart, man hätte ihn nie für freigebig gehalten, wenn man nicht zufällig mit ihm gefahren wäre, sagte: »Weißt du, in welchem

Schacht er steckt, dein Vetter? Nein? Dann mußt du zuerst ins Haupthaus. Es gibt in der Direktion ein Buch, in dem stehen alle, auch dein Vetter. So steig also schon in San Mateo aus. Im oberen San Mateo. Geh eine Stunde auf der Straße.« –

»Übrigens«, sagte die Frau, die, wie es Benito vorkam, viel zuviel sprach, »hast du noch Zeit genug, um den Ort zu wählen, an dem du aussteigen willst. Der Tag hat kaum begonnen, und wir fahren die Nacht durch und in den zweiten Tag hinein.« –

Ich hätte vielleicht eine solche Reise nicht machen sollen, dachte Benito. Er hatte nicht geahnt, wie lange sie dauern würde. Immer schon war Eusebia eine bedenkenlos unternehmende Frau gewesen. Wie er erschöpft den Kopf anlehnte, rutschte ihm der Hut übers Gesicht, und in der Nacht seines Hutes versuchte er sich den Vetter Rubén vorzustellen, er mußte ihn irgendwo schon mal getroffen haben. Er fuhr abwärts in dem Schacht der Erinnerung, immer tiefer und tiefer, bis er endlich aussteigen konnte. Er war jetzt freilich tief unter der Erde. Er hätte sich geängstigt, wenn hier nicht sein Blick sofort aufs Gesicht des Vetters gefallen wäre. Ja, das Gesicht fiel ihm ein, länglich, böse, starke Zähne, hastige Redeweise, plötzliches, wie befohlenes Schweigen. Das Gesicht glänzte jetzt stark vor Schweiß. Hier unten war es drükkend dumpf. Rubén hatte ihn aber erwartet. »Komm schnell.« Benito wußte nicht recht wohin und warum, aber er lief gekrümmt in dem niedrigen Stollen hinter dem Vetter her. Er hatte manchmal von so einem Ort erzählen hören, hier war es besonders eng und dumpf. Er wäre vor Atemnot am liebsten umgekehrt, aber er wußte, daß der Vetter ihn richtig führte, auch als sie aus diesem Stollen in einen Nebenstollen, von diesem in einen anderen krochen, der noch viel dumpfer und niedriger war. Jetzt sind wir in der Mitte der Erde, dachte Benito. Kraft und Hoffnung verließen ihn. Da sagte Rubén: »Hier«, und er kratzte ein bißchen an der Wand, und in dem feuchten Gestein wurde etwas Leuchtendes sichtbar. Benito fühlte seinen Triumph, das war das Blau, das er suchte. Rubén sagte: »Wir schaben es ab, und wir bringen es weg.« Dann aber drängte er Benito zurück. Der drehte nochmals den Kopf, und er sah noch einmal das Blau leuchten, wenn auch schon weit entfernt. Aber eher noch stärker in der beklemmenden Dunkelheit, und er fühlte einen Triumph wie nie im Leben.

Er hörte ein Kindlein quengeln, und er zog seinen Hut auf die Knie und atmete tief. Der Pfiffige nahm ihm den Hut ab und stülpte ihn auf die übrigen Hüte. Der hatte wohl seinen Spaß, je höher der Hutturm wuchs. Die redelustige Frau, die gar nicht die Tochter, sondern die Frau des Freigebigen war, gab dem kleinsten Kind ihre Brust. Das große Kind fing dann auch an zu quengeln, es wollte auch trinken. So viel Milch hatte die Mutter schon nicht mehr. Die Männer lachten. Der Freigebige drohte mit harten, gelben Augen. Er gab dem großen Kind eine Banane. Alle fühlten jetzt Hunger und auch Durst von dem Schmatzen des Kleinsten. Benito biß in seine Tortilla, die so scharf und reich wie die erste gefüllt war. Der Freigebige, der scheinbar auch ein Unerschöpflicher war, brachte die zweite Pulqueflasche zum Vorschein, und er ließ sie rundumgehn.

Benito sah über die Schulter weg auf ein kahles und unbekanntes Gebirge. Sie hielten auf einem Bahndamm. Hier stieg einer aus, mit Säcken. Ein Junge wartete mit dem Maultier und half beim Aufladen. Dann führte der Junge das Maultier den Bahndamm hinunter, zurück ins Dorf. Mit tiefem Verlangen nach seinem bedachtsamen unvergleichlichen eignen Maultier, es würde vielleicht jetzt, behutsam für andere die Lasten schleppend, daheim die Seinen ernähren, sah Benito hinter dem Fremden her, wie er neben dem Knaben den Abhang hinunterstieg. Beide gingen in die Ebene hinein zum nächsten Dorf. Ja, aber ich darf noch nicht heim, dachte Benito traurig und doch auch mit Stolz, ich bin auf mein Blau aus. Der nicht.

Hinter seinen gesenkten Lidern war die Dunkelheit längst nicht so dicht wie unter dem Hut. Es kam keine Traumnacht zustande, nur eine Gedankennacht. Sie schichteten Stöße von Tellern, sie verschnürten die Stöße und auch einzelne Töpfe, alles hielten zwei Netze zusammen, die rechts und links über den Rücken des Maultiers geknüpft wurden – dabei halfen ihm Luísa und die von ihrem Mann verlassene Schwägerin und auch der älteste Sohn. Auf einmal drang aus jeder Masche der Netze ein Leuchten, wie vorher aus dem feuchten Gestein. Das Maultier drehte ein wenig den Kopf, als ob es das Leuchten spüre und davon beunruhigt sei. Seine ernsten und traurigen Augen suchten die Augen Benitos: Bleib achtsam, nach so viel schweren Mühen, nach so langer Reise. –

Die härteste Sonne schien plötzlich Benito genau ins Gesicht. Er konnte nicht träumen, und er konnte nicht denken. Die Schluchten waren schmaler und dichter geworden hinter den Köpfen der Reisegefährten. Sie wurden waldig. Manche Berggipfel verdeckten die Sonne, bis sie wieder hervorschoß, schonungslos, hart. Doch unversehens stand sie tiefer als das Gebirge. Als die Bahn aus den Wäldern hinaus über kahle und flache Abhänge sauste, waren Mond und Sonne zugleich am Himmel. Da lag ein Dorf im letzten Tageslicht, da krallte sich ein einzelner Kaktus sowohl an der Erde fest wie am Mond. Um Benito herum wurde gelacht wie verrückt. Die Frau war unerschöpflich an sonderbaren Geschichten. Benito dachte immer: Warum schweigt sie nicht mal? Wie schweigsam und sanft ist Luísa.

Endlich, in der Nacht, war alles verstummt, von einem Moment zum anderen. Ein fremdes Kind rutschte Benito auf die Knie. Er hielt es fest, als ob es ihm etwas zerbrechen könnte. Doch auch dieses Kind, das vielleicht fremd, vielleicht sein jüngstes war, starrte in die Luft wie benommen, das fühlte Benito. Auch sein Blick sog an der Nacht, als ob sie enthalte, was er suchte und brauchte.

Frühmorgens, die neue Sonne biß noch längst nicht, stieg der Freigebige aus dem Zug mit seiner unerträglich redelustigen Frau und ihren beiden Kindern.

Er sagte noch einmal zu Benito: »Steig aus in San Mateo. Der Zug hält dort nur drei Minuten.«

Benito dankte hinter ihm her. Er war von jetzt ab in einer neuen gewaltigen Spannung. Er fürchtete sich, wieder einzuschlafen und den Ort zu versäumen. Sie fuhren aber noch stundenlang eine Ebene hinunter. Dann fältete sich das Land, die Falten wurden abermals enger und tiefer; die Bahn fuhr aufwärts in einer Spirale, so steil, daß es ihn schwindelte. Er hatte auch Angst, sie könnten nach rückwärts abgleiten, dann wieder hatte er Angst, sie könnten alle in eine neue Schlucht stürzen. Auf diese Bahn war aber Verlaß wie auf sein Mulo. Sie hielten an einer Ortschaft, an der ein ganzer Trupp aufsprang, selbstherrische, finstere, hochmütige Menschen, so viele, daß man die Abteiltür nicht schließen konnte, es hingen welche noch außen am Zug.

Benito begriff schnell, daß diese Neuen richtige Bergleute waren, und er vernahm, daß ein Teil in San Mateo aussteigen würde, und er suchte sich ein Gesicht, das in seinem starren, finsteren Hochmut doch Spuren von Zugänglichkeit enthielt. Er fand einen Burschen, viel jünger als er, außerordentlich mager, sein frecher Blick war aber nicht versperrt, als Benito ihn ansprach. Im Gegenteil. Er sagte nur spöttisch, rasch, weil lange Ortsklärungen diesem Fremden nichts nützen würden: »Komm mit!«

Benito glitt mit dem ganzen Trupp von Bergleuten auf die Station. Wie er sich aufraffte, waren sie alle weggelaufen bis auf den teuflisch mageren Burschen. Der hatte wahrhaftig einen Moment auf ihn gewartet, und er rannte erst los, als er sah, daß Benito ihm folgte. Als sie auf einer Art Straße gelandet waren, die zahllose Füße dauernd in eine Richtung stampften, hörte Benito immer lauter, je näher sie kamen, ein Rattern, als stürze ihnen der Zug entgegen, den sie eben verlassen hatten. Und er hörte bald auch ein Pochen in kurzen Abständen. Und das Pochen mahnte ihn, und das Rattern erregte ihn. Es anzuhalten stand wohl in keines Menschen Macht. Sie hatten Gruppen von Bergleuten eingeholt, und sie waren längst nicht mehr die letzten der Schicht. Benito war bange, eine Sekunde zu verweilen und dadurch den stolzen, aber zugänglichen Burschen zu verlieren. Jetzt ging die gestampfte Zufallstraße in eine über, die regelrecht durch die neue Ortschaft San Mateo führte. Es gab einige feste Gebäude aus Stein; es gab hüttenartige Holzhäuser, viel schlechter waren die als sein eignes Haus. In dem Rattern und Pochen, das alles fortwährend beben machte, hatte wohl niemand Zeit gefunden, seine zusammenstürzenden Bretter festzunageln. Auch krochen Zungen von Geröll die Abhänge hier und dort herunter, bis zum Straßenrand.

Benito wurde stutzig. Sein Blick suchte die Geröllhalden ab. Er hatte das Rattern vergessen, er hatte das Klopfen vergessen, auf einmal war in ihm die Hoffnung sanft und stark, er könnte an diesem Ort genau das finden, wovon Eusebia gesprochen hatte. Es steckte vermutlich in dem Schutt. Es mußte drin stecken. Der Bursche war ihm entwichen. Die ganze Schicht war ohnedies längst zur Arbeit. Dagegen kamen einzelne Fremde und Gruppen an, träge, völlig erschöpft, um heimzugehen oder in eine Pulqueria. Benito, so ängstlich sparsam er war, konnte sich nicht bezwingen, auch er ging in die nächste. Er sah von seiner Bank aus auf eine breite Zunge Geröll, die schon die äußersten Hütten ableckte. Es war, als ob diese kleine Stadt, die des Bergwerks halber entstanden war, auch schnell wieder von ihm gefressen werde. Es ging Benito keine Sekunde aus dem Kopf, was er suchte, und auch nicht aus den Augen. Wo er hinstarrte, lag davon ein

Schimmer. Darin also steckt es, sagte er sich, wie weiter? Er trank heißen Kaffee, er trank Pulque.

Jemand fragte ihn, ob er Arbeit suche, es würde niemand mehr eingestellt. Auf seine Antwort, er suche gar keine Arbeit, sondern einen Verwandten, nickte der ziemlich alte Mann, der die Frage gestellt hatte. Er war neugierlos. Deshalb schöpfte Benito zu ihm Vertrauen. Er fragte ihn nach dem Direktionshaus, in dem, wie er im Zug vernommen hatte, alle eingeschrieben seien, die hier in Arbeit stünden. – Der alte Mann, er war aber stark, und um die Familie zu ernähren, hatte er sein Alter falsch angegeben in eben diesem Verwaltungshaus, ging mit Benito zur Tür der Pulqueria. Und er zeigte ihm das dreistöckige steinerne Gebäude. Dann, obwohl sie noch eine Weile zusammen tranken, stellte er keine Frage mehr. Als ihn Benito seinerseits fragte: »Und all dieser Abfall, dieser Schutt, wird er denn nicht bald in die Stadt hineinrutschen?«, erwiderte er: »Schon möglich. Wer weiß?« Und als Benito erregt fragte: »Und gibt es denn nicht in dem Schutt vielerlei Steine, die man verwerten könnte?«, erwiderte er: »Schon möglich. Wer weiß?« Und als Benito, der, was er begehrte, aufglänzen fühlte im Geröll, von dem er den Blick nicht lassen konnte, bis er sein Blau zu erblicken glaubte, so daß er ganz verzückt davon war, seinen Gefährten fragte: »Wühlt man denn nicht dauernd darin? Sucht man nichts?«, bekam er schon richtig mißtrauisch ein knappes Achselzucken zur Antwort und keinen Laut mehr.

Also ja, dachte Benito. Angst erfaßte ihn, er käme zu spät. Das dauernde Pochen, spürte er, zerstieß das Gestein, und was sie nicht brauchten, rieselte über die Abhänge. Und sicher, sein Vetter war nicht der einzige, der sich da schadlos hielt. Er bedankte sich bei dem Alten, der wieder nur nickte, und er ging die Straße noch mal hinunter, zum Direktionshaus. Soviel konnte er lesen, daß er aus den Buchstaben G und Z den Namen Gonzalez im Schild herausfand.

Das Treppenhaus war voll Menschen. Herren und Arbeiter, Wütende und Gleichmütige. Er überwand seine Angst und klopfte an die Tür, an der ein Schild hing: »Keine Einstellungen mehr«.

Durch eine Holzschranke war das Zimmer geteilt. Benito wappnete sich, denn bis er zu der Schranke vordringen konnte, schimpfte und drohte es um ihn herum. Es war, als ob sich nach langem Schweigen Ausbrüche von Wut und Verzweiflung gerade vor dieser Schranke ereigneten. Es gab sogar Frauen mit Kindern auf den Armen und auf dem Rücken, die, wenn sie an der Reihe waren, unaufhaltsam klagten. Auf einmal fuhr Benito ein weißgekleideter, schnurrbärtiger, hartäugiger Herr an, der mit verschränkten Beinen hinter der Schranke saß: »Kannst du nicht reden? Los. Was willst du?« Benito betrachtete sich den Herrn in dem viel größeren, luftigen, fast menschenleeren Teil des Raumes. Er sagte: »Von Ihnen will ich gar nichts. Ich hab meine eigne Arbeit. Ich bin und bleibe Töpfer. Ich will die Adresse von meinem Vetter Rubén Alvarez. Die liegt hier.« Der weißgekleidete Herr sah ihn verächtlich an. Er rief aber seinem Schreiber zu: »Sieh nach!« Der kleine Schreiber fummelte herum in seinen Regalen und Heften, dann raunte er dem Herrn etwas zu, der sagte zu Benito: »Den gibt es hier nicht.« Benito starrte ihn nicht mehr hart, sondern verzweifelt an, und er murmelte: »Ich bin von arg weit gekommen, ich brauche ihn dringend.« Der Herr dieses Raumes, der zu zwei Drittel luftig, zu einem Drittel erfüllt von wütigen Menschen war, drehte sich nochmals um und sagte: »Was stehst du da noch? Es gibt bei uns keinen Rubén Alvarez.«

Benito rief: »Es muß ihn geben!« – »Raus. Aber schnell«, sagte der Herr. Ein kleiner, junger Bursche, der fast wie ein Knabe aussah, sein Gesicht war von Schmutz und Schweiß verschmiert, daraus blitzten kluge und helle Augen, rief laut: »Rubén!« – »Ja, kennst du ihn denn?« fragte Benito. Und er sah sich um nach dem Burschen, der kleiner war als die meisten. Er fand ihn nicht sofort, aber die Stimme rief rücksichtslos: »Herr, seien Sie mal so gut und sehen Sie noch mal nach! Bestimmt war er hier eingetragen. Nur, daß er jetzt fort nach dem unteren San Mateo ist. Was kostet Sie denn das, nachzusehen?«

Das alles rief er dem Schreiber zu, dem offenbar diese helle, rücksichtslose Stimme nicht unbekannt war, denn er erwiderte: »Er ist nicht mehr bei uns. Er war bei uns.«

Der Kleine hatte sich fast bis zu Benito durchgewühlt. Er sagte: »Du, warte draußen auf mich. Ich muß hier erst selbst mit mir fertig werden. Die Spitzbuben schulden mir noch zehn Pesos.«

Nach einer Weile kam er ins Treppenhaus, sah frechäugig, aber unbedingt vertrauenerweckend an Benito hinauf und fragte: »Wie heißt du? Ich heiße José Freitas. Also. Wir fahren beide nach dem unteren San Mateo. Ich kenne nämlich dort den Vater von deinem Verwandten Rubén Alvarez.«

Hatte Benito bisher noch nachrechnen können – daheim stehen die Scheiben still, und: eine Nacht auf den Zug gewartet in San Blas, im Zug eine Nacht, saßen wir dann die dritte Nacht in der Pulqueria? –, jetzt ahnte er, daß es unmöglich war, an einem genau zu berechnenden Tag heimzufahren. Mit leeren Händen würde er nie heimfahren. Er dachte höchstens, es war kein richtiges Denken mehr, eher ein Zukunftstraum, wie er mit Blaufarbtöpfen beladen in San Blas ankam, und Andrés mit dem Mulo holte ihn ab. Er verschob aber diesen Traumgedanken, weil er ihm vorerst unlösbar dünkte.

An dem Autobus hingen wieder Trauben von Menschen. José stand mit einem Bein auf der Plattform, er hielt sich fest an Benito, dem er einen sicheren Standort ergattert hatte. Was sonst zu José gehörte, hing mit der Menschentraube heraus. Josés Mund stand keine Sekunde still. Die Brüder Gonzalez, denen zuerst das ganze Silberbergwerk gehörte, hätten nach einem Krach geteilt.

Der ältere hätte Pech gehabt. Sein Anteil sei falsch veranschlagt worden und vermutlich erschöpft in zwei Jahren. Benitos Verwandte, eben diese Alvarez', hätten rechtzeitig Wind davon bekommen und seien sechs Stunden weg gezogen nach dem unteren San Mateo. »Sechs Stunden!« rief Benito. »Nun und?« sagte José. Wenn der Camion hielt, riß ein Teil Traube, ein neuer Teil wuchs an, jetzt stand José schon auf der Plattform. »Bei der nächsten Station bekommen wir beide Sitzplätze. Ich, ich hab auch gekündigt und fahre deshalb bis Rondo. Sonst hätten wir uns nie bei diesem verdammten Señor getroffen.« –

Ja, das ist wahr, dachte Benito, und wenn wir auch nachts erst ankommen, ich kann schlafen bei den Verwandten, in den Geröllhalden, die immerzu nach dem Autobus schnappen, da steckt schon ein bläulicher Schimmer drin, wir werden uns einig werden, mein Vetter Rubén und ich. –

Jetzt fragte José: »Suchst du auch Arbeit?« – »Nein«, sagte Benito, und er fügte, wie er's immer tat, mit Stolz hinzu: »Ich bin Töpfer in dem Dorf Santiago Ixcuintla hinter der Stadt Mexiko. Meine Ware verkaufe ich auf dem großen Mercado.« – »Da hast du schon einen Weg hinter dir«, äußerte sich José. Es kam ihm unziemlich vor zu fragen, was denn Benito hertrieb. Benito hätte für sein Leben gern erzählt, auf was er aus war, doch er dachte bereits mit Vorsicht: Dann wird es schnell die Gegend wissen, und vielleicht klaut einer, was wir für unseren Farbstoff brauchen. Er dachte schon »unser Blau«.

Wie José vorhergesehen hatte, konnten sie sich alsbald im Innern des Autobus' auf eine Bank quetschen. Es gab außer Benito nur einen einzigen Mann mit einem Sombrero und einem Sarape. Alle anderen fuhren auf Arbeit, hatten alle störenden Kleidungsstücke daheim gelassen. José fuhr fort: »Ja, dein Verwandter Rubén war Aufseher, und er ist es sicher auch dort geworden.« Sie fuhren durch ein Waldgebirge, so daß Benito dachte, es sei wieder Nacht. Dann stieß der Autobus in das schräge Nachmittagslicht; auf kahlen Abhängen brannten einzelne Pfefferbäume. Jetzt fürchtete sich Benito nicht mehr vor den ungeheuren Spiralen. Er zählte zwanzig Windungen. Er wußte, daß der Autobus, aus welchem Grund immer, nicht abrutschen könne. Zum erstenmal auf der Fahrt war ihm sein Herz richtig leicht. Dieser José könnte sein kleiner Bruder sein. Er sah durchs Fenster im Abendlicht ein schroffes, aber vertrautes Gebirge. Er war zwar nie hier gewesen, er war aber gestern durch ebensolche Schluchten gefahren. Seine Augen brauchten sich jetzt nicht zu quälen, indem sie den Schutt absuchten nach dem Schimmer, den sein Herz begehrte. Hier gab es gar keine Halden. Es tat ihm wohl, daß sich sein Herz vom Begehren ausruhen konnte. Nur noch die Hoffnung war drin auf Rubéns Farbmühle, von der ihm Eusebia erzählt hatte. Ja, mit einer Mühle, das fiel ihm erst jetzt wieder alles ein, hatte der Vetter Rubén das entdeckte Gestein, vielleicht heimlich entdeckte, vielleicht heimlich zermahlen.

Hier im Autobus gab es keinen Pulque-Spender. Benito war scharf auf einen Schluck, besonders, nachdem er die letzte Tortilla mit José geteilt hatte. Die Büchse voll brauner Bohnen, die hob er sich auf für einen Notfall.

Die Nacht war plötzlich gefallen. Im selben Moment, in dem der Himmel mit Sternen gespickt war, war das Tal mit Lichtern gespickt. Und als der Autobus hielt, vernahm Benito wieder das unbegreifliche Rattern, und zwischendurch, in regelmäßigen Abständen, vernahm er das Pochen. In seinem Herzen brannte der Wunsch, endlich sein Ziel zu erreichen.

»Müssen wir aussteigen?« fragte er José. »Noch nicht«, erwiderte der, »und überhaupt, ich steige zuerst aus, und du fährst zur Endhaltestelle, dann fragst du nach dem Weg zur neuen Halde, und wenn du den Weg hinter dir hast, der auch noch mal seine Zeit dauert, dann fragst du nach dem Haus der Alvarez'.« José sprach dann rundherum mit ein paar Bergleuten, die wohl seine neuen Kumpel waren, und schließlich sagte er zu Benito: »Besten Dank für die Begleitung und auch für das Essen. Ich wünsche dir Glück.« – »Ich dir auch. Danke«, sagte Benito. Er war allein für den Rest der Fahrt. Ein wahrer Schutzengel, dieser José, frech, aber Engel, dachte er. Und da ja die Endhaltestelle etwas Beruhigendes war, denn wenn es nicht weiter geht, braucht man nicht aufzupassen, horchte er auf das Rattern, das vielleicht etwas schwächer, und auf das Pochen, das vielleicht etwas stärker wurde. Und er wunderte sich über all die Lichter, die, dachte er, gefährlich sein mochten für Rubén, wenn er in den Halden suchte, was er nicht suchen durfte. Denn in diesem Bergwerk, das hatte Benito gemerkt, ging es streng zu. José hatte unterwegs spöttisch erwähnt, sie hätten ihn untersucht, seine Taschen hätten sie umgedreht, als ob er zuletzt noch Silber stibitzen und jemandem zuschanzen wollte.

Gegen den endlos langen, locker mit Häusern und Hütten besetzten Straßenrand kroch der Schutt aus dem Bergwerk des jungen Gonzalez. Benito dachte: Hier kann auch mal alles zusammenkrachen, und unsere Mühle, wo bleibt die dann?

Als ihn der Schaffner als letzten aus dem Autobus jagte, kam ihm die Endhaltestelle vor wie ein Steinbruch. Das Tal war versperrt von Schutt. Schließlich merkte er, daß einzelne Menschen in diesem Geröll Pfade benutzten. Er fragte nach der Familie des Rubén Alvarez, und man zeigte ihm eine Richtung. Als er nun selbst einen Pfad betrat, stellte er fest, wie viele Hütten, fast ein Dorf, sich standhaft wehrten mit ihren Bretterwänden gegen all das Geröll. Ja, manche hatten sogar einen Zaun aus Orgelkakteen um ein Viereck Garten gelegt. Benito pries sich selig, wenn er an sein Haus und seinen Stall und seine Werkstatt dachte. So still und stumpf kam ihm hier alles vor, als sei das Lebende dreiviertel verschüttet. Er konnte es gar nicht fassen, daß das Kostbare, das er suchte, hier zu finden sein sollte.

Die Wohnung der Alvarez' war schlimmer verschüttet als andere Hütten. Er klopfte zuerst an eine Art Tür und dann rund herum an verschiedene Bretter. Eine alte Frau machte schließlich auf, und sie fragte wütend: »Was ist denn wieder los?« Sie war aus Haut und Knochen und grauen Zöpfen, und die Haut war aus Fetzen wie ihr Kleid, soviel er erkennen konnte. Er war so betroffen, daß er vergaß, schnell zu sagen, er sei ein Vetter. Er sagte, er komme aus dem Dorf Santiago Ixcuintla, das liege bei der Stadt Mexiko, und er müsse mit Rubén sprechen. »Der ist längst nicht mehr hier«, sagte die alte Frau. Da Benito erstarrte, fragte sie: »Was hast du von Rubén gewollt?« Sie war sogleich verschwunden und sagte ins Innere hinein: »Da ist einer, der will was von Rubén!« Eine grobe und deutliche Stimme fragte zurück: »Was denn?« – Gleich darauf kam mit buschigen Brauen ein dürrer, doch nicht gespenstiger, sondern bös-lebendiger Mann zum Vorschein. Er zog sein Hemd über und fragte: »Warum kommst du von Mexiko bis hierher?« – »Wo ist euer Rubén?« fragte Benito, der seine Verzweiflung beherrscht hatte. Die beiden Alten erzählten durcheinander: »Er ist nach San Cristóbal. Das macht ein paar Tagereisen. Er hatte hier eine gute Stelle. Dort hat er, scheint's, noch eine bessere. Dort ist er, behauptet er, sein eigner Herr. Uns läßt er einstweilen zurück. Einstweilen, behauptet er, der Hund –.«

»Nein, nein«, schrie die Frau. »Er ist ein sehr guter Sohn. Er schickt uns jeden Monat zwanzig Pesos, und er wird uns bald von hier wegholen. Das hat er uns ausgerichtet. Er wird es tun. Rubén ist gut und klug wie keiner.« Benito sagte plötzlich: »Gibt es hier irgendwo eine Pulqueria?« Der Mann sagte: »Wie soll es keine geben?« Und er befahl der Frau: »Leg du dich schlafen. Ich gehe mit ihm.«

Was der Alte die Pulqueria nannte, war eine Hütte, dreimal so groß wie seine, genauso vom Zerfall bedroht. Sie lag nur ein paar Minuten entfernt. Sie war voll. Es gab ein Licht. Die Schicht war gerade zu Ende. Der Wirt schenkte blitzschnell ein. Die Frau, die ihm half, sah sanft und schön aus. Sie trug Halsketten und Kämme im Haar; alles zusammen gab unter dem Licht ein wahres Gefunkel ab. Benito bewirtete Rubéns Vater, und er stellte sich als Verwandter vor. Ob es die Pulque war oder der Name Eusebia, etwas Wärme erwachte in dem Alvarez, er nickte. »Sie hat mir gesagt«, erklärte Benito, »dein Rubén bereite hier das Blau, das ich so bitter nötig habe.« Und er erzählte, wie seine Kunden ihn drängten, das ihnen gewohnte Geschirr zu beschaffen, mit einem Rand und einem Muster in der Farbe, die er von Jugend an auf den Mercado brachte. Und plötzlich sei das Blau wie verhext. Eusebia aber hatte davon eine Probe in Rubéns Beutel gesehen. Denn der verstehe es herzustellen. Für ihn, Benito, hänge gewaltig viel davon ab, ja alles, daß er Rubén so schnell wie möglich erreiche.

Der Alte hatte aufmerksam zugehört. Benito ließ einschenken noch und noch, um ihn zum Reden zu bringen, obwohl er dachte, sein Reisegeld schmelze furchtbar. Aber Mittel und Wege mußten sich finden, wenn er einmal Rubéns und seiner Erfindung habhaft geworden sei. Er merkte auch, daß das funkelnde Mädchen besonders um ihren Tisch herumstrich.

Jetzt fing Rubéns Vater, aufgewärmt, aufgerührt, mit seinem Bericht an: »Eusebia, die übrigens meine Kusine ist, hat dir richtig erzählt. In diesen Halden, aus all dem Abfall, den größtenteils das Pochwerk ausspuckt, war irgendein Stoff versteckt, den hat Rubén gesucht. Nämlich, in dem Bergwerk, das jetzt dem älteren Gonzalez gehört, war unter Rubéns Aufsicht ein Kumpel aus Oaxaca, so einer, der riesig schlau ist, aber daraus nichts machen kann, weil er immerfort woandershin muß und es nirgends lange aushält. Rubén aber, wenn der etwas erfährt, der wankt und weicht nicht, bis er erreicht, was er sich in den Kopf gesetzt hat. Nun, dieser Mann, der aus Oaxaca bis hierher kam und später von hier davon ist nach Vera Cruz, weil es ihn zwang, beide Meere zu kennen, im Osten das eine und das andere im Westen – er hat behauptet, das Land Mexiko läge zwischen zwei Meeren und darum sei in ihm ein Zwang, die beiden Meere zu kennen. –

Also, dieser unstete, windige Mensch, der saß mit Rubén im Schutt. Und wie er da ein bißchen herumschurft, ruft er plötzlich: ›Ach, guck mal, Rubén! Dieses Zeugs gibt es ja auch hier, natürlich, doch es verkommt. Da, wo ich vordem war, hat man so was mit besondren Maschinen zermahlen. Doch die Maschinen sind teuer. Die Herren, die haben daran allerdings einen Haufen verdient. Denn wenn es gemahlen wird, das Zeugs, und noch mal geröstet und dann noch gesiebt, dann ist der allerfeinste Restbestand, der fast ein Staub ist, unglaublich blau.‹ – So hat dieser Mensch geredet, und kurz darauf hat er es hier nicht mehr ausgehalten.« –

Die Tochter des Wirts, oder was sie sonst war, geschmeidig, nie blinzelnd, mit dichten Wimpern die Augen versperrt, schenkte ihnen die Gläser noch mal voll. Wie schwach auch die Funzel glimmte, ihre Glasperlenschnüre und ihre Ohrringe und ihre Kämme fingen die Lichtpunkte ein und sprühten sie kreuz und quer durch die volle und enge Pulqueria.

Rubéns Vater lachte unfroh. »Sie ist die Novia von Lorenzo, dem Vetter meines Rubén. Doch Rubén ist lahm. Er hat keine Novia. Deshalb hat er den großen Erfindungsgeist. Gewissermaßen als Ausgleich.

Jener fremde, windige Mensch, der sicher schon weg von Vera Cruz ist, hat meinem Sohn einen Floh ins Ohr gesetzt, an diesem Farbpulver, oder was es war, wäre sein früherer Herr, der ja schon reich war an seinem Bergwerk, noch zusätzlich reich geworden. Mein Sohn Rubén hat zuerst mitgehen heißen, was seine Taschen packten. Er hat's in Ruhe daheim beguckt. Und er hat sich seinem Vetter Lorenzo anvertraut, denn der hält dicht, und der ist erstens ganz versessen auf den Rubén und zweitens versessen, Neues auszuprobieren. Sie haben zusammen die Handmühle fabriziert, die steht noch bei uns daheim, ist freilich stark zu Schaden gekommen.«

Das funkelnde Mädchen drückte sich um sie herum und horchte, seit Lorenzos Name gefallen war.

»Es war auch gut«, fuhr Rubéns Vater fort, »daß wir mitten drin wohnten in all dem Schutt. Rubén hat sich ja selbst durchgewühlt zu seinem Blau, das du jetzt auch suchst. Zusammen mit Lorenzo. Der ist von der Mutter her mit ihm verwandt, so wie Rubén mit dir verwandt ist von mir her. Und schließlich, wie's dieser Kerl vorausgesagt hat, war aus dem Dreck, den du rund um uns siehst in den Halden, die uns bald ersticken, nach dem Rösten etwas da, was man wunderbar nennen kann.

Obwohl mein Rubén ganz viel verdient hat als Aufseher, der er schon war, zuerst bei dem älteren, dann bei dem jüngeren Gonzalez, hat er plötzlich noch mehr verdient am Farbstoff. Den Herren ist es ja bis heute entgangen, wie scharf sie auch sind auf jeden Centavo, daß solch eine Kostbarkeit unverwertet in ihren Halden liegt. Nur, wir sollten hier drin wohnen. Kann auch sein, sie hatten nicht genug Geld für die besondren Maschinen, die der in Oaxaca benutzte. Rubén und Lorenzo haben eine Zeitlang die Handmühle gedreht. Sie haben daheim bei uns gesiebt und geröstet.« –

Benito hörte erregt zu. Er rief: »Ja! Und?« Der alte Alvarez fuhr mürrisch fort: »Lorenzo hat Leute ausfindig gemacht, die ihren Farbstoff kauften. Seine Stärke ist gar nicht Erfinden, sondern Verdienen. Da hat er auf einer Geschäftsreise eine Gegend entdeckt, genau wie sie eine brauchen, hat er behauptet. Bei San Cristóbal. Und einen

Bach in den Bergen. ›Da muß unsre Mühle sein‹, hat er gesagt, ›dann braucht man nicht mit der Hand zu drehen.‹

In San Cristóbal ist man scharf auf Rubéns Blau. Dort gibt es viele Käufer. Kann sein, Benito, du bist nicht er einzige, der so wild ist auf dieses Blau, kann sein, auch dort herum ist es gänzlich versiegt, und auf nichts sind die Menschen so wild wie auf einen Stoff, den es gar nicht gibt. Darum sind jetzt Rubén und der Vetter Lorenzo hinter der Mühle her, um sie in Gang zu setzen.

Es gibt auch dort hinter San Cristóbal noch ein Bergwerk. Es gibt auch dort solches Zeugs in den Halden. Freilich, Rubén sitzt nicht so bequem drin, wie er bei uns saß. Er sitzt dort allein in den Bergen. Das hat aber auch etwas für sich, meint Lorenzo, weil sie niemand belauert, nur muß ihr Maultier zuerst mal das ganze Zeugs von dem Bergwerk anschleppen und dann, was fertig ist, in die Stadt.« –

Der Wirt fegte die letzten Gäste hinaus. Benito hätte niemals zurückgefunden, wenn Rubéns Vater nicht zu seiner Hütte gesteuert wäre. Pendelnd, sogar ausrutschend und doch zugleich Benito steuernd, der seinerseits Rubéns Vater stützte oder ihm aufhalf, kamen sie schließlich daheim an.

Sie legten sich auf die Matte, die so zerflettert wie alles war. Benito dachte, wenn er länger bliebe, zerfalle er noch vor seinem Tod. Die Alten sagten auch immer wieder, ihr Sohn Rubén müsse sich eilen, damit sie wegkämen von hier, bevor die Halde sie überwältigt hätte. Benito verstand nicht, wie man hier wohnen konnte. Damit verglichen war sein Daheim ein Paradies. Aber wohnte er jetzt nicht selbst hier? Auf einmal, liegend, entdeckte er, daß dieser alte Alvarez die Augen der Eusebia besaß, so alt und so klug wie die Sterne, rein alles erspähend mit ihrem unversiegbaren Licht.

Die alte Alvarez fing aus dem Schlaf noch einmal an, ihr

Sohn schicke jeden Monat etwas Geld durch Lorenzo. Der lasse sie sicher nicht im Stich. Gerade vor kurzem sei Lorenzo wieder gekommen, daher hätten sie Kaffee und Zucker und Bohnen und Reis.

Doch Benito wärmte sich anderen Tags seinen Rest Bohnen auf, denn er merkte, die Leute hatten es knapp, bis dieser Lorenzo wiederkam. Er grübelte nach, wie er es anstellen könnte, um zu Rubén zu fahren. Und schließlich heim? Die Frage ließ er gar nicht recht aufkommen. Er wußte jetzt, daß das, was er brauchte, vorhanden war und sogar ungefähr wo. Er durfte noch nicht an daheim denken.

Den ganzen Morgen saßen sie stumm, Benito und Rubéns Vater, vor der Bretterwand im Schatten unter ihren Hüten. Benito sah finster auf den grauen bräunlich griesigen Boden. Auf einmal durchblitzte ihn ein Gedanke. Er sprang auf und rief: »Heilige Jungfrau! Ihr habt doch gewiß irgendwo einen kleinen winzigen Rest von dem Farbstoff, den Rubén gemahlen hat?«

Die Alte steckte ihr Gesicht heraus, das bräunlichgrau wie die Halde war, doch immer mit einer Spur Spottlust um den fadendünnen Mund. In ihren Augen war zwar nicht solch ein Licht wie in ihres Mannes Augen, doch erstaunlich viel Helligkeit, gemessen an der Halde.

»Wer weiß? Da mag noch etwas zu finden sein. Wo die Bretter beisammen liegen, die mal ihre Handmühle waren. Rubén hat uns erlaubt, sie zu verbrennen, wenn es gar zu kalt wird.« – »Daran merkst du«, sagte ihr Mann, »daß Rubén nicht daran denkt, uns vor dem Winter zu holen.« –

»Wer weiß?« sagte die Frau, hoffnungslos und verzweiflungslos. Sie brachte Benito unter eine Art Vordach, das auch schon in sich zusammengefallen war. Und sie rutschte und spähte zwischen die Bretter, und sie kratzte herum, und sie sagte: »Etwas wie das hier. Es ist schon möglich.« Sie spuckte auf ihre Fingerspitzen. Den Rock hochziehend über dem alten schrumpligen Knie, zerrieb sie etwas von dem zusammengekratzten Staub. Sie rief: »Wahrhaftig!« Benito zerrieb nun gleichfalls etwas von diesem feuchten Staub auf seinem Unterarm. Die Alte lachte vergnügt und wiederholte: »Ja, ja, das ist es.« Da Benito unter dem Vordach nichts unterscheiden konnte, trat er wieder ins Sonnenlicht. Er spuckte und rieb. Da war ohne Zweifel in dieser verschütteten und verstaubten Welt auf seinem Unterarm genau das Blau, das sein Herz begehrte. Wahrhaftig, es hatte wo im Geröll gesteckt, und jetzt war es da, es war da. Er sah es endlich mit eignen Augen. Er sagte, sein Freudezittern bezwingend: »Das ist es. Ich will sofort hin.«

»Ich würde dir raten, auf Lorenzo zu warten«, sagte der alte Alvarez.

Benito sagte: »Ich warte nicht auf Lorenzo, ich nicht. Ich muß fort. Habt Dank für die Gastfreundschaft.«

»Du kannst nicht allein nach San Cristóbal«, sagte der alte Alvarez, »und selbst wenn du's könntest, dann hättest du Rubén noch längst nicht gefunden. Ein Jammer, daß der Vetter Lorenzo vor kurzem hier war. Doch er kommt wieder, mit Geschenken für uns, vielleicht auch mit Fahrgeld, endlich. Vor allem kommt er, weil ihn doch dieses Mädchen, das Concepcion heißt und das du auch kennst, die Schöne in der Pulqueria, gewaltig immer noch anzieht. Beruhige dich also und warte. Dein Blau verfliegt nicht. Wir werden alle zusammen fahren.«

»Ich kann nicht so lange warten.« –

»Warum nicht?« –

»Die warten daheim auf mich.« –

»Laß sie warten. Sollen sie warten.«

Sie saßen wieder nebeneinander im Schatten ihrer Hüte. Benito sah auf seinen Unterarm. Sein Herz zuckte vor Freude, wenn er sich vorstellte, daß sein Blau jetzt erreichbar war, und sein Herz knirschte verzweifelt, wenn er sich vorstellte, wie weit er noch davon entfernt war. Er murmelte: »Meine Söhne und meine Frau können glauben, ich weiß nicht was.«

»Hör mal«, sagte Rubéns Vater, »gibt es bei euch einen Menschen, der glatt lesen und schreiben kann? Wir müssen einen finden, der für dich heim schreibt.«

Benito drehte den Kopf. Es war ihm wieder, als glänzten Eusebias Augen in Alvarez' zerknittertem Gesicht. Er rief: »Andrés! Mein ältester Sohn! Der kann es!« Und er dachte nach und fügte hinzu: »José, der mich zu euch brachte, der kann es auch!«

Denn ihm fiel ein, daß José im Büro des älteren Gonzalez Papiere gelesen und geschimpft und ein Papier mit Schrift bedeckt hatte. Man konnte so einem nichts vormachen und später auch seinen Söhnen nichts. Denn der Kleine, Gabriél, der sollte gleichfalls lesen und schreiben lernen.

Er sagte: »José wird für mich schreiben: Bereitet Ton vor. Benito ist bald zurück. Er hat alles gefunden. Er grüßt euch.« –

José – das stellte sich jetzt erst heraus – war beinah ihr Nachbar. Nur, daß hier jede Hütte das Lebende aufsog und abgab, stumm, wie erstickt von Geröll.

José hätte gern genau gewußt, was Benito gefunden hatte. Doch da sich Benito ausschwieg, ließ ihn José, auf seine Schreibkunst stolz, ohne viel Worte die Postkarte zahlen.

Eines Nachmittags sprach Fernandéz bei dem Herrn Ramirez vor. Er hatte ihn nicht in seinem Büro aufgesucht, sondern daheim in Chapultepec, weil sein Plan zwar ohne Ramirez' Hilfe gar nicht zustande käme, doch besser zunächst amtliche Dinge nicht berührte. Ramirez ging mit ihm hin und her auf demselben Gartenweg, auf dem er sich abends mit seinem Schwiegersohn besprochen hatte.

»Ob Sie es glauben oder nicht«, sagte Fernandéz, »Alfredo Müller hat, sage und schreibe, ungefähr fünfzig Posten, die alle in seinem Geschäftsbuch verzeichnet sind, auf fünfzig verschiedene Orte verteilt. Er schickt sie an alle Besteller ordnungsgemäß. Bis auf drei, vier unbedeutende Posten, die ich mir anderswo auch besorgen kann. Die Hauptpunkte sind gesichert. Ich bin bereit, meinen eignen Abnehmern pünktliche Lieferungen zu garantieren. Die Abmachung mit Müller beruhigt mich im Hinblick auf kommende Abmachungen.«

Ramirez sagte: »Mein Freund, ich nehme an, daß Sie nicht Ihre und meine kostbare Zeit in Anspruch nehmen, nur um mir die Zuverlässigkeit des Herrn Müller zu rühmen, der hier, soviel ich weiß, zwanzig Jahre Vertreter einer bedeutenden deutschen Firma gewesen ist.«

»Stimmt«, sagte sein Besucher, »der ist längst naturalisiert. Er ist Mexikaner wie Sie und ich. Wenn wirklich die Amerikaner die Firma verboten haben, die er vertrat, dann haben sie zu diesem Zeitpunkt nicht in Betracht gezogen, daß Deutschland einen Erdteil besetzen wird, in unvorstellbar kurzer Zeit. Und diesem Deutschen oder Exdeutschen war es möglich, die Lieferungen einzuhalten. Die haben nun mal Unternehmungsgeist.«

»Mein Freund«, sagte Ramirez, »vergessen Sie nicht, die Gringos verstehen auch manches von Geschäften. Und sind nicht schlecht beraten. Ja, mein Schwiegersohn übersetzt mir englische Zeitungen. Es ist noch nicht aller Tage Abend. Ja, die Landsleute dieses Herrn Müller haben fast einen Erdteil besetzt. Und da die Japaner ihre Verbündeten sind, wollen sie uns vielleicht auch an der Küste des Stillen Ozeans besuchen, so ähnlich, wie die Japaner es schafften mit Pearl Harbour. Doch jetzt ist die ganze Sache ins Stocken gekommen. Die Russen, wissen Sie, die sind nicht von schlechten Eltern. Und meistens, in Kriegszeiten, heißt ›Ins Stocken gekommen‹ soviel wie ›Zurück‹. Also. Das heißt, mein Freund, ich würde an Ihrer Stelle trotz der guten Erfahrungen, die Sie bisher mit

Ihrem Don Müller machten, bei meinen Kunden nicht für die kommenden Lieferungen garantieren, die Ihnen Don Müller versprach.«

Fernandéz dachte einen Augenblick nach. Dann wechselte er den Ton: »Unter den vierzig bis fünfzig Punkten, auf denen der vormalige Vertreter der deutschen Firma bestehen wird, denn schließlich hat er mit mir einen festen Vertrag, befinden sich eine Menge kleiner Fische, die man schnell los wird. Es gibt aber auch verschiedenes, ohne das man das große Projekt nicht ausführen kann, das Sie im Auge hatten.«

»Zum Beispiel?«

»Das Zeugs, das man braucht zum Imprägnieren von Holz. Da denke ich an die Eisenbahnschwellen und Telegrafenstangen in unsrem Staat.«

Ramirez dachte seinerseits nach. Er war mit Fernandéz zehnmal sooft wie mit seinem Schwiegersohn, freilich viel geschwinder, den Gartenweg auf und ab gegangen. –

»Wenn Sie mit ihm verhandeln, müssen Sie durchblikken lassen, ihn sozusagen warnen, daß alles, was er auch vorschlägt, unter seiner Kappe geschieht.« –

»Gewiß. Das wird schriftlich und mündlich geschehen«, sagte Fernandéz und dachte: Du, Ramirez, mein Sohn, bekommst morgen auf meinem Geschäftspapier die Bestätigung, daß ich meinen Abschluß mit diesem verdammten Müller unter der Voraussetzung mache, zu der du selbst mir geraten hast. Und eine Bestätigung dieses Schreibens erhalte ich dann von deinem Büro mit eurem Stempel, um den es mir zu tun ist.

Und wirklich, was geht es mich an, ob der Mann sein Lager nach Monterry oder sonstwohin verlegt? Wieso muß ich wissen, was von seinen Lieferungen aus den beschlagnahmten deutschen Beständen stammt oder aus einer unsrer Fabriken im Land? Übrigens, dieser verdammte Müller sitzt jetzt zwanzig Jahre in Mexiko, er wird sich schon selbst aus der Schlinge ziehn und noch zwanzig Jahre hier sitzen. Und ich wär der Dumme, wenn ich's mit ihm verdorben hätte, denn wie es auch ausgeht mit diesem Krieg, der nicht mein Krieg ist, der Müller, der versteht sein Geschäft und gibt es nie auf.

»Ich rate dir wirklich, Arbeit zu suchen«, fing Rubéns Vater noch mal an, »damit du irgend etwas verdienst, bis Lorenzo zurückkommt. Auf unserer Matte kannst du immer schlafen. Ohne Lorenzo bist du verloren. Von allen Menschen abgelegen, liegt Rubéns Mühle, damit ihn niemand belauert, wie es hier passiert ist. Denn das war auch noch ein Grund, warum er so plötzlich wegfuhr. Die Leute haben zu lauern begonnen. Der Capataz hat plötzlich behauptet, er bestehle die Halde. Vorher hat sich um diesen Schutt kein Mensch gekümmert, und plötzlich heißt es, er bestehle die Halde. Das war der Zeitpunkt, an dem sich Lorenzo aufgemacht hat. Er hat uns erzählt, Rubén schicke nur deshalb noch kein Fahrgeld, weil er dem Aufseher dort im neuen Bergwerk gleich etwas abgibt. Das kommt ihm billiger als abzuwarten, bis man ihn angezeigt hat. Gleich einen beruhigen, das ist leichter. Der hätte ja bald gemerkt, daß Rubén oder Lorenzo etwas sucht in der Halde und etwas wegschafft auf seinem Maultier. Doch das Handgeld für den Aufseher verkürzt Rubéns Einnahmen. Du tust also gut daran, mein Sohn, bis Lorenzo zurückkommt, dir einen Verdienst zu suchen.«

Benito schwieg. Er dachte: Rubéns Vater hätte ihm gleich am ersten Abend erzählen können von diesen lauernden Menschen, die seinen Sohn anzeigten beim Aufseher, und auch, daß Rubén dem Aufseher der neuen Halde ein Abfindungsgeld zahlen müsse. Das hätte ihm alles Rubéns Vater gleich erzählen können. Da es aber nun einmal nicht geschehen war, fand Benito, sei es unnötig, zu sagen: Warum hast du mir das nicht gleich gesagt? Er hatte die Spur Blau nicht wegreiben mögen von seinem Arm. Sie labte ihn, sooft er bedrückt war.

Als er sich schlafen legte, halb auf den rauhen Boden, halb auf die zerfranste Matte neben den Alten, ging es ihm durch den Kopf: Ich will nicht auf Lorenzo warten. Sofort will ich weg und allein. Was soll ich mir hier noch Arbeit suchen? Wenn mein Geld nicht reicht für die ganze Fahrt, verdien ich mir lieber den Rest unterwegs.

Bei diesem Gedanken schlief er ein. Und José, mit dem er hierher gefahren war, fuhr mit ihm im Traum immer weiter hinein in die Berge, die teils waldig waren, teils kahl. Auf einmal war José ausgestiegen. Ihm aber, Benito, wurde nicht bange. Unglaubliche Hoffnung, wie er sie nie im Leben gespürt hatte, erfüllte ihn. Als ob der Mensch solche Hoffnung, vollkommne und sichere, nur fühlen dürfe, wenn er vorher auch wahren Kummer, bittre Enttäuschung erlebt hätte. Die Hoffnung war fast zu stark zum Ertragen. Da hielt das Fahrzeug, das bald ein Autobus, bald ein Zug war, auf einem steilen Bahndamm. Benito erblickte tief unten ein kleines Dorf. Und wie er sich aus dem Gedränge herausgebuddelt hatte, erblickte er seinen ältesten Jungen, Andrés, der schon glatt lesen und schreiben konnte, wie er ihn mit dem Mulo erwartete. Der Sohn sah mit klugen, fast leuchtenden, gleichfalls hoffenden Augen bald auf das Gedränge von Aussteigenden, bald auf sein vollgepacktes Maultier, damit ja nichts geschehe mit der kostbaren Last. Denn nicht Benito brachte den Blaufarbstoff, sein ältester Sohn brachte ihn an den Zug. In diesem Moment, auf den sie alle daheim bis zur Erschöpfung gewartet hatten. Denn nur Benito konnte das Geschirr für den nächsten Markt bereiten. Benito, dem alles sofort klar war, sah auch schon die ruhigen Augen des Maultiers, in denen weder Enttäuschung noch Hoffnung zu lesen war, nur unermüdliche Geduld. Und zugleich, des Maultiers sicher, das jedem Stoß ausweichen würde, erblickte Benito, sorgfältig in Netze verpackt, auf seinem Rücken den Lohn der Arbeit. Durch jede Masche der Netze leuchtete von fertiggebranntem Geschirr das

Blau, das man ihm plötzlich daheim verweigert hatte. Er erschrak vor Freude. Aufwachend dachte er: Ich muß es erst heimbringen, es ist ganz unmöglich, daß mich mein Sohn damit erwartet.

Er ging heimlich, ohne dem alten Alvarez ein Wort zu verraten, da er inzwischen auf seiner quälenden Suche ganz schön das Schweigen, ja das Lügen gelernt hatte, in die Pulqueria, die in der Zeit vor dem Schichtwechsel leer war. Er ließ sich das kleinstmögliche Maß eingießen. Sein Geld, das hatte er mehrmals ausgerechnet, würde mit Ach und Krach für die halbe Reise zu Rubén reichen. Die paar Tropfen Pulque, die letzten Centavos, die er sich abzuziehen erlaubt hatte, goß ihm die Schöne ein, die er vom ersten Abend kannte. Nur steckte sie jetzt ohne Lichtgefunkel in einem schäbigen Kleid. Ihre guten Kämme, Ohrringe und Halsketten konnte sie später erst anlegen. Doch ihre Augen und ihre Zähne schimmerten so verlockend, daß Benito begriff, es ziehe Lorenzo von weither zu ihr, auch wenn er jetzt andere Mädchen erwerben konnte.

»Sei so gut«, sagte Benito, »und richte deinem Lorenzo was aus, wenn er wieder hier ist.«

»Lorenzo?« sagte das Mädchen frech mit einem Ohrringgeschlenker, obwohl sie noch keine Ohrringe trug. »Was für ein Lorenzo?«

»Na, dem Vetter vom lahmen Rubén.«

»Ach der, ach der«, sagte das Mädchen, als hätte sie ihn vergessen, obwohl ihr Herz nach ihm brannte, das war auch ihren Augen und Mundwinkeln anzumerken. »Wird der überhaupt noch mal kommen?« Und in ihrer Stimme war ein Beben.

»Lorenzo? Gewiß«, sagte Benito, des Lügens nicht nur abhold, sondern fast schon daran gewöhnt, »ich muß es wohl wissen, da ich bei den Alvarez' wohne. Jetzt freilich fahr ich zu Rubén. Und weil es passieren kann, daß dein

Lorenzo zur selben Zeit hierher fährt, so daß wir aneinander vorbeifahren, muß ich dich manches fragen. Verrat mir aber zuerst: Wie heißt du, Schöne?«

»Concepcion. Coucha. Zuerst sagst du, ›etwas ausrichten‹, dann glaubst du, an ihm vorbeizufahren. Nun, wie es auch damit bestellt ist: Wenn er wirklich kommt, soll alles vergeben und vergessen sein.«

»Was denn?« fragte Benito lächelnd. Wie staubig kalt und grau es hier auch war, wenn die Sonne noch draußen schien, Concepcion machte selbst ohne Geschmeide die Pulqueria glitzern.

Sie sagte: »Alles, was er mir antat. Ich glaube auch nicht, daß er mir jetzt sein Versprechen hält. Was ist denn schon an mir? Zwei gute Zöpfe, nun ja, und Augen und Zähne. Was besitze ich denn? Ein bißchen Geperle aus farbigem Glas, das muß ich tagsüber schonen.«

»Ich weiß nicht«, sagte Benito, und er strich über ihren Arm, was er daheim nie tat, »mir kommst du schöner als alle Mädchen vor, die ich auf meinem langen Weg traf.«

»Warum sagst du so etwas?«

»Weil ich's wahrhaftig denke. Ich habe ja Frau und Kinder. Ich geh ja morgen weg, um etwas zu holen für meine Werkstatt, denn ich ernähre die Meinen als Töpfer. Und Rubén, der macht gerade das Pulver, das ich für meine Farben brauche. Deshalb muß ich zu ihm. Wenn ich dort deinen Lorenzo treffe.« –

»Du hast mich beschwindelt, Mann. Wenn du damit rechnest, ihn bei Rubén zu treffen, dann ist er auch nicht unterwegs.« –

»Er kann unterwegs sein, Schöne. Er kann sich auch, wie alle, verspäten. Ich glaubte, ich sei schon längst wieder daheim mit meinem Blau, das mir Rubén verschaffen muß. Und nun sind die beiden weggezogen, Rubén und Lorenzo, um das Gestein woanders zu sammeln und zu mahlen und zu rösten.«

Er legte seine durchgeknetete Töpferhand auf ihre

Hand. Die war wie ein Schmetterling. Und zuckte auch weg und flatterte. Und sie sagte: »Dann sage ihm, ich hätte an ihn geglaubt, und darum würde ich auf ihn warten. Denn ich könnte herrliche Freier haben, jeden Abend sind neue da, auch Aufseher wie Rubén, aber nicht hinkend, sondern von aufrecht starker Gestalt.«

»Das will ich ihm alles sagen«, sagte Benito, »falls ich ihn dort noch treffe. Sag du mir, wie finde ich mich schnell zu der Mühle, die die beiden bedienen.«

Concepcion sagte nachdenklich, fast verträumt: »Die Farbmühle. Ach ja. Lorenzo hat mir geschworen, das nächste Mal nehm ich dich mit, wir brauchen in so einer Einsamkeit ein Weib, das für uns sorgt.«

»Wenn die Mühle an einem Bach liegt, wie heißt denn der Bach?«

»Wie soll ich das wissen? Ich weiß nur, der Bach springt in einen Fluß, wenigstens nach der Regenzeit, und der Fluß heißt La Pura, denn das hat mir Lorenzo erzählt. Mit dem beladenen Maultier muß er in die Stadt San Cristóbal. Dort auf den Halden wird das Maultier beladen, und wieder muß er zurück. Sie haben schon feste Kunden in dieser Silberstadt. Bauunternehmer, die kaufen ihr Blau. Wir werden in San Cristóbal aussteigen, wenn wir zusammen hinfahren, Lorenzo und ich. Die ganze Reise hat er mir das letzte Mal aufgemalt, und er hat sie mir fest versprochen, er wird ja wohl kommen, wenn er kein Schuft ist, aber steht es denn in den Sternen, Lorenzo ist wirklich nie, nie ein Schuft?« –

»Er ist wohl keiner«, sagte Benito. »Zeig mir doch, Schöne, wenn du noch das Papier hast, den Weg, den er mit dir machen wollte.«

Da rannte sie weg. Gewiß, sie hatte sich jedes Schnipselchen aufbewahrt, das von ihrem Liebsten stammte. Benito, der sich weit weg von seinem richtigen Denken als Heuchler fühlte, als glaube er an die Fahrt Lorenzos mit diesem Mädchen, starrte das Stück Papier an. Voll

Dankbarkeit für die Auskunft strich er Concepcion übers Haar. Es fühlte sich hart an. Jetzt waren die Zöpfe stramm geflochten, damit das Haar wellig sei, wenn sie die Zöpfe lösen und Kämme hineinstecken würde. Sie sah ihn warm an und traurig.

»Falls du ihn triffst, vergiß ja nicht, ihm zu sagen, wie sehr ich warte.«

Benito fühlte sich erleichtert, weil sie aus seinem Versprechen kein großes Wesen machte. Sie war auf alles gefaßt.

»Ich sage dir doch, wo immer ich deinen Lorenzo treffe, ich werde ihm klarmachen, daß er die Schönste von allen verliert, wenn er nicht schleunigst herkommt.«

Sie nickte ein wenig, und ungefragt goß sie ihm noch mal das Glas voll. Benito küßte sie so leicht, daß keine Sünde daran war, und er ging. –

Sein letztes Stück zu Alvarez' Hütte, dieser öde, staubige Weg, war freudig. Ihm war zumute, als sei endlich alles zusammengeschmolzen, ein einziger Lohn für sein manchmal brüchiges, manchmal bittres Leben: die unvorhergesehene Pulque-Spende, die Schönheit des Mädchens, an das allerdings Lorenzo vielleicht nicht mehr dachte, die ganz vortreffliche Zeichnung des Wegs, die Lorenzo beim letzten Besuch verfertigt hatte, als stehe eine gemeinsame Hochzeitsreise bevor, und schließlich vor allem Rubéns Farbmühle – dort wurde die Halde zu blauem Staub. – Er schlief auf der Matte in einer freudigen Wolke ein.

Verblüfft war Rubéns Vater, als Benito frühmorgens Abschied nahm. Außer ihrem verweinten Segen hatte die Frau ihrem Sohn nichts mitzuschicken. Sie steckte ein paar dürre gepfefferte Tortillas in einen von Benitos Säkken, zu den hohlen, rappelnden Büchsen.

»Was ist nur plötzlich passiert mit diesem Menschen?« fragte sie hinter Benitos Rücken. Ihr Mann sagte: »Wer weiß?«

Benito wartete auf den Autobus, in dem er mit José gekommen war. Flugs sprang er hinein, wie ein Mann, der daran gewohnt ist, sich seinen Platz zu sichern. Er erkannte die Kumpels nicht, die sich neben ihm drückten auf der Fahrt zur Schicht, doch sie erkannten Benito. Sie hätten gern erfahren, wovon dieser Mann besessen war. Denn er war wohl von etwas Starkem besessen, weil er plötzlich hier auftauchte bei dem alten Alvarez, mit ihm vor der Hütte saß und nachdachte. Und nun, so unbegreiflich wie er gekommen war, denn im Bergwerk suchte er keine Arbeit, zog er wieder dahin. Sie drückten sich an Benito, die Kumpels, vor allem an seine Säcke. Sie waren nicht böse, das nicht. Sie wollten nur wissen, woran sie waren. Doch wie diese Büchsen schepperten, merkten sie gleich, die waren noch hohl. Von hier nahm er also nichts mit.

Er fuhr nicht durch das Tal, denn er hatte sich ausgerechnet, sein Geld reichte nur für ein paar Stationen. Die Halden kamen ihm heute vollkommen grau vor, und bräunlich und gelblich. Er fragte sich auch nicht, wer hier, da Rubén weg war, Nutzen zöge aus solchem begehrenswerten Gestein. Wahrscheinlich niemand. Neue Halden wurden sich türmen, die schließlich Dörfer und Menschen fraßen. Und dann? Ihm war es eins. Er brauchte nur dieses Pulver, um glücklich zu werden.

Er fragte den Schaffner, wie lange er noch für zwanzig Centavos fahren könne. Der Schaffner schrie: »Bist du ganz verrückt? Du hättest längst aussteigen müssen.« Und er ließ anhalten, nur um Benito mit rasenden Püffen hinauszuschubsen.

Benito kletterte den steilen Abhang hinauf. Es wurde schon heiß. Er klopfte an eine der letzten Hütten. Er bat eine Frau um Wasser. Die Frau glich seiner Luísa. Sie war sanft, ohne Argwohn. Er sagte: »Ich habe drei Söhne.« Sie sagte: »Ich habe zwei Töchter. Vielleicht wird das Kind, das ich trage, ein Sohn.«

Benito trank ungeheuer viel Wasser. Dann sagte er: »Ich wünsche Ihnen und Ihren Kindern Glück.«

Die Frau gab ihm einen Rest Kaffee. Sie fragte: »Fahren Sie weit?« Denn wer hier heraufstieg, das war klar, der wollte zur Bahnstation.

»Nach San Cristóbal.« –

»Mein Gott. Wohnt dort Ihre Familie?«

Benito lachte traurig. »Die wohnt in der Nähe von Mexiko. Ich muß etwas Wichtiges erledigen.« Er sagte nicht, was, obwohl es ihm auf der Zunge schwebte.

»Sind Ihre Säcke schwer?« –

»Das nicht, denn die leeren Büchsen, die muß ich ja voll nach Hause bringen.« –

»Hier ist noch ein Rest Reis«, sagte die Frau. »Mein Mann ist soeben zur Schicht, dann haben Sie wenigstens etwas in einer drin.« –

Benito bedankte sich. Jetzt sah er, wie dick die Frau schon war. Zwei kleine putzige Mädelchen mit sonderbar langen, dünnen Zöpfen guckten ihr hinter den Röcken hervor. Benito sehnte sich nach daheim. Luísa erwartete jetzt vielleicht auch ein Kind. Er wünschte sich sehr ein Mädchen. Die Schwägerin hatte auch nur Jungens.

Er rechnete lange oben am Schalter. Die Leute schimpften. »So was macht man daheim.« Als der nächste Zug weg war, fragte ihn die Billettverkäuferin, sie war grauhaarig, sie war vergrämt: »Wann müssen Sie wo sein?«

Benito erwiderte: »Ich muß nach San Cristóbal. Ich muß unterwegs wo was verdienen.« – »Nun also«, sagte die Frau am Schalter, die vergrämt, aber zugänglich war, als hätte sie das Schicksal gelehrt, den Gram der Fremden zu achten, »da rate ich Ihnen zu einem Billett nach Altamilpa. Denn erstens, dort wird ein Damm gebaut, wir kriegen eine neue Linie, und Sie, Sie kriegen vielleicht Arbeit. Und zweitens, von dort fährt ein Autobus nach San Cristóbal.« –

»Vielen Dank«, sagte Benito. Er war erstaunt, daß die Frau, anstatt zu schimpfen, genau seinen Weg bedachte.

Er sagte sich: Ich habe jetzt Reis und auch Tortillas. – Er war zufrieden mit seinem Schicksal. Es war vielleicht der letzte Rest Schicksal. Denn daheim war es einfach Leben, dort würde es endlich schicksalslos sein. Er dachte auch: Zwei gute Frauen nacheinander. Zwei brave Menschen.

Im Abteil seines Zuges zog er, wie er's gewohnt war, die Knie hoch zum Kinn und schichtete seine Säcke, um andere Beine nicht zu schubsen. Der Zug hielt oft. Er hatte noch viele Stunden Zeit. Er war fahrkundig geworden. Er schlief hinter seinem Hut ein.

Er kam hinter dem Hut bei Rubén an. Rubén hinkte so stark wie der Teufel. Er war auch höhnisch. »Blau!« sagte er mit verschmitzter Fratze. »Wer hat dir denn das vorgemacht? Bei uns wird nur Grün gemahlen!« Wahrhaftig, aus der Rinne rieselte etwas wie grünes Mehl in den Sack, den einer, wahrscheinlich war es Lorenzo, bereithielt.

»Ich bin nicht für Grün gekommen«, sagte Benito, »was mich hergebracht hat, war die Aussicht auf Blau.« Rubén lachte ihn aus. »Nimm's oder nimm's nicht. Wir kriegen's los.«

Wirklich, warum soll es unbedingt Blau sein? dachte Benito im Aufwachen. Weil die Tante Eusebia es wiedererkannte? Hat sie sich nicht geirrt. Ihn lähmten auf einmal Zweifel und Ungewißheit.

Ein Mensch in reiner weißer Jacke, der ihm gegenübersaß und ihn beobachtet hatte, sagte: »Mensch, du hast aber schlecht geträumt. Werd du mal schnell wach.« Und sieh da, es war nicht zu glauben, auch er hielt Benito zwar keine Flasche voll Pulque, aber irgendein Fläschchen unter die Nase. »Das ist gegen Herzweh, nimm 'nen Schluck. Dein Gestöhne macht einen ja ganz verrückt.«

»Na danke. Was ist denn das für ein Gebräu?« – »Wenn du das Gebräu nennst, bitte. Mein Vater verkauft davon in seinem Geschäft in Altamilpa dreimal die Woche zwanzig Flaschen.«

»Wie weit ist's nach Altamilpa?« – »Nachts kommen wir an.« – »Wird dort der Damm gebaut?« – »Was für ein Damm? Davon weiß ich nichts.« – Obwohl er noch jung war, sah er in seiner reinlichen Jacke sinnlos vorsichtig aus. Ein Pfennigfuchser, wahrscheinlich, und auch sein Vater, als könne ihn Menschennähe beschmutzen. Dem seine Jacke, dachte Benito, leuchtet mir nachts. Ein Dritter mischte sich ein. »Ich war beim Dammbau.«

»Wieviel zahlt man? Zahlt man im voraus?« –

Der Dritte sah ihn rasch an. Er war ein Kumpel wie alle Kumpel. Er hatte begriffen, was diese Frage wollte. »Kriegt man denn je was vor der Arbeit? Nie. Du kannst aber mit dem Capataz sprechen. Du kannst ihm sagen, ich weiß ja nicht nach dem wievielten Tag, man hätte dich plötzlich heimgerufen. Deine Frau sei fürchterlich krank.« – »So etwas«, sagte Benito, »würde ich nie tun.« – »Tu, was du willst«, sagte verärgert der Kumpel. Benito hätte es wirklich nicht gern gesagt wegen seiner Luísa, er wollte ihr so was nicht anhängen. Er gab aber auch diese schroffe Antwort, weil der Mensch in der weißen Jacke genau zugehört hatte. Der würde bestimmt herumerzählen, da kommt einer nur für kurz und schwindelt euch was vor.

Obwohl sich niemand mehr um ihn kümmerte, so voll das Abteil war, es war ein Abteil von Schweigern, sagte Benito laut: »Ich muß was verdienen. Ich muß.« Der Kumpel, der zwar so starr wie die anderen war, aber immerhin aufzulockern, erwiderte: »Tu, was ich dir riet. Geh zu dem Capataz beim Bahndamm, er heißt Felipe. Sag ihm, Abramo hat dich geschickt. Dann tu, was du willst.«

Benito schlief noch mal ein. Er träumte nicht richtig. Sein Fuß tat ihm weh, als er versuchte, die Töpferscheibe in Bewegung zu setzen. Dann ging ihm auf, daß all das sperrige Zeug unter der Scheibe lag, und es war ohnedies Zeit, das Tongeschirr einzupacken und in die Netze zu stecken und diese Netze dem Mulo aufzuladen. Und wie er einmal die freudige Not des täglichen Lebens auf sich genommen hatte, war kein Grund mehr da und auch keine Möglichkeit, sich ihr zu entziehen. Mit seiner guten Frau und seinen drei Söhnlein, von denen das älteste schon lesen gelernt hatte in der Escuela Rural, ging er, die Hand auf dem Maultier, nicht stoßend, nicht drückend, sondern bloß sein beständiges Dasein kundtuend, auf den Mercado nach Mexiko-Stadt.

Dort war alles wie immer, das heißt, wie es immer sein sollte. Sein Mulo kam in den Mulohof, und seine Frau, unterdes, hatte Teller und Töpfe aufgestellt. Das kleine Mädchen aus der Nachbarbude starrte seinen ältesten Sohn an, Benito dachte: Die wird seine Novia. Schon kamen die ersten Käuferinnen. Luísa konnte sie gar nicht abfertigen, bevor die nächsten erschienen waren. Alle, alle verlangten ihr Lieblingsgeschirr mit dem blauen Muster, teils Ersatzteile, teils im ganzen. Niemand verwunderte sich, daß es da war. Warum sollte es auch nicht dasein? Es war ja sein angestammtes Blau, es war ja sein Muster. Es war das Geschirr, das er zu verkaufen gewohnt war, und sie waren alle gewohnt, es an seiner Bude zu kaufen. Zahllose unbekannte Menschen waren daran gewohnt, von diesem Geschirr zu essen. Er schickte die Jungens weg mit ein paar Centavos, damit sie sich Zuckerbrot kauften. Und wie sein Kleiner halb biß, halb lachte, bekam er selbst Eßlust. Ihm fiel die dürre Tortilla ein, die ihm Frau Alvarez eingesteckt hatte, und auch der Reis der fremden Frau. Er dachte aufwachend: Die Heilige Jungfrau verläßt so leicht niemand. Und er kaute sehr langsam, damit es vorhielt, das bißchen Zeug.

Sie fuhren durch eine Ebene mit so viel Feldern, daß er sich wunderte. Dazwischen lagen kleine zufriedene Dörfer. Benito vergaß, daß er noch im Wegfahren war. Ihm war es zumute, als käme er heim, nun, da er genau wußte, wie er Rubén erreichte. Nur der Gedanke bedrückte ihn, daß er, um sich gründlich satt zu essen und auch um das Geld zu erwerben für das letzte Stück Fahrt, in diesem verdammten Altamilpa aussteigen mußte.

Der Mensch in der weißen Jacke mit seinem glatten Gesicht und seinen sauberen Fingern, der mußte dort auch aussteigen.

Schläfrig, in früher Nacht, stellte Benito fest, daß dieser höchst sonderbare Patron an sich rumzuzupfen begann, was sicher soviel wie Aufbruch hieß. Und wirklich, als der Zug langsam einfuhr, stand der Weißgekleidete auf, sagte »Gute Nacht, die Herren« und stieg aus. Benito lud seine Säcke auf und folgte.

Im beginnenden Tageslicht stellte er fest, dieser Ort war vielleicht keine Stadt, aber auch kein Dorf mehr. Es wurde hier allerhand gebaut. Der Kumpel hatte recht gehabt. Er ging hinter dem Fremden her, den er auch nachts erkannt hätte an seiner Blütenweiße. Sternförmig vom Zocalo aus, der noch leer war, liefen lange, recht öde Straßen mit niedrigen Häuserreihen. Sie endeten wohl im Ackerland. Die letzten Häuser waren vielleicht gewöhnliche Bauernhäuser.

Doch kurz nach dem Zocalo drehte sich plötzlich der Fremde um und fragte: »Was willst du denn? Warum gehst du mir nach?« Benito sagte bescheiden: »Ein wenig Wasser, wenn es nicht stört.«

In diesem Augenblick wurde die Haustür, vor der sie stehengeblieben waren, von innen geöffnet. Es gab eine Begrüßung. Benito trat einen Schritt zurück. Jetzt sah er, daß die Tür ein Geschäft verschloß. Und aus dem Geschäft kam ein sonderbarer Geruch. Es war ein ganzes Gemisch von Gerüchen. Die Frau, die vielleicht die Mutter war, befahl einer Magd oder Schwiegertochter: »Mach auf!« –

Benito ging auf die andere Straßenseite. Er stellte jetzt fest, daß das Geschäft eine Art Drogerie war. Er überquerte wieder die Straße. Der Fremde, der hier der Sohn war, sagte: »Ach, du bist immer noch da.« Er fügte hinzu: »Gib ihm Wasser, in Gottes Namen.«

Benito, wartend, erkannte in diesem Geschäft verschiedene Heilmittel für Menschen und Tiere und auch Insektenpulver und Gläser voll getrockneten Kräutern. Er verbeugte sich höflich vor dem Alten, dem Vater, und er folgte der Frau, seiner Ehefrau, in den Innenhof. Er hatte bereits gemerkt, ein Brunnen rieselte dort. Auch gab es, vom Vordach geschützt, allerlei Waren, Kisten und Säcke.

Er sagte bescheiden und schlau: »Von Marcel« – mit diesem Namen hatte die alte Frau den alten Mann angeredet –, »ich muß sofort in die Stadt, und ich wäre Ihnen von Herzen verbunden, wenn ich hier eine Zeitlang meine Säcke abstellen dürfte.« – »Was ist denn drin?« – »Nichts«, sagte Benito, »sehen Sie selbst. Nur leere Büchsen.« – »Warum schleppst du denn leere Büchsen mit dir herum?« – Benito sagte langsam, fast feierlich: »Weil ich zu meinem Verwandten fahre, in die Nähe von San Cristóbal. Der wird sie mir füllen.«

»Womit denn?« fragte der Alte gespannt. Er war so weiß und so rein wie sein Sohn gekleidet. Sein Gesicht war nicht braun, sondern gelb. Sein Blick war verschlagen. Benito sagte ausweichend: »Das kommt darauf an. Mit dem, was er fertig hat.« – »Hat er selbst eine Maschine?« – »Ja, eine Art Maschine.« – Da dieser Fremde kein bißchen mit der Sprache herausrücken wollte, fragte der Alte grob: »Sag mal? Und du?« – Benito erwiderte, weil diese Frage für sein Gefühl keine Lüge als Antwort vertrug: »Ich bin Töpfer.«

»Sieh mal an«, sagte Don Marcel, er hatte bereits die Säcke betastet. »Dann schleppst du wohl Büchsen für allerlei Farben. Die kannst du bei mir auch kriegen.« Der Sohn raunte ihm etwas zu. »Ach, ach, du willst noch in unserer Stadt dein Fahrgeld verdienen. Ich kann dir die leeren Büchsen abkaufen. Dann fahr heim.«

»Nein, nein!« rief Benito erschrocken. »Ich hab ja nötig,

gewaltig nötig, was er macht, mein Vetter in San Cristóbal!« Der Alte schob seine Lippe vor. »Such dir Arbeit, von mir aus. Stell deine Säcke hier unter. Nur, warum willst du so weit ziehen? Wenn du hier bißchen was verdienst – du kannst bei mir alles kaufen. Alle Farben, die es gibt. Guck mal meine Farben an. Such dir welche aus.«

Benito sagte: »Ich such nur eine einzige Farbe.« Er wußte selbst nicht, warum ihm plötzlich im Innern ganz kalt war. An diesem Don Marcel war nichts zum Fürchten. Er war ein Händler, verschlagen, was war schon dran? Die Augenpaare von Vater und Sohn blieben auf ihn gerichtet. Und wenn ich, dachte Benito, das Blau, das ich suche, hier finde?

Er faßte sich. Er sagte ruhig: »Zeigen Sie mir, Don Marcel, Ihre Farbproben.« – »Sind Sie auf etwas Bestimmtes aus?« – »Nun ja, besonders auf Blau.« Der Jüngere rief: »He, Josefina, bist du, während ich weg war, taub geworden? Geh mit ihm.« – Benito folgte der jungen Frau ins Lager, das halb im Freien, halb unter dem Vordach war. Der Alte kam hinterher. »Oh, wir haben alle möglichen Blau. Sie finden hier helles und dunkles und Nachtblau, das wird auch lila genannt.«

Die junge Frau, sie war steif, sie brachte keinen Laut hervor, sie machte einen verschüchterten Eindruck, legte ein Brett zwischen zwei Kisten. Benito starrte die Farbproben an. Das helle war viel zu hell. Das dunkle war viel zu dunkel. Das Nachtblau war lila und keineswegs blau. Aus einem Grund, den er selbst nicht begriff, war Benito erleichtert. Er hatte noch Schweres vor sich. Den Rest der Reise. Gott weiß, was ihm blühte bei Rubén, und dann der Rückweg. Doch alles war ihm lieber, viel lieber, als könnte dieser verdammte Don Marcel sein Blau entweihen.

»Ich danke Ihnen«, sagte er leise. »Es ist nicht genau, was ich brauche. Bitte, erlauben Sie mir, die Säcke trotzdem hier hinzulegen.«

»Keine Ewigkeit«, sagte der Sohn. »Wenn du verdienst, zahl die Gebühr.«

»Ja, gewiß«, sagte Benito. Er ging bekümmert und hungrig fort. Don Marcel rief hinter ihm her: »Zwei Centavos den Tag, drei Centavos die Nacht.« –

Doch als er angelangt war beim Dammbau, hatte er Glück. Der Aufseher kam gleichzeitig an; er nickte, als Benito nach Arbeit fragte und Grüße bestellte von Abramo. Benito bekam eine Schaufel. Man zeigte ihm, wo er aufschütten mußte.

Mittags war er äußerst erschöpft. Er ließ sich nichts anmerken. Er fragte nur vorsichtig einen der Kumpel, ob er ihm auf seinen Lohn zwei Peso leihe. Der sagte sorglos: »Quatsch, halt mit.« Sie fütterten ihn. Sie sagten zu dem Capataz, als sei er ein gewöhnlicher Kumpel, und er aß auch mit ihnen: »Gib dem mal vom Lohn 'nen Vorschuß.« – »Wieviel brauchst du denn, Mensch? Verstehst du, wir stellen hier niemand auf kürzere Zeit ein als einen Monat.«

Benito erzählte von der Lagergebühr, die er diesem Don Marcel entrichten müsse. Nachträglich stellte er fest, zu seinem Schrecken, daß sich daraus ergab, wie schnell er den Ort zu verlassen gedachte. »Du scheinst also hier nicht seßhaft zu werden?« sagte der Capataz. Er verbiß ein Lachen in seinem Schnurrbart. Benito sagte beklommen: »Die Mutter Gottes soll mir verzeihen.«

Der Capataz sagte trocken: »Zweifelsohne.« Obwohl Benito selbst nicht recht wußte, ob er an Gott glaubte, auf die Mutter Gottes ließ er nichts kommen.

Zwei starke Kumpels gingen abends mit ihm zu Don Marcel. Bei ihrem Anblick schraubte der seine Forderung gleich zurück. Er zwickte Benito schließlich nur einen Centavo für die Nacht und einen halben für den Tag ab. –

Sie schliefen alle zusammen in einem Schuppen, der mit dem Bahndamm aus der Stadt herausrückte. Ihr Leben war lustig. Der Aufseher war vernünftig. Bisher hatte

Benito das Arbeiterleben gering geschätzt. Er kannte nur das Handwerkerleben. Bald war er ans Neue gewöhnt. Nur einmal, nachts, durchfuhr es ihn mit Entsetzen, wieviel Zeit er hier beim Dammbau verbrachte. Er galt gewiß daheim schon für verloren. Nicht nur als Ehemann und als Vater, auch die Töpfer hatten einen der Ihren verloren. Sogar Leopoldo, der ihn einmal zu Unrecht beschuldigt hatte, fühlte jetzt wohl, sein Mittöpfer war verschwunden. War er dem Blau untreu geworden in der letzten bequemen Zeit am Damm? Er zahlte regelmäßig dem Don Marcel die Lagergebühr, und wenn er auch schon Geld für die Reise weggelegt hatte, er sparte doch nicht jeden Centavo. Zu sehr verlockten ihn in der Stadt die Pulquerias und die Lustigkeit seiner Kumpels. In diesem Teil des Landes war man im ganzen viel heiterer als daheim oder gar in den Bergwerkhalden. Er wußte auch nicht, wen er hier bitten könnte, eine Karte an seinen Jungen zu schreiben, ohne sich verdächtig zu machen. Er hatte plötzlich das Gefühl, die Bahndammkumpels, besonders ihr Capataz, betrachteten ihn vollkommen als einen der Ihren. Es wurde ihm kalt. Sein Gewissen stöhnte.

Er stand nachts auf, frühmorgens zahlte er bei Don Marcel die Gebühr, und er nahm seine Säcke auf die Schultern. Er glaubte, er schulde dem Aufseher noch drei Wochentage, obwohl in Wirklichkeit der Aufseher ihm drei Tage hätte zahlen müssen, die er schon hinter sich hatte. Er hatte auch Angst, man könnte ihn fragen: Was hast du eigentlich vor? Er ging nicht an die Station. Er trat die Landstraße hinter sich. Und endlich, nach vielem vergeblichen Winken, gelang ihm ein verzweifelter Sprung auf einen Camion. Der Fahrer sah ihn nur gleichmütig an, er fragte ihn erst, als sie am nächsten Ort auf dem Zocalo hielten: »Wo willst du denn hin?«

Benito sagte: »Nach der Stadt San Cristóbal.«

»Dann geh an die Autobushaltestelle da drüben«, sagte der Fahrer. »Ich muß jetzt hier herumfahren. Du fährst bis San Sebastián. Dort frag dich weiter.« Er war nicht unfreundlich, dieser Fahrer. Er war kurz angebunden.

In San Sebastián schüttelte der Camion seine sämtlichen Passagiere aus. Ein Teil zerstreute sich, ein Teil ging gleich in die nächste Wirtschaft. Benito war hungrig und durstig. Er war auch verwöhnt durch die regelmäßigen Mahlzeiten am Eisenbahndamm. Er wagte aber nicht, in die Wirtschaft zu gehen, weil er nicht wußte, was die Fahrt noch kosten mochte. Er fragte einen Jungen, der Truthähne vor sich her zum Markt trieb, ob ein Camion nach San Cristóbal fahre und wie lange man brauche. Der Junge unterbrach seine vogelartigen Rufe, mit denen er den Schwarm antrieb: »Du bist ja in San Cristóbal. Hier ist bloß ein Vorort.«

Benito war stark erregt. Und wie vor seinen Augen die Zeichnung entstand, die Lorenzo für Concepcion gemacht hatte, war ihm klar, wohin er jetzt mußte. Ans Ufer, flußaufwärts, zur Bachmündung. War er auch schon lange auf Reisen, die Regenzeit war doch noch nicht arg lange her, das fiel ihm plötzlich ein, und damit fiel ihm auch ein, daß in so kurzer Zeit noch niemand für tot gehalten wird. Nicht einmal der schlechte Leopoldo hätte ihn einfach aufgegeben. Es war ein bitteres Warten, gewiß, für seine Frau und für seine Söhne, aber jetzt war er nur Stunden von seinem Blau entfernt, die Heimkehr war sicher. Der Bach, der ihn führen würde, war gewiß, weil die Regenzeit noch gar nicht so lange vergangen war, ein kräftiger, leicht erkennbarer Bach. Er hörte ihn geradezu sprudeln, ja aufschäumen an der Stelle, an der er in den Fluß La Pura sprang.

Er war mit kräftigem Schritt, so daß es in seinen Säcken klapperte, durch die Vorstadt gezogen. Er ging froh erstaunt um einen frischen, mit Bäumen und Beeten geschmückten Platz. Die Stadt war vielleicht nicht so groß wie Mexiko, sie war aber eine prächtige Stadt. Es wimmelte in den Straßen. Manche Menschen waren ihm ähnlich an Kleidung und Aussehen, Handwerker, Bauersleute vom nahen Ackerland, zahlreiche Arbeiter, auch Leute, die ähnlich gekleidet waren wie Don Marcel und sein Sohn. Hier gab es erstaunlich viel Geschäfte. Er sah keine richtige Pulqueria. Nur viele Wirtschaften. Und hier und dort an den Straßenecken standen, genau wie in Mexiko, Buden mit gelben und grünen Brausen und Öfen, um Fleisch zu rösten und Tortillas zu füllen. Er fühlte sich reich, weil er noch den Rest Fahrgeld besaß, und er aß sich satt, und er kaufte sich gefüllte Tortillas.

Dann ging er nachdenklich weiter. Er hatte plötzlich Durst. Er wollte sich aber in keine Wirtschaft setzen. Denn sein Entschluß stand fest, nichts mehr auszugeben, und vielleicht war er doch nicht stark genug, und er wäre dort hängengeblieben.

Er fragte einen städtischen, wie Don Marcel weißgekleideten Mann nach einem Brunnen. Der deutete auf ein mächtiges Haus, vielleicht war es das Rathaus, mit einem offenen Tor. Hinter dem Tor lag der Patio mit einem Rundgang. Benito wäre gern durch diesen Rundgang gelaufen. Er sah aber gleich in der Mitte den Brunnen mit einem aus Fliesen gelegten Becken. Er hockte sich hin. Er fuhr zurück. Denn die Fliesen leuchteten in dem Blau, das er suchte. Von dem Eusebia erzählt hatte und die alte Alvarez eine Spur zusammengekratzt. Anstatt Wasser zu schöpfen, strich er mit der Hand über die blauen Fliesen. Sie waren anders gebrannt und anders glasiert als daheim seine Teller und Töpfe, er konnte aber begreifen, wie sie hergestellt waren, er konnte sich richtig hineindenken. Er vergaß zu trinken. Er dachte: Das hier kommt sicher von Rubén. Er machte sich auf mit schwerem Atem. Er drehte sich noch mal um. Er hockte sich noch mal hin. Dann stürzte er weg. Mit Träumen, mit Ausdenken war es vorbei. Er durfte keine Minute mehr verlieren.

Er war gefaßt auf einen herrlichen Fluß. Die Luft zwischen den Häusern hatte so hell und klar geschimmert. In

Wirklichkeit war der Fluß La Pura nicht wasserreich. Er war von Sandbänken durchsetzt. Man konnte leicht ans andere Ufer waten. Es gab nur eine einzige Brücke, die Eisenbahnbrücke, die die Stadt mit dem gegenüberliegenden Ufer verband. Das Hügelland erinnerte ihn an daheim. Er war solche Hügel mit seiner Frau und seinen Kindern und seinem geschirrbeladenen Maultier hinuntergestiegen zum Markt. Die Abhänge waren aber oft eingerissen, wie abgebröckelt; er erspähte Halden und Schienen und Rauchfahnen und eine große Betriebsamkeit.

Er dachte: Dort ist das Bergwerk. Ich muß mich an diese Seite halten, so hat es Lorenzo aufgezeichnet. Der geht mit seiner Last über die Brücke, sicher.

Es gab auf der Uferstraße viele Passanten, wie Benito mit Säcken, und es gab Lastwagen, auch Maultiertreiber. Als Benito nachdenklich vorandrang – das Straßenvolk wurde spärlich, und auch das gegenüberliegende Ufer sah schließlich menschenleer aus –, hörte er in seinem Rükken ein scharfes Trappen. Der Schwarm Reiter streifte ihn wie ein Luftzug. Es gab vielleicht eine große Ortschaft ein paar Stunden flußaufwärts. Die suchten sie auf, gut gekleidet, mit prächtigen Gürteln, und auch ihr Sattelzeug war vortrefflich. Nach kurzer Pause kamen zwei Reiter nachgesprengt. Jetzt sah Benito ihre Pistolen. Er dachte: Sind lauter Soldaten. Er war hier vorzeitig müde. Der Tag kam sehr heiß auf. Er setzte sich in den Schatten, und er zog seine Sandalen aus, um leichter zu gehen. Die Straße war hier nicht mehr gepflastert, nur ausgestampft. Er war auch müde, weil er andauernd achtgab, um die Bachmündung nicht zu versäumen. Er hatte sich den Bach schäumend vorgestellt. Es mußte aber wohl, endlich, da er etwas Ähnliches noch nicht bemerkt hatte, nur versandetes Rinnsal sein, einzelne Wurzeln krochen heraus. Hier fing die Gegend an waldig zu werden.

Immerhin, sagte er sich, ich bin in der Nähe der Stadt.

Ich gehe hier nicht verloren. Er freute sich über die Bäume und auch über das Wasser, das hie und da kräftig war, wirklich ein Bach. Er schob eine Rast ein, aß eine Tortilla, und er trank, soviel er Lust hatte. Er dachte: Ich kann mich gar nicht verirrt haben. Das, was ich sah an dem Brunnen im Patio, das war mit Sicherheit Rubéns Blau. Ich muß drauf los.

Er stieg hoch in dem Bachbett. Manchmal steckte er bis zu den Knöcheln im Wasser. Plötzlich, aus einer Lichtung, hörte er einen zornigen Ruf. Und er hörte ein Stampfen und Schnauben, das ihm vertraut war.

Ein Mensch kam ziemlich schnell bergab auf seinem Maultier, und er zerrte ein zweites mit sich, das schwer bepackt war. Der Mensch, sein Gesicht war hart und frech, stutzte kaum bei Benitos Anblick. Er setzte seinen Weg fort. »Guten Tag!« rief Benito. Der Fremde sagte auch »Guten Tag«, ohne den Kopf zu wenden. Darum war Benito genötigt umzukehren, denn er wollte sich versichern: »Geht es hier zu Rubéns Mühle?«

»Was hast du mit Rubén vor?«

»Ich? Nichts. Grüße bestellen von unserer Tante. Ich bin sein Vetter.« –

»Nun dann bestell sie«, sagte der andere. Benito, immer noch abwärtsgehend, da der Fremde nicht hielt, fragte: »Bist du Lorenzo?«

Der andere bestätigte: »Wenn es dich nicht stört. Lorenzo.« Dann fragte er doch noch: »Wieso weißt du das?« –

Von deiner Novia, hatte Benito antworten wollen. Doch das Gehaben des jungen Menschen, der schön von Ansehen war, aber ausnehmend kalt und selbstbewußt, hielt ihn davon zurück. Er sagte nur: »Ich war bei Rubéns Eltern.« Er hatte gedankenlos einen Riemen verschoben, der den Rücken des Mulo wetzte. »Laß die Finger davon«, sagte Lorenzo. »Auf Wiedersehen, Freundchen. Ich muß mich nämlich sehr eilen.«

Obwohl ihm Lorenzo mißfallen hatte – doch war es

wirklich Mißfallen? Vom Standpunkt der Novia, gewiß, der würde er schwerlich treu sein –, war Benito jetzt glücklich. Er hatte schon fast vergessen gehabt, wie einem zumute ist in sicherem Glück. Es gab keine wolkige Hoffnung mehr. Es gab keinen Traum mehr. Nach etwas Wirklichem schmeckte die Luft.

Sie schmeckte auch nach einem Rauch, den er nicht kannte. Der Abhang war steil geworden. Benito kam verschwitzt auf einem Vorsprung an. Von hier aus sah er auf dem höheren, breiten und flachen Vorsprung ein Feuer brennen.

Es war schon Nachmittag. Ihn führten die doppelten Maultierspuren. Was er für massig gehalten hatte, war zerrissen von scharfen Klüften, die dreimal hinauf und herunter befahlen, bis zur Erschöpfung. Rubén, dachte Benito, hat sich wahrhaftig in einer für Menschenseelen unzugänglichen Wildnis verkrochen.

Über ihm hing der letzte, der höchste Bergvorsprung. Er sah einen Rauchqualm sehr deutlich unter dem reinen Himmel. Erst als er abermals höher stieg, sah er ein kleines Feuer. Beim Klettern war es wieder verdeckt.

Der Bach verrieselte im Wald. Benito setzte sich nieder und trank und wusch sich Gesicht und Füße. Dabei sah er hinauf nach der Feuerstelle, die inzwischen, so kam es ihm vor, erloschen war, nur der Rauch hing noch in der Luft. Er beschloß, jetzt in einem einzigen Aufstieg sein Ziel zu erreichen. Er erkannte schon etwas wie eine Hütte. Darin lebte wohl Rubén mit seinem Gehilfen Lorenzo. Bevor er die Mühle, oder was es sonst war, genau erkannte, vernahm er ein Klopfen, so dünn, es zerbrach an der Stille. Es war mit dem dauernden, wuchtigen, atemberaubenden, gleichsam drohenden Pochwerk in dem Bergwerkstal bei den Alvarez' nicht zu vergleichen. Nur weil er andauernd horchte, stellte er fest, woher das Pochen kam.

Im Näherkommen erblickte er eine Schleuse, die diese

zwei Vettern, Lorenzo und Rubén, wohl eingesetzt hatten, um das kostbare Wasser zu stauen und ihr Gestein durchzuspülen.

Jetzt sah er die Farbmühle. Er seufzte froh, als hätte er selbst all die Müh vollbracht. Und noch ein Stück näher sah er die Hämmer am Pochwerk.

Er war fast angelangt, da erkannte er den einzelnen Mann, der flugs, kaum mit den Augen festzustellen, bald da, bald dort auftauchte, gleichwohl am Hinken. Rubén trug, ohne sich davon behindern zu lassen, etwas vom niedergebrannten Herd zum Bach.

All diese Arbeiten, an der Mühle, am Pochwerk, am Herd, die verschiednen Menschen verlangten – diesem Rubén allein gelang alles so rasch hintereinander, daß man beim Zusehn glauben konnte, er mache alles zugleich. Benito verstand nicht, was Rubén zuerst vollbrachte und was in der Mitte und was zuletzt. Es drehte sich ihm im Kopf beim Zusehn, es machte ihn wild.

Nur in Rubéns Rücken, nach dem Fluß zu, war Wald. Nach dem Land zu fiel der Berg kahl und rissig ab. Und hinter der Stadt erhoben sich wieder kahle und rissige Berge. Hier glühten auf dem Abhang zwei Pfefferbäume. Die mußten bald mit der Sonne erlöschen.

Und wie es hier oben einsam war. Da war es besser in all dem Geröll mit Rubéns Eltern, den alten Alvarez'. Noch hundert Schritte zu meinem Blau, dachte Benito. Auf einmal, da es zum Greifen nah war, kam es ihm unglaublich vor.

Jetzt stand Rubén still. Er hatte noch nichts von Benitos Ankunft gemerkt. Er bewegte ein großes Sieb hin und her. Was am Feinsten war, fiel vor ihm in einen Bottich. »Guten Tag, Rubén«, sagte Benito. Rubén erschrak. Weil er aber von Kindheit an gewohnt war, alle Gefühle zu verstecken, drehte er sich nicht einmal um. Er stellte nicht einmal sein Sieb ab.

Dann drehte er langsam den Kopf. »Wer bist du denn?« –

»Ich komme aus San Mateo. Ich bringe dir Grüße von deinen Eltern.« – »Wie hast du den Weg gefunden?« – »Ach Rubén. Die Eltern haben ihn mir ein wenig erklärt. Die Stadt. Den Fluß. Man muß einen Bach hinauf. Das hat ein Mädchen gewußt. Lorenzos Novia. Unterwegs traf ich Lorenzo mit euren Mulos. Es war nicht einfach, dich zu finden. Doch ich hab es derartig deinen Eltern versprochen, dir diese Grüße zu bringen.«

Rubén stellte das Sieb ab. Er hatte die Arme frei. Er hatte ganz seinen Schreck bezwungen.

Benito bat: »Gib mir was Warmes.« Rubén wärmte ihm Kaffee auf. Unter dem Vordach auf dem kleinen eisernen Ofen. Sie setzten sich auf den Boden einander gegenüber. Benito packte seine letzte Tortilla aus. Auf einmal rief er: »Mein Gott, ich hab ja noch Pulque im Sack!« Er war es jetzt, der sich freigebig zeigte. Rubén, das merkte er, hätte ihn niemals eingeladen. Wo steckt denn bloß sein Blau? Er sah nur bräunlich graue Gesteinsbrocken, Kies und Sand. Im Bottich feingemahlenes Zeug. Sonst nichts. Wahrscheinlich war hinter der Hütte ein gutes Gestell zum Rösten. Dabei wurden die Körner erst blau. So etwas hatte ihm Frau Alvarez erzählt. Er wußte selbst nicht, warum er davon nichts erwähnte. Sie saßen sich schweigend gegenüber und tranken den heißen Kaffee. Er ließ die Pulque bis auf einen Schluck dem Rubén.

»Was hat dich nach San Cristóbal gebracht?« fragte ihn schließlich Rubén. Sie sahen einander genau an mit schmalen Augen. Rubéns Augen schimmerten grün vor Mißtrauen. Benito erwiderte zuerst einmal vage: »Ich bin in Geschäften hier.«

»Was für Geschäfte?« fragte Rubén. Die Pulque hatte ihn etwas erregt. »Ach, sieh mal«, wagte Benito jetzt zu erklären, »ich bin aus dem Töpferdorf Santiago Ixcuintla. Es liegt bei Mexiko-Stadt.« – »Und?« sagte Rubén. Er ließ Benito keine Sekunde aus den Augen. Und nun, da die Nacht fiel, gab es zwischen Himmel und Erde in diesem Bergland kein Licht als das grünlich goldene aus Rubéns Augen.

Benito fing harmlos an: »Ich habe ja nicht geahnt, als ich deinen Eltern den Gruß versprach, daß ich wer weiß wie hoch klettern muß.« Rubén erwiderte kurz: »Ich bin gern allein.«

Benito knabberte langsam seine Tortilla auf. Er empfand, daß irgend etwas nicht stimmte. Warum war Rubén so sehr auf der Lauer? Wie der Teufel auf eine arme Seele.

Benito sprach weiter in leichtem Ton: »Da unten in San Cristóbal ging ich in einen Hof. Da stand ein Brunnen. Sein Becken war ausgelegt mit Fliesen. Da sah ich dein wunderherrliches Blau.«

In einer Sekunde war Rubéns Gesicht von Haß entstellt. Er flüsterte, als gäbe es soundso viel Lauscher auf dem Berg: »Das hättest du gleich sagen können. Ich werde dir Beine machen, wenn du deshalb herauf bist.«

Benito dachte: Der wär imstand mich umzulegen. Ich kann nicht mal begreifen, warum. Wir müssen uns einig sein, bevor Lorenzo zurückkommt.

Benito fuhr fort: »Als ich dieses Blau erblickte, da wußte ich, das kann nur von Rubén stammen. Ich bin ja so lange unterwegs mit soviel Müh und Not, nur um es zu finden.«

»Ich will dir gleich sagen«, sagte Rubén gezwungen ruhig, »hier wirst du's nicht finden. Wir machen hier mit der Farbmühle vollständig andere Sachen. Was wir diesem Händler verkauften, der die Fliesen anfertigt, wird gar nicht mehr hier oben gemacht. Es lohnt sich nicht.« – »Doch«, sagte Benito zornig, »ihr macht es. Es lohnt sich. Du bist der einzige, der heraus hat, wie man es macht.«

»Wer hat dir denn so was vorgequatscht?« – »Deine Mutter«, sagte Benito. – »Ein altes, geschwätziges Weib.« – »Sie hat sogar noch ein bißchen von diesem Staub gefunden, den ihr herausgequetscht habt mit der Handmühle.« Rubén erwiderte zunächst nichts. Er war starr vor Wut. Benito dachte: Warum ist er so gemein, so verlogen, dieser Rubén?

Er fragte laut: »Warum willst du mir nichts abgeben? Warum streitest du ab, daß du's machen kannst? Sei froh! Nur du bringst so etwas fertig! Du, Rubén, allein!«

Rubén sagte, vielleicht eine Spur berührt in seinem Stolz: »Ich mache ihn nicht fertig, diesen Blaufarbstoff, ich allein, damit sie mir unten in der Stadt und in anderen Städten meine Erfindung klauen.«

Auf einmal verstand Benito, was Rubén erweichen könnte.

»Es war auch gar nicht deine Mutter, du darfst sie nicht schelten, die Arme, die mich auf den Weg zu dir brachte. Zuallererst hat mir von deiner Kunst die Tante Eusebia erzählt. Sie kommt manchmal in unser Dorf. Da hab ich mein Leid geklagt. Daß es nämlich in Mexiko-Stadt kein Blau mehr gibt, wie ich's brauche. Da hat mir Eusebia erzählt, daß du welches herstellst. Genau wie ich's brauche. Sie ist nämlich auch meine Tante. Sie ist die Schwester von unseren Vätern, denn wir sind Vettern, du und ich. Wir sind beinahe Brüder.«

Rubén hatte zuletzt die Augen gesenkt, denn er konnte nicht leiden, wenn man ihm Gefühle ansah. Mit dem Mißtrauen war auch das Grün aus seinen Augen verschwunden. Sie waren wieder goldgelb, als er sie auf Benito richtete: »Warum hast du mir nicht gleich gesagt, daß dich Eusebia geschickt hat?«

»Nun, jetzt weißt du's, lieber Rubén. Ich brauch ja nur ein bißchen Farbstoff für mein Geschirr. Denn all meine Kunden wollen das blaue Muster, das ich ihnen plötzlich nicht mehr verschaffen konnte. Dein Rezept will ich gar nicht wissen. Ich bin auch gar nicht so klug wie du, daß ich damit was anfangen könnte. Und jemand verraten, wo ich mein Blau kriege – da würde ich mich nur ins eigne Fleisch schneiden.«

»So ist's wahrhaftig«, sagte Rubén. Er seufzte. Er

dachte auch an Eusebia, den einzigen Menschen, vor dem er große Achtung empfand. Solange es Eusebia gab in seiner Familie, war er nicht ganz verloren. Denn seit seiner Kindheit, wenn nicht Eusebia für ihn eintrat, kam er sich wie verloren vor mit all seiner Klugheit und Lahmheit. Ja, Lorenzo, der redete ihm nach der Zunge. Brüderlich war der auch nicht. Der machte gern seine eignen Tänze, wenn er für Rubén weg war.

Seit kurzem lag ihm Lorenzo in den Ohren, sie könnten ihr Geschäft nicht ewig allein betreiben. Er wisse da einen, der würde mit seinem Sohn zu ihnen heraufziehen, wenn Rubén ja sagte, nämlich, die Tochter dieses Menschen aus San Cristóbal sei fast seine Novia, und dann, die Familie, das sei eine gute Bürgschaft.

Ob er nicht eine feste Novia besäße, Concepcion, in San Mateo? Lorenzo lachte. »Wir brauchen eine, die eine gute, geschäftsbewanderte, verschwiegene Familie hat. Und jetzt, meine neue, die bringt ihren Vater und ihren Bruder. Ich bin fast immer unterwegs. Bis ich mit den Maultieren bei unseren Kunden angelangt bin und wieder zurück, machst du die Arbeit allein. Ist es da nicht viel besser, auch für dich, du hättest den Vater und ihren Bruder, sieh mal?« –

»Ich frag mich, ob es wirklich besser ist«, sagte Rubén, nachdem er alles Benito erzählt hatte. »Nun ja, ich bin manchmal recht kaputt.« – Er sagte scheu: »Mit dem kranken Bein. Ich muß von einer Stelle zur anderen. Er treibt's gewiß mit der Novia, während ich hier allein schufte«, sagte Rubén leise und bitter. Es wurde Benito klar, ein Leben ohne Geliebte war hart für den jungen Burschen, der so viel von seiner Kunst verstand.

»Du hast's wohl vom Ufer gesehen, das Silberbergwerk, das sich hier aufgetan hat, so groß ist es nicht wie daheim, aber Lorenzo hat schnell entdeckt, man findet auch hier auf der Halde von dem Gestein, das wir brauchen. Nun also, manchmal bringt er gleich Kiesel, die wir nur klopfen und mahlen und sieben müssen und mit dem Sand mischen, der hier am Bach vortrefflich ist, da wird es beim Rösten so blau, so blau, wie das Kleid der Jungfrau. Ich werde dir alles zeigen, da du beinah mein Bruder bist. Ja, wenn du nur hier bleiben würdest, aber du sagst, du müßtest zurück in dein Töpferdorf. Du bist halt mal ein Töpfer. Sieh, das letztemal brachte mir dieser Lorenzo ganz dicke Brocken. In diesen Brocken findet man wohl den Stoff, den wir brauchen, aber erstens werden die Maultiere wundgescheuert, was zu schwer ist, das ist zu schwer für Mensch und Tier, und zweitens muß ich allein die Brocken auf dem Herd zersprengen. Bis ich das Zeugs finde, das ich brauche. Ich will dir nachher alles zeigen. Iß erst mal richtig. Ich bring dir was Gutes.«

Wenn die Sonne aufgehe, sagte Rubén mit seiner trokken erregten Stimme, beginne das Ausprobieren und Rösten. Es sei ihm zuwider, wenn er nicht Zeit vor sich hätte, um sein Blau zu mischen. – Benito nickte. Rubén fuhr fort, obwohl er jetzt fast ohne Probieren sicher sei, den Farbton zu erzeugen, den er sich wünsche, für ihn sei bei dieser Arbeit jedesmal eine Spannung. Sie würden sich darum früh schlafen legen.

Er brachte Lorenzos Matte, die tagsüber eingerollt in der Ecke stand, obwohl sie hier oben nie Besucher erwarteten. Doch nicht nur die Matten waren reinlich, beinah wie neu, so daß Benito erstaunt an das verbrauchte, zerfranste Zeug dachte, das die alten Alvarez' benutzten. Der ganze Raum war überaus reinlich. Rubén war bei seiner Arbeit streng darauf aus, jede Unsauberkeit zu vermeiden. Das gefiel Benito, das war ihm vertraut.

Am nächsten Morgen zeigte ihm Rubén, welches Gestein er klopfen müsse und fein mahlen und welche Art Sand zusetzen. Alles zeigte er arglos, als hätte er völlig die Wut bei Benitos Erscheinen vergessen. Benito sah schweigend zu, im Innern heftig erregt, wie aus der richtigen Mischung beim Rösten das richtige Blau entstand.

Soviel. Soviel. Genug, dachte Benito, bis an mein Lebensende. Er half Rubén etliche Büchsen füllen, die dreimal größer als seine eignen waren. Manche von Rubéns Büchsen blieben zunächst leer, denn Rubén setzte dem Farbstoff verschiedenartige Schmieren zu, die seien, erklärte er, für verschiedene Berufe. Sie seien alle längst bestellt. Lorenzo hätte die erste Lieferung in die Stadt gebracht.

Da immer noch Brocken um den Herd herumlagen, wurde das Feuer angezündet. Rubén ging seiner Arbeit nach, während Benito die Steinbrocken bewachte, er lernte, sie zu zerteilen, als sie mürbe waren. Das mußte er wohl tun als Bruder und als Gastfreund. Ihm wäre es lieber gewesen, er hätte gleich seine eignen Dosen gefüllt, um heimzuziehen. Er hatte kein Fahrgeld mehr übrig. Er würde die Reise bald unterbrechen, um etwas dazu zu verdienen. Vielleicht in der Stadt Santiago. Bis dorthin war wohl der Damm gediehen. Er würde, wenn nicht die alten Kumpel, den lustigen Capataz vorfinden. Er sagte aber noch nichts. Es ging nicht an, das hatte er schon gespürt, so glatt heraus den Rubén um Blau zu bitten.

Beim Essen fragte Rubén, was denn Benito in seinem Sack mitschleppe. Nun gestand ihm Benito, das seien die Büchsen, die er sich aufbewahre in seiner eignen Werkstatt. Er müsse sie sonst neu kaufen am Mercado bei Don Victor. Und er erzählte lebhaft, wie alles damit begonnen hatte, daß dieser Don Victor ihm immerzu seine Farbe versprach und sein Versprechen nicht hielt, so daß die Kunden zürnten. »Dann brachte mich die Tante Eusebia auf deine Spur.«

Rubén hatte ihm aufmerksam zugehört. Doch schien es Benito, Rubéns Gesicht sei wieder finster geworden. Benito half ihm unermüdlich, doch Rubén blieb schweigsam. Er sagte nur einmal an diesem zweiten Tag: »Lorenzo kommt morgen. Er bringt uns, was wir brauchen, von der Halde am anderen Ufer. Dann ruht er sich aus, und die Maultiere ruhen sich aus. Dann geht er los mit der zweiten Lieferung, die ich ihm vorbereite.« Benito verstand auf einmal, daß es gar nicht in Frage kam, einfach die eignen Büchsen zu füllen und wegzugehen.

Er hörte in der nächsten Nacht Lorenzos Mulo-Rufe. Es dauerte noch eine Stunde, bis dieser Mensch angelangt war. Benito hatte Mitleid mit den Mulos. Er lud sie schnell ab. Er dachte, so geht es meinem, wenn es Luísa vermieten muß. Er gab den Mulos zu trinken, die abgeschürften Stellen in ihren Fellen pflegte er, während Lorenzo mit Rubén aß. Lorenzo brauchte etwas Zeit, um sich auszuruhen, bis er zu sprechen begann. Er war nicht besonders erstaunt über Benitos Anwesenheit. Er sagte nur: »Deine Grüße hast du wohl alle bestellt.« Dann erzählte er Rubén, die Hochzeit sei festgelegt. Sie müßten sich noch vor der Regenzeit hier etwas dazu bauen, sein Schwager und sein künftiger Schwiegervater. Benito dachte: Was wird jetzt aus Concepcion? Und er dachte sich aus: Vielleicht ziehen dann die alten Alvarez' in die Bude zu Rubén.

Rubén ließ ihm seine Matte, er rückte mit Lorenzo zusammen. Sie raunten einander viele Sachen so leise vom Mund ins Ohr, daß nichts zu Benito drang.

Benito hörte nur manchmal: »Die sind kräftig. Die halten dicht. Rosa macht uns den Haushalt. Die neuen Aufträge, die könnten sonst du und ich nicht fertig machen.«

Einmal, nachts, sagte Rubén hart: »Ich will meine Erfindung niemand sagen.« Lorenzo erwiderte: »Familie, das ist wie niemand.« Dann ging das Getuschel von neuem los. Benito schlief ein.

Am nächsten Morgen fing Lorenzo an: »Mir hat Rubén erzählt, daß du Blaufarbe brauchst für deine Töpferei. Nun gut, du siehst ja, wie wir schuften. Umsonst ist der Tod. Wenn du auch Blaufarbstoff brauchst, mußt du dich dranhalten. Dein Sack steckt voll Dosen. Du mußt dich so stark dranhalten, daß wir ein bißchen was absondern von jeder Bestellung. Verstehst du mich? Da geht Zeit drauf.« – Rubén, der schweigend zugehört hatte, machte eine Bewegung. Lorenzo durchschnitt die Bewegung mit lockerer Hand. Dann fuhr er schroff fort: »Er ist dein Vetter? Gut. Wer macht denn hier die Geschäfte? Wer hat die Halde ausfindig gemacht? Du würdest mit deiner Erfindung schön auf dem trockenen sitzen.«

Rubén murmelte etwas. Er sah gequält aus. Schließlich sagte Benito: »Ja, aber die Meinen daheim? Ich muß ihnen Nachricht zukommen lassen. Wie kann ich das hier auf dem Berg?«

Lorenzo lachte. »Ich schreibe für dich einen Brief, den werfe ich ein bei der nächsten Talfahrt. Ich schreibe, daß du solange hierbleibst, bis du genug Blau hast. Frag Rubén, ob ich nicht schreiben und rechnen kann!«

Rubén sagte: »Nun ja, das kann er.«

Da wußte Benito nichts mehr zu sagen. Er sagte nur: »Du mußt meinem ältesten Sohn schreiben.«

Als Lorenzo wieder hinunter war, in Geschäften und um seine Hochzeit vorzubereiten, war Rubén überaus düster. Es war immer, als läge ein Druck auf ihm. Diesmal erstickte er fast. Er brachte kein Wort hervor.

Auch als Lorenzo zurückkam, zufrieden, weil ihm alles geglückt war, blieb Rubén düster. Er war hinter der Arbeit her in einer Art stummen Zornes.

Lorenzo brach wieder auf, um das fertige Blau zu den Bestellern zu tragen. Benito war fast verzweifelt bei dem Gedanken, daß es an Fremde vergeudet werde in einer fremden Stadt. Er dachte auch manchmal: Vielleicht grämt sich Rubén, weil Lorenzo geschmeidig ist und den Frauen gefällt. Rubén aber ist lahm, hat nichts mit Frauen zu tun. Er ist hinter dem Blau her, man könnte sagen, wie ich. Nein, anders noch. Er ist immer allein.

Doch beide, Rubén und Lorenzo, wie einer zum anderen stehen mochte, achteten scharf darauf, daß Benito die Büchsen nicht rascher füllte, als es ausgemacht war. Doch als sie wieder allein waren, Benito und Rubén, brach es plötzlich aus Rubén heraus: »Ein Glück, Benito, daß du gekommen bist.«

»Ja«, fragte Benito betroffen. Mehr kam nicht aus ihm heraus. Er war zu überrascht.

»Ja, sicher, ein Glück. Mein Blau ist wie geschaffen für einen wie dich. Ich hab's daheim, als ich noch Capataz war im Bergwerk, Tag und Nacht gesucht, bis ich endlich dazu kam. Gewiß, Lorenzo hat mir geholfen, schließlich hat er hier diesen Ort ausfindig gemacht. Hat mich hierher geschleppt. Hat uns Kunden verschafft; so viele, daß wir jetzt allein mit der Arbeit nicht fertig werden. Darum bringt er die fremde Familie an. –

Als mir die Sache gelungen war, Benito, daheim, in den Halden, und ich sah, wie blau mein Blau war, da ist mir vor Freude das Herz gesprungen. Da war ich glücklich. Dann nicht mehr. Keine Spur mehr.

Nur, wenn ich mir sage, Eusebia hat mir Benito geschickt, weil er braucht, was ich, nur ich machen kann, und es nirgendwo anders fand, dann bin ich noch einmal auf eine Minute glücklich.«

Benito schwieg. So viel war plötzlich herausgekommen aus diesem Rubén, beinah zu viel. Als hätte er all die Zeit über seine Gedanken zusammengeschmolzen.

Dann sagte Benito: »Mehr als die Hälfte meiner Büchsen sind voll. Wenn alle voll sind, dann laß mich heim, um Gottes willen.«

»Gewiß«, sagte Rubén ruhig, »was versprochen ist, ist versprochen.«

»Sie werden ja dann daheim auf dem Markt von dir erfahren«, sagte Benito.

»Ja«, sagte Rubén.

»Man könnte sagen, von dir wird etwas in ihrem Leben sein.«

»Ja«, sagte Rubén, »in ihrem Leben wird dann auch etwas von mir sein.«

Frau Enzima war seit acht Jahren verheiratet, aber Alfredo Müller sagte noch immer aus Gewohnheit »Fräulein Echevaria«. Sie legte jetzt die eingelaufene Post auf Müllers Schreibtisch. Sie wartete, ob er etwas Dringendes sofort diktieren müßte.

Frau Enzima, geborene Echevaria, hatte noch keine Kinder. Vom ersten Tag ihrer Arbeit in Müllers Büro bis zum heutigen Tag war nie ein Fleckchen an ihrem Kleid gewesen, keine lockere Strähne in ihrem blanken schwarzen Haar, ihre Haut war wie lackiert. Ihr Auftreten war bescheiden, untadlig. Wenn sie nicht Herrn Müller ihren Namenswechsel und ihre neue Adresse gemeldet und der ihr darauf ein Hochzeitsgeschenk geschickt hätte, wäre ihm die Begebenheit verborgen geblieben, die wahrscheinlich tief in ihr Leben eingriff, wenn auch nicht so stark, um irgend etwas an ihrem Äußeren zu ändern.

Jetzt riß Herr Müller zuerst einen Brief aus Campeche auf, vielleicht aus Neugier, vielleicht aus Unbehagen. Er hatte sich dort zu Beginn des Krieges, als die Firma, die er vertrat, verboten wurde, bei Lopez, Leder und Felle, billig ein Lager gemietet.

Lopez schrieb in dem Brief, zu seinem Leidwesen könne er den Mietsvertrag nicht länger aufrechterhalten, seine eigne Firma, die sich vereint hätte mit der seines Schwiegersohns, bräuchte die Räumlichkeiten. Er müsse darum die Kisten aus dem Lagerhaus wegschaffen. Er sei der Meinung, die Kündigung käme sogar Herrn Müller zustatten, denn sowieso bewahre er ja jetzt nur noch Restbestände, so daß Herr Müller sich wirklich überflüssige Kosten erspare.

Alfredo Müller fluchte. Dann sagte er: »Entschuldigen Sie, Fräulein Echevaria, sehen Sie bitte gleich nach, was für Bestände noch bei dem Lopez liegen, und gleich auch, wieviel der Transport beträgt nach –«, er dachte einen Augenblick nach, »– nach Monterry.«

Müller, als er allein saß in seinem winzigen Büro, dachte:

Das Zeugs ist ziemlich kostbar, bloß, das weiß er nicht, der Lopez. Mir machen diese paar Kisten und Kasten verteufelt viel Mühe. Soll ich einfach Schluß machen? Über die Schweiz nach Höchst meine Kündigung schikken? Ich weiß nicht. Stadler in New York hat mir abgeraten. Und der weiß, was sich tut und was sich tun wird. Außerdem, der alte Chef sitzt sicher nicht mehr in Höchst. Auf keinen Fall vergißt so einer, wer gekündigt hat und wer bei der Stange geblieben ist.

Frau Enzima, ohne Stäubchen und ohne Fleckchen, kam mit dem Brief an Lopez zurück.

»Noch etwas«, sagte Herr Müller, »besser schriftlich als mündlich. Schreiben Sie dem Fernandéz, er muß seine Beizen im Lauf dieses Monats übernehmen. Sie seien schon unterwegs. Und wo die waren, stellen wir jetzt die Kisten von Lopez unter.«

Mißmutig, weil sie sich unwohl fühlte, erledigte Frau Enzima auch diesen Brief. Sie kam nicht von dem Gedanken weg, daß sie als einzige aus ihrer Klasse ohne Kinder geblieben war. Ihr Mann war darüber sehr ungehalten. Dabei lag die Schuld wahrscheinlich bei ihm.

Jedesmal, wenn ihre Hoffnung enttäuscht war, kamen ihr die Tränen. Sie tupfte sie rasch ab und verteilte um die Augen ein wenig Hautcreme und Puder. Danach sah sie aus wie immer.

Als Rubén erschöpft auf seiner Matte schlief, während Benito mit Lorenzo die Mühle bediente, fing all sein heimliches Sinnen und Trachten an aus Lorenzo herauszusprudeln: »Mir träumt es manchmal von Concha. Du machst dir ein falsches Bild von mir, Benito, das weiß ich. In diese brave und arbeitsame Familie muß ich aber hineinheiraten. Dann kommen wir durch hier oben, dann kommen wir weiter, viel weiter. Wenn wir die Aufträge erfüllen, und Geld fließt uns zu, und wir stehen auf gutem Fuß mit diesem und jenem Capataz, und er läßt uns von den

Halden die Restbestände abschleppen, die wir brauchen, ach Benito, dann werden wir eines Tages berühmt für unsren Blaufarbstoff. Rubén und ich, wir bringen so was allein nicht fertig.

Wenn wir aber ein klein wenig gesichert sind durch meines neuen Schwagers Hilfe und die Hilfe meines Schwiegervaters, dann werden wir bald vollständig gesichert sein.«

Benito fragte in eine Pause hinein: »Warum willst du unbedingt soviel erreichen mit Rubéns Blau?« –

»Warum! Warum! Das fragst du noch, Benito, der du deinen Hintern wundgescheuert hast auf all den Reisen, weil du etwas hast läuten hören, bei uns sei das Blau, das du suchst?

Ja, wie es Rubén zum erstenmal herausgeröstet hat aus dem wüsten Geröll, großartig war der Moment. Doch wie uns hinterhältiges, neidisches Pack angezeigt hat, und wir mußten unser bißchen Gewinn als Propina dem Capataz lassen, das war nicht großartig.

Sieh mal, Benito. Du kannst freilich nichts von der Halde sehn, wenn du nicht weißt, wo sie ist. Der Wald deckt sie zu. Kommen wird der Moment, und der wird großartig sein, da brauch ich nicht mehr runter mit Mulos und wieder rauf, da wird hier abgeholzt sein, und Rinnen laufen herauf und herunter, und alle Welt weiß, sie laufen zu uns, denn wir sind berühmt.« –

»Warum? Warum?« fragte Benito. »Allein wollt ihr sein, niemand soll etwas wissen.«

»Doch«, sagte Lorenzo, »wenn es einmal soweit ist, muß endlich Rubén seine Alleinseinidee schlucken. Wie hast du uns denn schließlich gefunden, Benito? In San Cristóbal am Brunnenbecken, die blauen Fliesen, die haben dich angeleuchtet. Die haben zu tun mit Rubén, war dein Gedanke.« –

»Wieso weißt du davon was?«

»Hat mir Rubén erzählt.« –

Sieh mal an, dachte Benito, daß Rubén sich so was merkt und mit Lorenzo darüber spricht, hätt ich nicht gedacht.

Lorenzo fuhr fort: »Wenn es mal soweit ist, dann wirst du unser Blau nicht nur in einem Brunnen finden, die Baumeister im ganzen Land, die Fliesen brennen, und alle Töpfereien werden sich darum reißen. Es wird schimmern in Vierecken und in Dreiecken und in Blättern und Kreisen, und ich weiß nicht in was. Übersät wird das ganze Land sein, wo immer man Rubéns Blau gebraucht hat. – Ist das nicht was andres, als einsam sich abrackern?«

Benito dachte: Lorenzo ist gar nicht schlecht. Er ist anders als Rubén. Ganz anders. Er ist auf das Blau genauso aus, nur anders.

»Was macht denn ihr zwei hier?« fragte die Tante Eusebia den ältesten Sohn Benitos und das Mulo, das ständig in dieselbe Richtung sah wie der Junge.

Andrés sagte mit einem scheuen Lächeln: »Wir warten auf die Bahn, denn wir hoffen, mein Vater kommt.«

Von der Straße aus, die landeinwärts zum Markt von San Mateo führte, hatte Eusebia den Jungen erkannt mit ihren weitsichtigen Augen, die sich außerdem jede Sonderbarkeit an jedem Menschen, ob er alt oder jung war, für immer merkten. Nur Andrés, Benitos ältester Sohn, trug diesen Sarape, nur er hielt sich in verzweifeltem Warten unbewegt gerade, nur er hatte, genau wie sein Vater, bezwingend und führend, die Hand auf dem Maultier.

Sie sagte: »Benito hat also meinen Rat befolgt. Ich habe gemeint, er sei schon längst wieder daheim.«

Jetzt wurde Andrés gesprächig: »Ich war schon dreimal am Zug. Denn er schrieb, das heißt, er ließ jemand schreiben, ich aber, ich kann schon alles lesen, ja schreiben und lesen kann ich schon beinahe alles, er käme bestimmt im

September. Bestimmt vor dem Fest, dem Grito de Dolores. Er würde bestimmt mit uns feiern. Ich soll das Maultier leer bringen mit allen unseren Tragnetzen. Denn er bringt gewaltig viele Dosen mit. Zuerst hat er geschrieben, wir müssen warten. Er müsse leider noch weit fahren. Dann kam sein zweiter Brief an. Darin stand, er sei jetzt angelangt bei dem Rubén. Er müsse aber solange bleiben, bis keine Dose mehr leer sei. Dann haben wir noch einmal lange gewartet. Dann kam der dritte Brief. Diese Woche würde er in San Mateo sein. Ich glaube, er steigt aus dem Zug, der jetzt kommt.« –

»Nur, leider kann ich nicht bei dir bleiben«, sagte Eusebia. »Mich erwartet der Apotheker, und zwei Tanten erwarten mich auf dem Markt. Nachts, auf dem Rückweg, sehe ich bei euch herein, ob dein Vater kam.«

»Sicher, er kam«, sagte Andrés.

Er sah der Tante Eusebia nicht nach. Er sah die Schienen entlang. Allerlei Leute, die, wie er selbst, jemand erwarteten, stiegen den Damm hinauf. Es gab auch Leute mit Maultieren, die wie Andrés Gepäck erwarteten. Andrés erkannte ein Rauchwölkchen, früher als alle. Sein Herz zog sich zusammen, aber er regte sich nicht. Trotzdem, das Mulo spürte, daß etwas Wichtiges näher kam. Es wurde ein wenig unruhig.

Der Zug hielt auf dem Damm. Männer und Frauen ohne Lasten sprangen lustig heraus. Andrés spähte mit seinem zusammengezogenen Herzen.

Zuerst schob Benito sein Hinterteil aus der Tür, denn er stieg rückwärts aus. Mit großer Vorsicht zog er seine Säcke herunter. Dann sah er sich um, wie sich ein Mann umsieht, der sicher ist, daß man ihn abholt.

»Ich habe alles«, sagte Benito zu seinem Sohn.

Mit großer, belohnter Erwartung betrachtete Andrés den Vater, viel zu erregt, um zu lächeln. Das Maultier sah Benito geduldig an, zu jeder Hilfe bereit.

Sie machten sich auch sofort ans Beladen, sorgsam, daß

nichts das Maultier unnötig plage. Sie verteilten die Dosen zu beiden Seiten des Rückens. Andrés belud sich selbst mit zwei zusammengeknüpften Netzen. Der Vater belud sich mit den Säcken. Außerdem trug er ein volles Netz auf dem Kopf. Dann traten sie den Heimweg an.

»Wir machen unterwegs eine Rast«, sagte Benito, »da können wir essen und trinken.«

Andrés strahlte vor Freude. »Seid ihr daheim gesund?« – »Ja, alle, jetzt«, sagte Andrés, »wir haben auch noch eine Schwester.«

Mein Gott, ist es möglich, dachte Benito, Luísa hat schon daran gedacht, bevor ich fuhr. Und ich, ich war lange weg. Er freute sich, daß es ein Mädchen war.

Sie kamen spät abends daheim an. Einige Nachbarn standen noch einmal auf, um zu erfahren, ob Benito das Blau mitgebracht hatte. So viele Büchsen standen bereits in Reihen, das reichte für lange Zeit.

Nach dem Fest besetzte Benito auf dem Mercado seinen Stand. Der Markthüter, ein vernünftiger Mensch, hatte ihn nur auf Zeit vermietet.

Andrés rannte in die Stadt zu Doña Isabel. »Der Vater ist wieder da. Er hat, was Sie brauchen.«

»Ich weiß genau, auf wen Verlaß ist«, sagte Doíña Isabel, »darum hab ich mich auch beholfen.«

Bald sagten die Gäste an ihrem Mittagstisch: »Das Herz geht einem auf. Alles schmeckt einem besser.«

Fernandéz sah aus seinem Bürofenster den Cadillac vorfahren. Nun war es soweit. Der Deputado Ramirez kam selbst, um den Geschäftsabschluß mit ihm zu besprechen. Obwohl es nur Günstiges gab – die pünktliche, ja vorzeitige Beschaffung der Holzschutzmittel für die Eisenbahnschwellen hatte die Durchführung des Auftrages ermöglicht –, störte Fernandéz etwas an Ramirez' Erscheinen. Es stöberte irgendeine Erinnerung in ihm auf. Welche, das wußte er selbst nicht sofort. Er empfing Ramirez lebhaft, ließ Kognak bringen, Tequila und Whisky.

Er breitete seine Papiere aus. Ramirez fand nichts an den Vorlagen auszusetzen.

»Erinnern Sie sich noch, Freund«, sagte Ramirez, und bei diesen Worten fiel es Fernandéz ein, was ihm mißlich erschienen war, »wie ich Sie damals warnte, gewisse Geschäfte mit diesem Herrn Müller abzuschließen? Mir war zu Ohren gekommen, er hätte allerlei beschlagnahmte Waren verschoben.«

»Wahrhaftig, ich bin Ihnen dankbar«, sagte Fernandéz. »Unser Holzschutzmittel, zum Glück, stammt von einer hiesigen Firma. Übrigens, ob es wohl stimmt, was man jetzt abends am Radio hört?« – »Was soll nicht stimmen?« – »Daß jetzt solche Herren eingesperrt werden, die in Deutschland die bedeutendsten Firmen geleitet haben –«

»Warum soll es nicht stimmen? Es ist doch kein Hörspiel. Es ist die Wiedergabe des Nürnberger Prozesses.« – Fernandéz dachte nach. Er konnte sich aber nicht entschließen, offen zu sprechen. Schließlich sagte er nur: »Zum Glück verfuhr ich, wie Sie mir damals rieten. Nun ja, die kleinen Posten, die hab ich gleich gekündigt. Alfredo Müller krakeelt sogar immer noch mit mir herum wegen irgendeiner Gebühr, die ich ihm angeblich schulde. Er hat uns aber, das muß man ihm lassen, jetzt wieder gut bedient. Er ist der Diener zweier Herren, eines argentinischen und eines englischen.«

Er dachte: Die paar Farbstoffe, die ich angeblich einmal bestellte, die werd ich ihm bezahlen müssen, wenn er mir scharf kommt. Ich nehme aber an, er wird sie auch ohne mich los.

Benito zog heim vom Markt. Sein zweitältester Junge, Gabriél und sein dritter, Xavier, redeten mit dem Mulo.

Zuletzt folgte Luísa. Sie führte ihr kleines Mädchen an der Hand.

Das Maultier trug noch keine Last. Es sollte sich gut ausruhn. Es würde nachher am Güterbahnhof mit zwei Kanistern Blaufarbstoff beladen werden. Die hatte Lorenzo geschickt.

Gabriél gab dem Maultier einen Puff. Es sah ihn traurig erstaunt an. »Wenn ich dich jetzt nicht gestoßen hätte, Mulo, dann wärst du mit deinem Kopf glatt hinein in den Bananenwagen.«

Heute war Andrés nicht mit den anderen auf dem Markt. Er war in der Schule. Vor ungefähr drei Jahren hatte er noch furchtbar gebettelt, daß man ihn in die Schule lasse. Und oft, am Markttag, oder wenn es sonst eine dringende Arbeit gegeben hatte, verbot Benito die Schule. Als einmal der Lehrer zu ihm gekommen war, um ihm zu erklären, es sei notwendig, daß Andrés Lesen und Schreiben lerne, hatte Benito besonders streng und besonders oft die Schule verboten. Seine Familie sollte wissen, daß er, der erfahrene Töpfer, sich keine Vorschriften machen ließ von so einem Schlaksel von Schullehrer.

Doch nach seiner Reise bis zum Blau war Benito, der Gerechtigkeit in sich spürte, selbst zu dem Lehrer gegangen, um ihm zu danken, weil er Andrés Lesen und Schreiben gelehrt hatte. Dadurch hatte Andrés die Karten verstanden, die sein Vater von weither schickte. Andrés hatte jede Karte ein ums andere Mal der Mutter vorgelesen, wenn sie am Verzweifeln war.

Der junge Lehrer sagte zu Benito: »Klar, Mensch, die Schüler lernen hier etwas.« –

Sie waren schon alle, Benito und seine zwei Söhne, das Maultier, Luísa mit dem kleinen Mädchen, am Geschäft von Don Victor vorüber, als dieser plötzlich aus seiner Tür sprang und Benito am Arm packte und alle aufhielt. Er rief: »Benito! Halt! Du weißt noch nicht das Neueste. Ich hab es wieder, das Blau, auf das du so wild warst. Man hat es mir wieder geliefert. Du kannst von mir davon kaufen, soviel du willst. Stell dir vor, Señor Fernandéz bekommt es wieder von seiner alten Firma, und ich hab gleich zugegriffen.«

Benito blieb nicht richtig stehen. Er sagte: »Danke, Don Victor, ich brauch es nicht mehr.«

»Wieso?«

»Ich hab mein Blau gefunden. Und hol mir's selbst, wenn ich's brauche. Einmal für allemal.«

Sagen von Unirdischen

I

Das Schwerste lag hinter ihm. Er glaubte wenigstens, er hätte das Schwerste überstanden. Das glaubt man am Anfang. In Wirklichkeit hat man nur die erste Schwierigkeit überstanden, einen schwachen Vorgeschmack von dem, was unbedingt nachkommen wird.

Er atmete auf. Er war genau am geplanten Ort gelandet, innerhalb der Stadtmauer. Er beherrschte die Geräte, die seinem Anzug eingefügt waren, wie er seine zehn Finger beherrschte. – Mit einer Bewegung würde er seine Freunde erreicht haben, und sie würden ihm antworten und, wenn es nötig war, ihm zu Hilfe kommen.

Er fühlte nicht die geringste Bangnis, überzeugt, wie er war, daß alles glückte. Seine Freunde hatten vor dem Abschied gesagt: »Wenn es glückt, wirst du der erste gewesen sein. Und wenn es nicht glückt, werden wir wissen, was schiefging, und ausführen können, was dir mißglückt ist. Das versprechen wir dir.« –

Die Freunde hatten solche Worte für einen Ansporn gehalten. Es war auch ein Ansporn. Obwohl er selbst dann freilich den nächsten, den geglückten Versuch nicht mehr erleben könnte. Doch daß es möglich war, nicht mehr zu leben, nichts mehr zu erleben, hatte er nicht in Betracht gezogen in seinem Vorgefühl von Triumph.

Er ging frei und furchtlos, als bräuchte er keine Schutzmaßnahmen, keine Verbindung mit den Freunden. Er ging ein Stück das Ufer entlang und dann bergauf. Das Tal lag von Hügeln umgeben wie ein Nest, ein einzelner ziemlich steiler Hügel erhob sich in seiner Mitte. Um ihn herum lag die kleine Stadt. Ein Flüßchen schlängelte sich durch die Stadtmauer hinein und wieder heraus, bevor es endgültig in die Ebene strömte.

Der Wächter, aus seinem Turm, konnte tief in die Ebene hineinsehen, er konnte sowohl die Landstraße überblicken wie den Weg, der sich abgezweigt hatte und über die Zugbrücke ins Städtchen führte. Der Wächter durfte die Brücke nach eignem Ermessen herablassen oder hochziehen. Denn der Burgherr hatte ihn ausdrücklich mit Vollmachten ausgestattet. Es waren unruhige Zeiten.

Daß jemand gelandet war, hatte der Wächter nicht gemerkt. Warum hätte er die kahle Böschung innerhalb der Mauer beobachten sollen? Die Schafherde hatte sie letzte Woche abgefressen. Die Bürgerschaft hatte nach langen Gesuchen und mit hohen Gebühren vom Burgherrn die Erlaubnis bekommen, ihre Schafe auf den Wiesen außerhalb der Mauer weiden zu lassen.

Der Ankömmling stieg den Abhang hinauf. Er hörte ein ganz schwaches Rauschen. Er zögerte. Er spürte einen ihm unbekannten, erquickenden Geruch. Wie grün war es auf einmal dicht vor ihm geworden! Und all das Grün schlug ihm in Wellen entgegen.

Er wich zurück, um seine Knie legten sich bereits hellgrüne Wellen. Und mittelgroße, dunkelgrüne, manchmal mit weißem Schaum gekrönte würden sich gleich um seine Schultern legen. Es hatte keinen Sinn, sich zu dukken. Die erste große grüne Welle würde ihn gleich überspülen. Er war so überrascht, daß er nicht einmal Furcht empfand. Die Wellen wogten immer hinauf und herunter. Sie brachen aber nicht über ihm zusammen, das Grün floß nicht ab. Alles war festgewachsen. Es war ein anderer Wald als der, den er kannte. Aber Wald war es. Daheim waren die Stämme sehr hoch, ohne Äste, in den Kronen gab es Büschel saftiger Früchte. Hier kannte er auch die Sträucher nicht, das Unterholz und diese dünnen Gräser, die immerfort zitterten, und auch diese gelben und weißen und blauen Blumen kannte er nicht, die sanft aus den Graswellen blickten mit einzelnen ernsten Augen, er kannte nicht die schaumartigen Blüten in den Büschen. Wie er nun tiefer hinein in den Wald ging, der so stark roch und rauschte, sah er im Laub ein helles Geglitzer, und er legte den Kopf zurück, und er sah Stücke Himmelsblau, und er fand, daß all das Geglitzer von der einzigen Sonne kam, die sie hier besaßen. Aus dem Wald heraustretend, sah er die Sonne selbst über dem Tal. Da verwandelte sich sein Staunen in mächtige Freude.

Es war nicht der Gipfel des Hügels, wie er zuerst geglaubt hatte, der in die graublaue Luft stach, es war eine Art Bauwerk, aus dem Gipfel herausgeschmiedet, mit gezackten Mauern und mehreren Türmen. Um Himmel und Erde zu beobachten, nahm er an.

Auf einmal stieg aus der Stadt ein Zug ihrer Bewohner gegen den Wald ihm entgegen. Er würde gleich wissen, wie sie waren. Sie kamen in Gruppen und einzeln. Er hockte sich ins Gebüsch, er sah sich die Lebewesen an, wie sie nun langsam die in den Abhang gemauerte Treppe erstiegen. Ihre Kleidung war lang und schwer. Ihre Körper dünkten ihm schmächtig. Sie glichen ihm aber, soviel er wahrnehmen konnte, in mancher Hinsicht. Sie kamen ihm nur sehr schwächlich vor. Vielleicht krank, durch irgend etwas bedrückt im Zuschreiten, vielleicht durch ihre Kleidung, vielleicht durch leibliche Schwäche. Sie waren nicht winzig und auch nicht gewaltig groß. An ihrem Körperbau und an ihrer Gangart war nichts Fremdes, nur eben das Schwächliche, Lebenbehindernde, Blasse. Es würde für ihn jedenfalls leichter sein, daß sie so waren, wie sie waren.

In der Nähe begann ein Dröhnen, halb dumpf, halb hell, ein Doppelton, von dem ein Teil den anderen anspornte. Er wiederholte sich ständig und machte alles Lebendige, auch ihn selbst, erbeben. Er entdeckte jetzt eine rötliche Steinmasse zwischen den Bäumen. Straße und Treppe waren bald leer. Es wurde so still, als sei das Tal plötzlich unbewohnt.

Er war schon beinah gewöhnt an seinen Aufenthaltsort. Er nahm sich vor, keine Begegnung zu suchen und keine zu meiden. Er gab seinen Freunden Nachricht: Die Landung sei glücklich vollzogen. Noch vor Minuten war ihm die erste Sendung außerordentlich wichtig erschienen, wie eine Bürgschaft für eine Verbindung, die nie abriß. Jetzt war das Verbindunghalten nur eine Pflicht, gebannt, wie er war, von allem, was er hier sah und hörte. Die Doppeltöne, beklemmend und fordernd zugleich, hatten wieder begonnen.

Aus dem rötlichen Bauwerk kam ein Tönen, das ihn in Erregung versetzte, wie vorhin das Rauschen. Es war aber nicht vom Wald erzeugt, es machte ihn auch nicht bang. Es wühlte ihn auf, es gab ihm ein starkes Gefühl von Hoffnung, als sei ihm abermals seine Landung geglückt. Auf einmal war es beendet, wieder setzte der Doppelton ein, halb tröstend, halb fordernd.

Er hatte es jetzt gewagt, seinen Kopf aus den Büschen zu stecken, und er sah sich das ganze Gebäude an. Es kam ihm mächtig vor, mit den winzigen Häuschen verglichen. Und wie sich nun aus dem Tor die Bewohner der Stadt wieder herausdrängten, so mager, so schwächlich, mit spitzigen Hüten, fragte er sich, wozu ihnen solch ein Bauwerk diene.

So schnell, daß er sich nicht mehr verbergen konnte, kam jemand in kleinen Sprüngen bergab. Er stellte sich breit hin.

Sie wären beinahe zusammengeprallt. Es war ein Mädchen. Um seinen Kopf war ein weißes Tuch straff gebunden. Sie mußte den Kopf tief zurücklegen, um ihm ins Gesicht zu blicken.

Er hatte noch nie solche Augen gesehen, so durchsichtige, so bodenlose. Er hatte noch nie auf einem Gesicht solchen Schimmer gesehen. Das Mädchen wollte ihm etwas sagen, bewegte aber zuerst nur die Lippen. Mit einem Finger berührte es seinen Ärmel. Doch wie es den glasglatten, härtlichen Stoff anfühlte, zog es die Hand wie verbrannt zurück. Ihm wurde klar, daß der Schimmer auf dem Gesicht des Mädchens sein eigner Widerschein war. Es zuckte noch etwas um ihren Mund, bis sie sich zusammengenommen hatte und ihn anredete: »Ich hab genau gewußt, daß du kommst! Wie schnell du bei uns warst! Ich hab's gesehen, mit meinen eignen Augen, wie du vom Himmel gekommen bist.«

Er sagte höchst erstaunt: »Du? Mich?«

»Ja«, sagte das Mädchen, »nicht einmal mein Vater hat mir geglaubt, obwohl er doch wartet, wartet, wartet. So stark wie ich, noch stärker. Seine Frau, meine Stiefmutter, die hat freilich gesagt, was ich da gesehen hätte, sei bloß eine Sternschnuppe.«

»Sah es von hier aus so aus?«

»Ach nein. Nicht für mich. Flügel sind Flügel.«

Er strich ihr jetzt mit der Hand über den Kopf, der sich warm wie ein Vogel anfühlte. »Wie heißt du denn, Mädchen?«

»Marie.«

»Wer, glaubst du denn, bin ich?«

»Einer der Sieben, die vor dem Herrn stehen. Bist du vielleicht Michael?«

»Nenn mich, wie du willst, nenn mich Michael. – Wer sind die Sieben? Wer ist der Herr?«

»Mir machst du nichts vor«, sagte das Mädchen mit einem pfiffigen Lächeln. Es war immer noch bleich. Es zitterte immer noch. »Ich weiß, du kommst von dort oben; ich weiß, du kommst von Ihm.«

Er sagte: »Auf keinen Fall darfst du jemand in dieser Stadt verraten, daß ich gekommen bin.«

»Nein«, sagte das Mädchen, »nur meinem Vater. Ihm

ja. Weil er so furchtbar gewartet hat. Es wäre ein Unrecht, ihm nicht zu sagen, daß du wirklich gekommen bist. Er hat es so schwer mit seinem Warten. Er wird oft ausgelacht. – Komm, ich zeige dir einen Ort, wo du ruhig liegen kannst, bis ich dich zu ihm bringe.«

Sie ging vor ihm her durch den Wald, hügelauf, hügelab. Sie erklärte: »Hier ist unser Stall. Er ist unbenutzt. Die Schafe sind auf der Sommerweide. Ich bringe dir schnell meines Vaters Mantel. Ich bringe dich dann zu ihm in die Werkstatt. Mein Vater arbeitet Tag und Nacht. Darf ich?«

Er erwiderte: »Gewiß.«

So war denn nicht nur die Landung geglückt, auch die Verbindung mit Lebewesen. Von selbst hatte sich alles gefügt. Wie leicht war alles vor sich gegangen! Das Mädchen erschien ihm so vertraut, als hätte er gar nicht die erste Begegnung erlebt. Und er, das erstaunte ihn noch mehr, war dem Mädchen gar nicht erschreckend vorgekommen, vielmehr wie ein erwarteter Besuch. Als sei sie gefaßt auf Sternengäste. Wie gut sie einander verstanden! Er hatte sich nicht umsonst jedes Wort, jeden Laut der Sprache, die man hier sprach, eingeprägt. Man würde ihn vielleicht für einen Reisenden halten, der aus einem fremden Land kam, nach einem weiten Weg.

Er schickte die Nachricht ab:

»Alles geht gut. Ich bleibe.« – Sofort kam Antwort:

»Wir warten an unserem vereinbarten Treffpunkt.«

Er ging aus dem leeren Stall ins Freie. Er sah ohne Heimweh hinauf zu dem ausgestirnten Himmel. Sogar mit Erleichterung, weil er jetzt hier war. Als er das Pünktchen, das er suchte, gefunden hatte, zog er den Blick vom Himmel ab und sah auf die Ebene hinunter. Sie dehnte sich hinter der Stadtmauer bis zu einer entfernten Hügelkette. Er fand auch die Schafherde, eingepflockt, von der das Mädchen gesprochen hatte.

Michael erkannte schon seine Schritte. Es zitterte wieder vor Freude bei seinem Anblick. Es brachte seines Vaters Mantel. Der reichte ihm, wie ein Umhang, bis zu den Hüften. Das Mädchen lief um ihn herum, wie ein Kätzchen so schmiegsam, sah an ihm herauf und herunter und sagte: »Jetzt siehst du fast aus wie ein Ritter, nur herrlicher.«

Sie gingen hinaus. Ein Mondschatten schluckte den Schatten des Mädchens. Wenn er bei Tag das Licht der Sonne angestaunt hatte, das alles, was lebte, anspornte, war er jetzt von dem Licht des einzelnen Mondes benommen. Silbrig war alles. Er sah von nahem das ganze Bauwerk mit dem Turm, aus dem vor wenigen Stunden die Doppeltöne geklungen waren.

Er sagte: »Marie, da oben, das ist mein eigner Stern.« Ihr Mund zuckte, bevor sie herausbrachte: »Ich habe geglaubt, du kämst vom Siebengestirn.«

»Warum?«

»Weil ihr sieben seid. Und jeder hat seinen eignen Stern.«

»Sieben? Warum? Wir sind diesmal dreiundzwanzig.«

Das Mädchen, bestürzt, machte mit seiner Hand ein ihm unbegreifliches Zeichen. Es sagte: »So viele sind mit dir gekommen! Kannst du dir vorstellen, daß mein Vater mir auch diesmal nicht geglaubt hat? Er hat ganz trocken gesagt: ›Bring deinen Fremden, wenn er mich sprechen will, vor Tag in die Werkstatt.‹«

Sie gingen um das große Bauwerk herum. Wer wohnte hinter dem Tor, durch das vorhin die vielen gezogen waren? Man hätte sie samt ihrer Stadt hineinschieben können. Was war das, was sich zu regen schien in den Rillen des Torbogens? Er konnte es in der flimmrigen Mondhelligkeit nicht unterscheiden. –

Das Mädchen führte ihn eine Mauer entlang zu einer seitlichen Tür in einem niedrigen Holzhaus. Man sah Licht durch die Ritzen. Man hörte Geräusche von Hobeln und Hämmern. Er mußte sich bücken, um hinter ihr einzutreten. Sie sagte mit heller, vor Erregung zerspringender Stimme: »Hier ist er.«

Ein kleiner Mann drehte sich von der Werkbank um. Sein Kittel und sein Bart waren staubig. Er sah den Ankömmling mit dunklen, gründlichen Augen an, ohne Staunen, ohne Mißtrauen, nur angestrengt prüfend. Er sagte ruhig: »Ich bin Matthias, der Meister. Meine Tochter hat mir von Euch erzählt. Sie sagt, Ihr kämet von weit her. Euer Name sei Michael.« – Er setzte mit einem schmerzlichen Lächeln hinzu: »Es schien dem Kind, Ihr kämet vom Himmel.«

Sein Gesicht war so kränklich und bekümmert, wie sich der Ankömmling die Bewohner vorgestellt hatte. Der Meister ging mühselig, etwas hinkend. Er brachte Wein, und er goß ihn ein und sagte: »Willkommen also, Michael.« Und er trank seinem Gast zu, und dieser versuchte, langsam kostend, den ersten Schluck seit seiner Landung. Er gab dem Meister zur Antwort: »Deine Tochter hat recht. Ich bin von weit hergekommen. Auch du hast noch nie ein Lebewesen gesehen, das von so weit her kam. Ja. Sie hat recht. Von einem anderen Stern.«

Der bärtige Mann hörte ihn mit gesenkten Augen an. Er schwieg nachdenklich. Er war an eigentümliche Gäste gewöhnt, aus fremden Ländern. Mit seltsamer Sprache. Es kamen Lehrer und Schüler, von seinem Ruf angelockt. Besonders aber von seinem letzten Werk, dem Altar mit dem Abendmahl. Ein heftiger Streit war bereits um dieses Werk entbrannt. Denn der Glaube, zu dem er sich bekannte, sprach deutlich daraus wie aus einer Predigt.

Viele entschlossene Männer waren bereit, sich um ihn zusammenzuschließen. Für ihren gemeinsamen Glauben und für ihr Recht. Sie fühlten, in seinem Werk war ihr Glaube ausgedrückt – Man hatte ihm längst Besuch angemeldet. Wahrscheinlich diesen stolzen und hohen Gast, der da vor ihm stand. Seine Sprache klang sonderbar. Er gebrauchte höchst sonderbare Worte. Er war ohne Zweifel gelehrt. Es wimmelte meistens in der Sprache dieser Gelehrten und Scholasten von Ausdrücken und von Gleichnissen, die gewöhnliche Menschen erst verstanden, wenn sie lange darüber nachgedacht hatten oder in ihre geheime Bedeutung eingeweiht waren. Vorsicht war nötig mit diesem Burgherrn über dem Tal. Mit all den Bundesgenossen des Burgherrn in der Stadt und den nahen Burgen. Ein Zeichen von seinem Turm, und es lief von Dorf zu Dorf, zu anderen Burgen. Von einem seiner Verbündeten zum anderen. Die würden dann ihre bewaffneten Leute schicken.

Matthias erklärte dem Gast die Gefahr. Der horchte angestrengt. Die einzelnen Worte verstand er, den Sinn erfaßte er nicht. Dann sagte er, mühsam nach Worten suchend in einer Sprache, die dem Meister verzwickt und verschlüsselt dünkte: »Vor mehr als tausend Jahren, nach Eurer Sonne gerechnet, landete unsere erste Gruppe. Sie ist bereits in wilde Kriege geraten. Als später andre Gruppen landeten, brannten wiederum viele Städte. Auf Grund der Nachrichten glaubten wir, es wären Kriege zwischen Nomaden und Ackerbauern. Die seßhaften Ackerbauern müssen gesiegt haben und ihre Städte neu aufgebaut -« Matthias dachte: Er spricht wahrscheinlich vom Einfall der Hunnen. Was für ein Mischmasch von scholastischem Kauderwelsch und verständlichen Nachrichten. –

Der Gast fuhr fort: »Wir haben geforscht, wir wissen, daß es bei Euch immer noch Kriege gibt. Doch Wissen und Miterleben sind zweierlei.«

Der Meister stimmte ihm zu: »Gewiß. Etwas völlig anderes. Wir glaubten, wir wüßten genau, was geschieht, wenn aus der Bibel in unserer Sprache gelesen wird von den Kanzeln und in den Häusern. Wir sagten uns, jetzt ist es aus mit den Burgherrn, Gottes Reich hat begonnen. Wir sagten uns, Gottes Wort ist unwiderlegbar. Doch was erleben wir? Es wird widerlegt.

Als der Herr, dem die Burg und das Stadtgebiet gehören und Feld und Wald außerhalb dieser Stadtmauer, zu begreifen begann, daß Gottes Wort auch gegen ihn selbst gerichtet ist, geriet er in äußerste Wut. Zwar, unser Priester ist tapfer. Er bleibt Gott treu. Er verfälscht das Wort nicht. Wird man ihn einsperren? Wenn das Heer der Burgherrn hier einrückt, kann es uns alle erschlagen. Wenn Gott uns nicht hilft.«

Der Gast verbarg sein Unverständnis. Leichter verstand dieser Meister Michaels Worte, oder glaubte wenigstens sie zu verstehen, als Michael die Worte des Meisters Matthias.

Michael fragte zurückhaltend: »Warum fürchtest du dich vor der Übermacht? Wenn du sicher bist, daß dein höchster Herr, der stärker als alle ist, dich nie verlassen wird?«

Matthias erwiderte lebhaft: »Ich will mit dir offen sprechen. Du hast selbst gesagt: Wissen ist etwas anderes als Miterleben. Ich weiß, Gott wird mich nie verlassen. Doch wenn ich es miterlebe, kann es anders aussehen, als ich armseliges Menschenkind mir eingebildet habe. – Heute, so nah der Prüfung – vielleicht ist bereits gegen uns ein Heer gerüstet –, ahne ich, was es bedeutet: Er wird mich nie verlassen. Wenn ich wahrhaftig an Ihn glaube, bleibt Er bis zur letzten Minute in meinen Gedanken. Unter der Folter und im Sterben. Er verläßt mich nicht, das bedeutet auch, ich verlasse Ihn nicht. Verstehst du mich?«

Beide hatten das Mädchen vergessen. Über sein Gesicht ging bald ein Schimmer Hoffnung, bald ein Schatten Enttäuschung. Ob der Vater ihr endlich glauben würde? Ein Engel des Herrn war Michael. Er hatte selbst gesagt: Ich komme von den Sternen.

Doch war noch immer ein Zweifel in der Stimme des Vaters. Sie kannte niemand, der Gott so ergeben war wie der Vater. Er schnitt stets mit Stirnrunzeln das Geschwätz der Stiefmutter ab. Die war die Schwester der

Frau, die bei Mariens Geburt gestorben war. Er lebte fast nur in dieser Werkstatt oder nebenan in dem großen Raum, in dem die fertigen Bildwerke aufgestellt und ausgefeilt wurden. Auch dort empfing er Studenten, Scholaren und Abgesandte von außerhalb, die sich Rat holten, seitdem die Bibel deutsch gelesen wurde, und Boten der Bauernschaft und der Bürgerschaft. Die letzte Zeit war meistens von der Gefahr die Rede, die ihnen drohe, falls das Heer der Burgherren früher anrückte als das Bauernheer. Wovor sich der Vater immer noch fürchtete, verstand Marie nicht, denn Michael, der Engel, stand vor ihm.

Der Vater sagte: »Geh zur Mutter, Marie, sie soll eine Mahlzeit richten. Ein Gast sei gekommen.«

Michael folgte dem Meister. Er stutzte. Seine Augen hefteten sich auf den Vorhang, der die kleine Werkstatt von der großen trennte. Fassungslos starrte er auf den Teppich in sanften Farben, golddurchwirkt: Die Jagd nach dem Einhorn unter dem Thron der Jungfrau.

Der Meister Matthias erklärte: »Dreißig Mädchen haben drei Jahre lang das Bild gestickt. Es bedeutet, was der Apostel Paulus sprach: ›Wir müssen hinter dem Heil herjagen, wie auf der Rennbahn.‹«

Michael sagte bestürzt: »Dreißig Mädchen? Drei Jahre lang? Warum? Wozu?«

Er dachte: Die Worte verstehe ich. Dem Klang nach. Was sie bedeuten, verstehe ich nicht.

Er konnte die Augen von dem Vorhang nicht losreißen. Langsam entstand ihm darauf ein weißes Gesicht, fliegende Kleider, Blumen. Seine Augen brauchten viel Zeit, um aus dem Gewebe von Blau und Gold und Grün das Bild herauszuschälen. Dann war es da, aber es lebte nicht, ja doch, es lebte, aber es war nicht da. Nie hätte ihnen auf seinem Stern der Sinn nach solchem Gewebe gestanden. Nie hätten sie Zeit und Kraft für solche Gewebe übrig gehabt.

Er folgte dem Meister in die große Werkstatt. Hier mischte sich die Dämmerung mit dem rötlichen Holzstaub, der auch auf dem Kittel und auf dem Bart des Meisters lag. Marie hatte rasch zwei Kerzen vor dem Altarwerk aus Buchenholz angezündet, das hier auf Vollendung wartete. Der Meister sah stolz das erschütterte Gesicht seines Gastes. Michaels Augen leuchteten auf in ratlosem Glück. Da seufzte der Meister froh und vergaß in dem Augenblick, in dem sich in dem Gesicht des Gastes seine Schöpfung spiegelte, all die Leiden und auch die Angst dieser Tage.

Vorsichtig betastete Michael Johannes' Kopf, der auf der Brust des Herrn ruhte, die Kleiderfalten, die Stirn und den Mund, er berührte auch Judas' Hand, die nach dem Salzfaß griff. Er trat zurück. Er fragte: »Was ist das?«

Der Meister Matthias erwiderte: »Das Abendmahl ist mein letztes Werk. Ich schenke es der Johanniskirche.«

»Wie aber kannst du so etwas machen?« fragte der Gast zutiefst erstaunt.

»Gott hat die Begabung in mich gelegt«, sagte der Meister ruhig, »und ich lernte von Kindheit an.«

»Warum aber? Wem nützt es?«

»Ich verstehe dich nicht. Zu Gottes Lob und zur Freude und zur Belehrung unserer Gemeinde. Jesus, Johannes, Judas – hier werden sie die Gesichter wiedererkennen.

Manche werden sich ärgern. Sollen doch endlich die sich ärgern, die uns ständig Ärgernis brachten: krumme Geschäfte, gemeine Befehle, Abgaben, Drangsale aller Art, Verrat, Spitzelei. Sie werden nur zu gut verstehen, wer Judas ist, der Gott, unseren wahren Herrn, dauernd verrät.« –

Durch die kaum bemerkbare Tür in der Rückwand trat eine hagere Frau ein. Sie stellte ein paar dampfende Schüsseln auf den Tisch. Sie war die Frau des Meisters.

Sie war sehr knochig. Beim Mahl starrte Michael immerfort zwischen zwei Bissen auf die Altarschnitzerei.

»Ja, nicht wahr«, sagte die Frau, »das Beste, was er geschaffen hat. Gibt es solch einen Meister bei Euch?«

»Nein, nein«, sagte Michael, »bei uns gibt es keinen Meister, der so etwas schafft. Es gibt bei uns kein ähnliches Werk.« – »Was gibt es denn bei Euch?« – »Bei uns gibt es gar nichts von solcher Art. Weder etwas, was diesem geschnitzten Holz gleicht, noch etwas, was diesem Vorhang gleicht. Man benutzt, das sagte ich schon dem Meister, Verstand und Hände, um Fahrzeuge, Brücken, Stauwerke, alles, was nützlich ist, zu erzeugen. Dadurch hat man Mittel und Wege gefunden, um von unserem Stern zu Eurem zu gelangen.«

Das hagere Weib zuckte die Achseln. »Nun ja. Gewiß, Deiche und Dämme und Brücken und Pflüge und Eggen und solcherlei Dinge braucht man auch hier. Doch hoch geehrt – nur seine Feinde ärgern sich – ist mein Mann Matthias, weil seine Kunstwerke die Schöpfung loben und die Menschen glücklich machen im Unglück. Ihr selbst, Ihr starrt ja auch immerfort darauf. – Sagt mal, wer hat Euch zu uns geschickt?«

»Wir sind nicht die ersten, darüber sprach ich mit dem Meister, die unser Stern zu Eurem schickte, nachdem wir erforscht hatten, daß es hier Lebewesen gibt.«

Matthias' Frau fing wieder an: »Ich dachte, Ihr wärt von einer Werkstatt geschickt. Denn wir, wir wissen hier gut, daß es woanders auch Werkstätten gibt und große Meister und große Kunstwerke.«

»Nennst du Kunst, was der Meister Matthias schafft? Nein, das gibt es nicht auf unserem Stern. Darum gibt es auch solche Werkstätten nicht. Wir brauchen unser Wissen und unsere Kraft zu anderen Erfindungen. Zum Beispiel, um zu Euch zu fliegen.«

Das Mädchen dachte: Ich habe recht. Er ist vom Himmel zu uns geflogen, geflogen ist er.

Matthias dachte: Wie töricht ist meine Tochter. Wie kann denn ein Engel von einem so dürftigen Stern stammen, auf dem man von Kunst nichts weiß. – Er sagte: »Es ist wohl besser, du gehst, bevor die Schüler kommen. Ich muß sie auf deine Ankunft erst vorbereiten.«

Marie zog den Gast weg. Sein Blick blieb so lange wie möglich auf dem Schnitzwerk.

Der Himmel war verblaßt, die Sterne verschwanden. Er fühlte zum erstenmal zwar kein Heimweh, doch eine Fremdheit, als drohe ihm etwas Unbekanntes, nachdem er schon so viel Unbekanntes gesehen hatte. Er sandte eine Botschaft aus: »Verlaßt den Treffpunkt nie.«

Marie fragte: »Wirst du im Himmel berichten, was mein Vater kann?«

»Gewiß«, erwiderte Michael, »du aber sag mir, wie er so etwas vermag. Sag mir, warum er von seinem Werk nicht abläßt, wo er doch weiß, eine große Gefahr ist nahe?«

Marie rief: »Aufhören? Er? Jetzt? Da Gott selbst ihm befohlen hat, mit seinen Händen den Altar zu beenden!«

»Ich habe geahnt«, sagte Michael, »daß es furchtbar zugeht auf eurem Stern. Daß ihr noch immer gewöhnt seid an Mord und Blut. Ich wußte aber nicht, daß ihr trotzdem so etwas schafft wie dein Vater.«

»Hör, Michael, die Glocken läuten. Ich muß jetzt zurück. Wir leben in großer Bangnis. Ein Bittgottesdienst wird gleich beginnen, Gott möge die Gefahr von uns abwenden!«

Wie gut roch die Spreu, in der ihm Marie ein Lager bereitet hatte. Er hätte lange und tief geschlafen ohne die dringende Botschaft der Fluggefährten: »Rasch fort. Ein Trupp rückt vor. Bald brennt die Stadt.«

Als er sich aufgerafft hatte und bei dem Meister Matthias anlangte, war dort schon große Erregung. Schüler,

Freunde, der Pfarrer. Der Glöckner behauptete, man könne vom Kirchturm aus die Staubwolke erkennen, die sich zusammenballte, wo die Ebene an die ferne Hügelkette stieß. Ein junger Bursche meinte: »Das können die Unsren sein, sie waren immer die Schnellsten.

Der Glöckner sagte: »Ich muß zurück. Ich will es Euch wissen lassen, sobald ich die Leute erkenne und weiß, zu wem sie gehören.«

Der Meister Matthias schwieg, sein Gesicht war düster, und der Pfarrer sagte: »Wir hoffen auf die Unsren. Wir sind gefaßt auf Bedrohung.«

Als Michael zurück in den Wald ging, legte ihm plötzlich jemand die Hand auf die Schulter, ein anderer griff seinen Arm: zwei Freunde aus seiner Landungsgruppe.

»Was zögerst du? Sofort mußt du mit uns zurück.«

»Nein«, sagte Michael, »ich kann nicht, ich will nicht. Hier gibt es den Meister Matthias, es gibt seine Tochter Marie. So kurz ich hier bin, mein Herz hängt an ihnen. Ich würde sie nie ohne Rat und Hilfe zurücklassen.«

»Wir verstehen dich nicht. Was heißt das, dein Herz hängt an ihnen? Was sind das für Leute, dieser Matthias? Marie? Was gehen dich ihre Feinde an?

Wir haben beteuert vor unserer Abfahrt: Wir schlagen niemand. Wir erschlagen niemand. Wir verbrennen nichts. Was auf diesem Stern geschieht, erkunden wir. Das ist deine Aufgabe: Erkundungen.«

Michael erwiderte still: »Laßt mich erkunden, was hier noch heute geschehen wird.«

»Gut! Noch ein paar Stunden.«

Michael hatte es vor seiner Abfahrt für unmöglich gehalten, jemals in den Zustand von Lebewesen zu fallen, die sich mit Waffen schützen.

Wie konnte er jetzt den Meister Matthias retten? Und nutzlos war diesem die Kraft, aus Holz Menschen zu schaffen. Die Kraft, die keiner auf Michaels Stern besaß.

Das Gerücht war von Mund zu Mund gelaufen, aus der

Staubwolke war kein befreundetes Heer geworden, sondern das Heer der vereinigten Burgherren. Die Zugbrücke wurde heruntergelassen. Ein Teil der Bevölkerung drängte sich in die Kirche, als sei sie ein unversehrbarer Hort. Schon gingen die Häuser in Flammen auf. Was nicht aus Stein war, verbrannte. Die Werkstatt des Meisters Matthias und was sie enthielt: sein letztes, gewaltiges Werk.

Soldaten zwangen ihn, seine Hände zuerst zusammenhaltend, dann fesselnd, dem Untergang von Werkstatt und Werk zuzusehen. Er starrte und starrte, so daß er nicht einmal merkte, daß Marie neben ihm kauerte. Sie war mit ihrer Katzengeschmeidigkeit durch den bewaffneten Kreis geschlupft, sie schmiegte sich an ihres Vaters Knie. Sie sah gar nicht auf den Brand, sondern zu seinem todesstarren Gesicht empor. Sie blieb am Vater hängen wie ein schmales Blatt am Ast. Michael und seine Begleiter brachten die beiden im Flug aus der Umzinglung und über die Stadtmauer weg zum Landeplatz.

Sie waren noch immer im Griff des Menschenleides, wenn auch schon entfernt, weit entfernt von all der Todeswut.

Erst jetzt kam Michael auf den Gedanken, Matthias' Fesseln zu lösen. Marie hockte auf dem Boden, an die Beine des Vaters geschmiegt, wie zuvor auf den Marktplatz. Man versuchte von Zeit zu Zeit, jedem von beiden einen Schluck einzuflößen. Matthias gab nicht acht auf seine Umgebung. Er saß starr, aber lebend, mit geschlossenen Augen. Marie zitterte. Sie fror. Der Arzt der Mannschaft mühte sich Tag und Nacht.

Sie stiegen auf eine Luftinsel um. Marie fühlte weder Staunen noch Angst, sie schloß nur die Augen. Sie war der Erregung nicht gewachsen. Bald hörte sie auf zu zittern. Wie man auf Erden sagt, tat der Arzt der Besatzung alles, was ärztliche Kunst vermag. Trotzdem, Marie starb rasch. Da fragte man sich: Die kleine Leiche einbalsamieren, damit man daheim ein irdisches Wesen zeigen könne, oder sie augenblicklich dem Weltall übergeben?

Michael setzte sich durch, hartnäckig wie er war, Marie gehöre ihm, es widerstehe ihm, sie gierigen Augen preiszugeben. Sie sollte hinaus ins Weltall.

In Wirklichkeit war aber Marie nicht so vollständig tot, wie die Lebenden glaubten. Ihr Herz tat vor Überraschung noch einen gewaltigen Sprung. Auf einmal konnte sie fliegen, wie Engel fliegen, mit unbehinderter Leichtigkeit. Das Weltall war ein einziger Wirbel goldner Luft. In dieser Luft, die sie in vollen Zügen einatmen konnte, morgengoldne, tagweiße, abendrote Luft, steckten all ihre Wünsche. Nicht bloß ihre Wünsche, sondern bereits ihrer Wünsche Erfüllung steckte in diesem Flug, von dem sie auf Erden geträumt hatte. Sie wirbelte in den Himmel hinein, aus dem Michael zu ihr gekommen war. Sie hörte einen Chor, der mit dem Chor daheim nicht zu vergleichen war. Ihre eigne Stimme, zart aber stark, klang ganz anders, als sie da unten jemals geklungen hatte. Niemals würde ihr Glück aufhören, Tod und Leben in einem.

Bei der Heimkehr wurden die Kundschafter mit Jubel empfangen über ihre geglückte Landung auf dem Erdstern und ihre Heimkehr.

Der Arzt verwehrte allen, sich in maßloser Neugier an den Meister Matthias zu drängen. Er hielt sie auch von Michael fern, der ihm erschöpft schien.

Der Meister Matthias atmete schwach, er lebte noch, und er blieb am Leben, aber reglos und stumm. Umsonst bemühte sich Michael, der sich immer dicht bei ihm aufhielt, ihn zum Sprechen zu bringen, zum Aufleben. Auch Michael war, zur Bestürzung seiner Freunde, nicht dazu zu bringen, über seine Erlebnisse auf dem Erdstern etwas zu berichten. Nur die beiden Begleiter beschrieben ihre

Erlebnisse: Blut, Feuer, Krieg; sie unterschieden sich kaum von den Berichten früherer Kundschafter. Nichts konnten sie von Matthias' Werk berichten, denn es hatte schon bei ihrer Ankunft gebrannt. Auch die Kirche war bis auf einige Steinmauern vor ihren Augen in Flammen aufgegangen. Die Flüchtlinge hatten sie für einen unverletzlichen Hort gehalten.

Der junge Lieblingsschüler, der mit Michael und vielen anderen die Erdfahrt vorbereitet hatte, kam oft zu seinem ehemaligen Lehrer, wenn dieser auch teilnahmslos und verschlossen blieb. Gelang es dem Schüler manchmal, Michael ein paar Worte zu entlocken, der Sinn blieb unklar.

Doch Michael, ihm gelang es, den Meister Matthias zum Sprechen zu bringen. Obwohl er die Menschensprache schon nicht mehr gewohnt war, verstand er schließlich, daß Matthias sich wünsche, vor seinem Tod noch einmal etwas zu schnitzen. Michael beschaffte ihm das Holz, das es hier gab.

Er verscheuchte alle, die sich herandrängten, um aus der Nähe zu lernen, wie sich ein irdisches Wesen verhalte.

Bald spürte Michael, was aus dem Holz entstand: Marie, sie selbst. Er ahnte die schmalen Glieder, den so und nicht anders geneigten Kopf, das Mädchengesicht, flehend und zugleich dankbar. Der Meister Matthias war aus seiner Stumpfheit erwacht. Zwar waren ihm Holz und Werkzeuge ungewohnt. Sein Bedürfnis, zu formen, was er sich vorstellte, war aber so stark, daß bald sein Haar mit Holzstaub bedeckt war wie in der irdischen Werkstatt.

Für die anderen war sein Tun ein mühsames, unverständliches Herumschaben am Holz. – Vielleicht fühlte nur Michaels Lieblingsschüler, daß das Erdenwesen sich auf diese Art ausdrücken mußte, gerade auf diese Art, bis zum letzten Atemzug.

Matthias und Michael sahen sich manchmal an mit dem gleichen schweren Blick, und sie nickten sich zu.

Der Meister Matthias bat: »Begrabt mich mit meinem Kind.« – Das Bildnis war noch längst nicht beendet, als er während der Arbeit zusammenbrach. –

Er hatte durchaus nicht gewollt, daß man ihn nach seinem Tod verbrenne. Er wollte vereint bleiben mit der vertrauten, aber für Fremde noch nicht erkennbaren Mädchengestalt.

Als Michael schon längst tot war, auch sein Lieblingsschüler, öffnete man eines Tages Matthias' Grab. Man studierte das Gerippe und wunderte sich, daß es beinah so war wie eins auf dem eignen Stern. Unversehrt war der Holzblock, da und dort eingekerbt. Man rätselte, was daraus hätte werden sollen.

Ein junger, äußerst gewandter Flieger – er war schon als neuer Kundschafter für die nächste Fahrt bestimmt – grübelte über den Holzblock. Er betastete ihn. Er drang hinein mit seinen Gedanken. Ob er sich irrte, wie seine Freunde behaupteten, oder eine Mädchengestalt im Entstehen war, konnte er nicht beweisen.

Er wollte dieselbe Fahrt machen wie ehemals Michael. Er wollte erforschen, was man ihm auftrug, und zugleich für sich erfahren, ob es auf jenem Erdstern ähnliche Holzblöcke gab, im Entstehen begriffene Gestalten, wie er fest glaubte, und wozu sie dienten. Er sagte sich, der Schnitzer sei durch den Tod in der Arbeit gestört worden. Er hätte Vernunft besessen. Eine andersgeartete Vernunft, aber erregende Gedanken hätten auch in seinem Schädel gehaust.

Jahrelang waren alle, mit ihnen der junge Kundschafter, an den Vorbereitungen zur neuen Fahrt beteiligt. Sie wurde genau berechnet, verbessert, gesichert.

II

Schon vor ihrer Landung stellten sie fest, daß die alten Nachrichten richtig gewesen waren, ja, immer noch galten. Die damals zur Forschung bestimmte Stadt war bis auf die Grundmauern verbrannt. Ameisenhaft trieben sich in den Trümmern Lebewesen herum, vielleicht mit dem Neuaufbau beschäftigt. Die Kundschafter flogen über schwelendes Ackerland, über einige brennende oder halbgelöschte Städte und Dörfer, in denen es wieder von Erdgeschöpfen wimmelte wie in zerstörten Ameisenhaufen.

Es gab bereits ein paar neue, breite, ausgestampfte Straßen, über die sonderbar einheitlich gekleidete Erdbewohner, stark bewaffnet, nach verschiedenen Richtungen zogen. Sie entrissen dem Ackerland, was noch genießbar war. Beritten oder zu Fuß, ein Teil rückte ziemlich schnell vor, gegen eine große, vieltürmige Stadt. Der junge Kundschafter wählte sich diese Stadt zur Landung. Bewaffnete standen spähend auf den Mauern, beherzte Erdbewohner, dachte er. Sie ahnen wohl nicht, wie nah und wie groß die Heere sind, die sich gegen sie wälzen. Warum sie sich wälzten, verstand er nicht. Auch nicht, warum sich die Stadt verteidigte. Ihre Waffen würden nie ausreichen. Das hatte man schon von oben erkannt.

Der junge Kundschafter gab Nachricht, wie es ausgemacht war. Er sei gesund, er sei wohlgemut. – Er schweifte zuerst ziellos in den krummen und winkligen Straßen herum, wie es daheim bei ihm keine gab. Er hatte rasch ein Obdach gefunden. Auf einem Schild stand »Zu den drei Schwänen«. Das mußte wohl eine Herberge sein. Viele Stadtbewohner kamen ihm unruhig, obdachlos vor, auf der Suche nach einer Bleibe.

Er teilte seinen Freunden mit, wo er untergekommen war, auch daß es ihm gut gehe. Denn er fühlte sich äußerst wohl. So kraftvoll, so unternehmend, auf Sonderbares gespannt.

Die Wirtin von den »Drei Schwänen«, in der Annahme, dieser Gast käme von weit her und müsse sogleich etwas verzehren, schickte ihm ihre Magd mit einem Gebräu und allerlei Speisen. Er sah sich das Mädchen an, oder war es eine Frau? – wie sie ihm Gläser und Schüsseln zurechtschob. Sie gefiel ihm mit ihrem schwarzen Haar und ihren hellen Augen. Obwohl auf ihrem Gesicht ein Zug von Mißtrauen lag, der es fast verfinsterte, lachte sie manchmal auf bei seinem Gerede, das in ihren Ohren lustig klang. Sie zuckte auch nicht zurück, als er ihre Hand nahm und sich umständlich bedankte. Sie hatte kaum die Tür hinter sich geschlossen, als in der Stadtluft ein großes Läuten losging, wie er noch nie eins vernommen hatte. Es war kein Signal, es war keine Warnung, und doch steckte beides darin. Vor allem war es ein mächtiger, herzerschütternder Ruf, an alle gerichtet und jeden einzeln.

Ihm fielen die dürftigen Aufzeichnungen des ersten Kundschafters ein, Michael war er auf Erden genannt worden. Der hatte denselben drohenden und zugleich hoffnungsspendenden Doppelton auch schon vernommen, aus einem einzelnen Turm. Hier in der Stadt kam es aus vielen Türmen. Die Leute liefen dem Läuten nach, von der Arbeit weg und wahrscheinlich auch von Leiden und Freuden.

Er stieg die enge, ein paarmal gewundene Treppe hinunter. Plötzlich, er war schon auf der Straße, tauchte die Magd auf. Sie faßte seinen Ärmel. Sie lief im gleichen Schritt wie er. Was sie erklärte, verstand er nicht. Nur daß sie ihn herzlich bat, sie mitzunehmen. Ihr Gesicht war scheu, obwohl sie ihm manchmal listig vorkam, sogar frech. Er folgte mehr dem frechscheuen Mädchen, als daß es ihm folgte.

Sie hielten vor einem mächtigen Tor. Das Volk strömte noch immer hinein. Das nahe Läuten machte auch ihn erbeben. Er verstand nicht, wer es erzeugte, es drang aus dem Turm, der aus dem Gebäude wuchs. Das Mädchen murmelte irgendwas. Es zog sein Tuch übers Gesicht. Es sorgte dafür, daß sie in der Menge untertauchten. Das war ihm nur lieb. Es gab in dem weiten Raum keine Zimmer, nur hohe Pfeiler, den Raum teilend. Sein Blick blieb hängen an einer Gestalt, die an einem Pfeiler lehnte, faltig gekleidet. Sie hatte ein kleines Kind im Arm. Sie sah es lächelnd an, das Kind aber sah ihn an, der ihm unbekannt war. Eine Erinnerung blitzte durch seinen Kopf. Er hatte zwar nie im Leben so etwas gesehen, er hatte aber etwas gesehen, was ähnlich hätte sein können oder ähnlich geworden wäre.

Seine Begleiterin schlich weg. Sie machte mit Hand und Knie eine Bewegung, die er nicht begriff. Dann schlich sie zu ihm zurück. In diesem Augenblick begann in dem Innern des Raumes ein Tönen in vielen Abstufungen, bald schwer, bald weich. Ihm bebte es wieder den Rücken hinunter. Noch mehr erregte es als das Läuten am frühen Morgen. Es kam wohl aus Menschenstimmen. Er erblickte auf einer Treppe mehrere Reihen von Knaben in Schwarz und Weiß, und diese Knaben stimmten das Tönen an, aus ihren runden Mündern, bald laut, bald leise, bald alle auf einmal, bald gruppenweise. Er dachte: Was diese Erdenkinder alles vermögen! Er dachte plötzlich ganz scharf, wie er zu denken gewohnt war: Was man uns gelehrt hat über den Erdstern, war falsch. Ja, aus der Luft sah ich, ihr Ackerland ist verwüstet, die meisten Städte sind halb verbrannt, ein neuer Krieg zieht auf, er wird auch diese Stadt bald erreichen, dann muß sie untergehen in Blut und Feuer, das alles, ja, haben die alten Kundschafter wahrheitsgemäß berichtet. Doch vieles haben sie nicht berichtet. Daß man auf diesem Stern Herrlichkeiten erfunden hat, die es bei uns gar nicht gibt. Beides ist da, das Furchtbare und das Herrliche; wieso beides zugleich da ist, weiß ich noch nicht.

Das Mädchen zupfte ihn, damit sie unbemerkt weggehen könnten. Er verstand nicht, warum ihr Gehabe bald stolz, bald erschrocken war, warum sie ihr schönes Gesicht bedeckte. –

Am Abend brachte sie ihm Speisen aufs Zimmer. Sie blieb, solange er Lust hatte. Ihre Liebe gefiel ihm. Sie sagte: »Wie heißt du?« – Er antwortete aufs Geratewohl: »Melchior.« Er hatte die Wirtin diesen Namen irgendwem durchs Treppenhaus zurufen hören. »Und du?« – »Katrin.«

Er trieb sich am nächsten Tag allein in der Stadt herum. Plötzlich standen ihm zwei seiner Fluggefährten gegenüber. Sie rieten ihm, mit ihnen sogleich zurückzukehren. Ein starkes Heer rücke näher und näher, die Bevölkerung ahne nichts. Melchior erwiderte, er wolle durchaus noch bleiben. Er würde im Nu zu ihnen stoßen, wenn wirklich ein Angriff beginne. Seine Gefährten hießen ihn wagehalsig, eigensinnig. Sie versprachen, ihn gleich wieder abzusetzen, wo er es wünsche. In einer noch unbedrohten Stadt könne er ebenso wichtige Kundschaften sammeln.

Er führte sie durch die Straßen. Er führte sie in die Kirche. Er zeigte ihnen die Frau aus lebendigem Stein. Er fragte: »Gibt es so was bei uns?« – »Nein. Wozu? Ohnedies wird hier bald alles zerstört sein.«

Er blieb bei seinem Entschluß, zumindest noch die kommende Nacht in dieser Stadt zu verbringen.

Bunte Laternen lockten, Gesang und Geschrei. Katrin führte ihn auf den Marktplatz. Allerlei Buden boten Tag und Nacht Töpfe und Spitzen feil, Löffel, Tücher und was man hier sonst braucht. Es gab auch Buden, in denen geweissagt wurde. In anderen wurde getanzt und gesungen und Kunststücke aller Art gemacht. Es war ein Ort zum Tummeln und Freuen. – Bald drängten sich Menschen um Melchior, denn er warf durch ein Glas, das er plötzlich aus der Tasche zog, ein buntes Bild auf die nächste Mauer. Und er besaß einen kleinen Kasten, wenn er mit seinem Finger auf einen Knopf drückte, zog er sogleich das Bild des Menschen hervor, der durch ein Loch in den Kasten geguckt hatte. Er zeigte schnell viele andere seltsame Kunststücke. Die Zuschauer waren zuerst verblüfft, dann wurden sie stark beunruhigt. Katrin flüsterte: »Du bist ein richtiger Hexenmeister.«

Jemand sagte: »Das Weib, das sich an ihn klammert, ist das nicht Katrin?«

Ein anderer sagte: »Ja, Katrin, die Hexe, die durchgebrannt ist.«

Da sagte Katrin: »Weg von hier. Aber schleunigst.«

Eh man sich's versah, hatte Melchior sie um die Hüften gepackt – ein Schwung, und sie waren hoch über der Stadt. Katrin schrie vor Freude.

Sie sahen aus der Luft, daß ein gewaltiges Heer anrückte. Sie hörten die warnenden Hornrufe, sie waren in Sicherheit. Auch, als nach nutzloser Verhandlung Kugeln und Brandfackeln gegen die Stadtmauer flogen. Aus Neugierde umkreisten sie noch einmal die Stadt. Bereits fraßen Flammen die Holzhäuser auf. Katrin, erschrocken und erleichtert, hielt sich an Melchior fest. Sie sagte immer wieder: »Gott, was du für ein Zauberer bist!«

Melchior fragte: »Was hat das auf sich, wenn sie sagten, du seist eine Hexe?«

»Ach, keine gute Hexe«, sagte Katrin, »eine Nachbarin riet mir mal, ich hätte vielleicht das Zeug dazu, ich müsse mich rittlings auf meinen Besen setzen, den Spruch sagen, den sie mich lehrte, dann flöge ich einfach ab. Ich wäre damals so gern meinen bösen Mann losgeworden, der mich immer verhauen hat. Ich habe alles versucht, mit dem Besen und mit dem Spruch, mir ist's nicht geglückt, man hat mich dabei ertappt. Doch wie sie mich vor den Richter führten, gelang mir die Flucht. Ich kam in die nächste Stadt. Ich kam in dem Wirtshaus unter.

Du aber kannst echt zaubern. Du kannst fliegen. Bist du auch von da oben?«

»Ja«, sagte Melchior. Er schüttelte sich vor Lachen. »Jetzt müssen wir landen.«

Sie stiegen zusammen ab in der Ebene. Wo sich drei Heerstraßen kreuzten, gab es ein großes Feldlager, hundertmal voller und größer, als der Marktplatz gewesen war. In dem Gewühl von Soldaten aus aller Herren Ländern, grölende, Karten spielende, raufende, feilschende, tanzende, springende, zu den Liedern in kehligen und in weichen Sprachen wetteifernde, mit vieler Art Waffen, fiel Melchior nicht auf. Nichts hätte hier auffallen können. Sein Fluganzug war nur eine von vielen erstaunlichen Uniformen. Mancher trug einen Harnisch, mancher Samt. Der eine trug einen gefiederten Hut, der andere einen blanken Helm. Wer hätte sich darum kümmern sollen, ob Katrin hexisch war, woher Melchior stammte? In diesem Getümmel war alles eins. Nur manchmal ertönte ein scharfes Kommando oder ein Pfiff. Dann trat ein Hauf zusammen, der die gleiche Uniform trug. Langsam entstand eine gewisse Ordnung. Man hörte auf zu singen, zu saufen, zusammenzuhocken. Das Lager war in Auflösung begriffen. Offiziere mit silbernen und goldenen Ketten stießen scharfe Befehle aus.

Auf einmal packte jemand Melchior am Arm. Wieder ein Fluggefährte. Er sagte: »Komm so rasch wie möglich. Nimm das Weib mit, wenn du durchaus willst.«

Katrin hatte nichts verstanden, und als Melchior ihr klarmachte, was dieser Freund verlangte, sagte sie keinesfalls nein, sondern freute sich. Das würde vielleicht die verfluchte Fahrt werden, nach der sie vor Neugier glühte. Sie glaubte den Pfaffen kein Wort, die behauptet hatten, ihr Los sei Grauen und Zähneklappern. Jede Fahrt mit Melchior zusammen würde zauberisch sein.

Doch Melchior erwiderte, jetzt sei an endgültige Abfahrt nicht zu denken. Er verstünde schon halb und halb das Tun und Lassen der Erdgeschöpfe. Als Kundschafter hätte er versprochen, sie ganz und gar zu verstehen.

Der Fluggefährte war zornig. Es endete damit, daß Melchior versprach, in kurzen Abständen Lebenszeichen zu senden. Und der andre versprach, ihm jedesmal sogleich zu antworten.

Melchior stieg zum zweitenmal mit Katrin in die Luft. Um diese Zeit war der große Lagerplatz beinah leer. Die scheinbar verwilderten Soldaten zogen ab in Reih und Glied, zu Fuß oder zu Pferd.

Wenn jemand zufällig in die Luft blicken würde, er hätte das winzige schwebende, sich schnell entfernende Pünktchen für einen Geier gehalten. Wer aber hätte in die Luft blicken sollen? Katrin war zufrieden bei ihrem Freund; sie war gutartig.

Sie flogen stundenlang über ödes Land. Die Felder waren schon völlig zerstampft, die Wälder abgeholzt. Reste von Dörfern verkohlten. Stadtmauern waren geschleift. Trümmerberge glimmten schon längst nicht mehr; falls es hier Menschen gegeben hatte, waren sie in den Häusern verbrannt oder geflohen. Melchior dachte: Auch wenn wir zu Fuß durch dieses Land gezogen wären, wir hätten nicht mehr zu sehen bekommen.

Er fragte Katrin nach der Ursache all der Verwüstung. Sie antwortete einmal: »Weil sie hier evangelisch waren.« Ein anderes Mal: »Weil sie hier katholisch waren.« Melchior verstand weder das eine noch das andere.

Sie landeten endlich in einem grünen Hügelland. Hier gab es Wiesen und Wald. Es gab ein paar Gehöfte. Es gab eine Art Burg, wie Melchior sie kannte aus den alten Berichten. Die Burgleute waren geflüchtet. Der Bach, der Melchior lustig vorkam nach so viel totem Land, trieb ein Mühlrad. Doch die Müllersleute waren geflüchtet. Vielleicht waren sie eines Glaubens mit dem Burgherrn gewesen. Katrin meinte, hier sei der Landesherr gut evangelisch.

Melchior verstand davon nichts. Die Mühle instand zu setzen, darauf verstand er sich. Sie machten sich ein Heim.

Aus den Gehöften und aus dem nächsten Dorf kamen Bauersleute und brachten ihr Korn zum Mahlen. Als Lohn bekamen die neuen, die unerwarteten Müllersleute frisches Brot. Man brachte ihnen auch Gemüse und Eier. Auch mal ein Huhn. Katrin war bald beliebt. Als sie ein Kind erwartete, boten die Bauersfrauen ihr Beistand an. So lebten sie recht und schlecht. Melchior erfuhr, wie das Erdenleben ungefähr wirklich war.

Er machte jeden Sonntag mit Katrin den weiten Weg ins Dorf. Die Leute dachten, um in die Kirche zu gehen, seines Glaubens willen. Er horchte jedesmal mit Staunen auf all die Lieder. Und aufmerksam sah er sich an, was es hier noch gab an Gemaltem und an Geschnitztem. Warum dann gemalte Wände auf einmal weiß getüncht wurden, ging ihm nicht in den Kopf. Nur die junge Frau mit dem Kind, die es auch hier gab – aus Holz, nicht aus Stein –, blieb unversehrt. Aus Mitleid, dachte er, aber vielleicht wird sie auch noch zerschlagen. Diese Erdbewohner verderben ihr eignes Können; sie haben etwas zustande gebracht, was keiner auf meinem Stern jemals vermöchte. Doch sie verderben oft in ihrer Torheit all die selbstgeschaffene Herrlichkeit. Aber Katrin behauptete, in diesem weißen, reinen Kirchlein könne man besser beten.

Sie brachte ihr Kind zur Welt mit dem Beistand der Nachbarinnen. Es war schön und gesund. –

Eines Tages besuchte ihn sein Flugfreund. Melchior, wenn er auch regelmäßig Nachrichten sandte und empfing, war erstaunt, aber ganz zufrieden. Dieser Gefährte fiel niemand auf. Denn längst kamen allerlei Leute, teils weil sie Mehl brauchten, teils weil sich herumgesprochen hatte, der Müller hätte erstaunlich geschickte Hände. Er reparierte ihr Werkzeug, er verfertigte besseres. Die Mühle war geradezu ein Treffpunkt geworden, um sich auszusprechen. Melchior bedeutete seinem Gast, sich still zu verhalten.

Der sagte: »Deine Berichte gebe ich ab. Und wir sandten dir pünktlich Nachricht. Jetzt aber rate ich dir, bring sie selbst, deine Erkundungen.«

Melchior erwiderte vage: »Das nächste Mal.«

Am Abend hörten sie in der stillen Luft ein Waldhorn blasen. Es machte einen vor Glück seufzen. »Horch«, sagte Melchior, »ein Bauernbub bläst. Versteht sich darauf wie ein Künstler.« Denn Melchior hatte inzwischen gelernt, was dieses Wort bedeutete. Er fuhr fort: »Es ist unbegreiflich, daß sie hier so was ersinnen und dabei wissen, wie nahe der Krieg ist. Keiner bei uns würde es fertigbringen.«

»Nein, dazu haben wir weder Lust noch Zeit«, sagte der Gast. »Ganz andere Arbeiten liegen uns ob. Jetzt und immer. Hättest du sonst hier landen können? Hätte ich dich besuchen können? Für andere Dinge brauchen wir unsere Gedanken und unsere Kraft.«

Nachts suchte Melchior am Himmel den Stern, der sein Heimatstern war. Er war nicht mehr ganz frei von Heimweh.

Er war bald auch nicht mehr ganz frei von Langeweile. Das Waldhorn genügte ihm nicht mehr. Er sehnte sich nach wildem Menschengetümmel, nach der gewaltigen Musik, die er in der längst verbrannten Stadt gehört hatte.

Er wußte, daß es nach einem knappen Tagesflug noch eine vom Krieg verschonte große Stadt gab. Katrin rief: »Gut, daß du wieder Lust hast zum Fliegen!«

Die Mühle ließen sie in der Obhut geschickter junger Leute. Denen vertrauten sie auch ihr Kind an. Sie zogen los. Wie sie sagten, um Verwandte zu suchen.

Zuerst war es ein Glück, steigen und in der Luft schweben. Nach einer Fahrt von Stunden, unter sich nur verbrannte Erde, verkohlte Dörfer, Leere, nichts als Leere, dachte Melchior: In dieser Einöde ist der geschwindeste Flug nutzlos.

Endlich tauchten Türme am Horizont auf. Bald stiegen sie in Rauch hinunter, in das Gebrodel von Menschen.

Die Stadt war die größte, die er bisher gesehen hatte. Flüchtlinge, haufenweise, hatten sich den Einwohnern zugesellt.

In einer Herberge fanden sie Unterkunft. Sogleich sandte Melchior die Meldung ab über den neuen Aufenthaltsort. Bevor, wie er wußte, die Nachricht bestätigt sein konnte, drängte ihn Katrin in den Dom. Dort begann eben jetzt ein besonderes Spiel auf dem silbrigen Instrument, das sie Orgel nannte. Und die Orgel war weithin berühmt. Evangelisch wurde in diesem Dom gepredigt.

Die Musik brauste. Melchior horchte gebannt. Nicht nur Chorknaben sangen, die ganze Gemeinde erhob sich und sang. Auch aus Katrins Mund, als sei das Hexlein verzaubert, kamen im Mitsingen unerwartete frohe und schmerzliche Töne. –

Als sie in die Herberge zurückgekehrt waren, wartete Melchior auf die Antwort. Er blieb ohne Nachricht. Er wandte sich dringend an seinen Freund, den Fluggefährten, der ihn zuletzt besucht hatte. Auch dessen Antwort blieb aus. Melchiors Sendung schien niemand erreicht zu haben. –

In der Herberge horchte er auf das Geschwätz der Leute. Ja, die Stadt war verschont geblieben, dank eines schlauen Landesherrn, der es mit allen und keinem hielt.

Melchior horchte scharf auf, als man von einem alten gelehrten Mann sprach, der in dieser Stadt mit einem außergewöhnlich scharfen Fernrohr im Auftrag des Landesherrn die Sterne erforschte.

Da Melchior auch an den folgenden Tagen trotz seiner häufigen Sendungen ohne Nachricht blieb, beschloß er, den alten Gelehrten zu besuchen.

Der alte Gelehrte hatte wache und junge Augen. Er war an sonderbare Besuche gewöhnt. Er erlaubte Melchior, durch sein Fernrohr zu sehen, doch war es nicht schärfer als Melchiors eignes Glas.

Nach einigem Zögern entschloß sich Melchior, den alten Mann zu fragen, ob er an einem bestimmten Teil des Himmels eine Veränderung wahrgenommen hätte. Der Alte war über die Frage fast erfreut. Er hatte diesmal keinen Müßiggänger vor sich, sondern einen Mann, der sich auskannte. Keinen Höfling, der von ihm die Zukunft nach dem Stand der Sterne erfahren wollte, sondern einen scharfen Beobachter. Er antwortete: »Ja. Es gab vor kurzem ein unerwartetes Licht, als glänze ein über die Maßen heller Stern. Ich sah das Licht auch in der folgenden Nacht. Es ist verglommen; doch es mag verschiedene Veränderungen in seinem Umkreis bewirkt haben, die ich bis jetzt noch nicht feststellen konnte.«

Melchior dachte: Während ich hierherflog und während ich auf die Orgel horchte, mag so ein Lichtschein erglänzt haben. Vielleicht hatte dieses Geschehnis auch eine Wirkung auf meinen eignen Stern, so daß keine Meldung ankam und mich keine Antwort erreichte.

Er fragte schließlich: »Worin seht Ihr die Ursache?«

Der alte Gelehrte erwiderte: »Ich kann es Euch heute beim besten Willen nicht sagen. Mein Landesherr, der wird glauben, irgendein Zeichen Gottes sei gerade für ihn am Himmel erschienen. Ich aber sage Euch offen: Noch weiß ich es nicht. Meine Vorgänger waren töricht und abergläubisch, doch sie haben den Lauf der Planeten sorgfältig aufgezeichnet. Von solch jähem Lichtschein haben sie nichts erwähnt.

Wir kennen bloß einen Teil der Natur. Grund und Wirkung dieser Erscheinung werden sich später herausstellen.«

Nach langem Schweigen sagte Melchior: »Vielleicht gibt es dort auf einem Stern lebende Wesen, die mehr wissen als wir.«

Der Alte lachte. »Vielleicht. Vielleicht. Du bist evangelisch, nicht? Die Natur schuf nur hier auf Erden zum Leben Bedingungen. Glaubst du etwa an einen zweiten Sündenfall? An einen zweiten Erlöser?«

Melchior erwiderte: »Erst jetzt kann man sagen ›nur hier‹. Soviel wir wissen –«

»Soviel wir wissen«, wiederholte der Alte ruhig.

Als er allein war, machte sich Melchior klar, daß er ohne eine Art von Verbindung, ohne jegliche Möglichkeit einer Antwort, ohne Anleitungen auf dem Erdstern zurückgeblieben war. Jetzt war er heimatlos.

Katrin erschrak über sein Gesicht, und er gestand: »Mir schmerzt das Herz, als sei es gesprungen.«

Sie flogen zurück über das verwüstete Land. Er dachte: Warum, warum haben die Erdwesen hier alles selbst zerstört? –

Die grüne Hügelkette mit Wald und Wiesen, mit dem Bach, der das Mühlrad trieb, das war der Friede nach stundenlangem Flug über verwüstetes Land.

Melchior dachte: Schon möglich. Das Land wird wieder grünen. Wird es dann wieder verbrannt und wieder grünen? Und bei uns daheim? Aber es gibt für mich kein Daheim mehr. Die Verbindung ist abgerissen. Ob das für immer wahr ist? –

Der junge Müller nahm freudig Melchiors Angebot an, die Arbeit weiterhin zu übernehmen. Melchior half ihm wenig, da seine Kräfte täglich geringer wurden. Um den Lebensunterhalt zu verdienen, brachte er den Bauern alle Art von Gerätschaften in Ordnung, und er erfand ihnen neue. Er baute auch einen Webstuhl auf für Katrin. Denn es stellte sich heraus, daß sie sich vorzüglich aufs Weben verstand. Auf Melchiors Rat webte sie in die Stoffe vielfarbige Muster, sogar Menschen und Tiere. Bald waren ihre Stoffe in der Umgebung bekannt und beliebt.

Melchior wurde zusehends schwächer. Wie oft er es auch versuchte, die Seinen auf dem Heimatstern zu erreichen, nie kam etwas zu ihm zurück. Der Stern war zwar sichtbar, doch er gab weder eine Sendung ab noch Antwort auf Melchiors Sendungen.

Sie lebten mit ihrem Kind neben der Mühle in einer Stube in großer Stille. Das Mühlrad und das Gezwitscher des Kindes hörten sie von morgens bis abends. Manchmal sah Katrin ihren Mann, der so hager, so bleich war, von der Seite an, sie sagte leise: »Warum zauberst du nie mehr? Zumindest die kleinen Zaubereien, die du einmal auf dem Jahrmarkt gezeigt hast? Die bunten Bilder, die tanzten und Faxen machten?«

Melchior erwiderte: »Hab keine Lust mehr zum Zaubern.« – »Ach, wenn ich noch einmal fliegen könnte«, klagte Katrin, »hast du den Spruch vergessen, den du zum Fliegen brauchst?« – »Vergessen.« – Melchior dachte: Mein Fluggefährte, der hat vielleicht aus der Nähe erlebt, was mit unserem Stern geschah. Vielleicht war er gerade dort, um meine Berichte abzuliefern. Dann ist etwas geschehen, das unsere Verbindung zerstörte. Sonst hätte er mir schon längst ein Zeichen gesandt, mich selbst wieder besucht.

Er versuchte wieder und wieder, eine Botschaft zu senden, auf Nachricht zu horchen, durch das kleine Gerät, das er stets mit sich trug zwischen Hemd und Haut. Katrin hatte danach geschielt. Es wäre ihr muschelartig erschienen, wenn sie je eine Muschel gesehen hätte. Mit einem Spalt, aus dem es sauste. Sie hatte manchmal geglaubt, es sei eine Art Pfeife, in die er blies, aus der ihm mit Pfeifen geantwortet wurde.

Jetzt umklammerte er das Gerät. Er sprach manchmal etwas hinein, er lauerte immer umsonst auf Antwort.

Seine Fröhlichkeit, seine Einfälle waren längst von ihm abgeblättert. Obwohl Katrin ihn zärtlich pflegte und auch die Müllersleute und manche Nachbarn ihm beistehen wollten, zermürbte ihn die Vereinsamung. Ganz langsam starb er, als ihm klar wurde, daß seine Meldungen von niemand gehört wurden und er nie eine Antwort erhalten würde.

Katrin ernährte sich mit allerlei Arbeit. Ihre Schönheit schmolz weg. Alle Freier waren ihr töricht vorgekommen, mit ihrem Hexenmeister verglichen.

Die Tochter, die gedieh. Jeder lächelte, der sie erblickte. Auch stumpfe und mürrische Bauern freuten sich, wenn sie sang und hüpfte. Sie war zart, aber kräftig. Schwere Körbe trug sie wie Federn. Und Weben und Flechten verstand sie bald besser als ihre Mutter. Wenn sie in der Kirche mitsang, war ihre Stimme herauszuhören wie ein Quell.

Sie war noch jung, als sie einen Mann bekam, einen kräftigen Bauernsohn. Der sang gern mit ihr bei der Arbeit. Er pflügte viel frisches Land um. Sie gebar mehrere Kinder. Drei Söhne halfen später dem Vater, zwei Töchter heirateten. Der jüngste Sohn war ein unruhig Blut. Er hatte erzählen hören, weit weg in der Ebene sähe das Land anders aus. Die Menschen wohnten dort dicht zusammen, Haus an Haus. Es zog ihn gewaltig hin. Er blieb verschollen. Doch einer der Brüder beschloß, ihn zu suchen. Er brach ebenfalls auf.

Katrin flickte die Kittel der Enkelkinder, oder sie saß nachdenklich müßig da. Oder sie tastete die paar Sachen ab, die sie aufbewahrte aus alten Zeiten. Die Schnur, die Melchior oft als Gürtel getragen hatte, ein paar Zettel, die dünkten ihr mit Zauberzeichen bedeckt, jenes Gerät, das er immer mit sich getragen hatte. Sie nannte es lächelnd »seine Pfeife«.

Nach dem Flug in die Stadt hatte er Tag und Nacht gehorcht mit gequältem Gesicht. Die Antwort war ausgeblieben. Es hatte sich auch kein fremder Gast mehr gemeldet. Melchior hatte antwortlos auf seinem Lager gewartet. Es war, als könne er es nicht fassen, daß sein Gerät stumm geworden war. An dieser Antwortlosigkeit, so kam es jetzt Katrin vor, war er schließlich zugrunde gegangen.

III

Sie war schon alt, hatte schon Urenkel, als ihre Tochter sie überraschte, in alten Dingen wühlend und mit ihnen Zwiesprache haltend. Sie sagte der Tochter, diese Kapsel, oder was es war, sei vielleicht heilig. Vielleicht ein Schmuckstück aus einer Kapelle oder vom Grab eines Heiligen. Sie möge es hüten und ihrem Sohn einschärfen, daß er es hüte. Wenn auch Reliquien längst nicht mehr Brauch seien, dieses Ding jedenfalls hätte der ganzen Familie Glück gebracht. Das sehe man an den gesunden Kindern und an dem schönen Gehöft. Die Tochter hörte verwundert zu. Sie glaubte der Mutter.

Inzwischen waren viele Gehöfte entstanden. Die Dörfer lagen nicht mehr so weit auseinander. Überall wurde lobend von Katrins Nachkommenschaft gesprochen. Es galt für ein wahres Glück, einen Burschen oder ein Mädchen aus dieser Familie zu heiraten. Sie verrichteten zuverlässig ihre Arbeit als Bauer oder als Weber, als Maurer oder als Maler, manche sogar als Lehrer.

Ausnahmen gab es, wie überall, auch in dieser Familie – im Lauf der Zeit war sie so weit verzweigt im Land, daß nicht jeder mehr genau Bescheid über den anderen wußte. Daher fiel es nicht auf, wenn einer plötzlich von unerklärlicher, uneindämmbarer Unruhe erfaßt wurde. Mancher hatte sein halbes Leben friedfertig und geduldig mit seiner Familie und seinem Handwerk verbracht. Dann war es, als falle ihm plötzlich ein, er hätte etwas vergessen, was er sofort suchen müsse. Er verließ die Seinen und sein Handwerk, er verschwand in der Fremde. Seine Frau weinte, denn Streit hatte es nie gegeben. Sie hatten immer gut zusammen gelebt. Sie suchte und suchte seine Spur, aber der Mann blieb verschollen. – Ein anderer hatte jahrelang guten Muts, ja lustig mit den Seinen und mit den Nachbarn gelebt. Man hatte ihn gern zu Hochzeiten eingeladen, weil er sich wie kein zweiter auf

Saitenspiel, Tänze und Lieder verstand. Von einem Tag auf den anderen wurde er schweigsam, trübsinnig zuerst, dann verbissen und mürrisch; er starrte in eine Ecke. Es schien, er warte vergeblich auf irgend etwas.

Doch solche Vorfälle waren selten. Zudem war das Land wieder dicht besiedelt. Unter Melchiors Nachkommen wußte kaum einer etwas vom anderen.

Einmal schlich sich ein Junge in den Speicher, obwohl es die Eltern ausdrücklich verboten hatten. Hier stand die Truhe, die niemand öffnen durfte, denn sie war gefüllt mit sorgfältig angefertigten Gerätschaften, mit seltsamen Erbstücken. Doppelt verlockt, weil ihm dafür eine strenge Strafe drohte, wühlte der Junge in der Truhe herum. Er zog ein muschelartiges Ding hervor und hielt es ans Ohr. Er glaubte plötzlich, eine Reihenfolge von Tönen zu hören, hellen und tiefen. Er staunte und horchte, aber danach kam nichts mehr.

Wenn das Ding nicht längst zerbrochen ist, wird es sich vielleicht noch einmal hörbar machen, bei dem, an den es inzwischen geraten ist.

Der Treffpunkt

Der Kunstschlosser Rautenberg, der in der Stadt Gotha lebte, hielt streng auf Ehrbarkeit und Sparsamkeit in seiner Familie.

Er hatte bereits das Lehrgeld für seinen einzigen Sohn Klaus zurückgelegt, der Drucker werden sollte. Das erschien ihm ein besonders erstrebenswerter Beruf. Sein Schwager war Drucker, lebte in guten Verhältnissen. Die Druckerei, in der Klaus lernen sollte, stand schon fest, wenn auch der Klassenlehrer selbst den Vater aufgesucht und ihm nahegelegt hatte, seinen begabten Jungen noch auf der Schule zu lassen. Die Schulzeit endete im Jahr 1928.

Rautenbergs Bestreben, nicht das geringste Vorkommnis zu dulden, das dem Ruf seiner Familie schaden könne – Klaus hatte zwei ältere Schwestern, beide mit Eisenbahnern verlobt –, entsprang nicht nur dem Grundzug seines redlichen Charakters, nicht nur der Verpflichtung, die er, wie er glaubte, dem künftigen Beruf seines Sohnes schuldig war, sondern auch einer gewissen Angst. Davon erwähnte er aber höchstens nachts etwas seiner Frau. Schon gab es in ihrer Bekanntschaft einzelne Fälle von Entlassungen, von Schließungen alter Geschäfte.

Zwar war damals die Arbeitslosigkeit noch keine Seuche, es lag aber eine Drohung in der Luft. Rautenberg tröstete seine Frau und mehr noch sich selbst, daß die in der ganzen Stadt bewährte Schlosserei, in der er schon Jahrzehnte arbeitete, private und staatliche Aufträge ausführte, zum Beispiel bei der Renovierung in Museen und

Schlössern, und einen wie ihn nie entbehren könne. Er sagte sich zugleich mit einem gewissen Recht, man würde, wenn ein Betrieb sich verkleinern müsse, zuerst solche entlassen, die als entbehrlich galten oder irgendwie sonst einen Vorwand boten.

Er lebte mit seiner Familie zurückhaltend, ruhig sogar in seinen Reden und in seinen Bewegungen; nie mehr ging er mit Kollegen ins Wirtshaus, er hatte fast keine Gäste, bis auf den Schwiegersohn – die Älteste hatte inzwischen geheiratet. Er war einmal vor geraumer Zeit Sozialdemokrat geworden. Seine Parteizugehörigkeit zeigte sich höchstens noch in zögernd gezahlten Beiträgen. –

Klaus hatte sich im vorletzten Schuljahr eng befreundet mit einem Jungen namens Erwin Wagner. »Erwi« wurde er gerufen. Er hinkte ein wenig, dadurch war er behindert im Turnunterricht und bei Schulausflügen. Er war ein stiller Junge, der, bis auf die Freundschaft mit Klaus, die beide plötzlich, ohne ersichtlichen Anlaß geradezu gepackt hatte, wenig Umgang hatte, hauptsächlich infolge seiner körperlichen Behinderung. Er las gern, und er spielte Gitarre. Klaus war davon angetan, denn bei ihm daheim gab es keinerlei Tätigkeit ohne sichtbaren Nutzen, und er las die Bücher, die Erwin ihm lieh. Dem Vater Rautenberg erschienen sie harmlos und kindisch, sie störten jedenfalls seinen Sohn nicht beim Lernen. Ein wenig zigeunerisch erschien ihm nur die Gitarre, so daß Erwin sie nicht mehr mitbrachte, wenn er zu Klaus kam – wohl als einziger Gast in der Familie außer dem Schwiegersohn –, um etwas mit dem Freund zu lernen. Frau Rautenberg hätte ihn freilich gern spielen hören, sie unterdrückte aber den Wunsch, um ihren Mann nicht zu verärgern.

Eines Tages lud Erwin Wagner seinen Freund Klaus zu einem Wochenendausflug ein mit Übernachten im Zeltlager und einer von Kindern einstudierten Theateraufführung. Sonntags sollten allerlei Wettkämpfe stattfinden und Spiele mit Gitarren und Liedern. Dieser Jugendverein, dem das Zeltlager unterstand, nannte sich »Fichte-Wandersparte«. Erwin erklärte sogleich, damit Klaus es seinem mißtrauischen Vater erklären könne, Fichte, das sei ein Mann gewesen zur Zeit des Kaisers Napoleon. Er hätte an der Universität zur deutschen Jugend gesprochen.

Als Klaus mit der Einladung daheim ankam, bestand sein Vater unwillig auf Auskunft, wie es die Jungens erwartet hatten. Er wurde nicht recht klug aus der Erklärung des Sohnes. Bevor er schließlich seine Einwilligung gab, hatte er sich bei Bekannten erkundigt, die seine Meinungen über das Leben im großen und ganzen teilten. Und diese glaubten, er dürfe dem Sohn Wanderungen und Sport nicht verbieten. Das sei gesund und halte ihn fern von den Streichen, zu denen die Jugend jetzt neige.

Klaus zog also los. Da Erwin in einer Vorstadt wohnte, stieg dieser erst nach ein paar Stationen in den Bummelzug, nicht allein, sondern zusammen mit vier, fünf Jungens und Mädchen. Er sagte: »Das ist der Klaus, von dem ich euch erzählte.« – Klaus Rautenberg war erstaunt, wie froh sie ihn begrüßten, gar keine Fremdheit aufkommen ließen, und er war auch erstaunt, wie sie durcheinanderredeten, sich in einem Atemzug stritten und versöhnten. Weshalb, verstand Klaus nicht recht, er verstand fast nichts von ihren Gesprächen. Sein Freund Erwin wurde aber auf einmal beredt und lebhaft. Klaus' Eltern, die bei ihren Kindern keine Fragerei liebten, hatten höchstens spätabends allein miteinander dies und jenes beraten. Als kleines Kind hatte zuerst sein Bett hinter einem Wandschirm im Schlafzimmer der Eltern gestanden; seit kurzem schlief er auf dem Sofa im guten Zimmer. Ins Zimmer der Schwester stellte man an Stelle des überflüssig gewordenen Bettes einen großen Tisch zum Nähen, zum Aufgabenmachen, zum Werkeln. Und die ganze Familienordnung, zum Beispiel das Schlafen im guten Zimmer, wenn es auch nur nachts galt, aber die Nacht begann früh, hatte für Klaus verschiedene Ermahnungen im Gefolge, die seinem ganzen Verhalten noch mehr Achtsamkeit einprägten. –

In der Gruppe von Jungens und Mädels – sie wuchs von Station zu Station – gab es scheinbar zunächst keine Spur Achtsamkeit, weder äußere noch innere. Er horchte, nicht schüchtern, das war seine Art nicht, aber stumm und verwundert. Er hätte manchmal gern eine Frage gestellt, aber er hielt sich zurück. Seine neuen Bekannten schienen ihm freimütig, ungebunden, reich an allerlei Kenntnissen.

Sie liefen von der letzten Station aus durch einen Wald. Erwi hatte seine Gitarre umgehängt. Wenn er auch humpelte, er beflügelte die anderen, sie sangen, ihre Augen glänzten.

Am Ufer des Sees im Zeltlager waren sie angewachsen zu einer Schar von vierzig bis fünfzig Kindern und Halbwüchsigen. Klaus war erstaunt, daß in seinem Zelt außer drei Jungens auch zwei Mädchen schliefen, nicht älter als seine Schwester. Rudi, ein großer Bursche, ging prüfend von einem Zelt zum anderen. Ihr Zeug lag bald so ordentlich da wie daheim.

Es war ein warmer Nachmittag. Alle rannten zum See und schwammen und tauchten. Klaus plätscherte, er hatte noch nicht schwimmen gelernt. Er schämte sich vor Erwin, der mit den anderen um die Wette schwamm, trotz seines lahmen Beines. Hier aber kam niemand auf den Gedanken, ihm etwas Höhnisches zuzurufen oder mit kränkendem Mitleid ihn auszuschließen von Wettkämpfen und Spielen. Hier war Achtsamkeit auf andere Art als daheim, von einem zum anderen, vom Starken zum Schwachen, vom Großen zum Kleinen.

Man aß am offenen Feuer, und man warf noch mehr Holz hinein, weil hier im Freien eine Art Theaterstück aufgeführt wurde. Klaus hatte so etwas noch nie gesehen. Er verstand nicht alles, aber er war gebannt. Er schlief nachts wie ein Klotz. Und der nächste Tag war, wenn möglich, noch besser als der Vortag. –

Die Mutter freute sich, als er sonnenverbrannt heimkam. Der Vater war beunruhigt über den Glanz in seinen Augen und den neuen Ton seiner Stimme. –

Bald waren Klaus und Erwin unzertrennlich. Klaus konnte den nächsten Ausflug kaum abwarten. »Wir werden in einem festen Zelt singen, wir werden üben«, erklärte er, als ihn die Mutter des Regens halber daheim halten wollte.

»Was üben?« fragte der Vater.

Klaus hatte es nicht recht gewußt. Er hatte nur etwas von Turnen und Singen gemurmelt. Er war selbst erstaunt, als das junge Volk, das er schon kannte, sich in einer Baracke um einen Mann kauerte, ein Lehrer, dachte er, und es war auch einer. Nur, daß der ungefragt alles behutsam genau erklärte, was Klaus nicht verstanden hatte und sich nicht zu fragen getraut.

Bald drangen neue Namen in seinen Kopf, die sich mit vertrauten Namen vermischten von diesem und jenem Menschen, der etwas entdeckt hatte oder erfunden. Und Klaus war klug, er lernte, er war aber vorsichtig. Der alte Lehrer, er hieß Deter, teilte wahrscheinlich nicht immer des Vaters Meinung. Er wohnte nicht weit von daheim. Klaus traf sich oft mit Erwin und mit seinen neuen Freunden. –

Da sagte jemand zu dem Vater Rautenberg: »Du hast deinen Jungen zwar nicht zu den Roten Falken gegeben, aber du läßt ihn mit dieser frechen Bande ziehen, und daß er andauernd zu dem Alten schleicht, der die rote Fahne raushängt bei jeder Gelegenheit, das macht dir nichts aus.«

Rautenberg sagte erschrocken, er hätte von alldem keine Ahnung.

»Dann gib mal 'n bißchen acht«, sagte der andere, »dein Bengel führt dich ganz schön an der Nase rum.«

Auf einmal, wenigstens schien es den Rautenbergs so, kam es auch in ihrer Familie zu Streitigkeiten und Sorgen.

Der Vater nahm sich Klaus vor, befahl ihm, Rede und Antwort zu stehen, und er herrschte ihn an mit ungewohnter Heftigkeit, da der Junge zögerte.

Klaus dachte sich sein Teil und blieb ruhig. Dadurch beruhigte sich auch sein Vater, sprach jetzt mit dem Jungen zum erstenmal wie mit einem Erwachsenen. Er erklärte ihm, nach der Schulentlassung begänne die Lehre in der Druckerei Schönberger, das sei ausgemacht. Auch wenn sich die Zeiten ändern würden und die Verhältnisse der Familie, denn heute könne niemand die Zukunft voraussehen, Klaus würde einen guten, angesehenen Beruf erlernen. Da dürfe er doch nicht so töricht sein, kurz vor Torschluß Herrn Schönberger zu verärgern durch Dummejungenstreiche. Die Freundschaft mit diesem Erwin und Erwins Kumpanen müsse er aufgeben. Er könne auch nicht mehr hinaufsteigen, um drei Ecken herum, zu dem alten Narren, dem Deter.

Klaus dachte nach – das schien dem Vater ein gutes Zeichen. Die Freundschaft mit Erwin würde er nie aufgeben, seinen Freunden würde er treu bleiben, jetzt und immer. Drucker wollte er aber werden, das schien ihm ein günstiger Beruf. Und auch der Lehrer Deter riet es ihm, der ihm jetzt wie ein zweiter, vom Kopf und vom Herzen erwählter Vater war.

Scheinbar fügte sich Klaus dem Gehabe seiner Familie, das, nirgends Anstoß erregend, gleichmäßig ruhig verlief, sogar in den Worten gedämpft und in den Bewegungen.

Da der Junge von seinen Ausflügen mit roten Backen heimkam, von Luft und Sonne gekräftigt, setzte die Mutter beim Vater durch, daß er fast jedes Wochenende wie vordem im Freien verbrachte. – Nach Erwin Wagner wurde nicht mehr gefragt. Man nahm an, Klaus hätte diesen Verkehr abgebrochen.

Zu Ehren des Sohnes, der die Schule mit vorzüglichem Abgangszeugnis verließ, bereitete die Familie ein einfaches, mit zwei Flaschen Wein aufgelockertes Abendessen, zu dem auch die ältere Tochter und ihr Mann Wolfgang Behrendt, der Eisenbahner, kamen, sogar dessen Mutter. Das geschah sonst selten. Der alte Behrendt war Lokführer gewesen. Er war bei einem Eisenbahnunglück ums Leben gekommen. Es gab noch jüngere Geschwister, die Witwe brachte alle durch mit ihrer Hände Arbeit. Sie hatte nichts zu lachen, sie war aber von gutlaunigem gefaßtem Wesen, vielleicht von Natur lebhafter als Frau Rautenberg. Sie war bei dem kleinen Familienfest ein wohlgelittener, überaus dankbarer Gast.

Obwohl Klaus sozusagen der Mittelpunkt war, zog es ihn stark ins Zeltlager. Dort wurden gleichfalls schulentlassene junge Leute gemeinsam gefeiert, auch Erwin war darunter. In der Familie Wagner selbst machte man von diesem Geschehnis nicht viel Aufhebens. Das holte aber für Erwin und für die anderen der Lehrer Deter in seiner teils ernsten, teils lustigen Rede nach. Die Kinder verpflichteten sich auf die Idee ihrer Jugendgemeinschaft, auf Recht und Gerechtigkeit.

Und Klaus, in der familienstickigen Wohnstube, fühlte in allen Fasern die Verpflichtung, die seine Freunde im kühlsonnigen Frühjahr in Worten und Liedern beteuerten.

Erst am folgenden Sonntag – da es kein Zusammensein in der Schule mehr gab – beschrieb ihm Erwin das Fest, vor Erregung heiser. Sie trafen sich überdies zum letztenmal in der Stadt. Erwin würde nach Erfurt ziehen. Die Veränderung war auch für ihn plötzlich gekommen, geradezu ein Überfall von Glück. Sein Vater, der Rohrleger, hatte für Erwin die Lehre gewählt, die sich am raschsten und günstigsten bot. Auslernen sollte er, das stand auch in dieser Familie fest. Erwin war es bang gewesen vor allzu strammer Arbeit, weil er behindert war, wenn auch behend und gelehrsam. Da war plötzlich Tante Elise aufgetaucht, die älteste Schwester der Mutter. Ihr Mann war die rechte Hand des Chefs in einem guten Geschäft für Buchbinderei und Kartonage. Sie hing von früh an aus einem besonderen Grund an Erwin. Sie war kinderlos, aber kinderlieb. Und sie hatte einstmals an Erwin einen Narren gefressen, der ein putziges hurtiges Bürschlein gewesen war. Er hatte die Ferien bei ihr verbracht, als Frau Wagner, die mehr Kinder bekam, als ihr lieb war, ihr fünftes zur Welt brachte. Gerade im Haus dieser Tante Elise war Erwin schwerkrank geworden. Die Folgen der Kinderlähmung blieben zurück. Die Tante fühlte sich, wenn auch völlig zu Unrecht, vor dem Jungen irgendwie schuldig, verpflichtet auf jeden Fall. Sie lud ihn öfters ein, betrachtete dann betrübt seinen Gang.

Nun hatte ihr Mann eine Lehrstelle als Setzer für Erwin ausfindig gemacht. Dort würde er gut behandelt werden, wie es seinen Fähigkeiten entsprach und seinem kranken Bein.

»Ich muß dir beichten«, sagte Erwin zu Klaus, »das kam mir wie eine Fügung vor, wenn Deter auch sagt, so was gäbe es gar nicht. Jetzt lernen wir beide fast dasselbe. Ein klein bißchen war ich neidisch, ich muß es dir gestehen.«

Zuerst hatte Erwin mindestens jeden zweiten Sonntag heimkommen wollen. Doch dazu reichte sein Geld nicht. Klaus war glücklich, wenn ihn Erwins Schwester Hanni an der Druckerei Schönberger abpaßte und den Bruder ankündigte. Bald wurde ihm Hanni doppelt lieb, als Voranmelderin des Bruders und als Gefährtin. Grauäugig, schwarzhaarig, mit lustiger Nase, gefiel sie ihm überaus gut.

Inzwischen hatte sich seine zweite Schwester verheiratet. Doch dieser Schwager wurde versetzt mit höherem Gehalt, aber weit weg, nach Kassel.

Erwin kam seltener, als sich die Jungens ausgedacht

hatten, doch beide fühlten bei jedem Zusammentreffen, daß die Entfernung ihrer Freundschaft keinen Abbruch tat. Sie besuchten zusammen den Lehrer Deter, immer mit Vorsicht, weil er nahe von Rautenbergs wohnte, und Klaus' Vater war womöglich noch strenger geworden. Denn wie er es vorausgeahnt hatte, das Leben begann sich zu verdunkeln, nicht eigentlich das Leben von Rautenbergs oder von Wagners, sondern das Leben des Volkes. Wie einer sich auch abkapseln mochte, Ängste und Ahnungen schlossen sich mit ihm im Innern ein.

Als Klaus' Lehrzeit zu Ende ging, war die Arbeitslosigkeit schon mehr als eine Drohung für Gelernte und Ungelernte. Klaus hatte einen Meister namens Wilhelm Tetzner, der dem Jungen sehr zugetan war. Er fing sogar den Vater ab und nötigte ihn zu einem Glas Bier, um ihm dabei zu sagen, Klaus würde bestimmt die Gesellenprüfung gut bestehen. Er, Tetzner, hatte immer gehofft, der Junge werde mal sein Geselle in der Druckerei Schönberger. Nun hätte er aber läuten hören, daß Schönberger auch seinen Betrieb verkleinern müsse. Leider Gottes, den Klaus Rautenberg könne er als Gesellen nicht anstellen. Da muß man beizeiten nachdenken, sagte Wilhelm Tetzner, wo Klaus dann unterkomme. Er hätte dem Jungen zwar was Besseres gegönnt, aber für den Moment sei der Betrieb Elsholz jedenfalls sicher. Der drucke zwar hauptsächlich kleines Zeug, Plakate, Todesanzeigen, Hochzeitsanzeigen und auch mal einen Aufruf für diese und jene Partei, er hätte aber gesagt, wen du, Tetzner, mir empfiehlst, den nehme ich, denn nächstes Jahr werde ich einen Gesellen gebrauchen können, mein jetziger, fürchte ich, geht zu den Nazis, die haben ihren eignen Laden. Und einen Quatsch wie die will ich auch nicht drucken. Ich hab die Nase voll von Hindenburg und Hitler.

Rautenberg hörte sich Tetzner an. Er mußte ihm dankbar sein für die Empfehlung, obwohl sie nicht seiner Hoffnung entsprach.

Er war furchtbar enttäuscht, sogar verbittert, als er feststellte, daß Klaus nach wie vor zu dem Deter schlich, sogar manchmal zusammen mit Erwin; diese widerwärtige Freundschaft war also nicht in die Brüche gegangen. Klaus hatte sich ausgerechnet die Hanni, Erwins Schwester, als Mädel angeschafft. Manchmal brachte Erwin aus Erfurt seine Lore mit, ein breites Mädel mit aufrechter Haltung – es sah ein wenig seltsam aus mit dem kleinen, hinkenden Erwin. Sie gingen beide in Gotha zu »Fichte«, wenn gerade ein Zeltlager stattfand oder irgendein Ausflug.

In Erfurt war Erwin eifrig im Jugendverband. Deter hatte ihn zu seinem eigenen Freund Hämmerling geschickt, der dem Jungen Bücher lieh und ihn sorgfältig unterwies, sogar mit Leidenschaft.

Klaus und Erwin, beide wuchsen heran, gleichaltrig, gleichartig, wenn auch an verschiedenen Orten, in einer bitteren, aber glückbesessenen Jugend, die weder Gott noch den Teufel fürchtete, weder Stempelstelle noch Polizei.

Doch wurden sie nie arbeitslos, wie viele ihrer Gefährten. Klaus kam, wenn auch nicht mit hellem Entzücken, auf Tetzners Empfehlung in der kleinen Druckerei Elsholz unter. Und Erwins Meister, Bartok, setzte es durch, daß dieser nach abgelegter Gesellenprüfung im Betrieb blieb. An dem glücklichen Umstand hatte wiederum Erwins ihm wohlgewogene, dazu heftig beredte Tante ihren Anteil. Sein Vater, der Rohrleger, war inzwischen arbeitslos geworden. Klaus' Vater hatte abermals eine große Enttäuschung erlebt. Der Inhaber der Kunstschlosserei, bei der er sich unentbehrlich geglaubt hatte, rief ihn in sein Büro, um ihm mitzuteilen, die sorgfältige Arbeit in seiner Werkstatt sei etwas für Villen und Schlösser oder für Leute von Vermögen und gutem Geschmack; in solchen Zeiten, da jeder sich mit dem Lebensnotwendigen begnüge, sei sie nicht mehr gefragt, er hätte sich deshalb mit der großen Schlosserei der Stadt verbunden; Rautenberg könne von Glück sagen, daß die Schlosserei auch ihn übernehme. – Doch Rautenberg fühlte sich jetzt als gewöhnlicher Schlosser, dazu mit vermindertem Lohn.

Klaus mußte oft hören: »Du siehst, wie gut es war, daß ich dich rechtzeitig als Drucker unterbrachte.«

Die Stimmung daheim drückte auf Klaus. Selbst seine Mutter, die früher heiter und offen gewesen war, gab fast in allem ihrem Mann recht. Nora, Klaus' Lieblingsschwester, war mit ihrem Mann nach Kassel gezogen. Mit diesem Paar hätte sich Klaus gern ausgesprochen. Es hätte ihm recht gegeben, als er dem Kommunistischen Jugendverband beitrat. Bisher, in Fichte-Wandersparte, war er bei der Parteiarbeit seinem Gefühl nach nur eine Art Lehrling gewesen, jetzt wurde er richtig Geselle.

Mit Erwin in Erfurt ging dasselbe vor, nach außen hin und im Innern. Das machte ihre Freundschaft unverbrüchlich, obwohl sie getrennt lebten. Erwin verband eine tiefe Zuneigung mit Hämmerling, Deters Freund. Als Hitler zur Macht kam, wies dieser ihn an, in seiner Druckerei nachts Flugblätter herzustellen, »Hitler bedeutet Krieg!«, und den ganzen Pack zu ihm zu bringen, damit er ihn verteilen ließ, nicht nur in Erfurt, sondern in einigen anderen Ortschaften; denn Hämmerling hatte inzwischen Verantwortung für das ganze Gebiet. Er freute sich über Erwins Mut und Geschicklichkeit; dabei kam ihnen zustatten, daß Erwins Meister Bartok der Partei nahestand und ein Auge zudrückte, wenn er ahnte, daß Erwin sich nachts in der Werkstatt zu schaffen machte.

Da man wünschte, die gleiche Warnung möge allerorts zum gleichen Zeitpunkt den Menschen eingeprägt werden, erhielt auch Klaus den Auftrag, in Gotha das gleiche Flugblatt mit der Hand abzuziehen; in seiner kleinen Druckerei war der Meister keineswegs seinen Ideen gewogen. Klaus verfertigte einige hundert Exemplare in der Wohnung des alten Deter.

In Erwins Familie war eine unerwartete Schwierigkeit

entstanden. Hanni, die Klaus heimlich fast als seine Braut angesehen hatte, zeigte sich immer seltener, um die Ankunft des Bruders zu melden. Einmal traf sich Erwin mit Klaus in einem Café, das »Forsthaus Hügel« hieß, in der Nähe von Gotha. Es war nicht Hanni gewesen, die die Verabredung ausgemacht hatte, sondern Erwins Freundin, die große, kräftige Lore. Wie sie bei Kaffee und Kuchen zusammen saßen, schlug Lore plötzlich einen ernsten Ton an. Sie müsse Klaus vor Hanni warnen. Hanni stehe ganz unter dem Einfluß eines gewissen Rolf, den sie aus der »Fichte«-Zeit kenne. Rolf sei längst abgesprungen, er sei ein eifriges Mitglied der Hitler-Jugend. Klaus begriff jetzt, warum ihm Hanni mit kühler, etwas spöttischer Miene aus dem Weg ging.

Jener Rolf schrie bald: »Deutschland, erwache!« Nach dem Reichstagsbrand trug er immer sein braunes Hemd. Und Klaus, wie ihn Deter anwies, der seinerseits von Hämmerling angewiesen wurde, arbeitete nachts bis zur Erschöpfung, um den Reichstagsbrandprozeß, seine Bedeutung und seinen Verlauf in einfachen Worten unter die Menschen zu bringen. Wer Dimitroff hört, dachten sie, versteht, was gespielt wird. – Klaus zog die Flugblätter nicht nur ab. Er verteilte sie auch mit drei, vier jungen Genossen in der Stadt und in der Umgebung.

SA besetzte ein Wohnviertel, Deter wurde verhaftet, man verhaftete mehrere Menschen, auch solche, die zufällig unterwegs waren. Klaus war darunter. Er war nicht auf frischer Tat, wie Deter, ertappt worden, denn er hatte sein Quantum Flugblätter längst untergebracht. Es war aber kein Geheimnis, daß er mit Deter in Verbindung stand. Gleichsam als Warnung, steckte man ihn eineinhalb Jahre ins Gefängnis. Man herrschte den Vater Rautenberg an, er solle seinen Sohn besser er ziehen.

Rautenberg hätte sich den Vorwurf zu Herzen gehen lassen, ob er von der Weimarer oder der Hitler-Regierung gekommen wäre.

Schlimmer als all die Vorwürfe, mit denen Klaus' Leben nach der Entlassung aus dem Gefängnis daheim verbittert wurde, waren die Schwierigkeiten, jetzt angemessene Arbeit zu finden. Sein alter Betrieb stellte ihn nicht mehr ein, und ähnliche Betriebe in anderen Städten wiesen ihn ab, sobald sie seinen Papieren die Gefängnisstrafe entnahmen. Er begnügte sich mit jedweder Hilfsarbeit, und er quälte sich mehr als ein Jahr herum; bald half er zur Erntezeit da und dort auf dem Land, bald fand er als Packer Arbeit. Es bedrückte ihn, daß Deter für mehrere Jahre verurteilt war. Die alten Genossen mieden ihn, und er mied sie, um niemand zu schaden, weil er sich beobachtet wußte. Es gab keinen Grund, die Familie Wagner aufzusuchen, da Hanni den Nazi-Rolf geheiratet hatte. –

Eines Tages stieß er am Bahnhof auf Erwin. Klaus hatte wieder einmal woanders sein Glück versuchen wollen, und Erwin war hier, um kurz seine Eltern wiederzusehen. Zwar war nicht nur Hanni, sondern auch noch ein zweiter Bruder unter die Nazis gegangen, aber sein ältester Bruder und auch sein Vater, die waren mit Erwin einer Meinung. »Es gibt zwar jetzt Arbeit«, sagte sein Vater, »aber Gott weiß wofür. Die einzelnen Teile der Landmaschinen, die sie montieren, könnte man auch für den Krieg verwenden.« Und Erwin hatte sich vorgenommen, ein Flugblatt mit Zeichnungen zu verfertigen. Seine Jugendgruppe in Erfurt war unternehmend und findig.

Als er Klaus' Kummer vernahm, versprach er, den Freund schnell in der eigenen Druckerei unterzubringen. Der Meister Bartok sei noch auf seinem Posten, er schütze Erwin, und er würde auch Klaus helfen.

Noch in derselben Woche schrieb Erwin, Klaus werde am folgenden Montag erwartet, alles sei abgemacht. Klaus siedelte um, nach einem frostigen Abschied von seinen Leuten. Der alte Wunsch der zwei Freunde war in Erfüllung gegangen, am gleichen Ort und in derselben Werkstatt zusammen zu arbeiten. Bartok hatte nur flüchtig in seine Papiere gesehen und geäußert, das träfe sich gut, er bräuchte einen Drucker, Erwins Empfehlung sei ihm das beste Zeugnis. Er hatte davon auch den Besitzer der Druckerei überzeugt. Er ließ die zwei Jungens gewähren, und er kümmerte sich nicht darum, ob sie aus großem Fleiß oder aus einem anderen Grund oft nach Arbeitsschluß tätig waren. –

Der Bürgerkrieg in Spanien hatte begonnen. Wer zu ihrer Gruppe gehörte, verteilte Flugblätter: Das Vorspiel zu einem gewaltigen Krieg, der alle Länder bedrohe, sei der spanische Krieg. –

Sie konnten nicht anders, als immerfort Menschen aufzurütteln. Nie maßen sie die Wirkung an der Gefahr, der sie ausgesetzt waren. Ihre Warnungen tönten wie leichte Hammerschläge zu den Reden von Hitler und Mussolini, zu dem Fabriklärm, der Deutschland erfüllte, zu den Bomben auf Guernica.

In der Druckerei gab es einen Laufjungen namens Paulchen, der nicht in Lehre war, sondern Botengänge und allerlei kleine Arbeiten machte. Vor Ausgang einer Nacht scharrte Paulchen an der Tür der Mansarde, in der Klaus wohnte. Die Druckerei sei umstellt, sie würde von oben bis unten durchgekämmt, man hätte ein paar Abzüge gefunden, man hätte bereits den Meister Bartok daheim verhaftet.

Klaus sagte: »Danke, Paulchen, geh sofort zu Erwin. Sag ihm, am nächsten Sonntag sei ich am selben Ort, wo wir mal mit Lore waren.«

Nach der Warnung fuhr Klaus zu keinem Verwandten; denn man würde ihn dort zuerst suchen. Er lief den Rest der Nacht und den folgenden Morgen querfeldein, und er erreichte den großen Bauernhof, auf dem er einmal in arger Not gearbeitet hatte. Da Ernte war, nahmen ihn diese Bauern auf, sie hatten ihn in guter Erinnerung.

Inzwischen hatte Erwin auch Lore gewarnt, die warnte

dann, wen sie erreichen konnte. Erwin fand Unterkunft in Leipzig bei einer Freundin der Lore, die man nicht so leicht in Zusammenhang mit der Begebenheit bringen würde.

Klaus und Erwin trafen sich am ausgemachten Sonntag im »Forsthaus Hügel«. Sie sprachen kurz und wie zufällig miteinander.

Erwin hatte die Absicht, nach Köln zu fahren, um Hämmerling aufzusuchen und ihn um Anweisungen zu bitten. Denn Hämmerling war der Razzia entkommen. Inzwischen hatte man ihm eine Stelle als Buchhalter in einem Warenhaus verschafft.

In den folgenden Tagen erwartete Klaus Bescheid von seinem jüngeren Schwager, dem Eisenbahner, Noras Mann. Der war ein findiger Bursche.

Er schuftete unterdes auf dem Bauernhof. Der lag nicht weit von einer Fernstraße; manchmal verlangten Fuhrleute, auch einzelne Ausflügler etwas zum Trinken. Die Wohnstube mit einer Kommode und einem Sofa und einem großen Tisch ohne Decke diente halb zum Zusammensein der Familie, halb als Ausschank.

Erwin fand sich ein auf Verabredung mittags um zwei Uhr. Da hatte Klaus fast immer eine ganz kurze Rast nach dem Mittagessen, wenn der Bauer seine Pfeife rauchte, bevor es wieder aufs Feld ging. Erwin steckte Klaus einen Zettel zu, während er einen Becher Milch verlangte und die Bäuerin seine vernünftige Wahl lobte. Von wo er auch kam, Erwin hatte pünktlich hiersein müssen. Und er war auch pünktlich. Auf ihn war Verlaß. Klaus goß ihm den Becher nochmals voll, zählte die paar Pfennige nach. Nachher ging er mit ihm vors Tor.

Erwin sollte Hämmerling in Köln aufs Wochenende treffen und von ihm den Text zu einem neuen Flugblatt bekommen. Den würde er Klaus während des Gottesdienstes im Dom von Naumburg am übernächsten Sonntag übergeben. Sollte diese Zusammenkunft irgendwie scheitern, dann wollten sie am zweiten Dienstag des folgenden Monats in Fulda zusammenkommen. »Wenn alles fehlschlägt«, sagte Klaus, ohne wirklich damit zu rechnen, daß alles fehlschlagen könnte, »dann sucht einer den anderen nachmittags um fünf im Postamt von Gellhausen am Fünften jeden Monats. Verstehst du, das soll für immer gelten. Am Fünften jeden Monats um fünf im Postamt von Gellhausen.«

Erwin wiederholte: »Auf dem Postamt von Gellhausen. Was auch passieren wird, wer hingehen kann, der findet sich dort am Fünften jeden Monats um fünf nachmittags ein.« Er dachte wie Klaus, diese Verabredung auf lange Frist sei unnütz, ihr Leben sei verbürgt und damit ihr Wiedersehen. Sie wiederholten Orte und Zeitpunkte nur, weil ihnen eingeprägt worden war, jede Möglichkeit in Betracht zu ziehen.

Das Flugblatt, das Hämmerling entwarf, sagte Klaus, sei nötiger denn je bei der wachsenden Kriegsdrohung. – Sie machten auch noch ein Zeichen aus, um den anderen zu warnen, falls sich einer von ihnen in Naumburg beobachtet fühle. Dann trennten sie sich, jeder mit einem festen Blick in die Augen des Freundes. –

Ganz kurz darauf bestellte der Schwager in Kassel, der zwischen den Zeilen zu lesen verstand, Klaus in das Depot, in dem er einen Teil der Woche in Arbeit stand. Er hatte auf alle Fälle Klaus bereits eine Aushilfsarbeit verschafft, so daß sich dieser für die nächste Zeit sicher fühlte, als die Ernte eingebracht war und der Bauer ihm kündigte. Er ging freilich nie in die Wohnung der Lieblingsschwester. Doch konnte er dorthin dann und wann schriftliche Nachrichten schicken lassen. –

Auf Umwegen war Erwin nach Köln gefahren. Hämmerling unterstand jetzt für seine Parteiarbeit ein andres großes Gebiet. Sein Vorgänger war verhaftet worden. Doch Hämmerling gehörte zu den Menschen, die desto ruhiger werden, je schwieriger das Leben wird. Es war verhältnismäßig leicht, in dem Warenhaus, in dem er jetzt Buchhalter war, sich mit Genossen zu treffen. Sie konnten sogar dann und wann ein paar Minuten in der Kaffeestube oder am Büfett miteinander sprechen. Er prägte Erwin die Sätze ein, die dieser Klaus weitergeben mußte während des Gottesdienstes in Naumburg. Erwin hatte ein gutes Gedächtnis.

Er kam abends in Naumburg an; es war schon dunkel. Er dachte: Wenn die Tage abnehmen, wird es von Abend zu Abend rascher dunkel. – Er war mit dem Schnellzug bis Halle gefahren, von Halle ab hatte er, wie es die Vorsicht gebot, Umwege gemacht, war aus dem Bummelzug in einen andren gestiegen.

Eine Bäuerin, die auf der letzten Strecke in seinem Abteil saß, hatte die Bemerkung laut gemacht, die Erwin bei der Ankunft dachte: »Jetzt dunkelt's rascher und rascher.« Die Mitreisenden hatten ihr zugestimmt.

Das Gespräch hatte sich bald um praktische Dinge gedreht, um Dinge, auf die der Mensch mehr Einfluß hat als auf die Jahreszeiten. Die Bäuerin hatte mit schnatternder Stimme gesagt, die etwas an ihren Beruf erinnerte, der hauptsächlich in der Aufzucht von Gänsen bestand, für Weihnachten, so weit es noch sei bis dahin, gingen schon viele Bestellungen ein. Ganz sicher sei das Geschäft in diesem Jahr besser als seit langem. Ein Mitreisender hatte sich eingemischt, heftiger, als es dem Gegenstand der Unterhaltung entsprach: »Ja, es ist besser allerorts. Warum? Weil unser Führer was taugt.« Er hatte eine Pause gemacht – seine Worte hatten geklungen wie der Beginn einer Rede –, wahrscheinlich in Erwartung lebhafter Zustimmung. Doch die Bäuerin hatte nur gesagt: »Sie meinen, weil ich vielleicht mehr Gänse verkaufe? Auch deshalb?« – »Gewiß, auch deshalb«, fuhr der heftige, volksrednerhafte Mann fort, »das ist doch ein winziger

Bruchteil des Aufschwungs, der sich allenthalben bemerkbar macht. Wer erlebt hat wie ich, was sich am Rhein abspielte, als sie da einmarschierten mit wehenden Fahnen, ich hab dort nämlich eine Schwester wohnen und war auf ihrer silbernen Hochzeit. Die war dann ein ganz unerwartet tolles Fest. Mit Trommeln und Trompeten, mit Fahnen, mit Hoch und Heil, daß mir die Ohren noch heute dröhnen. War ja auch ganz unglaublich, 'ne unverschämte Unglaublichkeit, wir sollen auf eignem Boden nicht unsere eignen Soldaten marschieren lassen. Da ist der Führer einfach ohne Bitteschön einmarschiert, und niemand hat gemuckst von den sogenannten Großmächten. Wer jetzt noch nicht versteht, was in Deutschland geschieht, der ist entweder ein Dummkopf oder ein Schwein. Es soll ja noch immer welche geben, die rot angehaucht sind, ja, gibt es.« – »Ja, gibt es«, hatte ein Mitreisender beigepflichtet. »War selbst mal dabei, wie sie einen durchs Treppenhaus runterschleiften.« – »Recht geschehen«, sagte eine magere, lehrerinhafte Frau, die bisher ganz still in ihrer Ecke gesessen hatte. »Wer nicht hören will, muß fühlen. Ich, ich merk's schon den Fragen meiner Schülerinnen an« – die ist wahrhaftig Lehrerin, dachte Erwin –, »welcher Eltern Kind sie sind.« Der robuste Mann hatte gemeint: »Ich würde denen dann glatt mal jemand ins Haus schicken. Gestapo oder SA. Da kann sich allerlei abspielen.« – »Das hab ich auch schon getan«, versetzte die Lehrerin.

Dann brachte die Bäuerin das Gespräch wieder auf seinen harmlosen Ausgang zurück. Sie verbreitete sich über Gänsefutter. »Wann wird denn so mit dem Stopfen begonnen?« fragte die Lehrerin.

Erwin hatte die Antwort vergessen. Der erste Teil des Gesprächs hatte sich ihm beinahe wortwörtlich eingeprägt. Die Treppe heruntergeschleift. Recht geschehen. Wer jetzt noch nichts versteht. Es soll immer noch Rote geben. –

Er ging in ein Gasthaus. Es war bescheiden und sauber. Die Zimmer waren noch nicht geheizt, doch gute Wärme entströmte dem Kachelofen in der Wirtsstube zu ebener Erde. Er aß das Abendbrot, und er taute auf, und er setzte sich dann zu einem Bier an den Ecktisch, an dem schon ein paar Gäste tranken. Die Wirtin selbst saß bei ihnen, eine gute, gutmütige Mutter. Sie hatte bereits herausbekommen, daß sie zwei Handelsreisende unterm Dach hatte und einen Zahnarzt und seine Frau, die am nächsten Tag weiterreisten. Sie fragte Erwin geradezu: »Sie kommen vielleicht in die Schiller-Schule, den kranken Lehrer ersetzen?« Erwin lachte. »Ich bin kein Lehrer. Aber irgendwie doch was Ähnliches. Ich tue mein Bestes, den Leuten was beizubringen. Ich mache im neuen Handbuch den Text für die Figuren in eurem berühmten Dom. Morgen soll dort eine wichtige Predigt sein, von dem Dr. Grönhausen von den Deutschen Christen.«

Er war längst daran gewöhnt, sich gut zu informieren und sich genaue Kenntnisse zu verschaffen, die seine Tätigkeit auswiesen. Reisehandbücher und Photographien und eine Broschüre der Reden des Dr. Grönhausen und auch eigne Notizen lagen schon in seinem Zimmer, in einer Mappe, die der Wirtin zugänglich war.

Die Wirtin erzählte bereits von dem Unfall des Mathematiklehrers. Er sei in eine Baugrube gefallen, die man locker mit Brettern überdeckt hatte. Ob kein Warnungsschild an der gefährlichen Stelle gehangen hätte, fragte ein Handlungsreisender. – Das wisse sie nicht so genau, erwiderte die Wirtin; ihre Hände waren nie müßig bei diesem Gerede. Erwin würde den Abend öde nennen, wenn ihm nicht die behagliche Wärme wohlgetan hätte und das Geplätscher der Worte, das seine Bangnis beschwichtigte. Er war bisher bei jedem Auftrag kühn, selbstvergessen geblieben, vorbereitet auf alles, auf Verhaftung und Folter, dafür aber auch auf Freiheit und Glück für alle und für sich selbst, morgen oder erst übermorgen, wenn er den

Auftrag durchführte. Aber in dieser Stadt, in der er seinen treuesten Freund, Klaus Rautenberg, treffen sollte, um ihm in Minutenkürze den Text zu übergeben, war er von Bangnis befallen, er hätte es Vorahnung genannt, wenn Hämmerling nicht sagen würde, so etwas gäbe es gar nicht. Es hatte ihn nicht eigentlich erst in dieser Stadt gequält, in dem Wirtshaus, das ihn so freundlich aufnahm. Schon auf der letzten Strecke, in dem Abteil, als die Bäuerin auf einen beträchtlich erhöhten Verkauf von Gänsen gefaßt war und jener eifrige Mensch klargemacht hatte, wem man den allgemeinen Aufschwung verdankte, war er von einer ihm bis dahin unbekannten Bangnis erfaßt worden.

Die Wirtin fragte ihn, ob er auch einen Unfall hinter sich hätte. Erwin dachte: Die hat schon bemerkt, daß ich hinke. Er sagte: »Ach nein, die Kinderlähmung.« Er wurde bedauert. Dann führten die Handelsreisenden das Wort. Aus Naumburg würden sie in ganz verschiedene Richtungen weiterfahren. Es sei ihr Auftrag, den vorzüglichen Wein da und dort anzubringen, der hier in der Gegend gedeihe und beinah unbekannt sei. Erwin hörte das Wort »Auftrag« heraus. Hämmerling hatte angeordnet, Klaus Rautenberg solle alles mündlich erfahren, nur im Notfall auf dem Papier, das sei nun Erwins Auftrag.

Erwin hatte den Text des neuen Flugblattes oft unterwegs wiederholt, bevor er in dieses verdammte Abteil umgestiegen war. Aber auch diese Wirtsstube war verdammt.

Nie zuvor hatte ihn Zaghaftigkeit befallen, alles war vorgesehen für die Zusammenkunft, sie würden sich treffen in dem Dom, der sicher gestopft voll war während Grönhausens Predigt. Und er würde Klaus auf einer Kirchenbank das Nötige ausrichten, indem sie eine Stelle in dem Abdruck der Predigt suchten. Die Broschüre mit diesem Abdruck lag oben in Erwins Mappe.

Ihm wurde warm in der Ofenwärme. Bangnis und

Spannung vergingen. Er spürte nur Schläfrigkeit, und er wünschte sich, er bräuchte nie aufzustehen. Aber die Hände der Wirtin wurden schon schlapp, sie packte ihr Strickzeug zusammen, dann sah sie noch einmal freundlich rundum. Plötzlich kam Erwin ihr Kopf wie ein hämischer Katzenkopf vor mit gesträubten Haaren, mit treulosen, nachthellen Augen. Sie sah ihn etwas länger an als die anderen, sie war vielleicht schon gewarnt, er hätte nicht schwören können, ob einer an diesem höllischen Tisch, ein Weinreisender oder gerade der schweigsame Zahnarzt, in seinem Zug mitgefahren war, vielleicht sogar in seinem Abteil. Er dachte: Ich habe mir nicht jedes Gesicht fest genug eingeprägt.

Die Wirtin sagte, ihr Kaffee morgen früh würde allen schmecken und zu einem guten Tagewerk vorbereiten. Diese Worte bedeuteten, es sei an der Zeit, sich schlafen zu legen, zumindest die Wirtsstube zu verlassen. Erwin nahm sich zusammen, er wünschte »Gute Nacht« in frischem Ton. Als er die Treppe hinaufstieg, war ihm zumut, wenn er sich umdrehte, würde das Katzengesicht der Wirtin nach ihm gerichtet sein.

Er fühlte sich ruhig im kühlen Zimmer. Wie er sich gewaschen und abgerieben hatte und schließlich unter der Steppdecke lag, verfluchte er seinen Anfall von Bangnis, er lachte sich selbst aus. Er dachte: Was mir auch zustoßen mag, was wir tun, ist richtig. Er schlief rasch ein, wie er immer rasch Schlaf gefunden hatte vor allen möglichen Unternehmungen, vor schwierigen und gefährlichen. Gerade dadurch war ihm bisher alles geglückt, weil er seinen ausgeruhten, klaren Kopf behielt. –

Er wurde nachts oder am frühen Morgen durch rasenden Trommelwirbel geweckt. Die schmale und hohe Gasse, in der sich das Wirtshaus befand, verstärkte das Echo. Durchs Fenster erblickte er einen großen Aufmarsch Hitler-Jugend. Er überlegte sich rasch, daß der Vortrag im Dom mit einer anschließenden Führung vornehmlich der Jugend galt. Früher, als er sich vorgenommen hatte, war er drunten in der Wirtsstube. Eine ihm unbekannte Person, wahrscheinlich die Haustochter, die fröhlich aussah, vor Sauberkeit geradezu anlockend, bevor man noch ihre Hübschheit in Betracht zog, war mit dem anheimelnden grünen Kachelofen beschäftigt, um nachzulegen oder frisch zu heizen. So warm wie gestern war es längst nicht. Die Haustochter spähte öfters durchs Fenster nach dem Aufmarsch. Dann deckte sie mit der Wirtin die Kaffeetische. Die Herbstsonne war bereits hinter dem Dunst aufgebrochen. Nichts Katzenhaftes hatte die flinke Wirtin an sich. Erwin dachte: Ich bin zu früh dran. Wie schlag ich die Zeit tot bis zum Treffen? Und dann dachte er: Wenn ich ausgehe, sehen mich viele Leute. Man merkt, daß ich hinke. Es ist ein reiner Zufall, daß alles bisher glattging. Von vornherein war's verkehrt, gerade mich zu solchem Auftrag einzusetzen.

Erst als der Marsch in einem andren Stadtteil verdröhnte, waren die Domglocken hörbar. Erwin dachte: Fromm war ich nie, aber mit welcher Kraft haben einmal die Glocken geläutet. Ich war mal in einem Dorf, da hat der Glöckner geläutet, so stark, daß es die Dörfer in weitem Umkreis hörten. Vielleicht gibt es auch hier noch einen Glöckner. Ein alter Mann, der im Herzen gar nicht zu Grönhausen und seiner Gemeinde gehört. Er versucht, den Aufmarsch zu übertönen, aber die Trommeln übertönten die Glocke, man hört sie erst jetzt. –

Es roch schon nach Kaffee. Das Ehepaar kam, zum Frühzug bereit. Die Wirtin schenkte ein, und sie fragte Erwin, ob er den Dom photographieren wollte. Die Hitler-Jugend sammle sich gewiß auf dem Platz vor dem Dom.

»Auf jeden Fall«, sagte Erwin, »muß ich mir alles genau ansehn, um nachher darüber zu schreiben.«

Dann zahlte er und holte seine Mappe, in die er auch sein bißchen Nachtzeug stopfte. »Das ist doch unbequem«, sagte die Wirtin, »Sie können's ruhig hierlassen, bis Sie zum Bahnhof gehen.« Ihr Mund war höhnisch. Die denkt, von hier fährst du nicht so leicht ab, dachte Erwin.

Er straffte sich. Er ging auf die Straße. Zuerst war es noch ziemlich still. In einer Nebenstraße, die zum Domplatz führte, guckte dieser und jener aus dem Fenster, wer wohl schon aufbrach. Der Morgen versprach warm zu werden. In der immer noch nicht ganz kahlen, graugrünen Anlage gab es ein paar Bänke. Und hinter den Bäumen, die langsam, gleichsam gegen ihren Willen die Blätter verloren, erhob sich das Mauerwerk. Die Türme ragten mit Macht und zugleich mit Leichtigkeit. Einen Augenblick war es Erwin zumute, als sehne er sich nach so viel Leichtigkeit, so viel Macht. Dann fiel sein Blick auf den Mann, der sich ihm gegenübergesetzt hatte. Er dachte: Mein Gott, ist der nicht der Handlungsreisende aus dem Wirtshaus? Der den hiesigen Wein in ganz Deutschland anpreist. Das hat er gestern abend behauptet. Er kommt aber nicht des Weines halber hierher und auch nicht der Predigt halber, meinethalben ist er gekommen. Er belauert mich.

Erwin stand auf. Scheinbar, um sich ein wenig die Füße zu vertreten. Es war ja nicht mehr richtig warm. Angst befiel ihn. Im nächsten Augenblick konnte ihn jemand packen. Er dachte: Vielleicht auch erst im Dom, wenn ich hineingehe. Ich will nicht hineingehen.

Schon lief er durch eine Nebenstraße, eine andere als die, aus der er gekommen war. Er wagte erst, sich umzudrehen, indem er sich bückte und an seinem Schuh nestelte. Die Straße war völlig leer. Der Handelsreisende oder wer er sonst war, folgte ihm nicht, oder er machte sich unsichtbar.

Ja, unsichtbar macht er sich, dachte Erwin, es wäre Wahnsinn, wieder zurückzugehen. Er wartet bestimmt, auf wen ich warte. Geht Klaus unbeschattet in den Gottesdienst, wird er mir dankbar sein. Ich hätte ja den Spitzel auf seine Spur gebracht.

Er mied das Wirtshaus. Jetzt hatte er nur Angst, jemand könnte ihm etwas zurufen. Der zweite Handelsreisende, vielleicht war er auch ein Spitzel. Vielleicht gar die Wirtin selbst, vielleicht war sie im Bilde, könnte ihn fragen, warum er die Predigt des Dr. Grönhausen nicht angehört hätte, da er darüber schreiben wollte.

Dann werde ich lügen, dachte er, man hätte mir den Entwurf gezeigt. Irgendwas wird mir einfallen. Was ich Klaus übermitteln soll, das ist ja keine dringende Sache. Sie hat nichts an Bedeutung verloren, wenn ich sie erst in Fulda mit ihm bespreche. Am zweiten Dienstag des nächsten Monats. So haben wir's vereinbart, wenn wir uns in Naumburg verfehlen aus irgendeinem Grund. Dann hol ich es nach. Am zweiten Dienstag des nächsten Monats. Hat man ihn erwischt? Ist er doch im letzten Moment durchgewitscht? Es war auf jeden Fall auch für ihn gut, daß ich rechtzeitig wegging. –

Erwin war am Bahnhof angelangt. Er kaufte sich ein Billett, ohne sich umzusehen, seine Bewegungen zwang er geradezu zu Lässigkeit. Und was sage ich morgen Hämmerling? dachte er unterwegs. Wir seien bespitzelt worden. Ich wahrscheinlich schon auf der letzten Fahrtstrecke. Dann im Wirtshaus. Und Klaus bis in den Dom.

Hämmerling fragte schnell, als er Erwin Wagner erblickte: »Erledigt?« – »Nein«, sagte Erwin. »Die Kirche war gestopft voll Hitler-Jugend. Grönhausen hielt seinen üblichen Vortrag. Mit Klaus konnte ich nicht sprechen. Er hat mir das Zeichen gemacht, das zwischen uns vereinbart war, wenn einem von uns etwas nicht geheuer vorkommt.«

Hämmerling schwieg einen Augenblick. Ein wenig fremd schien ihm der Ton von Erwins Stimme. Er kannte jetzt Erwin ziemlich lange, er kannte ihn, wie er glaubte, durch und durch. Erwin fuhr fort: »Wir wären denn also, Klaus und ich, wie wir im Fall einer Störung ausgemacht hatten, auf nächsten Dienstag in Fulda verabredet. Ich fahre zuerst nach Gießen.« – »Nach Gießen?« – »Nun ja. Du weißt doch, ich wohnte in Leipzig bei einer Freundin meiner Lore. Die ist schlau. Hat mir eine Stelle verschafft in Gießen. Und Lore ist nach Worms gezogen. Wir haben Glück gehabt. Wir haben beide gleich Anschluß an gute Genossen gefunden. Auf jeden Fall war es richtig, die Gegend zu wechseln.«

»Gebt acht«, sagte Hämmerling, »ein bißchen schnell habt ihr Anschluß gefunden.«

Darauf ging Erwin nicht ein. Er sagte: »Der Text, den ich Klaus ausrichten muß, ist schließlich nicht an diese Woche gebunden. Er behält seine Gültigkeit.« – »Nein, nein«, sagte Hämmerling. Auch sein Ton war eine Spur verändert: »Das Flugblatt eilt mehr denn je. Was wir uns vornehmen, eilt so sehr, als sei es das letzte, was wir durchführen könnten. Hast du's selbst bemerkt, daß Klaus beschattet wurde? Kann er abgeführt worden sein, vorsichtig, ohne Aufhebens zu machen?« – Erwin erwiderte leise: »Das kann ich nicht mit Bestimmtheit sagen.«

Hämmerling ordnete an: »Komm auf die Weinterrasse am Rhein, um dieselbe Zeit heute in vierzehn Tagen. Geh aber nicht nach Fulda. Wir schicken einen anderen, der Klaus kennt. Wir haben keine Druckerei mehr zur Verfügung. Besorgt euch eine Abziehmaschine. Verbreitet das Flugblatt. Das mußt du jetzt mit den paar Genossen, die du gefunden hast, zuwege bringen. Du gehst fehl mit deiner Beurteilung, der Text sei an keine bestimmte Zeit gebunden. – Ich will jetzt noch mal Luft schnappen, bevor ich ins Büro zurück muß. Begleite mich bis zum Hansa-Ring. Dann steig auf die elektrische Bahn. Wiederhol mir noch mal den Text, ob er sich dir eingeprägt hat. Ja?« –

Auf der Straße murmelte Erwin: »Wollt ihr wirklich schießen auf die jungen Menschen, die euch so gastlich auf der Pariser Weltausstellung empfingen? Mit denen ihr fröhliche Wettbewerbe machtet? Deutschlands und Italiens Jugend will Frieden mit allen Völkern der Welt. Doch alles, was Hitler jetzt betreibt, ist Vorbereitung zum Krieg – –«

Erwin brach plötzlich ab: »Geh zurück in dein Warenhaus, und ich geh allein zur Haltestelle. Ich bin zu auffällig.«

Hämmerling sagte erstaunt: »Wieso auffällig?« – »Ich hinke, das merkt jeder. Das ist doch ein Kennzeichen. Daran haben wir nie gedacht.«

Hämmerling erwiderte: »Mir scheint, du wirkst ganz harmlos. So, wie du wirken sollst. In Gießen überdies sollst du nur abziehen. Die anderen sollen verteilen. Also, mach's gut. Auf Wiedersehen.« –

Aus einer tiefen, nicht einmal sich selbst bewußten Menschenkenntnis, die vielen Erfahrungen entsprang und seiner Fähigkeit, diese rasch zu verwerten, war Hämmerling irgend etwas an Erwins Bericht unklar erschienen. Irgendwas an Erwin selbst kam ihm verändert vor.

Er gab einem Freund, Felix genannt, der noch nie in Köln gewesen war, den Auftrag, an Erwins Stelle zu Klaus nach Fulda zu fahren und ihm die paar Sätze einzuprägen, da Erwin in Naumburg nicht dazu gekommen war.

Hämmerling sagte: »Sinn hat die Arbeit nur, wenn sie Schlag auf Schlag in vielen verschiedenen Städten, in verschiedenen Bevölkerungsschichten geleistet wird.« Felix war froh, bei dieser Gelegenheit Klaus Rautenberg wiederzusehen, den er gleichfalls vom Sport her kannte. Wenn aber Klaus nicht zur vereinbarten Stunde am vereinbarten Ort sei, befahl ihm Hämmerling, sich zu erkundigen an der Stelle, an der wichtige Nachrichten einliefen, was man über Klaus wußte. – Felix sagte, was Hämmerling dachte: »Ich hoffe, es war nur blinder Alarm und Erwin ist kopfscheu geworden.«

Doch er mußte Hämmerling sagen bei ihrem Wiedersehen auf der Weinterrasse, Klaus sei nicht in Fulda erschienen. Man hätte in Erfahrung gebracht, dieser hätte sich wirklich im Naumburger Dom eingefunden, man wisse nicht, ob er irgendwie gewarnt worden sei und sich davongemacht oder ob man ihn verhaftet habe. Er hätte sich geradezu in Staub aufgelöst. Man sei ihm noch nicht auf die Spur gekommen.

Hämmerling tat im stillen Erwin Abbitte, als er ihn wiedersah. Besonders, als er erfuhr, die angeordnete Flugblattaktion sei vonstatten gegangen.

In Wirklichkeit war das Abziehen und Verteilen nicht ganz so glatt verlaufen. Erwin war in Gießen mit dem freudigen Vorgefühl ausgestiegen, daß er Sonntag früh seine Freundin Lore wiedersehen würde. Nicht nur, weil sie ihn sicher ablöste am Abziehapparat, denn sie war äußerst geschickt, flink und furchtlos, sondern auch einfach, weil er sich nach ihr sehnte. Lore hatte inzwischen eine leichte, freilich schlecht bezahlte Stanzarbeit in einem Betrieb in Worms gefunden. Am Wochenende fuhr sie oft vor Morgengrauen ab, um ihren Freund zu treffen. Erwin hatte durch einen glücklichen Zufall in Gießen Wohnung gefunden, eine Kammer bei einem Schuhmacher, dessen Sohn plötzlich weggezogen war. Hier war Lore schon zweimal auf Besuch bei Erwin gewesen. Die Wirtin wunderte sich, daß der unansehnliche, hinkende Mensch solch ein Prachtweib als Braut besaß, groß und aufrecht, mit stolzer Brust. Doch Lore, die immer die richtigen Worte fand, hatte ihr erwidert: »Mein Freund, der hat's im Kopf, wie Goebbels, klein, aber oho.« –

Diesmal, keins wußte genau, warum, kam es zu keiner heißen Umarmung. Erwin erzählte Lore einen Teil der Begebenheiten in Naumburg. Er sprach erregt. Ihm kam es jetzt selbst vor, er hätte Klaus flüchtig von weitem gesehen, auch das Zeichen, das der ihm zur Warnung machte.

Die Abziehmaschine, die sie benutzen sollten, befand sich im Laboratorium eines technischen Assistenten. Der Professor und alle Bekannten des jungen, mutigen Menschen waren daran gewöhnt, daß er sonntags und wochentags in den Räumen des Laboratoriums hantierte mit Hilfe von diesem und jenem. Niemand fiel auf, daß Erwin Zeitschriften und Bücher brachte, und auch nicht, daß Lore ihn ablöste. Am Abend hatte Erwin noch einmal Lore ablösen sollen, er kam aber zu spät, so daß die Arbeit bereits beendet war. In irgendeinem Raum brannte schon Licht, da der Assistent ein neues Gerät ausprobierte. Ihm gab Erwin die Liste der Freunde, die packenweise Flugblätter abholen würden. Er nahm zum Schein zwei dicke Bücher mit; er dachte dabei: Mein Hinken fällt wohl nicht auf, wenn ich beladen bin. Zu Lore sagte er, er wolle sie aus Vorsicht lieber nicht zur Bahn bringen. – Er merkte es gar nicht, daß seine Liebe abflaute. So sonderbar es war: Seine zuerst! Lore war in Erwin verliebt, und ihr Gefühl war gewachsen, weil keine Furcht an Erwin herankam und weil er immer wieder mit klugen Worten und felsenfester Gewißheit Wankelmütige stützte und Verzagte dazu brachte, neu zu glauben.

Für Lore hatte Erwins Mut und Klugheit das bißchen Hinken wettgemacht. Jetzt war ihr am Gehaben des Freundes etwas verändert erschienen.

Bei ihrem nächsten Wiedersehen war Erwin ziemlich kalt. Er hatte inzwischen erfahren, Klaus sei verschwunden, er könnte in einem Gestapokeller stecken. Und nachts fing Erwin zu grübeln an: Vielleicht wird er gefoltert. Kann ich für ihn die Hand ins Feuer legen? Er weiß, wo Hämmerling arbeitet. Er weiß, wo ich jetzt lebe. Ob er weiß, daß Lore und ich noch zusammenhängen? Wir sind so auffällig, wir zwei zusammen. – Hätte ich selbst denn allen Fragen widerstanden?

Er hatte mit Klaus fest ausgemacht, wenn ihr erstes Treffen mißglücke und aus irgendeinem Grund auch das folgende, dann solle sich der, der am Leben sei und frei, auf jeden Fall am Fünften jeden Monats nachmittags um fünf Uhr in der kleinen Stadt Gellhausen auf dem Postamt einfinden. Er rechnete nach, und er dachte: Dann müßte ich ja schon nächsten Dienstag fahren. Naumburg und Fulda – beides ging schief. Morgen ist der Monatserste. Es ist aber sinnlos, alles aufs Spiel zu setzen. – So bald, damit hatte auch Klaus nicht gerechnet.

An Lore schrieb er, auf verschiedene Offerten fahre er in ein paar Städte. Es sei gut, einen festen Arbeitsplatz zu suchen. Er gäbe ihr Nachricht, sobald er etwas Passendes gefunden hätte. Dasselbe teilte er Hämmerling mit.

Lore sah das alles ein, und doch kam ihr etwas am Ton des Briefes sonderbar vor. Hämmerling und Lore wußten nichts mehr voneinander. Doch Lores Verwunderung und Hämmerlings nicht ganz beschwichtigter Zweifel waren miteinander verwandt.

Durch Felix erhielt Hämmerling bald darauf Anweisung, in dem Warenhaus unauffällig, ordnungsgemäß zu kündigen und unterzutauchen.

Bald schien es Erwin, seit seiner letzten Verabredung mit Klaus sei eine Ewigkeit verflossen, bald schien es ihm, Klaus hätte erst vor kurzem in Naumburg auf ihn gewartet. Nochmals, fast so stark wie beim erstenmal in der Parkanlage, drängten ihn Kopf und Herz, die Angst zu überwinden, die sich plötzlich seiner bemächtigt hatte, in den Dom zu gehen und Ausschau zu halten nach Klaus. –

Er fuhr, wie er Lore geschrieben hatte, auf Offerten in ein paar Städte. Sein Geld ging zu Ende. Er war besorgt. Er war viel allein.

Was inzwischen in Spanien geschehen war, beunruhigte ihn, doch er konnte sich die Ereignisse nicht richtig erklären. Es war ihm zumute, als sei er abgeglitten von einem festen Ufer und werde mitgeschüttelt von dem bodenlosen Meer, die Küste würde von Stunde zu Stunde ferner, undeutlicher. –

Eines Tages bat er Lore, zu ihm nach Marburg zu kommen. Er hatte dort Arbeit gefunden in einem Kartonagenbetrieb, der dem Geschäft glich, in dem einstmals sein Onkel gearbeitet hatte. Seinen ersten Entschluß, sich wortlos von Lore zu trennen, hatte er doch nicht aufrechterhalten können. Seine Liebe war nicht einfach erloschen, wie er sich eingeredet hatte, er sehnte sich nach der starken, ruhigen, selbstbewußten Frau, und er brauchte jemand, mit dem er sich aussprechen konnte in seiner unerträglichen Einsamkeit, in der wirren Welt, die ihm unerklärlich geworden war.

Nach manchem Auf und Ab im spanischen Krieg stand die Niederlage der Republikaner bevor. Was Chamberlain auf der Rückfahrt von München, gut gelaunt, mit dem Regenschirm in der Hand aus dem Flugzeug steigend, »Friede« nannte, war das Unglück der Tschechoslowakei. Was konnte das alles bedeuten? Wie weiter? Hitler hatte Österreich besetzt, er war dort mit Jubel empfangen worden, um Erwin herum war Jubel, und nur auf ihm, wenn er ihn auch nicht mehr ausführte, lastete Hämmerlings Auftrag, das Flugblatt »Hitler bedeutet Krieg«.

Hier kennt mich kein Mensch, Lore kann mich besuchen, dachte Erwin. Er war glücklich, als er wieder mit ihr eine Nacht verbrachte. Er umarmte sie, er schüttete ihr sein Herz aus, er stellte ihr tausend Fragen. Nur über eine Sache schwieg er: Daß er bereits eine gutbezahlte Stelle in Luckau in Aussicht hatte. In ihm war ein Drang nach weit entfernten Orten. –

Lore erklärte ihm die Meinungen ihrer Genossen, mit denen sie Verbindung hielt. Und Erwin dachte: So war es doch kein Geschwätz, wie ich oft glaubte, Hämmerling hat manches im voraus gewußt. Wieso? Warum habe ich es ihm nicht geglaubt? Er dachte fast zugleich: Ob es stimmt, was Lore da sagt? Ich kann es doch nicht recht glauben.

Lore sagte: »Felix ist verhaftet. Mit ein paar anderen zusammen. In ihrer Gruppe hat ein Spitzel gesteckt.« – »Was weißt du von Hämmerling?« – »Vielleicht ist er nach Spanien zu den Internationalen Brigaden, vielleicht ist er in Frankreich.«

Mit veränderter Stimme fragte Erwin – im Dunkeln konnte Lore nicht sehen, daß auch sein Gesicht verändert war: »Hast du etwas von Klaus gehört?« – »Nichts.« – »Er lebt wohl nicht mehr.«

Lore fuhr auf: »Klaus? Der lebt.« – »Wie willst du das wissen?« – »Ich weiß es. Ich spür es in allen Fasern. So einer wie Klaus, der lebt. So einer wie Klaus hat sich gerettet, sogar aus den Klauen der Gestapo.« – »Ach, Lore. Als ob Felix nicht auch so einer wäre. Er ist nicht weniger wert als Klaus.«

Darauf erwiderte Lore nichts. Es gab keinen glaubhaften Grund für ihre Behauptung.

Sie war aber seines Lebens so sicher wie ihres eigenen. Dazu kam noch etwas, worüber sie mit Erwin nicht sprechen konnte und wollte in dieser düsteren Zeit. Durch Zufall war sie einmal, bei einer plötzlich festgesetzten Zusammenkunft, mit Klaus Rautenberg zusammengekommen. Sie hatte gar nicht geahnt, daß ihr Jugendbekannter Klaus dort als Verbindungsmann war. Beide waren heilfroh gewesen. Doch als Klaus darauf anspielte, wie sie gut zueinander paßten, hatte Lore schroff abgewehrt. Das sei keine Zeit, von so etwas zu reden, Erwin auch noch zu beunruhigen, der genug Schweres auf sich habe. – Zuerst war Lore bestürzt gewesen, als sie von Klaus' Verschwinden hörte. Doch der gänzliche Mangel an genauer Nachricht, statt ihre Angst zu vergrößern, bestärkte bald ihre Zuversicht, Klaus sei irgendwie durchgewitscht.

Sie fragte leise, offenbar unbegründet, da sie dieselbe Frage schon früher gestellt hatte: »Hast du ihn wirklich mit eignen Augen gesehen in diesem Dom?« – Erwin erwiderte, verstört im Innern, nach außen hin ungeduldig:

»Gewiß. Wie oft hab ich dir das schon gesagt! Und daß ich im letzten Moment das Zeichen wahrnahm, das wir uns ausgemacht hatten, das Zeichen mit der Hand oder mit dem Fuß.« – War er denn schon gefesselt?« – Erwin erwiderte, als läge das Ereignis nur Stunden zurück: »Ach nein. Was stellst du dir vor? So eine Verhaftung machen die nicht vor aller Augen.« – Minutenlang lagen sie stumm beieinander. Ein Zweifel, der über die beiden spinnenhaft kroch, nahm ihnen jede Lust zum Sprechen, geschweige denn zum Lieben.

Erwin fing zuerst an, an etwas Bestimmtes zu denken: Gewiß, Lore ist stark, gewiß, sie ist ein prachtvolles Weib. Sie hat mir viel erklärt. Sie hat mich erleichtert. Ob sie recht hat? Auf jeden Fall ist mein Herz jetzt wieder schwer wie Blei. Was quält sie mich mit vergangenen Fragen?

So wie es Unausgesprochenes gibt, gibt es auch Unausgedachtes. – Er hatte noch eben gedacht: In Luckau sucht mich kein Mensch. Lore weiß nicht einmal, wo das liegt. Dann wieder, minutenlang, war dieser Gedanke wie weggeblasen.

Er schloß ihr das Haus auf, Lore bat selbst, sie nicht zu begleiten. So war es nicht wie ein letzter Abschied. Es war auch wieder in seinem Gefühl wie einer von vielen Abschieden, als hätten sie viele Leben zu leben.

Den Pakt zwischen Hitler und Stalin erlebte Erwin in Luckau. Er war wie vor den Kopf geschlagen. Furchtbar hätte er Lore gebraucht, ihre Erklärungen, ihre Kraft, ihr frisches, gesundes Gesicht. Und er allein und verwirrt in dieser öden Kleinstadt! Er war ganz gut untergekommen bei dem Herrn Schulze, der auch ein Kartonagegeschäft besaß.

Allmählich legte sich seine zornige Verwirrung über den ihm unverständlichen Vertrag der beiden Mächte. – Er fühlte sogar manchmal eine Art Befriedigung: In solchen Zeiten ist alles möglich.

Hitler überfiel Polen. Und Frankreich und England erklärten Deutschland den Krieg, und Erwin dachte wieder: Wieso hat Hämmerling so was vorausgewußt? Wieso hat ihm Lore fest geglaubt?

Ein Verwandter von Schulze besaß eine winzige Druckkerei, die aber die einzige in dem Städtchen war und jetzt vor allem Flugblätter und Aufrufe herstellte. Da dieser Verwandte den Drang in sich spürte, Polen mit zu besetzen, übernahm der Staat den Betrieb und vertraute Schulze die Leitung an. Sehr schnell kam jetzt Erwins Geschicklichkeit zutage, er vertrat oft seinen Chef, gut und gern. So kam es, daß er gelegentlich erwähnte, er hätte einstmals die Lehre begonnen, dann aber, weil sein Vater arbeitslos wurde und er seiner Mutter helfen mußte, nicht ausgelernt.

Ob Erwin wollte oder nicht, hunderttausend Hakenkreuze, die aus ihrer Druckerei stammten, nisteten sich im Land ein.

Schulze hatte eine ältliche, sehr knochige, aber gewitzte und hurtige Tochter. Sie hieß Elfriede. Spätabends sprach sie mit ihrem Vater, der Erwin – er hieß auf seinen Papieren nicht mehr Wagner, sondern Schuster – könnte ein geeigneter Teilhaber sein. Sie sprachen nicht, was sie dachten: Erwin käme vor allem als Schwiegersohn in Betracht. An Freiern hatte es bisher Elfriede gefehlt, und es sah aus, als hätte Erwin ein Auge auf sie geworfen. Aus praktischen Gründen, dachte Schulze, ein vernünftiger Mensch. Doch Erwin verstand es, Elfriede den Hof zu machen.

Er hatte sich angewöhnt, bei allen Vorkommnissen zu denken: Lore hat recht, Lore hat unrecht. Bei seiner Heirat mit Elfriede entstand in seinem Kopf eine seltsame Rechtfertigung: Was soll ich als Verfolgter sonst tun? – Sogar der Vertrag zwischen Hitlerdeutschland und der Sowjetunion gab ihm von fern den Gedanken ein: Schließlich war es vernünftig.

Elfriede Schulze, in der NS-Frauenschaft, hatte vielerlei Möglichkeiten, sich nützlich zu machen, mit ihrer Wendigkeit, ihrer Schlauheit. Die neue Uniform verbarg ihre Knochen. Sie war zum Anordnen und manchmal zum Singen und Lachen aufgelegt. – Sie wurde für ein paar Tage nach Berlin gerufen. Kaum war Schulze allein mit dem Schwiegersohn, als er vom Boden ein paar Bündel Drucksachen brachte und Erwin hieß, alles schnell zu verbrennen. Mit einem Seitenblick stellte Erwin fest, daß sie ein sozialdemokratisches Blatt verschwinden ließen.

Auf einmal wurde ihr eigner Betrieb zu einer Versandstelle gemacht für den »Luckauer Beobachter«. Er galt hauptsächlich den Bauern rundum. Bei der Verpackung und dem Versand vertrat Erwin den Schwiegervater ohne Bemerkung, ohne Seitenblick. Manchmal war eine Spur Trauer in dem gleichmütig schlauen Gesicht des Alten. Und Erwin fühlte sogar Gewissensbisse, wenn Schulzes meist listige Augen sich, aller List ledig, nachdenklich ernst auf ihn legten, aber nur Augenblicke. Was soll er schon ahnen, dachte Erwin, nicht einmal Lore ahnt, wo ich stecke. Er starrte oft reglos vor sich hin.

Schulze fragte: »Was spinnst du denn, Erwin?« Dann hatte sich Erwin aufgerafft. Wenn sie zusammen saßen in der dumpfen Stube und sein Schwiegervater aus Langeweile zum zehntenmal dieselbe Stelle im »Luckauer Beobachter« las, flogen durch Erwins von nichts und von allem erschöpften Kopf vielerlei weiß- und buntgefiederte Vögel. Er ging nicht selbst durch die Städte, die er kannte, vielmehr streiften sie ihn nacheinander, seine Geburtsstadt, hell und still in waldigen Hügeln, der See mit dem Zeltlager, die seltsame Brücke über das trübe Flüßchen in Erfurt, aus steiler Höhe stiegen Kirchenmauern, und die Türme beherrschten die Stadt und ihn selbst bis auf den heutigen Tag. Aber einzelne Menschen verbannte er aus seiner Erinnerung, obwohl es wimmelte in den Straßen von Leipzig; in Köln erblickte er ganz deutlich die Haltestelle am Hansa-Ring, und in Naumburg war die Anlage vor dem Dom graugrün. Die Figuren, die kannte er nur von Ansichtskarten, denn er war gar nicht hineingegangen. Gießen streifte ihn kurz, das erste Licht in einem Hörsaal, und flinke Studenten zogen hinein oder nach Hause. So viele Städte, und doch nur ein paar aus dem Land, das er durchzogen hatte. Vielleicht gab es auch jemand, dem jetzt irgendwo Luckau einfiel. Hier waren die Gedanken der Menschen nicht üppig und auch nicht die Ähren in seiner Ebene. –

Elfriede kam vergnügt mit einem, wie sie erklärte, höchst wichtigen Auftrag aus Berlin zurück. Sie wurde wieder und wieder hinbefohlen. Man brauchte sie, um Gott weiß was einzurichten. Die beiden Männer saßen dann stumm beieinander. Doch immerhin, es war besser ohne Elfriede.

Sogar in Luckau herrschte Erregung, als Hitler die Sowjetunion überfiel.

Erwin wurde bemitleidet, ja verspottet, denn er war wehruntauglich. Er senkte die Lider, wenn man ihn deshalb hänselte, doch er war froh. Er dachte zuerst: Jetzt muß Hitler dran glauben. Sein Herz klopfte. Er sagte sich aber auch: Wenn es schiefgeht mit Hitler, und wahrscheinlich haben Lore und Hämmerling recht, dann könnte mancher alte Genosse auftauchen. Ich müßte ihm ins Auge sehen. Wie vermag ich dann mein Verschwinden zu erklären?

Der alte Schulze war ganz zufrieden mit einem Schwiegersohn, dem keine Einberufung drohte. Aber Elfriede schämte sich jetzt ihres Mannes, und sie machte kein Hehl daraus. Man hatte sie in Berlin in Begleitung allerlei Uniformen gesehen, sogar mit schwarzen. –

Luckau war oft beflaggt. Alles erwartete von Stunde zu Stunde: die Wehrmacht besetzt Moskau. »In solch einem Winter, wie die dort haben«, sagte der Kohlenhändler, ernst oder höhnisch, »kommt kein Mensch durch, da wär ich längst ausverkauft.«

Hitler kam nicht nach Moskau. Doch tiefer und tiefer drang er in die Sowjetunion ein. Auch Erwins Innere wurde vom Blitzkrieg aufgerissen. Er biß die Zähne zusammen. Er war bald verzweifelt, bald ratlos. Jahrelang hatte er gar nicht gespürt, daß er ein Herz in der Brust hatte. Jetzt klopfte es manchmal in rasender Hoffnung. Und doch, als die Fahnen wieder flatterten, dachte er in einer Art Beruhigung, nun könne ihn niemand mehr zur Verantwortung ziehen. Zugleich schämte er sich solcher gespaltener Gedanken. Er grämte sich hinter verschlossenem Gesicht, als Charkow und die Krim erobert wurden und schließlich ein Stück Kaukasus.

Längst war Frankreich besetzt. Elfriede kam strahlend heim. Sie fahre mit einer Mädchengruppe nach Paris. Man bräuchte sie alle in verschiedenen Büros. Sie putzte ihre Knöpfe blank und machte ihre Lippen rot. Der Vater sah ihr belustigt zu, er stieß Erwin an, der zuckte die Achseln. –

Als die Wehrmacht vor Stalingrad stockte, wurden langsam sogar in Luckau die Leute ungeduldig. Die Fahnen warteten geradezu darauf, endlich wieder einmal in den Straßen zu zucken. Sie wurden schließlich gehißt, aber auf halbmast. An diesem Ort war auch die Volkstrauer dünn, wie es später der frische Jubel wurde über einige neue Siege. Höchstens in den zwei Wirtshäusern wurde ausgiebig gebrüllt und gejubelt, wenn Urlauber einkehrten oder alte SS. Erwin war längst nicht mehr der einzige, der sein Bein nachschleppte. Er schielte nach seinem Schwiegervater und machte dem nach, was zu machen war. In seiner Haut, der grauen, frühzeitig schlaffen, steckte ein zweiter Erwin. Wenn der äußere Erwin mitschrie, kam kein Laut aus dem inneren, wenn der äußere mitzutrauern schien, war der innere froh.

Als sich in Berlin und in anderen Städten verschiedene Menschen gegen Hitler empörten, triumphierte der im Innern verborgene Erwin, und der äußere schwieg, als die Verräter vors Volksgericht kamen und hingerichtet wurden.

Wenn er nachts wach lag, begann die Reue an ihm zu nagen, aber Reue auf was? Man hätte sie nicht hingerichtet, alles wäre anders gekommen, wenn ich nicht aufgehört hätte mitzumachen. Wann hab ich aufgehört? Das wußte er plötzlich genau. In Naumburg, als ich es nicht wagte, mich mit Klaus zu treffen. Ach, das ist alles Unsinn. Ich hätte damals nichts anderes tun können. Und ich hätte nichts ändern können, weder damals noch später.

Er stand pünktlich auf, und er lebte, da man nun einmal leben mußte, scheinbar gedankenlos dahin.

So wild die Zeit um ihn herum war, er blieb träge und gleichgültig. Der alte Schulze besaß mehr Entschlußkraft, als Erwin verblieben war. Als hätte einstmals Erwins Versagen wie eine schwere Anstrengung seine Kräfte verzehrt.

Die Leute von Luckau waren der Meinung, als eine Stadt nach der anderen von Luftangriffen zertrümmert wurde, sie seien sicher, ihr Landstädtchen war unbedeutend, abgelegen. Doch irgendein Flieger ließ auf seinem Rückflug eine Bombe auf ihre Ortschaft fallen, vielleicht nur, weil sie ihm übriggeblieben war.

Die paar Luckauer Straßen verbrannten, auch Schulzes Kartonagegeschäft und auch die Druckerei, die ihm der Staat überlassen hatte. Er aber blieb unversehrt, weil er gerade mit seinem Schwiegersohn im Wirtshaus gesessen hatte. Ihm schien es wie Gottes Fügung, daß die Straßenkreuzung, an der das Wirtshaus lag, nichts abbekam.

Der Alte und der Jüngere, die jetzt obdachlos waren, machten sich auf den Weg. Während Erwin stumpf trottete, erwachte der alte Schulze zu eigentümlicher Regsamkeit. Er konnte zwar noch keinen rechten Entschluß fassen, in Luckau gab es für ihn keine Bleibe, die paar Unterkünfte waren vollgestopft, auch sein Bekannter, der Kohlenhändler, bei dem er übernachten wollte, hatte keinen Winkel mehr frei und wehrte sich bös. Darum zog Schulze mit Erwin, der nur sein Anhängsel war, zum

Bahnhof. Sie zwängten sich in einen Zug. Ihr Abteil hatte den Vorteil für den plötzlich erwachten Unternehmungsgeist Schulzes, daß es sich von der Stelle bewegte, hineinrollte in die von Bränden durchzuckte offene Nacht.

Sie landeten irgendwo auf einem Bahnsteig, da ein breiter Starker, der aussteigen wollte, einen Klumpen Menschen mit sich riß.

Sie waren jetzt im Vorort einer Fabrikstadt. Hier fanden sie Platz in einer Baracke und etwas Suppe. Sie legten sich nieder und schliefen und schliefen.

Schlapp und hungrig erklärte bei Tag der alte Schulze, man müsse sich irgendwie helfen. Erwin zuckte die Achseln. In all den Schrecken, in denen er bald fröstelte, bald glühte, fand er manchmal Halt an dem Gedanken: Sie hatten recht, sie hatten recht, Wahnsinn und Tod sind gekommen. Wie furchtbar haben sie recht! – Und da er solche Gedanken nur fassen konnte, wenn sie mit Personen verknüpft waren, fielen ihm Hämmerling ein und Lore und Klaus. Er sagte sich: Hab ich es nicht selbst gewußt, hab ich es nicht gesagt und gedruckt, so wird es, wenn Hitler bleibt? –

Als eine alte Frau jammerte, ihr Karren sei zerbrochen, auf den sie ihre Habe geladen hatte, brachte Schulze das abgeknickte Rad in Ordnung. Aus Dankbarkeit gab ihm die Frau aus ihrem Vorrat Wurst und Brot. Sie rief ihren Weggefährten zu, es gäbe hier jemand, der könne helfen. Mit schroffen Anordnungen trieb Schulze seinen Schwiegersohn zu allerlei Hilfsarbeit. Dafür erhielten sie zwar keine rechte Verköstigung, sie waren aber geschützt vor Hunger. Sie fanden heraus, wo sie gelandet waren: im Hof einer zerbombten Fabrik. Der alte Schulze entschied: Wir müssen weiter. In einer größeren Stadt finden wir Unterhalt in irgendeinem Betrieb, der noch steht, und auch eine andere Art Arbeit, die es nur in Städten gibt.

Sie schlossen sich einem Strom Flüchtlingen an.

Dreiviertel von Glogenau, der nächsten Stadt, von der

sich Schulze verschiedenes erhofft hatte, war zerstört. Der Frühling roch nach Rauch, zerstörte Straßen verschwammen in grauem Dunst. Aber die Menschen behaupteten, jetzt sei Friede. In dieser Stadt gab es russische Uniformen, es gab warme Suppe, wenn man sich rechtzeitig zu einem Kessel drängte. Erwin und sein Schwiegervater sahen zu elend aus, als daß sich irgend jemand an sie gewandt hätte, im Guten oder im Bösen. Es gab Unterkünfte genug in Resten von Häusern und in Höhlen von Schutt. Die beiden nisteten sich auf einem Gelände voll Trümmern ein.

Am nächsten Tag fand Schulze bereits ein zerbrochenes Fahrrad in dem Geröll. Auf sein Geheiß wühlte Erwin da und dort nach den fehlenden Teilen, die sie zusammensetzten. Es war leicht, in der Stadt, in der bereits wieder Leute in Arbeit standen, ein brauchbares Fahrrad zu verkaufen und für den Gewinn sich auf dem schwarzen Markt zu ernähren.

Was Erwin fand an Bruchstücken aus Messing, Holz, Metallen – der alte Schulze hatte immer eine Idee, wozu man den Fund verwerten könne. »Ich wär einmal gern Kunstschlosser geworden«, sagte er, »aber niemand war da für Lehrgeld und Lehre.«

Bei diesen Worten fiel Erwin die eigene Lehrzeit als Setzer ein, wie er froh gewesen war, als ihm seine Tante half, und dabei fiel ihm auch Klaus Rautenberg ein. Vieles fiel ihm ein aus seiner Jugend, in ineinandergewundenen Gedanken, doch fast nur Gutes, ohne Gewissensbisse, das Zeltlager am See, ihre Lieder, der alte Lehrer.

Jetzt hauste er mit Schulze in den Trümmern. Wie Bauern aus ihren Feldern nährten sie sich aus dem Gelände. Es gab bald in ihrer Nachbarschaft ein paar Flüchtlinge, die es ihnen nachtaten zu Schulzes Ärger, doch keiner war so erfindungsreich wie er.

Er hatte sich sogar, da der Herbst nahe war, ein gußeisernes Öfchen in ihrer Behausung eingerichtet. Erwin war auch betriebsam geworden, denn die Gedanken, die manchmal seinen Kopf durchblitzten, machten ihn nicht satt.

Da im Lauf der Zeit verschiedene Werkstätten entstanden waren, bekam der ausgestampfte Weg den Namen »Behelfsstraße«; sie wohnten jetzt Behelfsstraße Nummer 3.

Eines Tages erschien ein Käufer, der gut Freund war mit dem Leiter eines Betriebes, für den sie dieses und jenes hergestellt hatten, und er sagte, er richte selbst einen Betrieb in der Stadt Halbgau ein, aus einer dreiviertel zerschlagenen Fabrik, und er bestellte ein paar Dutzend Klinken und Angeln für Türen und Fenster und manches andere; bald kämen bessere Tage, da wollte er alles gleich haltbar und ordentlich anlegen. Er suche zwar ungefähr jeden Monat seinen Freund auf, den hiesigen Betriebsleiter, der bräuchte aber nichts von diesem Handel zu wissen. Er bezahlte sofort gut für die Proben, die er tags darauf mitnahm. Er riet ihnen, die bestellte Ware nicht von hier aus zu senden, weil in dieser Stadt die Post noch immer nicht glatt lief, sondern aus Gellhausen, drei Stationen weiter. Da er den beiden vertraute, gab er sogar einen Vorschuß. Mit einem solchen Mann kamen sie glatt ins Einvernehmen.

Es war nicht schwer, aus dem Schutt die nötigen Metallteile herauszufischen. Viele Mietshäuser waren verbrannt, und das metallne Zeug hatte vielleicht als Möbelverzierung gedient, oder es war schon einmal an Türen und Fenstern verwandt worden.

»Wagen wir den Versuch«, sagte der alte Schulze, und er schickte Erwin nach Gellhausen mit der Bestellung, die er in einzelne Teile verpackt hatte, damit nicht alles zusammen verlorengehe.

Unterwegs, in der Bahn, fragte ein Mitreisender, wohin Erwin fahre. Erwin sagte: »Nach Gellhausen.« Und es zuckte ihm durch den Kopf: Warum habe ich es ihm verraten? Dann fiel ihm ein, daß er keinen Grund mehr hatte, sein Ziel zu verheimlichen, denn die Hitlerzeit war vorbei. Zugleich aber, wie es manchmal gluckst unter einer großen Strömung, kam in ihm ein Gedanke auf unter seinem bewußten Gedankenstrom: Wir hatten Gellhausen vereinbart, Klaus und ich, wenn vorher alles fehlschlug.

Der Mitreisende, der ihn inzwischen gemustert hatte, fuhr fort: »Sie wollen sicher mit all dem Zeug aufs Postamt? Sie wissen doch, daß die halbe Stadt zerbombt ist? Und auch das Postgebäude ist futsch. Zum Glück liegt eine Behelfspost ganz nah zum Bahnhof. Rechtsherum, gleich in der nächsten Seitenstraße.«

Nach einem hellen, kurzen Mittag war all das Himmelsblau verbraucht. Sie fuhren durch die dunstige Ebene. Beim zweiten Aufenthalt, der nicht, wie vorgesehen, zehn Minuten dauerte, sondern länger als eine halbe Stunde, fiel schon die Dämmerung. Ich werde zu spät kommen, dachte Erwin. Ihm war plötzlich eingefallen: Um fünf Uhr spätestens hatten wir ausgemacht. Und heute ist doch der Fünfte. Dann wieder dachte er, die Welt sei in Staub und Asche zerfallen, es sei nicht sicher, daß Klaus noch lebe, und wenn er noch lebe, dann hätte er längst den Treffpunkt vergessen. Dann wieder dachte Erwin: Nein, der nicht. –

Der Dunst war dicht bei der Ankunft. Obwohl sich Erwin beeilte, kam er mit seinem lahmen Bein und mit seinen Paketen nur mühsam vorwärts. Zum Glück war es nicht weit zur Behelfspost. Die kleine Straße wirkte schon finster, bis auf das einzelne Licht aus dem Postamt. Drin war es überraschend voll, als hätten sich alle Lebewesen der Stadt hier eingefunden.

Erwin rechnete nach, während er Schlange stand: Ja, heute ist der fünfte Oktober. Um fünf Uhr muß, wer es kann von uns beiden, auf dem Postamt von Gellhausen sein. Das Loch hier ist keine richtige Post.

Er dachte, als er abgefertigt war und hinausging: Das Postgebäude ist zerstört. Unsere Verabredung liegt Jahre zurück. Jahre? Jahrzehnte? Soll ich doch nachsehen, auf dem Platz, auf dem es gestanden hat? Das Postamt. Unser richtiger Treffpunkt. Klaus kann ja nicht wissen, daß es zerstört ist.

Er ging schließlich mit schwerem Herzen, aber mit leichten Gliedern, weil er keine Pakete mehr trug, zu dem Platz, auf dem das Postgebäude gestanden hatte. Das Herbstlicht war bereits erloschen.

Auf dem Platz schien ein großer Haufen Geröll im Dunst ständig zu wachsen. Erwin sah sich das Geröll an, er dachte: Wenn ich schon mal hier bin, dann warte ich noch ein paar Minuten.

Er war zuerst mutterseelenallein. Das Stehen fiel ihm schwer. Dann bewegte sich etwas zwischen den Trümmern, wie ein Nebelschwaden, der dichter wurde. Jemand stieg auf einen Schutthaufen und drehte den Kopf nach allen Seiten.

Obwohl er in der Dämmerung fast verschwand, wirkte der Ankömmling wuchtig in seinem breiten, steifen Soldatenmantel. Erwin stand immer noch reglos. Der andre hatte ihn aber bereits erspäht. Als Erwin einen Schritt auf ihn zu machte, sprang er herunter. Das Gesicht war jetzt so nah, daß die Fremdheit abfiel, wie Erwin zu ihm hinaufsah. Und wenn der Ankömmling nicht gewußt hatte, ob dieser kleine, schwächliche Mensch ihm aus vergangener Zeit bekannt war, als Erwins Augen plötzlich aufleuchteten in dem vergrämten Gesicht, gab es für ihn keinen Zweifel mehr. Erwins Lippen zitterten.

Sie gingen zuerst stumm vor Erregung zusammen zum Bahnhof.

Erwin sah jetzt kräftiger aus, nicht so eingeschrumpft, nicht so verhärmt.

Klaus sagte: »Setzen wir uns ein paar Minuten in die Bahnhofswirtschaft. Irgendein Gebräu wird es dort geben. Ich habe nur kurz Urlaub. Ich war froh, als ich sah, daß mein Quartier so nah zu Gellhausen liegt. Ich war überzeugt, da der Tag stimmt, auch du tust alles, um unseren Treffpunkt aufzusuchen.«

Erwin erwiderte nichts. Sie setzten sich in die kalte, dürftige Wirtschaft. Es gab einen Kräutertee. Der Wirt hatte zwar schlau gefragt, ob Klaus echten Tee wünsche oder einen Schnaps, doch Klaus erwiderte: »Der Kräutertee soll nur heiß sein.«

Es drängte Erwin, sofort zu sprechen, laut einzugestehen, was ihn seit Jahren furchtbar quälte, ihm das Herz ausgebrannt hatte. Wenn er es eingestand, würde die alte Schuld ertragbar sein.

Doch Klaus begann gleich, ihn lebhaft zu fragen: »Was wurde aus Hämmerling?« – »Der ist, soviel ich weiß, nach Frankreich und von dort aus nach Spanien.« – »Und Felix?« – »Der ist tot.« – »Was ist mit Lore geschehen?« – »Ich weiß es nicht.« – »Wie kann es möglich sein, daß du nichts von ihr weißt?« – »Die Verbindung war gerissen. Wir haben einander nicht wiedergesehen. Ich muß dir, Klaus, etwas eingestehen –«

Noch ehe er die Worte fand, die er brauchte, fuhr Klaus fort: »Mir wurde in Naumburg schon während der Predigt klar, daß man mich verfolgt. Ich hatte sogar einen Spitzel erkannt, und ich hatte beobachtet, wie er sich mit seinem Kumpan verständigte. Der war mit mir im Autobus nach Naumburg gefahren. Ich war erleichtert, daß du rechtzeitig weg bist. Ich habe mich damals an diesen Pfarrer herangemacht, bedrängte ihn mit Fragen, und die zwei Spitzel folgten uns. Ich ging, immerzu auf den Pfarrer einredend, mit ihm in sein Haus. Und im Flur, auf gut Glück, drehte ich mich scharf um, probierte eine Tür und noch eine, über die Gartenmauer machte ich mich davon.«

Erwin unterbrach ihn: »Ich muß dir etwas gestehen, Klaus, ich ging nicht in die Kirche hinein.« – »Ein Glück!« rief Klaus, »daß ich diese Spitzel sogleich fest stellte und dir das vereinbarte Zeichen machte! Die haben ja nur gewartet, mit wem ich mich während der Predigt treffen will. Du solltest mir damals den Text unseres Flugblattes mitteilen, erinnerst du dich?«

»Ja«, murmelte Erwin, als sei er noch immer nicht vor Beobachtung sicher. Er machte noch einmal den Versuch, seine Gewissenslast abzuschütteln. »Ich fuhr dann, wie es vereinbart war, zu Hämmerling.« – »Das war gut«, sagte Klaus, »und ich fuhr auf vielen Umwegen zu Genossen nach Hamburg. Ich entkam nach Schweden. Man beschaffte mir Papiere, und ich fuhr mit dem Schiff nach Leningrad. Dort hab ich gearbeitet. Die Sprache lernte ich schnell und durch und durch. In dem Volk war ich schließlich vollständig eingewurzelt. In der Sowjetarmee nahm ich teil am Krieg. So tief sitzt alles, was ich erlebte, es ist so viel, daß ich es dir erst richtig erzählen kann, wenn wir uns wiedersehn.«

Zugleich dachte Klaus, wie klein, wie eingeschrumpft sein Jugendfreund aussähe, als sei er in all den Jahren verdorrt. Er sagte: »Du hast wohl viel durchgemacht. Haben sie dich geschnappt? Warst du später gefangen? Bist du am Ende erst jetzt befreit worden?«

Erwin erwiderte zögernd: »Gefangen war ich nicht.« Es ging ihm durch den Kopf: Bin ich befreit worden?! Und hinter dieses Gedankens Flug erhob sich die Antwort: Das hängt von mir ab, ob ich mich befreie.

»Auch wenn sie dich nicht faßten und du bist ihnen immer wieder entschlüpft«, sagte Klaus, und er sah Erwin besonders aufmerksam an, »dann hast du es sicher sehr schwer gehabt, ganz auf dich selbst gestellt?«

Erwin machte noch einmal den Versuch, sich von der Last zu befreien, die ihm auf dem Herzen lag: »Klaus, hör mich an – –«

Ihm war zumute, als hätte Klaus, wie vorhin im Nebel, keine festen Umrisse, als würde er größer und breiter in dem Dunst von Herbst und Vergangenheit.

Klaus sagte: »Ich schreibe dir hier den Ort auf und die Adresse von guten Bekannten, an die du mir schreiben kannst. Wo wohnst du?«

»Ach, weißt du, Klaus, in der Nähe von Glogenau. Man nennt es Behelfsstraße. Dort wohne ich Nummer 3. Ich will aber bald in eine andere Stadt ziehen, in der ich richtig Arbeit finde.«

»Das wirst du schneller, als du glaubst. Man wird bald genug gute Setzer brauchen.«

Hab ich nicht längst alles verlernt? dachte Erwin. Klaus sah ihn immerzu nachdenklich an. Denn sein Jugendfreund kam ihm bald fremd vor, bald vertraut. Dann sagte er: »Wir müssen uns auf jeden Fall bald wiedersehen.«

Noch einmal versuchte Erwin, zu Wort zu kommen, sein Gewissen zu erleichtern. Doch Klaus, in seiner raschen und heftigen Art, redete auf ihn ein: »Du und ich, wir haben vielleicht nicht viel fertiggebracht, aber wir haben immerhin unseren kleinen Anteil an dem, was alles verändert.«

»Ach Klaus, hör mir doch endlich zu. Ich kann dir nicht sagen, wie es mich quält, daß ich damals unseren Treffpunkt nicht einhielt.«

»Das war gut«, wiederholte Klaus. Und wieder begann er erregt von seinen Erlebnissen zu erzählen, wie einer spricht, der in Minuten seinem Freund alles Vergangene erklären muß. Er unterbrach sich plötzlich: »Mein Zug wird gleich abfahren.« Er war plötzlich aufgesprungen und hatte Erwin umarmt und war fort, ehe es Erwin recht begriff.

Der saß nun allein da. Er spürte zuerst nur den Nachklang der großen Erregung. Dann stellten sich einzelne Gedanken ein. Warum hab ich ihm nicht alles gesagt? Jetzt meint er, ich hätte das Warnungszeichen erblickt. In Wirklichkeit hab ich's nie erblickt. Ich war gar nicht sicher, daß Klaus im Dom war. Denn ich bekam Angst, und ich bin umgekehrt.

Ohne sich recht seiner Lüge bewußt zu werden, hatte er Hämmerling in Köln einen unklaren Bericht gegeben. Er besann sich: Ich will doch wenigstens jetzt in Gedanken nicht noch einmal lügen. Ich hatte Angst, und darum war mein Bericht falsch. Warum habe ich vorhin Klaus nicht rasch alles eingestanden. Dann könnte ich jetzt aufatmen. Und wie ich damals auch Lore belogen habe, als ich mich versteckte in diesem verfluchten Luckau, mich in diese Familie Schulze verkroch. Noch jetzt klebe ich an dem Alten, klebt der Alte an mir.

Wie er aufstand und seinen Zug abwartete und nachts in seine Höhlenbehausung zurückkehrte, verlor er keinen Augenblick das Gefühl, etwas Furchtbares versäumt zu haben. Nur war das Furchtbare nicht heute geschehen, sondern vor Jahren. Er sagte: »Ja, ja«, als ihn der alte Schulze fragte, ob alles erledigt sei. Er gab sich aber selbst die Antwort: Klaus muß die ganze Wahrheit erfahren. Erst dann kann ich ruhig sein.

Es knisterte im Öfchen. Ihre Höhle war nicht unbehaglich.

Der alte Schulze hatte bereits einen neuen Auftrag für das Lampengeschäft der Stadt. Seine Hände waren gerissen vom Wühlen nach Drähten und Schrauben. Er war viel zu tief in sein Geschäft versunken, um gewahr zu werden, daß Erwin wie abwesend war.

Ich kann den Betrug nicht länger ertragen, dachte Erwin. Er benutzte eine Weile Alleinsein, um einen Brief zu schreiben an die Adresse, die ihm Klaus in der Bahnhofswirtschaft gegeben hatte. Er schrieb: »Lieber Klaus! Du hast mich nicht zu Wort kommen lassen. Du mußt die Wahrheit wissen. Damals in Naumburg, als ich mich mit Dir treffen sollte, kam Angst über mich, ich hielt die Verabredung nicht ein. Ich sah gar kein Warnzeichen. Ich ging gar nicht in den Dom. Mein Brief macht es nicht besser. Ich muß Dir aber die Wahrheit sagen. Schreib gleich, wann wir uns wiedersehn.«

Er fühlte sich erleichtert, als er den Brief abgeschickt hatte.

Er wartete unruhig auf Antwort. Ihr letztes Treffen in der Dämmerung kam ihm fast unwirklich vor, wie ein Traum. – Er war fest entschlossen, sein Leben in dieser Wüste aus Schutt und Geröll zu beenden und wegzugehen und eine richtige Arbeit zu suchen, vielleicht eine, die dem Beruf seiner Jugendjahre glich.

Der bloße Anblick des alten Schulze war ihm in tiefster Seele zuwider. Eines Tages empfing ihn Schulze verdrossen; er sagte: »Wer ist denn das? Was soll denn das?«

Der Postbote hatte den Brief zurückgebracht mit dem Vermerk: »Adressat unbekannt verzogen«.

Die Reisebegegnung

Hoffmann kam frühmorgens in Prag an. Er war an der sächsischen Grenze in das Fahrzeug umgestiegen, das die Tschechen mit Vorliebe benutzten. Es schnaufte und ratterte. Zuerst war es Hoffmann leicht schwindlig. Doch die Elbe, die noch im Mondlicht schimmerte, nahm seine Gedanken gefangen und bald seine Träume. Da fuhr er schlafend über das Meer, mit dem Kanzelarius Lindhorst, der ihn eingeladen hatte auf seine Insel. –

Bei der Ankunft in Prag hatte Hoffmann noch ein paar Stunden Zeit, bevor er das Café aufsuchen mußte, in dem er mit dem unbekannten Freund verabredet war. Gogol hatte ihm geschrieben, er wolle gern auf seiner Reise aus Italien nach der Ukraine mit Hoffmann zusammenkommen. Er hätte mit großem Genuß Verschiedenes von ihm gelesen.

Auf der Karte fand Hoffmann die Straße, in der das angegebene Café lag. – Wie viele Geschichten er auch in seinem Leben geschrieben hatte und Leserbriefe empfangen, es lockte ihn besonders stark, diesen Mann zu sehen. Ohnedies lag Dresden, wo er manches besorgen mußte, nicht allzuweit von Prag. Auch Gogol verlor nicht viel Zeit, wenn er von hier aus in sein eignes Land fuhr.

Es mußte grenzenlos sein, dachte Hoffmann, nicht zu vergleichen mit seinem eigenen, wenn man den Mischmasch von Herzogtümern und Fürstentümern und Königreichen und Bischofssitzen ein einziges Reich nennen konnte. Allerdings schrieben dort die Dichter in ein und derselben Sprache, und sie konnten es aufnehmen mit den Dichtern der Welt.

Er vergaß seinen Brieffreund – er nannte ihn Freund, weil etwas Befreundetes durch die Entfernung an sein Herz rührte. Er lief tief in die Stadt hinein. Es zog ihn in allen fremden Städten zuerst zu den Flüssen. Auf der Karlsbrücke stockten ihm Schritt und Herz. Was da für Gestalten wuchsen auf beiden Seiten der Brücke! Auch ihre Spiegelbilder im stillen, glänzenden Wasser nahmen einem den Atem. Ein Kahn fuhr durch die Spiegelbilder, die Ruder streiften das Kreuz und die faltigen Mäntel. Als Hoffmann den Kopf hob, sah er die Burg hoch auf dem gegenüberliegenden Ufer; sie war eine Stadt für sich mit Kirchtürmen, Dächern, langgezogener Hofmauer; sie herrschte über die Stadt. Kein Wunder, daß sich die Kaiser darum gerissen hatten, aus dieser Burg zu herrschen, die in Wirklichkeit selbst herrschte. Der da oben sein Amt ausübte, war sicher stolz, selbstbewußt. Auch seine höchsten und kleinsten Beamten waren wohl selbstbewußt, stolz, jeder gemäß seiner Rangordnung.

Hoffmann mußte sich losreißen. Er mußte das Café suchen, denn er wollte vor Gogol dort sein. Das war nicht schwer, obwohl ihn andauernd all die Seitengassen mit ihren Torbögen und Höfen lockten. Er würde sich nach dem Gespräch alles rasch ansehen. Zu seiner Freude hatte auch das barocke Kaffeehaus einen gerieften, vielfach geschnitzelten Torbogen, in dem es von Engeln wimmelte.

Um diese Zeit war das Café fast leer. Der Kellner sprach gut deutsch, und er brachte ihm einen vorzüglichen Kaffee und Gebäck, das Hoffmann auf der Zunge zerging, und er brachte ihm deutsche Zeitungen. Hoffmann blätterte ein wenig. Was er las, verstand er nicht recht, und es war ihm langweilig. Er wußte nicht, wer dieser Masaryk war, der in mancher Zeitung gelobt, in einer anderen getadelt wurde. Es kümmerte ihn auch gar nicht. Ob der jetzt in der Burg saß?

Menschen in seiner Nähe, die kümmerten ihn. Er war immer begierig, ihr Schicksal aus ihrem Aussehen zu erraten. Und dann ihr Schicksal weiterzudichten in Geschehnissen, die sie selbst nicht errieten. Die Lebenden tot machen und die Toten lebendig, das gehörte zu seinem Beruf. Was längst geschehen war, noch einmal vergegenwärtigen und erraten, was in Zukunft passieren könnte.

Wer war wohl der junge, magere Mensch, der in der Fensternische saß und schrieb und schrieb? Das Geschriebene las er wieder, die meisten Zeilen strich er durch. Dann schrieb er von neuem, völlig benommen, das Neue las er lautlos sich selbst vor, die Lippen bewegend. Dann trank er einen Schluck Kaffee.

Hoffmann stand auf. Er ging ohne Zögern und Zaudern geradezu in die Fensternische. Er sagte: »Entschuldigen Sie die Störung. Ich weiß, wie lästig es ist, beim Schreiben gestört zu werden. Ich bin selbst Schriftsteller, wenn ich auch außerdem oft noch anderes tun muß, um Geld zu verdienen. Seien Sie bitte nicht böse, daß ich Sie unverblümt frage, was das ist, was Sie gerade schreiben. Mein Name ist Hoffmann. Ernst Theodor Amadeus.«

Der junge Mensch war nicht begeistert über die Störung. Auch nicht erstaunt. Er erwiderte: »Ich habe mich immer gefragt, welche Namen die drei Buchstaben E. T. A. bedeuten. Meine Zeit, leider, ist wirklich sehr knapp. Jetzt ist sie furchtbar knapp. Ich spreche von meiner Lebenszeit. Denn ich bin arg krank, und ich bin vielleicht zum letztenmal hier. Ich muß in ein Sanatorium fahren. Außerdem, als ich noch nicht sehr krank war, kam ich auch nicht genug zum Schreiben. Denn ich mußte mir wie Sie Geld verdienen. Ich in einer Versicherungsanstalt. Einen Vornamen mit drei Buchstaben kann ich nicht bieten. Ich bin einfach Franz. Franz Kafka.«

»Ach bitte, Herr Kafka«, sagte Hoffmann, »es ist sicher ungewöhnlich, wenn ich Sie trotzdem wieder bitte, mir, einem Unbekannten, etwas vorzulesen. Vielleicht die paar Zeilen, die Sie jetzt bei der Durchsicht nicht durchstrichen. Dann merke ich vielleicht schon, was Sie für eine Art Mensch sind. Nochmals, verzeihen Sie die Bitte eines Wildfremden.«

Kafka sagte: »Wieso wildfremd? Ich habe fast alles gelesen, was Sie schrieben. Sogar ›Des Vetters Eckfenster‹. Ich glaube, das war Ihre letzte Geschichte. Manches von Ihnen gefällt mir gut. Anderes weniger. Ich wünschte mir aber, ich hätte so einen Lebensmut wie Sie, so einen Schreibmut. Aber den hab ich nicht, nein, verzweifelt denke ich: Franz, du bist zum letztenmal hier. Und doch, wie Sie sehen, ich schreibe ein bißchen. Bin noch mal hier in meinem Café und mache mir was vor.« – »Was heißt denn das: Vormachen?« sagte Hoffmann, »ich hatte mir nichts vorgemacht. Sondern beschlossen, bis zur letzten Minute zu schreiben, obwohl oder vielleicht gerade weil es dem Innenminister lieber gewesen wäre, ich hätte damit aufgehört.« – »Was haben Sie im Leben getan, verehrter E. T. A., wenn Sie nicht schrieben?«

»Musik liebe ich sehr. Nur Musik hat es fertiggebracht, mich loszureißen vom Schreiben. Außerdem war mir mein Beruf immer wieder von Nutzen. Früher, als man mich noch zu etwas zwingen konnte, mußte ich Jura studieren.« – »Ich auch!« rief Kafka. »Wo haben Sie studiert?« – »In Königsberg.« – »Dort gab es den Professor Kant?« – »Ich glaube, den gab es. Ich war aber nie in seinen Vorlesungen. Ich kannte ihn gar nicht.«

»Warum sind Sie jetzt in Prag?« – »Ich bin mit einem Dichter verabredet. Ein Mann, der mehr kann als ich und vielleicht auch als Sie. Denn Sie haben mir immer noch nicht meinen Wunsch erfüllt und mir wenigstens eine halbe Seite vorgelesen. Der Schriftsteller, der gleich kommen wird, heißt Gogol. Er ist Russe. Er schrieb einen wunderbar wunderlichen Roman, ›Die toten Seelen‹. Kennen Sie dieses Buch?« – »Gewiß!« rief Kafka. »Und wie ich's bewundere. Sein Land ist sicher so grenzenlos, und seine Bewohner sind herrlich und bodenlos im Guten und Schlechten wie in ihren Wünschen. Ich hab mir immer gewünscht, diesen Gogol einmal im Leben zu sehen. Ich liebe auch viele Geschichten, die er schrieb. ›Der Mantel‹, ›Die Nase‹, sein Theaterstück ›Der Revisor‹«.

Hoffmann lachte. Er nahm die Todesahnung für Gerede. »Vieles erfüllt sich, wovon man nichts ahnt. Und manches geht futsch, was man für sicher hielt. Sie dürfen sich aber nicht drücken vor der Erfüllung meines Wunsches. Lesen Sie vor, was hier oben steht auf der frischen Seite.«

Diesmal machte Kafka keinen Einwand. Er las sofort, langsam und deutlich, als prüfe er nochmals die Worte: »Die Burg schien im Schneegestöber weit fortzurücken. Unmöglich, sie vor Einbruch der Nacht zu erreichen. Nur das Läuten eines Glöckchens drang zu ihm. Er horchte, denn auch schmerzlich war der Klang, als drohe ihm die Erfüllung, wonach er sich innerlich sehnte.«

Weich, heiser war seine Stimme, mit dem leichten Bruch, den es oft gibt in der Stimme von Kranken. Sie horchten beide einen Augenblick in die Stille. »Das gefällt mir«, sagte Hoffmann. – »Mir auch«, sagte Kafka. – »Mir gefällt die Wendung: Eine Erfüllung, die droht. Was ist das? Was soll es werden? Das Schloß im Schneegestöber, das jemand nicht mehr erreichen kann, ist sicher die Burg, die ich vorhin sah?« – »Der Hradschin? Ach nein, daran habe ich gar nicht gedacht.« – »Darum kann es doch eure Burg sein. Aus Ihrem Innern heraus. Sie steigen sicher oft hinauf?« – »Ich? Nie. Es ist jetzt wie ein Schneegestöber zwischen mir und der Burg. Ich weiß, daß sie mächtig ist mit ihren Höfen und Sälen. Mit ihrem Veitsdom. Ich bin aber viel zu erschöpft, um noch mal hinaufzugehen. Es wäre für mich schon eine Gnade, aufs Schloß zu kommen.« Er war plötzlich mitteilungsbedürftig. Er fuhr fort: »In meinem Roman kommt ein Landvermesser, den angeblich der Schloßherr engagiert hat, in eine Dorfwirtschaft. Dann geht es hin und her. Ist seine Anstellung echt? Er sehnt sich nach etwas, was die Beamten Aufenthaltserlaubnis nennen und wir gewöhnlichen Menschen Seßhaftwerden, eine Bleibe.«

Hoffmann sagte vor sich hin: »Man kann es auch Gnade nennen.« – »Ja. Und mein Landvermesser bekommt schließlich die Aufenthaltserlaubnis, die Sie ›Gnade‹ nennen, aber erst, als er schon im Sterben liegt.«

Hoffmann rief: »Ich dachte mir gleich, nur ein paar Zeilen, und ich weiß, was für ein Mensch da schreibt. Ja, aber ich fürchte, auch Ihnen fehlt die Gnade –«

Kafka sagte still vor sich hin: »Sie fehlt mir.«

Er sagte dann, ohne daß ihn Hoffmann nochmals aufgefordert hatte: »Möchten Sie gern den Anfang hören? Ich habe ihn schon zweimal geändert, hier ist die dritte Fassung. Wollen Sie sie hören?«

»Gewiß!« rief Hoffmann. Jetzt nahm er bei scharfem Hinsehen wahr, daß keineswegs alles durchgestrichen war. Manche Sätze waren unterstrichen, die feinen, kleinen Buchstaben legten sich leicht nach links. Kafka folgte dem Rhythmus, ohne etwas ausdrücklich fest zu betonen: »Es war spätabends, als K. ankam. Das Dorf lag in tiefem Schnee. Vom Schloßberg war nichts zu sehen. Nebel und Finsternis umgaben ihn, auch nicht der schwächste Lichtschein deutete das große Schloß an. Lange stand K. auf der Holzbrücke, die von der Landstraße zum Dorf führte, und blickte in die scheinbare Leere empor.«

Kafka sah Hoffmann in die Augen. »Also, der Landvermesser findet in einem Wirtshaus Unterkunft. Man legt ihm einen Strohsack neben den Ofen – –« Manchmal kam Kafkas Stimme mit einem besonderen Wohllaut unmittelbar aus den Seiten. Manchmal machte er nur die Inhaltsangabe: »K. wird aber bald geweckt. Ein städtisch angezogener Mensch entschuldigt sich höflich. Er stellt sich vor als Sohn des Schloßkastellans: Dieses Dorf ist Besitz des Schlosses. Wer hier übernachtet, übernachtet gewissermaßen im Schloß. Sie haben eine solche

Erlaubnis nicht. Oder haben sie wenigstens nicht vorgezeigt.

Ein Telefon hängt über dem Strohsack. Der Sohn des Kastellans fragt bei der Behörde an, was für eine Bewandtnis es habe mit dem Ankömmling, der behaupte, das Schloß hätte ihn als Landvermesser hierherbestellt. Davon scheint nichts bekannt zu sein. K. verkroch sich unter der Decke, denn er fürchtete, alles würde sich auf ihn, den Lügner, stürzen. Da läutete wieder das Telefon. Ein Irrtum? Sonderbar, sonderbar. Wie soll ich es dem Herrn Landvermesser erklären?«

Kafka brach ab, denn ein Fremder war an ihren Tisch getreten. Er hatte die Hände auf Hoffmanns Schultern gelegt. Er sagte auf französisch: »Sie sind sicher Hoffmann.« Sie umarmten sich. Schweigend, sehr aufmerksam sah Kafka der Begrüßung zu. Gogols Gesicht, obwohl er es von der Abbildung kannte, enttäuschte ihn. Es mißfiel ihm. Gekünstelt einfach kam es ihm vor – sein Schnurrbart, seine spitzen Augen, seine Kleidung mit vielen Knöpfen, als seien die Augen wie Knöpfe aufgereiht. Er hätte ihn für einen Oberförster gehalten oder irgendeinen Beamten dieser Art, wenn er nicht gewußt hätte, daß einer der ganz großen Dichter Rußlands vor ihm stand.

In einem Gemisch von Sprachen unterhielten sich Hoffmann und Gogol. Kafka verstand ein gut Teil, da er nicht nur Deutsch, sondern auch Tschechisch sprach und etwas Französisch. Doch Hoffmann war immer besorgt um Kafka, als kenne er ihn seit Jahren, und übersetzte ihm, was wichtig war. Er sagte dazwischen: »Gogol ist von Reisefieber gepackt. Oft bin ich es auch. Bald ist er in Deutschland zur Kur, bald in der Schweiz. Bald fährt er nach Rom, bald nach Paris. Die Sprachen, wo er auch durchfährt, scheinen einfach an ihm hängenzubleiben. Unterwegs schrieb er an dem Roman von den ›Toten Seelen‹, dem großen Kunstwerk.« – Gogol sagte: »In Paris erfuhr ich Puschkins Tod. Die Idee zu diesem Roman hat er mir geschenkt.«

Das sagt er, dachte Kafka, obwohl ihm seine Freunde, Popen und Adlige, die Liebe zu Puschkin austreiben wollen.

Mit dünnen Lippen fuhr Gogol fort: »Man muß gerecht zu den Toten sein. Übrigens ist der Roman durchaus nicht wunderbar. Wenn ich wieder daheim bin, werde ich die neuen Kapitel zerreißen, denn ich sehe ein, daß sie nicht viel taugen.« – »Nichts taugen?« riefen Hoffmann und Kafka zugleich.

»Das reden Sie sich nur ein«, sagte Kafka, »oder man redet es Ihnen ein. Die einen loben ein Buch bis zum Himmel, die anderen lassen daran kein gutes Haar.«

»Es kommt darauf an, wer es lobt und wer es verdammt.« Gogol betrachtete Kafka ein wenig spöttisch, als dächte er: Was ist denn das für ein Bürschlein?

Kafka dachte: Auch ich will nichts übriglassen von meiner Arbeit, aber aus einem völlig anderen Grund. Man muß sie vernichten, wenn ich gestorben bin. Die Leute werden nur alles mißverstehen, und ich werde mich nicht mehr wehren können.

Hoffmann betrachtete Gogol aufmerksam, und er dachte: Warum aber, im Grunde genommen, so viel Wesens machen um die Nachwelt? Doch dieser Mann wird wirklich die letzten Kapitel vernichten. Aus Angst vor der Hölle, mit der ihm die Popen drohen. Ja, wird er. Jetzt ist er ein anderer geworden, als er in der Zeit war, in der er den Roman schrieb. Warum hat er sich verändert? Was ist mit ihm los?

Gogol fuhr fort: »Jeder hat schuld an dem, was er schreibt. Am Jüngsten Tag muß jeder dafür geradestehen.«

»Woran sollten Sie schuld sein in diesem Roman?« rief Hoffmann, »schuldig nenne ich die, die Sie hindern wollen, die Wahrheit zu schreiben. Auch mich hat man oft hindern wollen. Was die Leute für pure Phantasie halten, kann manchmal auch ein Stück handfeste Wirklichkeit enthalten. Mir hat man die letzte Lebenszeit verbittert, weil ich in dem Märchen ›Meister Floh‹ den Innenminister und seine Gehilfen verhöhnte. Mein Verleger hat die betreffenden Stellen herausnehmen müssen, die Episode ›Knarrpanti‹. Hoffentlich werden sie eines Tages in irgendeiner Nachausgabe wieder eingesetzt.«

Kafka hatte nachdenklich zugehört. Sein Gesicht war fast schön, als er dachte: Gewiß, jeder ist schuld an dem, was er schreibt. Jeder von uns muß wahr über das wirkliche Leben schreiben. Die Schwierigkeit liegt darin, daß jeder etwas anderes unter »wahr« und »wirklich« versteht. Die meisten verstehen darunter nur das Derb-Wirkliche. Das Sichtbare und das Greifbare. Sobald die Wirklichkeit in Geträumtes übergeht, und Träume gehören zweifellos zur Wirklichkeit – wozu sollten sie denn gehören? –, verstehen die Leser nicht viel.

Hoffmann sagte, als hätte er diese Gedanken gehört: »Die Leute verstehen nur ihre eigenen Träume. Auch wenn sie diese Träume vergessen hätten, sie erinnern sich ihrer, wenn sie dargestellt werden.«

Gogol unterbrach ihn: »Was hat denn das Schreiben für einen Sinn, wenn die Menschen Sie nicht verstehen?«

»Es hat keinen Sinn«, sagte Kafka. »Ich schrieb darum meinem Freund, er soll gleich meine Schriften verbrennen, wenn er von meinem Tod hört. Man würde alles falsch auslegen. Nie wird man meinen Gedanken folgen, den Worten, die ihre Flügel sind, nie. Nicht, weil ich etwas falsch schrieb. Zum Beispiel mein Roman ›Der Prozeß‹. Man wird ihn in Zusammenhang mit irgendwelchem Prozeß bringen, der jeweils die Leute erregt, wenn ich schon längst tot und stumm bin. Ich weiß, ich bin todkrank. Eine Macht, die mir unbekannt ist, hat ihren Prozeß gegen mich angestrengt, der einen tödlichen Ausgang haben wird. Das ist mein eigner Prozeß.«

Hoffmann dachte: Vielleicht ist er wirklich dem Tod ausgeliefert, der junge Mensch, auf den ich hier stieß. Wenn aber Gogol den besten Teil seines Ichs, sein Werk, vernichten will, dann ist der Grund die Angst vor Gottes Gericht, die man ihm eingeimpft hat.

Kafka fuhr nachdenklich fort: »Ich mußte auch über die sonderbare Beamtenschaft schreiben, die im Auftrag einer unbekannten Macht über uns verfügt, aber selbst ganz bedeutungslos ist. Man sieht ihr nicht an, daß sie den Haftbefehl in der Rocktasche trägt. Ob ein Nebel über den Augen der Leser liegt oder über meinem Roman, es kommt nicht klar heraus.«

»Ich glaube, bei mir kommt es klar heraus«, sagte Hoffmann, »wenn ich auch immerzu aus der Wirklichkeit ins Phantastische springe. Und es muß auch herauskommen. Wer sonst als wir kann die Menschen trösten und warnen?

Allerdings, man darf nicht schläfrig lesen, man muß wach, abtastend lesen, auf der Suche. Nur dann kommt heraus, was ich meine.«

Gogol sagte in einem Ton, der so aufgesetzt wirkte wie der Schnurrbart in seinem Gesicht: »Ich war einmal eurer Meinung. Jetzt glaube ich, keiner weiß allein, was Wahrheit ist -« Beide sahen ihn verblüfft an. Hoffmann lachte auf. »Was ist denn mit Ihnen passiert, Gogol, seit Sie Ihren Roman schrieben? Ohne eure widerliche Beamtenschaft, ohne eure Leibeigenschaft konnte Ihr Seelenhändler gar keine Seelen kaufen.« –

Inzwischen hatte sich das Café mit Menschen und Rauch gefüllt. Der Kellner trat an ihren Tisch und fragte Gogol, was der Herr zu speisen wünsche. Gogol war furchtbar enttäuscht, daß man hier keinen Sliwowitz bekam, auch kein Fleisch, keine Gurken. Er bestellte verärgert Kaffee und ein wenig Gebäck. Er sprach weiter hin ziemlich steif: »Puschkin, der hätte Ihnen zugestimmt. Ein Duellschuß, wie Sie wissen, hat auf Erden über ihn entschieden. Wer weiß, ob es dem einzelnen Menschen ansteht, zwischen Recht und Unrecht zu unterscheiden.«

Hoffmann sagte: »Sie haben aber sehr klar zwischen Recht und Unrecht unterschieden in Ihren Romanen und Novellen.«

»Ihre Novelle ›Der Mantel‹ gefällt mir noch besser als Ihr großer Roman«, rief Kafka. »Wenn der Geist nachts durch die Straßen der Stadt fliegt und den satten Herren die schönen warmen Pelzmäntel von den Schultern reißt!«

»Gerade in dieser Novelle«, sagte Gogol, der plötzlich all seine Steifheit verloren hatte und in dem Gespräch mit seinen beiden Gefährten in sein echtes Ich zurückgekehrt war, »endet die Wirklichkeit plötzlich in einem wilden Flug. – – –

Der große Mann verließ das Haus seines Kollegen, und er setzte sich in den Schlitten. Er fühlte sich so recht behaglich in dem warmen Mantel.

Was ihn bisweilen störte, war der böige Wind, der sich auf einmal, weiß der liebe Gott woher, erhoben hatte. Und plötzlich spürte unser großer Mann, daß jemand ihn mit ungeheurer Energie am Kragen packte. Er fuhr herum – es war ein kleiner Mann in schäbigem Beamtenfrack – und erkannte voll Entsetzen den verstorbenen Akaki. ›Da bist du endlich! Endlich hab ich dich am Kragen! Ha, ich brauche deinen Mantel, Kerl! Du hast dich nicht um meinen kümmern wollen und hast mich noch dazu grob angeschnauzt. Dafür gibst du jetzt deinen her!‹ – –

Bemerkenswert aber noch will mir scheinen, daß sich von Stunde an das Gespenst des Titularrats niemals wieder zeigte. – Der Mantel des Herrn Staatsrats saß ihm augenscheinlich wie für ihn gemacht – –«

Die beiden Zuhörer hatten gespannt gehorcht, mit einem Staunen, das zugleich freudig und ernst war.

Der Kellner lud sein Servierbrett ab. Gogol machte sich

ans Gebäck. Mit einem gewissen Widerwillen, weil er auf Scharfes aus war.

Er wandte sich plötzlich an Hoffmann: »Wie ich schon sagte, gefallen mir Ihre Märchen nicht alle gleich gut. Doch oft entzückt mich das Unerwartete, Sonderbare. Ich habe darüber nachgedacht, wie Sie an ein winziges Etwas, eine Türklinke, einen Floh, phantastische Gedanken knüpfen. Ja, aber eins will mir nicht einleuchten: Wie Sie leichtfertig umgehen mit der Zeit. Sie setzen die Zeit ein, wie Sie wollen. Etwas geschieht heute, was ins Gestern gehört, ein anderes Mal ist vor zweihundert Jahren etwas geschehen, was jetzt erst seine Fortsetzung erlebt. Auch im Phantastischen, meine ich, herrscht das Gesetz der Zeit.

Ja, nach dem Tod Akakis krallt sich nachts sein Gespenst in den Mantel des Staatsrats. Natürlich geht auch bei mir die Wirklichkeit ins Phantastische über. Aber dem Ablauf der Zeit bleibe ich treu. Der arme Akaki hat furchtbar sparen müssen, um sich sein Mäntelchen anzuschaffen. Durch die Zeit des Sparens wird Ihnen klar, was der Erwerb und dann der Verlust für ihn bedeutet. Erst wenn er vor Verzweiflung stirbt, spukt sein Geist.«

»Ich aber, ich pfeif auf die Zeit!« rief Hoffmann. »Zum Beispiel treffen sich in meinem Roman zwei holländische Gelehrte in Frankfurt am Main, obwohl einer schon längst in Utrecht begraben liegt. Er war der erste Gelehrte, der ein Vergrößerungsglas, die Lupe, erfunden hat. Und ich brauche für meine Erzählung diese Lupe. Ich wende sogar seine Erfindung als Nachtlupe an, die im Flohzirkus plötzlich alle winzigen Biester so ungeheuer vergrößert, daß die Leute, von Schrecken gepackt, aus dem Saal fliehen. Vor dem Gewimmel schrecklich vergrößerter Läuse und Mücken, die vorher unsichtbar oder winzig waren.

Wir drei, wir säßen hier doch gar nicht beisammen an diesem Tisch, wenn wir ernstlich die Zeit einhalten würden. War ich nicht lange vor Ihnen, Gogol, geboren? Und Sie, Gogol, fast hundert Jahre vor Kafka?«

Kafka sagte halb zu sich selbst: »Die Zeit ist unbedingt verbunden mit meinem Leben und Schreiben. Gesichter brauchen meine Gestalten nicht, die können die Leser sich selbst ausdenken. Mich geht ihr Verhalten an, ihre Gemütsart in einer bestimmten Lage. – Ich stelle mir zum Beispiel vor, wie sich mein guter Nachbar verhalten würde, wenn man mich plötzlich verhaftet hätte und meine Wohnung versiegelt, ich wüßte selbst nicht warum. Der gute Nachbar, der mich bisher geachtet hat, ahnt dieses und jenes. Ich kann mich aber hineindenken, wie es einem zumut ist, wenn eine rätselhafte Macht einen bedroht. Doch auch die Bedrohung, das Verhalten – übrigens ist es genauso wirklich wie ein Gesicht oder ein Charakter – geht vor sich in einem gewissen Ablauf der Zeit, da gebe ich Gogol recht.«

Gogol fing noch mal zu schimpfen an, weil es im Café nichts Vernünftiges gab. In ein Gasthaus zu gehen, dazu reichte die Zeit nicht. Er bestellte notgedrungen wieder Kaffee und eine Schüssel Kipfel. Jetzt bot er seinen Tischgefährten an.

Hoffmann dachte bei sich: Ich gerade, der als der wildeste Träumer gelte unter uns dreien, scheinbar der Wirklichkeit abspenstig, habe vielleicht am meisten gelitten unter dem Zeitgeschehen, unter diesen verdammten Agenten von Metternich, die sich überall tummeln. In meiner letzten Lebenszeit, obwohl ich gelähmt war, habe ich in meinen Gedanken am wildesten um mich geschlagen. Gogols Seele löst sich, scheint mir, in Weihrauch auf. Er ist dem Leben unter dem Zaren nicht gewachsen. Es muß schwer sein, zermürbend.

Er fuhr laut fort: »Daß Sie, Kafka, nie über Gerechtigkeit schrieben, nur über einen Prozeß im allgemeinen, den eine unbekannte Macht steuert, das begreife ich nicht.«

Kafka erwiderte gequält: »Die Krankheit, die mir jetzt den Rest gibt, holte ich mir vielleicht in dem bitteren

Winter 1917. Damals schrieb ich die kurze Geschichte ›Der Kübelreiter‹. Darin gibt es nichts Rätselhaftes, sondern eine verdammte Wirklichkeit. So gewaltig ist die Erzählung nicht wie ›Der Mantel‹, aber ich glaube doch, gewaltig, wenn die Menschen sie verstehen wollen.«

»Wenn, wenn«, fuhr Gogol dazwischen. Seine Steifheit hatte er gänzlich abgestreift. Unwillkürlich war er von seinem Berufstrieb gepackt. »Unverständliches Zeug nützt nichts, wie es oft junge Leute verzapfen.«

»Ich glaube, Sie tun ihm unrecht! Vielleicht können Sie, Kafka, uns etwas davon erzählen?«

Kafka begann halblaut, mit keinem übertriebenen Ton, im Rhythmus seiner Gedanken: »Verbraucht alle Kohle; leer der Kübel; sinnlos die Schaufel; Kälte atmend der Ofen; das Zimmer vollgeblasen von Frost; vor dem Fenster Bäume starr im Reif; der Himmel, ein silberner Schild gegen den, der von ihm Hilfe will. Ich muß Kohle haben; ich darf doch nicht erfrieren; hinter mir der erbarmungslose Ofen, vor mir der Himmel ebenso, infolgedessen muß ich scharf zwischendurchreiten und in der Mitte beim Kohlenhändler Hilfe suchen.

Meine Auffahrt schon muß es entscheiden; ich reite deshalb auf dem Kübel hin. Als Kübelreiter, die Hand oben am Griff, dem einfachsten Zaumzeug, drehe ich mich beschwerlich die Treppe hinab. Und außergewöhnlich hoch schwebe ich vor dem Kellergewölbe des Händlers, in dem er tief unten an seinem Tischchen kauert und schreibt; um die übergroße Hitze abzulassen, hat er die Tür geöffnet.

›Bitte, Kohlenhändler, gib mir ein wenig Kohle. Mein Kübel ist schon so leer, daß ich auf ihm reiten kann. Sei so gut. Sobald ich kann, bezahle ich's.‹

Der Händler legt die Hand ans Ohr. ›Hör ich recht?‹ fragt er über die Schulter weg seine Frau, die auf der Ofenbank strickt, ›hör ich recht? Eine Kundschaft.‹

›Ich höre gar nichts‹, sagt die Frau, ruhig aus- und einatmend über den Strichnadeln, wohlig im Rücken gewärmt.

›O ja‹, rufe ich, ›ich bin es; eine alte Kundschaft; treu ergeben; nur augenblicklich mittellos.‹

›Frau‹, sagt der Händler, ›es ist, es ist jemand; so sehr kann ich mich doch nicht täuschen; eine alte, eine sehr alte Kundschaft muß es sein, die mir so zum Herzen zu sprechen weiß.

Ich komme‹, sagt der Händler, und kurzbeinig will er die Kellertreppe emporsteigen, aber die Frau ist schon bei ihm, hält ihn beim Arm fest und sagt: ›Du bleibst. Erinnere dich an deinen schweren Husten heute nacht. Ich gehe.‹

›Frau Kohlenhändlerin‹, rufe ich, ›ergebenen Gruß; nur eine Schaufel Kohlen; gleich hier in den Kübel; eine Schaufel von der schlechtesten. Ich bezahle sie natürlich voll, aber nicht gleich, nicht gleich.‹ Was für ein Glockenklang sind die zwei Worte ›nicht gleich‹, und wie sinnverwirrend mischen sie sich mit dem Abendläuten, das eben vom nahen Kirchturm zu hören ist!

› Was will er also haben?‹ ruft der Händler. ›Nichts‹, ruft die Frau zurück, ›es ist ja nichts; ich sehe nichts, ich höre nichts.‹

Sie sieht nichts und hört nichts; aber dennoch löst sie das Schürzenband und versucht mich mit der Schürze fortzuwehen. Leider gelingt es. Alle Vorzüge eines guten Reittieres hat mein Kübel; Widerstandskraft hat er nicht; zu leicht ist er; eine Frauenschürze jagt ihm die Beine vom Boden.

›Du Böse‹, rufe ich noch zurück, während sie, zum Geschäft sich wendend, halb verächtlich, halb befriedigt mit der Hand in die Luft schlägt, ›du Böse! Um eine Schaufel von der schlechtesten habe ich gebeten, und du hast sie mir nicht gegeben.‹ Und damit steige ich in die Regionen der Eisgebirge und verliere mich auf Nimmerwiedersehen.«

Beide Zuhörer schwiegen. Es kam ihnen nicht angebracht vor, laut die Geschichte zu loben, gerade weil sie tief in sie eindrang.

Kafka sprach sehr leise, um seine Stimme zu schonen: »Seit diesem verfluchten Winter, in dem mein Kübelreiter umsonst um Kohle bat, bin ich verkapselt in Todesangst. Die Habsburger Monarchie zerfiel, und ich dachte nur an mich selbst. Masaryk zog in den Hradschin. Und ich dachte nur an mich selbst. Die Revolution fegte über die Länder. Und ich dachte nur an mich selbst.

Vielleicht ist mein ›Kübelreiter‹ nicht schlecht. Doch unvergleichlich ist Gogols ›Mantel‹, und wunderbar grausam tut sich darin die Kluft auf zwischen Armen und Reichen.«

Gogol sagte: »Ich glaube selbst, meine Geschichte ist schön, doch auch Ihre gefällt mir. Die Kluft, wie Sie es nennen, gibt es in beiden – wenn man Ihre kurze Geschichte überhaupt mit meiner vergleichen kann. Ich springe zuletzt ins Phantastische, und Sie beginnen sofort damit. Und in beiden starren sich Recht und Unrecht an.

Als Schuljunge, da saugte ich alles in mich auf, was ich von den Dekabristen hörte. Und später, als ich Dichter war, war es nicht eigentlich meine Absicht, zwischen Recht und Unrecht zu unterscheiden, zwischen arm und reich; es kam von selbst, wenn ich der Wirklichkeit treu blieb.«

Das sagst du. Dabei wagst du es nicht mehr, dachte Hoffmann, deinen Lehrer, deinen Freund Belinski, öffentlich zu treffen. Jetzt hast du Angst, jemand von deinen adligen Freunden könnte dich mit ihm zusammen sehen.

Er sagte: »Ich flehe Sie geradezu an, nichts zu verändern an Ihrem Buch ›Die toten Seelen‹, es zeigt für immer und ewig die Wahrheit über das Leben der Menschen während der Leibeigenschaft.«

»Ich weiß nicht, ich weiß nicht«, sagte Gogol, »›gehässig‹ nennen mich viele. Puschkin, finden sie plötzlich, sei nie so ätzend gewesen, daß sich das Poetische verlor. Sogar mein französischer Freund Mérimée hat das Buch nicht so stark wie Sie bewundert. Er meint, ich verstände nicht zu unterscheiden zwischen dem Gemeinen und dem Lächerlichen. Und ich hätte nun mal den Hang, in der Welt besonders das Schlechte darzustellen.«

»Das hat er sicher anders gemeint als Ihr Priester.«

Kafka sagte leise: »Ach, diesen Vorwurf kenne ich. Daß ich nur das Schlechte darstellen wollte. – Nein. Das Unerklärliche, Drohende, das Verhängnis – –« Seine Stimme wurde vernehmlich: »In einer meiner Geschichten verwandelt sich der junge Samsa in eine Kröte. Man stößt sich an meiner Grausamkeit. Ich habe nur festgestellt, was in meiner Zeit geschieht, wenn sich so was ereignet wie in Grimms Märchen: als der Frosch ins Schloß zieht und die Königstochter muß mit ihm essen und schlafen. Ich liebe Grimms Märchen. Aus ihrer Sprache lernte ich viel. Ich muß gestehen, den Sinn und den Rhythmus mancher Sätze habe ich mir angeeignet.

Wie wunderbar ist die Sprache, wie rätselhaft! Die einzelnen Menschen mögen Unsinn und Lügen verzapfen und quasseln und quatschen, als Ganzes ist jede Sprache gewaltig. In einer chassidischen Legende heißt es: Wenn du ein Wort von Gott sprichst, gehst du mit all deinen Gliedern in das Wort hinein. – Ich glaube, nicht nur ein einzelner Mensch, ein ganzes Volk kann in ein Wort seiner Sprache hineingehen.«

»Das ist wahr«, sagte Gogol, »es gibt bei uns Worte, in denen das ganze russische Volk lebt. Ja, einzelne Worte, kurze Sätze, bei denen man gleich weiß, sie sind ganz Lermontow oder ganz Puschkin – –«

»Das ist genauso in meinem Deutsch!« rief Hoffmann. »Ich könnte allein von Goethe hundert Beispiele geben. Ich nenne ihn groß, obwohl er mich zuletzt verächtlich beschimpft hat. Zuerst, da gefiel es ihm, wie ich vom

Wirklichen ins Phantastische springe. Er macht ja selbst solche Sprünge; zum Beispiel im ›Faust‹ in seiner Walpurgisnacht. Wie sprang er da aus der Wirklichkeit ins Erfundene. Und nach seiner Italienreise, so heißt es, ließ er nur die Antike gelten. Obwohl er wissen sollte, daß gerade die Griechen und Römer oft vom Wirklichen ins Phantastische gleiten. Wir wissen heute nicht immer, was für sie Wirklichkeit war. Was soll das aber bedeuten, Kafka, ›chassidische Legende‹?«

»In den letzten Jahrhunderten hat sich bei den Juden in Polen, die auf dem Land lebten, manchmal als richtige Bauern, oder in Städten, in Ghettos zusammengeschlossen, eine besondere Kultur herausgebildet. Teils aus ihren alten Gesetzesbüchern und aus dem Talmud, teils aus der Bibel, teils aus eigner Erfindung erzählten sie Legenden und Märchen, heitere und erschreckende. Als hier in Prag die Lemberger Schauspielschule gastierte, saß ich oft mit Löwy im Café Savoy, und ich lernte aus seinen Geschichten.«

»Wir haben davon nie etwas gehört.«

Kafka sagte: »Viele meiner eignen Geschichten hängen mit den chassidischen zusammen.«

Gogol sah ihn nachdenklich belustigt an. »Die großen russischen Dichter, die kenne ich. Ich wußte nicht, daß es in meinem Land etwas von dem gibt, was sie erzählen. Der Jude, ja, kam aufs Gut zu meiner Mutter, um seine Schulden einzutreiben. Ich ahnte nicht, daß er auch dichten könnte.«

Hoffmann lachte. »Ihr Tschitschikow, der mit toten Bauern gehandelt hat, war sicher ein Russe!«

Darauf ging Gogol nicht ein. Er fragte: »Diese chassidischen Leute, die, wie Sie sagen, an Gott glauben, glauben sie auch an den Teufel?«

»Gewiß«, erwiderte Kafka, »ich will versuchen, als Beispiel eine Geschichte nachzuerzählen, die mir selbst durch Mark und Bein geht: Ein Knabe erfährt, daß ein

Rabbi, ein wahrer Meister, in einer nicht allzu entfernten Stadt lebt, und er sehnt sich so sehr, bei diesem zu lernen, daß er die Eltern anfleht, ihn hinzuschicken.

Es ist den Eltern zwar bang, aber der Sohn bittet so inständig, daß der Vater sich mit ihm aufmacht. Kaum haben sie ihr eignes Städtchen verlassen, da bricht ein Rad am Wagen. Das nimmt der Vater als Zeichen Gottes, sich auf die Reise nicht einzulassen. Der Knabe bittet aber verzweifelt so lange, bis der Vater doch wieder mit ihm abfährt. Diesmal überrascht sie ein furchtbares Gewitter. Sie kehren um. Der Knabe wird krank, schwerkrank vor Kummer. Der Arzt und schließlich sogar die Eltern fürchten, der Knabe würde sterben, wenn man ihn nicht zu dem Meister bringe.

Endlich kommen sie ans Ziel ihrer Fahrt. Sie übernachten in einem Gasthaus. Ein Fremder, grau, hager, mit strengem Blick, setzt sich an ihren Tisch. Er fragt nach dem Grund ihres Hierseins. Der Vater erklärt es ihm. Da warnt ihn der Fremde, und er ruft: ›Es ist ein Glück, daß ich Bescheid weiß über den Menschen, zu dem Ihr Euren Sohn schicken wollt. Der ist kein Meister, der verdirbt die Jugend mit seiner Lehre.‹ Und traurig, doch froh, weil ihm im letzten Augenblick jemand Bescheid gesagt hat, bringt der Vater sein Kind nach Hause.

Der Sohn wird schwerkrank vor Enttäuschung. Kein Arzt kann ihm helfen, er stirbt. Nach einigen Jahren fährt zufällig der Vater allein in jene Stadt. Er steigt im selben Gasthaus ab. Derselbe Fremde setzt sich an seinen Tisch und fragt ihn, was aus dem Sohn geworden sei. Der Vater berichtet, sein Sohn sei gestorben. Da reibt sich der Fremde die Hände, seine Augen funkeln, er sagt: ›Nun sollst du's erfahren. Der Meister hatte die Stufe des Großen Lichts, dein Sohn hatte die Stufe des Kleinen Lichtes, und wären die beiden zusammengekommen, dann wäre der Messias erschienen. Das habe ich nun für immer vereitelt.‹«

Kafka war im Erzählen blaß geworden. Hoffmann sah ihn verwundert an. Gogol rief: »Der Teufel, wahrhaftig! Wenn ich die Sache auch nicht recht verstehe.

Bei mir gibt es zwar Teufel in Hülle und Fülle. Ich glaube, teuflische Menschen gelingen mir besser.«

Hoffmann sagte: »In meinen ›Elexieren des Teufels‹ steckt beides. Durch die Schliche des Teufels werden die Menschen doch teuflisch.

Sie, Kafka, haben Verschiedenes gelernt aus den Legenden, von denen Sie uns eine erzählten, aber mir scheint, nicht nur Gutes. Auch viel, was die Menschen sinnlos beängstigt, zweiflerisch, unsicher macht. Bei Ihnen gibt es, fürchte ich, keine richtigen Menschen aus Fleisch und Blut mit guten und schlechten Eigenschaften. Ihre Geschöpfe haben nur bestimmte Empfindungen, wie sie jeden dann und wann überkommen. So etwas sagten Sie vorhin selbst. Ihre Menschen sind erfunden, um diese Empfindungen zu verkörpern.«

»Halt«, unterbrach ihn Kafka, »die Legende stammt nicht von mir, sie ist nacherzählt. Es ist eine Geschichte, in der das Böse herrscht. Herr Gogol fragte mich vorhin nach dem Teufel.«

»Ich möchte wohl wissen«, sagte Gogol, »und ich leide ja selbst ständig unter dem Vorwurf, was den Dichter so furchtbar verlockt, das Böse, ja das Teuflische besonders gut darzustellen – warum ihm das meistens besser gelingt als die Darstellung des Guten und Reinen.«

Hoffmann sagte: »Ich glaube, weil er damit die Menschen tröstet, da er tief in sie eindringt.«

»Tröstet?«

»Tröstet. Auch das«, sagte Hoffmann, »der Leser hat selbst schon oft das Böse empfunden. Wenn er in einem Buch davon liest, weiß er, daß er nicht der einzige ist. Es tut ihm wohl, wie eine Art Beichte. Und warum es schön ist? Unter den steinernen Jungfrauen an dem Portal des Domes von Straßburg und wo immer sind die bösen

Jungfrauen schöner als die frommen. Das Böse soll verlocken, das Gute durch sich selbst wirken, und das gelingt uns armen Menschen selten. Wir haben selten in unserem Innern ein verlockendes Bild des Reinen.«

Gogol hatte gespannt auf diese Sätze gehorcht. Er sagte: »Sie haben tausendmal recht. Ich sehe sehr selten das Erhabene, Reine. Ich kann es nur selten darstellen. Bei Puschkin, ja, bei dem zeigt es sich manchmal in ganz alltäglichen Begebenheiten, zum Beispiel im ›Onegin‹ im Gebaren der Tatjana.

In der Natur, in Bergen und Flüssen, da stelle ich dar, was gewaltig in meinem Land ist und rein und schön.«

»In der Musik«, sagte Hoffmann, »da klingt das Erhabene, Reine aus zahllosen Tonfolgen auf. Vielleicht, weil der Klang gestaltlos ist, wohnt ihm Schönheit inne, wo Stein und Wort versagen.«

Er wandte sich an Kafka: »Sie haben vorhin behauptet, der Sinn einer Erzählung liegt gleichsam schon in der Sprache.«

Kafka erwiderte: »Und jeder Inhalt verlangt jeweils seine besondere Sprache. Auch darin fühle ich mich heimatlos, zwischen Deutsch und Tschechisch.

Ich habe nicht bloß mit Haçek im Wirtshaus gesessen und mit Löwy im Café Savoy. Ich habe mich nicht nur ernährt von deutschen und russischen Schriftstellern und von den chassidischen Legenden. Bei Kierkegaard, dem Dänen, fühlte ich durch die Übersetzung durch bis zum Neid die Einheit von Sprache und Inhalt. Zum Beispiel in seinem Buch über ›Das Gleichgewicht zwischen dem Ästhetischen und dem Ethischen in der Herausarbeitung der Persönlichkeit‹:

›Mein Freund! Was ich Dir schon so oft gesagt habe, das sage ich Dir wieder. Wieder rufe ich Dir zu: entweder – oder! Das Gewicht der Sache, um die sich's handelt, rechtfertigt das Gewicht der Worte. Es gibt ja Dinge, die nur ein lächerlicher Mangel an Urteilskraft einem Entweder-Oder unterstellen kann. Es gibt aber auch Menschen, die zu schwach sind, mit Pathos sagen zu können: entweder – oder. Auf mich haben diese Worte allezeit einen tiefen Eindruck gemacht; und sie tun es noch; namentlich, wenn ich sie ganz ohne Beziehung nenne, mir also die schrecklichen Gegensätze hinzudenken kann. Dann wirken sie auf mich wie eine Beschwörungsformel: entweder – oder.‹«

Er sprach leise, aber er folgte dem Rhythmus mit der Hand, als schlage er mit dem Hammer auf einen harten Gegenstand.

Hoffmann sagte: »Beinah vollkommen erscheint mir die Einheit von Wort und Inhalt am Ende der ›Toten Seelen‹«.

»Was Sie jetzt Ende nennen«, sprach Gogol dazwischen, »wird einmal ein Mittelstück sein!«

Hoffentlich nicht, dachte Hoffmann, und Kafka dachte: Es ist nicht schlecht für die Kunst, wenn du das angeklebte Ende verbrennst; was du jetzt als Mittelstück ausgibst, kann dann ewig der Abschluß bleiben.

Hoffmann sagte: »Lies es vor, Freund Gogol, bitte. Hier habe ich eine französische Ausgabe. Übersetzen Sie's uns.«

Gogol gestand, er wisse die Stelle beinah auswendig und er ziehe es vor, sie auf russisch zu sprechen: »Tschitschikow wurde auf seinem Polster leicht emporgehoben. Welcher Russe liebt das schnelle Fahren nicht? Sollte seine Seele, die sich überall und immer nach dem Taumel und Wirbel sehnt und oft ausrufen möchte: ›Ach was, hol doch alles der Teufel‹, sollte seine Seele es nicht lieben? Wie eine unbekannte Gewalt hebt dich's auf seinen Flügel. Du fliegst dahin und mit dir alles um dich her: die Meilensteine, die Kaufleute, die auf ihren Wagen sitzen, der Wald zu beiden Seiten mit den dunklen Reihen seiner Tannen und Fichten, der ganze Weg fliegt vorüber, weit fort in unbekannte Fernen. Und etwas Furchtbares,

Schreckliches liegt in diesem rasenden Aufblitzen und Verschwinden, wo der vorübergehende Gegenstand kaum Zeit hat, feste Formen anzunehmen, und nur der Himmel über uns, die leichten Wolken und der sich Bahn brechende Mond allein unbeweglich stillzustehen scheint. Mein Dreigespann, o du Vogel Dreigespann! Wer hat dich erfunden? Nur aus einem kecken, mutigen Volk konntest du hervorgehen – in jenem Land, das nicht zu spaßen liebt, sondern sich wie die unendliche Ebene streckt und breitet über die halbe Erde.

O ihr Rosse! Ihr wunderbaren Rosse! Lebt ein Wirbelwind in euren Mähnen? Kaum rühren eure flüchtigen Hufe die Erde, ihr fliegt durch die Lüfte, wundersam ertönt der Gesang des Glöckchens, braust und erstarrt die Luft. Alles, was auf Erden lebt und webt, fließt vorüber – – –«

Er begleitete nicht nur mit den Fingern, sondern auch mit den Achseln die Sätze, als schicke er sich an, nach ihrem Rhythmus zu tanzen. – Sogar der Kellner war mit halbvollem Kaffeetablett stehengeblieben und horchte. Die beiden Zuhörer am Tisch schwiegen. Ihr Schweigen war viel beredter als Lob. Dann sagte Hoffmann: »Jedermann weiß, dieser Tschitschikow ist ein Lump. Trotz all seiner Schuftigkeit hat er etwas mit uns allen gemeinsam. Er liebt die Fahrt, das Land, durch das er braust. Und durch Ihre Schilderung dieser Fahrt, dieser Troika, erhebt sich der Leser über die Schuftigkeit Tschitschikows. Er läßt sie gleichsam weit zurück als irgendeinen winzigen Punkt in der grenzenlosen erhabenen Welt. So soll man schreiben, wenn man's kann. Ich fürchte, das fehlt Ihnen in Ihren Erzählungen, Kafka, daß man sich irgendwann, irgendwie hoch erheben kann über die Leiden und Qualen in unserem bedrohten Leben.«

»Ich habe auch manches von Ihnen, Hoffmann, gelernt«, sagte Gogol, »vielleicht, weil ich weiß, wie sehr Sie Musik lieben, kommt es mir manchmal auch bei Ihnen vor, als hätten Ihr Inhalt und die Sprache, die Sie jeweils dem Inhalt geben, einen gemeinsamen Klang.«

Hoffmann sagte: »Gewiß. Ein knapper und harter Inhalt muß knapp und hart dargestellt werden. Doch wie es bei mir meistens der Fall ist, ausgesponnene, märchenhafte, wechselhafte Begebenheiten bedürfen ausgesponnener, wechselhafter Formen.«

Gogol sagte: »Vor langem las ich eine Ihrer Musikgeschichten. Sie hieß ›Ritter Gluck‹. Ach bitte, erzählen Sie diese noch einmal.«

»Weil ich auch Musiker bin«, fing Hoffmann an, ohne sich viel bitten zu lassen, »begab ich mich in Berlin oft in ein Café, in dem ein gutes Orchester spielte, das hoffte ich wenigstens.

Der Spätherbst in Berlin hat gewöhnlich noch einige schöne Tage. Bald sind alle Plätze bei ›Klaus und Weber‹ besetzt.

Doch die Musik empört mich. Neben mir murmelt jemand: ›Verwünschtes Schicksal! schon wieder ein Oktavenjäger!‹

Ich sehe auf und werde nun erst gewahr, daß, von mir unbemerkt, an demselben Tisch ein Mann Platz genommen hat, der seinen Blick starr auf mich richtet. Nie sah ich einen Kopf, nie eine Gestalt, die so schnell einen so tiefen Eindruck auf mich machte. – – –

Er schritt langsam und bedächtig nach den Musikanten hin. Ich sah ihn mit ihnen sprechen, die er mit gebietender Würde behandelte. Er kehrte zurück, und kaum hatte er sich gesetzt, als man die Ouvertüre der ›Iphigenia in Aulis‹ zu spielen begann. Mit halbgeschlossenen Augen, die verschränkten Arme auf den Tisch gestützt, hörte er das Andante; den linken Fuß leise bewegend, bezeichnete er das Eintreten der Stimmen. Die linke Hand mit auseinandergespreizten Fingern ruhte auf dem Tische, als greife er einen Akkord auf dem Flügel, die rechte Hand hob er in die Höhe: es war ein Kapellmeister, der dem Orchester das Eintreten des andern Tempos angibt. – – – Die Ouvertüre war geendigt. Der Mann ließ beide Arme herabsinken und saß mit geschlossenen Augen da, wie jemand, den eine übergroße Anstrengung entkräftet hat. – – –

Ich will mich jetzt kurz fassen«, fuhr Hoffmann fort, »der Fremde stand auf. Ich verlor ihn an diesem Tag aus den Augen. Ich suchte ihn überall umsonst. Durch Zufall traf ich ihn Monate später in der Nähe der Oper wieder. Ich hörte sein sonderbares Selbstgespräch unter einem Fenster, wo man fast jeden Ton des Orchesters hört. Ich lud ihn ein. Wir gingen schweigend die Friedrichstraße hinauf. Dann bog er in eine Querstraße ein, und kaum vermochte ich ihm zu folgen. Im Finstern tappend, erreichten wir die Treppe in einem unansehnlichen Haus. Ich hörte ihn noch eine Tür öffnen. Bald darauf trat er mit einem angezündeten Lichte herein. Der Anblick des sonderbar ausstaffierten Zimmers überraschte mich nicht wenig. Ein breiter Spiegel gab dem Ganzen das düstere Ansehn verjährter Pracht. In der Mitte stand ein kleines Klavier. – – –

Der Mann trat vor einen Schrank, und als er den Vorhang wegzog, wurde ich eine Reihe schöngebundener Bücher gewahr mit goldnen Aufschriften: ›Orfeo‹, ›Armida‹, ›Alceste‹, ›Iphigenia‹ usw., kurz, Glucks Meisterwerke sah ich beisammenstehen.

Er ergriff eins der Bücher – es war ›Armida‹ – und schritt feierlich zum Klavier hin. Ich öffnete es schnell und stellte den Pult auf; er schien das gern zu sehen. Er schlug das Buch auf, und – wer schildert mein Erstaunen! ich erblickte rastrierte Blätter, aber mit keiner Note beschrieben.

Er begann: ›Jetzt werde ich die Ouvertüre spielen! Wenden Sie die Blätter um, und zur rechten Zeit!‹ – Nun spielte er herrlich, mit vollgriffigen Akkorden, fast ganz dem Original getreu. Das Allegro war nur mit Glucks Hauptgedanken durchflochten. Er brachte so viele neue geniale Wendungen hinein, daß mein Erstaunen immer wuchs. – – – –

Als er geendet hatte, warf ich mich ihm in die Arme und rief mit gepreßter Stimme: ›Was ist das? Wer sind Sie?‹ – Als ich weiter fragen wollte, war er mit dem Lichte durch die Türe entwichen und hatte mich im Finstern gelassen. Es hatte beinahe eine Viertelstunde gedauert; ich verzweifelte, ihn wieder zu sehen, und suchte, durch den Stand des Klaviers orientiert, die Türe zu öffnen, als er plötzlich in einem gestickten Galakleide, reicher Weste, den Degen an der Seite, mit dem Lichte in der Hand hereintrat.

Ich erstarrte; feierlich kam er auf mich zu, faßte mich sanft bei der Hand und sagte, sonderbar lächelnd: ›Ich bin der Ritter Gluck!‹ « –

Die Reisebekannten waren sich einig geworden, nach dem Ende immer zu schweigen, statt Beifall zu äußern, und das Gehörte zu bedenken.

Schließlich fing Kafka an: »Sie machen sich wieder einmal über die Zeit lustig. Soviel ich weiß, starb Gluck 1789, und Sie behaupten, Sie hätten ihn zwanzig Jahre später in Berlin getroffen.«

»Ja, hab ich«, sagte Hoffmann erregt, »ein Dichter darf sich Erfindungen erlauben. Nicht nur ein Dichter. Kennt ihr die Radierungen von Callot?«

Kafka kannte sie nicht, doch Gogol hatte sie in Paris mehrmals bei Freunden gesehen.

Hoffmann fuhr fort: »Callot hat aus den Schrecken des Dreißigjährigen Krieges und dem Elend der Bauern beklemmende und zugleich zarte, hauchfeine Darstellungen gemacht, und weil sie oft auf mein eignes Empfinden abgestimmt sind, erlaubte ich mir, über eine Reihe Erzählungen, zu denen auch ›Ritter Gluck‹ gehört, den Titel zu setzen ›Nach Callots Manier‹.«

»Trotzdem gebe ich Ihnen nicht recht in dem, was die Rolle der Zeit anbelangt«, sagte Gogol. »Was ich auch selbst erfinde an Wildem, Spukhaftem, Phantastischem, ich kann und will dem Ablauf der Zeit nicht entgehen.

Wir sprachen vorhin von meiner Erzählung ›Der Mantel‹. Darin endet die bittere Wirklichkeit in einer phantastischen Nacht. In einer meiner anderen Geschichten, ›Das Porträt‹, fängt alles gleich mit einer Erfindung an, die übergeht in einen echten Lebensablauf. – Ein Künstler kauft für seine letzten Rubel auf dem Newski-Prospekt ein abgeschabtes, altes Porträt. Aus einem fremdartigen Gesicht sehen ihn durchdringende Augen an. Er hängt es in sein Atelier. Die Augen verfolgen ihn. Nachts steigt der Mann aus dem Rahmen. Er verliert eine Geldrolle. Als am Morgen der Wirt kommt mit einem Polizisten, um die Mietschulden zu kassieren, entdeckt der Polizist ein paar Geldstücke aus der Rolle. –

Der Künstler steht weiterhin vor der Frage: Entweder mietest du dir für das Geld, das dir plötzlich zufiel, ein Atelier und arbeitest hart, wie dein Talent dir gebietet, oder du schaffst dir modische Kleider an und lebst drauflos.

Die ganze übrige Geschichte, versteht ihr, bringt den Lebensablauf des Künstlers, der den Verlockungen nachgibt und nichts wird als ein reicher Modekünstler. Zuletzt verfällt er in krankhaften Geiz. Für all das Geld, das ihm noch bleibt, kauft er voll Haß und Wahnsinn die Bilder auf von begabten Kollegen, und er verbrennt sie.

Das alles könnte auch ohne den phantastischen Anfang eine gewöhnliche Lebensgeschichte sein, ich aber wollte aus einem phantastischen Vorgang heraus den Ablauf eines gewöhnlichen Lebens entwickeln.«

Kafka sagte vor sich hin: »Falls durch einen unglückseligen Zufall nach meinem Tode etwas von meinem Werk übrigbleibt, wird man sich kaum mehr erinnern, daß ich geboren bin in der Habsburger Monarchie und dann lebte und starb in der tschechoslowakischen Republik. Vielleicht spürt man in allem, was ich schreibe, etwas von der Qual, von der Unsicherheit, von den Zweifeln, die eine Zeitwende im Menschen erregt, und auch meine eigne Todesangst.«

»Die Nähe des Todes hat mich nicht hindern können«, sagte Hoffmann, »bis zum letzten Moment gegen meinen Feind, den Innenminister, zu kämpfen.

Um wieder zurückzukommen, Gogol, auf unser Gespräch über Greifbares und Phantastisches: Nicht nur Träume und Phantasien gehören zu meiner Welt, auch Vorahnungen und Hoffnungen und Ängste.

Manchmal gelingt es sogar einem Dichter, etwas zu erfinden, was das Leben selbst noch nicht verwirklicht hat.«

Kafka sagte nicht mehr vor sich hin, sondern laut über den Tisch weg: »Man wird mir vorwerfen, meine Welt sei ausweglos. Habe ich aber nicht das Recht, wenn mir die Wirklichkeit ausweglos vorkommt, sie darzustellen, wie ich sie sehe?«

»Höchstens das schmale Stück Wirklichkeit, das Sie selbst vor sich sehen; niemals die Wirklichkeit als Ganzes«, sprach Hoffmann erregt, »weil Sie für sich selbst keinen Ausweg sehen, sehen Sie auch keinen für andere. Man muß aber nach einem Ausweg suchen, nach einer Bresche in der Mauer. Wie ein Gefangener eine sucht, um eine Botschaft durchzustecken von einem Menschen zum anderen. Ein Lichtpünktchen muß man aufglänzen sehen. Gewisse dunkle Bilder, zum Beispiel von Rembrandt, bekommen erst ihren Sinn durch solche kleinen, richtig eingesetzten Lichter.

Lesen Sie, was ich schrieb, als mich der Tod schon umzingelt hatte, lesen Sie mal eine meiner letzten Geschichten, ›Des Vetters Eckfenster‹.«

»Die kenn ich«, sagte Kafka, und er dachte: Dieser Hoffmann hat Mut. Mit all seinen Zaubereien, mit all seinem Spuk – gelähmt, ohne sich bewegen zu können, hat er über sich selbst wie über einen Dritten geschrieben, der aus dem Eckfenster den Markt beobachtet und all die Leute, die da unten herumgehen.

Hoffmann setzte seinen letzten Gedanken fort: »Ich

schmolz aber in meinen Märchen-Romanen eigentümliche Menschen, Pflanzen, auch Tiere zusammen und setzte sie in die Zeit, die mir richtig erscheint.«

»Halt! Halt!« sagte Gogol. »Sie bringen es vielleicht fertig, sich nicht an den Ablauf der Zeit zu halten. Sie müssen sich aber auf jeden Fall an die Wirklichkeit halten.«

»Gewiß«, sagte Hoffmann, »an was sonst? Symbolische oder phantastische Darstellungen, Märchen und Sagen wurzeln doch irgendwie in der Wirklichkeit. Genausogut wie greifbare Dinge. Ein richtiger Wald gehört zur Wirklichkeit, doch auch ein Traum von einem Wald. Entstand das Hexenhäuschen von Hänsel und Gretel vielleicht nicht aus der Wirklichkeit? Ich sage euch: aus der bittersten Wirklichkeit, als Eltern im Dreißigjährigen Krieg ihre eigenen Kinder in den wilden Wald schickten, damit sie nicht vor ihren Augen verhungern.«

Gogol sagte: »Sie haben sehr viel gesprochen. Ich will über alles nachdenken –«

Er stand auf: »Ich muß leider jetzt gehen, denn ich habe ein festes Reiseprogramm. Es hat mir gutgetan, mit euch zusammen zu sein.«

Er rief den Kellner: »Tut mir leid, ich hab kein tschechisches Geld.«

»Macht nichts«, sagte der Kellner, »wir nehmen hier auch andere Valuta.«

Als ihm aber Gogol auf den Tisch seine Zarenrubel legte, schüttelte er den Kopf. »Verzeihen der Herr, diese Valuta wird jetzt nicht mehr gebucht.«

Hoffmann griff nach seiner Börse, da fiel ihm ein, daß er auch mit seinen Talern in diesem Café nichts anfangen konnte.

Es endete schließlich damit, daß Kafka für alle drei die Rechnung beglich. Wie mager er auch bei Kasse war, er freute sich, Gogol und Hoffmann begegnet, ja beide bewirtet zu haben.

Hoffmann beschloß, den Nachtzug zu nehmen, weil er keinen Grund zur Eile hatte. Er lief jetzt aufs Geratewohl in der Stadt herum, er staunte noch einmal über alles, was er sah. Er lief in verschiedene Torbögen, und er stellte fest, daß man oft durch mehrere Höfe in eine andere Gasse gelangte. Von Balkon zu Balkon wurde geschwatzt, beim Teppichklopfen und beim Staubwedeln. Ein ältlicher Mann kam von der Gegenseite aus einem Hof an ihm vorüber. Er trug einen steifen Kragen, der sein Kinn hob, sein Gesicht war grimmig. Worüber ärgert denn der sich? dachte Hoffmann, der kämpft gegen sein Einschrumpfen mit übermäßigem Strammhalten. – Doch sonst blieb in Hoffmanns Kopf nichts von dem Mann hängen. Der war Kafkas Vater, auf der Suche nach seinem Sohn, um ihn zum Essen heimzuholen. Wie konnte der Kranke seine Zeit im Café vertrödeln?

Bei meiner Ankunft in Dresden, dachte Hoffmann, wird mich Anselmus abholen, denn er ahnt, daß ich komme. Ich werde ihn unter den Arm fassen, damit er nicht noch einmal über den Apfelkorb stolpert und die alte Verkäuferin ihm ihren Fluch nachschickt. Dann werden wir zusammen den Archivarius Lindhorst aufsuchen in seiner Wohnung oder im Café. Der Archivarius wird mich nach meiner Reise ausfragen.

Dieser Mensch, auf den ich vorhin gestoßen bin, dachte Hoffmann, hat vielleicht manches Schöne geschrieben, wird noch manches schreiben, wenn er nicht wirklich so krank ist, wie er glaubt. Kein Zweifel, an Gogol kommt keiner ran. Von uns dreien kann keiner schreiben wie er, verwurzelte Wirklichkeit, aus der dann Träume galoppieren; und alles zugleich, so daß sich die Träume auch in den Herzen verwurzeln.

Nur, leider, geht es mit ihm bergab. Bald wird er nach Jerusalem fahren und beten. Und seine Mutter und seine Freunde anflehen, für ihn zu beten, weil ihm sein eignes Gebet nicht recht gelingt. Er wird bald einen Band törichter Briefe schreiben, die er selbst für ein Kunstwerk hält. – Er wird einen zornigen Brief von Belinski bekommen, weil er sein großes Talent verleugnet, Gebet und Buße empfiehlt statt Recht und Gerechtigkeit. Doch Gogol wird sich schließlich von seinem Beichtvater zwingen lassen, den »Toten Seelen« ein gutes Ende zu geben. Er merkt aber, daß der neue Romanteil nichts taugt, und er verbrennt ihn und schreibt ihn noch mal und wird ihn wieder verbrennen, weil ihm dieser Teil wieder mißlingt, versinkt er in Verzweiflung. Er hungert sich zu Tode.

Belinskis Brief geht aber von Hand zu Hand. Tausende schreiben ihn ab. Dostojewski wird ihn in Petersburg im Petraschewski-Kreis vorlesen. Er wird eingesperrt werden und zum Tode verurteilt. Erst im letzten Moment, schon vor dem Galgen, kommt die Begnadigung des Zaren. Statt Todesstrafe Verschickung nach Sibirien. »Das Totenhaus«, das er dann schreibt, gleicht dem Rußland unter der Herrschaft der Romanows.

Nachdem ihn Gogol und Hoffmann verlassen hatten, fühlte sich Kafka unsäglich einsam. Nicht, als ob die Fremden in so kurzer Zeit ihm ans Herz gewachsen, ihm unentbehrlich geworden wären, sie hatten ihn aber stundenlang von dem schweren Gefühl des Alleinseins befreit. Sie hatten ihn zum Abschied umarmt, ihm Glück und Erfolg gewünscht.

Kafka lächelte vor sich hin. Er würde den Tod nicht meiden können, der ihm bevorstand. Vielleicht war es für ihn ein Glück, jung zu sterben, so daß ihm Erfolg und Mißerfolg erspart blieben. Begeisterung von Leuten, die sein Werk nicht verstanden, Abneigung von Leuten, die sein Werk falsch auslegten.

Er grübelte über seinen Papieren. Er schrieb nicht, er kritzelte. Er hätte, wenn er am Leben bleiben könnte, vielleicht eines Tages die Menschen erregt. Ihm fiel auch alles ein, was er nicht gesagt hatte in dem Gespräch zu dritt. Doch hatte er mit den beiden offner gesprochen als mit seinem besten Freund und seinem liebsten Gefährten. Das Wichtigste, meinte er hinterher, hätte er nicht gesagt. Als ich gesünder und jünger war, schrieb ich »Amerika«. Die echten Vereinigten Staaten gleichen meinen erfundenen. – Jetzt war er belustigt über seinen vergangenen Ärger, als der Verlag auf dem Umschlag eine wirkliche Einfahrt in den New-Yorker Hafen abgebildet hatte mit vielen großen und kleinen Schiffen. Wie heiter hätte dieser Roman werden können! Der unermeßliche Wanderzirkus, der, aller Arbeitslosigkeit spottend, jedem Bewerber eine Stelle anbietet! Und schließlich fahren die Teilnehmer durch das grenzenlose Land. Das wäre ein glückliches Buch geworden. »Der Prozeß«, dieser Roman war schon die Angst vor dem Urteil. Die Angst, die Gogol dazu gebracht hatte, sich zu Tode zu hungern. Aber im »Schloß« ist die Versöhnung, das Aufenthaltsrecht nach so viel Entbehrung. Ich hätte es wenigstens so schreiben sollen.

Ja, »Amerika«, darin war etwas enthalten, was die Menschen verstanden. An dieses Etwas hätte ich mich halten sollen. – Hat das Gogol oder Hoffmann gesagt: jeder ist selbst schuld, wenn man sein Werk nicht versteht? Etwas muß jeder finden, was auf ihn gemünzt ist, auch wenn man nicht alles für alle schrieb –

»Da sitzt du und spinnst«, rief zornig sein Vater, der plötzlich erschien. »Wir warten mit dem Essen, und du verplemperst die Zeit!« Der Vater warf einen verächtlichen Blick auf die Papiere. Kafka packte schnell alles zusammen. Er dachte: Ich will noch mal daheim mit ihnen zusammen essen. – Es war ihm bang vor dem Vater, und er gehorchte ihm.

Gogol stieg aus dem Zug mit seiner prallen Reisetasche, und er ging zur Grenzkontrolle. Soviel er reiste, es wurde ihm immer bang, wenn der Grenzbeamte seine Papiere prüfte, als könnte man darin Gott weiß was für Sünden finden. Der dickliche, nicht unfreundliche Mann stempelte und gab den Paß zurück. Mit einem sonderbaren Gefühl von Stolz, weil jetzt sein großes Heimatland begann, und zugleich von Angst, als begäbe er sich freiwillig ins Gefängnis, machte Gogol den kurzen Weg zur Poststation. Sie war ein kleines Haus, aber staatlich, darum sah man auf ihrem Schild den Zarenadler mit seinen zwei Köpfen.

Der Postmeister begrüßte ihn überaus höflich. Er sagte: »Euer Hochwohlgeboren haben noch Zeit zu einem Imbiß.« Seine Frau, als hätte sie auf diesen Moment gewartet, brachte den Samowar. Beide trugen flink Schnaps heran und Brot und Wurst und Gurken und kalten Fisch und Piroschki. Gogol nickte nur mit dem Kopf. Er machte sich zufrieden an die heimische Mahlzeit. Dann warf er mit einer Geste, die er in Prag nie angenommen hätte, dem Wirt ein Geldstück zu. Dieser gab es seiner Frau mit einem Wortschwall Dank. Und die Frau, ohne den Dank zu enden, brachte ihm die Reisetasche. Sie halfen ihrem Gast beim Einsteigen in die Postkutsche und gaben ihm alle möglichen guten Wünsche auf den Weg mit. Die Pferde setzten sich in Trab. Schnaubend und klingelnd zogen sie über die Landstraße, zurück ins vergangene Jahrhundert.

Steinzeit

Die Landung war geglückt. Es gab keinen Grund, warum das Glück ihn verlassen sollte. Das spürte Gary. Furcht kannte er nicht. Das Glück liebt solche Menschen; Gary war davon überzeugt.

Genau an der geplanten Stelle hatte der Fallschirm sich abgesetzt. Ein von der Natur für ihn aufgesparter kahler Fleck im dichten Wald. – Auf seine Drohung, das Flugzeug mit den Passagieren auf das Atomwerk stürzen zu lassen, war ihm am vereinbarten Ort die Summe ausgehändigt worden.

Er mußte verschwinden. Wie, das hatte er in Vietnam gelernt. Mit Aufbietung aller Kräfte konnte er in sechs Stunden in nördlicher Richtung die Landstraße erreichen. Es gab am Waldrand seit kurzem eine Schneise. Die war nirgendwo eingezeichnet, auch nicht die kleine Farm, die im Zerfall war oder im Bau. – Im Süden, etwas schneller erreichbar als die Landstraße, stocherte eine Gruppe von Archäologen in einem Abhang. Ein kleines, verkommenes Dorf lag in der Nähe. Wahrscheinlich gingen manche aus der Gruppe bisweilen hin, um zu trinken oder um Post zu besorgen.

Gary hatte die Farm gewählt. Die kannte er nach seiner Erkundung fast so genau wie ihr Besitzer.

Der Himmel hatte sich in den letzten Stunden verdunkelt. Das Unwetter kam noch rascher, als Gary gehofft hatte. Schon wieder ein unglaublicher Glücksfall! Im Unwetter ein Ziel zu erreichen, das war im Dschungel ständig geübt worden. Beinahe sofort und restlos würden hinter ihm seine Spuren gelöscht sein. Glück! Glück! Er dachte: Ja, weil ich keine Furcht kenne. – Eine Armee Militärpolizei würde umsonst die Wälder nach ihm absuchen. –

Er kam in der Farm an, genau zu dem Zeitpunkt, den er sich vorgenommen hatte. Der Farmer war nicht besonders erstaunt, daß Gary sein durchnäßtes Zeug bei ihm trocknen wollte. Gary behauptete, er gehöre zu der Expedition im Süden. Sie hätten ihn zur Station an der Landstraße gebracht, damit er im Autobus in die Stadt fahre und dort ein Lastauto kaufe. Das bräuchten sie, um ihren unerwartet reichen Fund wegzuschaffen. Er hätte beim Warten die Schneise entdeckt und sei aus Neugier drauflos. Die Farm lag aber weiter fort, als er berechnet hatte. Das Unwetter sei überraschend ausgebrochen.

Aus dem Stall kamen Frau und Tochter. Sie boten ihm etwas Heißes zum Trinken an. Der Farmer erklärte, wer dieser Fremde sei. Die Frau klagte über eine undichte Stelle im Stall, sie dachte wahrscheinlich, der Gast könne sich dankbar erweisen. Die ungefähr fünfzehnjährige Tochter, gar nicht hübsch, ihrem Blick und ihrem Gebaren nach offenbar mannstoll, fragte Gary: »Warum sind Sie denn weg von der Station?«

Sie fragte nur, damit er sie ansehe und mit ihr spreche. Er antwortete: »Wer hat denn geahnt, daß es so schnell losgeht? An der Tankstelle war ich schon ein paarmal. Der Weg ist mir aufgefallen, der jetzt zu euch führt.«

Teils aus Geldgier, teils um den Fremden loszuwerden, denn er kannte seine Tochter, sagte der Farmer, ihm komme da plötzlich ein Gedanke. Er selbst brauche einen neuen, breiteren Lastwagen, der Herr möge mal seinen besichtigen, da könne er vielleicht vor Nacht weg.

»Was ist denn undicht in eurem Stall?« fragte Gary, als hätte er gar keine Eile, und er frohlockte über den Glücksfall, der sich ihm bot. Der Farmer zeigte ihm zuerst den Lastwagen. Gary sann scheinbar über den Preis nach, während er mit den Frauen in den Stall ging. Er stopfte gemächlich den morschen Winkel, die Tochter trieb sich in seiner Nähe herum, sie suchte jede Gelegenheit, sich bald an seiner Schulter, bald an seinem Schenkel zu reiben.

Gary handelte mit dem Farmer. Sie wurden sich einig. Die Frauen boten ihm Nachtquartier an. Er sagte aber, seine Leute würden sich freuen, wenn er, früher als vorgesehen, zurückkäme. Er fahre zuerst auf der Landstraße, dann würde er einbiegen zu einem Dorf, in dem er im Notfall übernachte. Auf jeden Fall könnten seine Leute in aller Frühe mit Packen beginnen.

Er bezahlte absichtlich in einer Art, daß der Farmer ihm Geld genug herausgeben mußte für alles, was er bald unterwegs brauchen könnte, denn er sagte sich: Die Polizei mag noch so hirnverbrannt sein, verschiedene Geldnummern wird sie bald durchgeben. Die große Beute lege ich nicht in den Staaten an, sondern ganz woanders, und dorthin muß ich sofort.

Er zwang sich, während der Fahrt auf der Landstraße an keine Gefahr zu denken. Man sieht sofort danach aus. Dadurch zieht man erst recht die Gefahr an.

Er dachte an seinen Freund Henry Maxwell. Sie hatten zwei Jahre lang in Vietnam aneinander gehangen. Sie hatten dort zusammen die Fliegerschule besucht. Nach einer schweren Verwundung, die Gary allerdings, gemäß der Anweisung eines Bekannten, künstlich verschlimmerte, war er entlassen worden und nach den Staaten geschickt. Schon auf diesem Heimweg hatte er Sehnsucht bekommen nach Wildnis und Spannung, nach dem freiwillig verscherzten, unbändigen Leben.

Er hatte es keine Stunde ausgehalten auf der Farm seines Vaters. Er war in die Stadt gefahren zur endgültigen Nachuntersuchung und zur Auszahlung der kleinen Abfindung. In einer Kneipe war er auf Henry Maxwell gestoßen, als hätte ihm Gott diesen Freund geschickt.

Henry fragte: »Was willst du denn machen mit dem Geld?« Er sah Gary mit seinem schrägen und zugleich durchdringenden Blick an, als entdecke er einen geheimen Gedanken oder als gebe er einem geheimen, luftig vagen Gedanken festere Form.

»Das weiß ich bis jetzt selbst noch nicht«, antwortete Gary. »Ich meine, ich hätte mir was anderes verdient in Vietnam als die paar lausigen Scheine. Ein gutes Leben, ein saftiges Leben hätte ich mir verdient. Jetzt schickt man schon eine Masse Leute zurück, die nicht mal 'ne Schramme abbekamen. Erinnerst du dich an den General, der ganz groß angab, wir würden Vietnam in die Steinzeit zurückbombardieren?«

Henry sagte: »Ich will dir einen Rat geben, wie du das Geld am besten anlegst. Hab ich dir nicht immer gut geraten? Bin ich nicht mit dir durch dick und dünn? War ich nicht immer dein treuester Freund?«

Gary bestätigte: »Treu.«

»Hör also auf mich. Ich beschaffe dir einen sauberen, unanfechtbaren südamerikanischen Paß.«

»Was soll ich denn damit?«

»Das wirst du schon merken, wenn du ihn brauchst. Über kurz oder lang.«

Jetzt sah Henry Maxwell auf seine Hände hinunter, als lasse er Gary Zeit, seinen geheimen Gedanken auszubrüten.

»Wie kommst du denn an so 'nen Paß ran?«

»Ich kenne jemand, der ist Nachtpförtner im städtischen Krankenhaus von Albuquerque. Dort krepieren mancherlei Leute, besonders aus Südamerika, von irgendwoher, irgendwelche, nach denen keiner nie mehr fragt. Mein Pförtner hat schon manchen Paß an sich gebracht und damit sein Geschäft gemacht. Du brauchst ihm nur zu sagen, Gary, ich hätte dich geschickt. Er will auch gar nicht mehr wissen. Es kommt ihm bloß auf deine Scheine an.«

Gary dachte nach. Er griff nach seiner Zigarettenschachtel. Nur eine einzige war noch drin. Er kaufte eine neue Schachtel und bot sie Henry an, und er rauchte die letzte selbst. Dabei zog er die Brauen zusammen.

Henry lachte. »Man könnte glauben, die sei dir ganz besonders heilig.«

Darauf erwiderte Gary nichts. –

Er zwang sich in seinem Lastwagen mit aller Kraft, weder an Henry Maxwell zu denken, der ihn auf die Idee mit dem Paß gebracht, noch an den Nachtpförtner, der ihm den Paß verkauft hatte. Einen kolumbianischen Paß. Er schlug sich alles aus dem Kopf, was mit Gefahr zusammenhing. Er wollte auch nicht an die Polizei denken, die inzwischen sicher den Farmer ausgequetscht und die Beschreibung des Lastwagens durchgegeben hatte. Der war rasch verkauft. Das erstandene Geld gab Gary an verschiedenen Orten in kleinen Raten aus. Teils mit dem Autobus, teils mit der Bahn gelangte er nach New Orleans.

Vor Jahren war Gary, der jetzt José Hernández hieß, auf allen möglichen Schiffen in alle möglichen Häfen gekommen. Er sprach gut die Sprachen des Kontinents. Besonders Spanisch. Die Familie seiner Mutter stammte aus Mexiko. Als er noch klein war, hatte sie immer Spanisch mit ihm gesprochen. Dann war sein Vater in Wut geraten, weil er nichts verstand.

In New Orleans fand Gary ein schäbiges kolumbianisches Schiff, das für die Rückfahrt Mannschaft brauchte. Der Kapitän war so verrottet wie sein Schiff. Gary erklärte ihm, er lasse sich anheuern, weil er heim müsse. Der Kapitän war keiner von denen, die gründlich fragen. Ihm war es gleichgültig, warum dieser Mensch über das Karibische Meer nach Cartagena fuhr.

Der Mannschaft erzählte Gary, seine Lieblingsschwester sei plötzlich todkrank. Niemand wunderte sich. Es kam oft vor, daß einer Lust bekam, schnell heimzufahren.

Bei der Ankunft in Cartagena wechselte er soviel, wie ein armer Teufel für seine Reise unbedingt braucht. Auf Umwegen erreichte er Bogotá. Dort tauschte er unbehelligt einen Teil seines Geldes, den größten Teil ließ er in verschiedene Städte anweisen.

Er fuhr in die Ebene, wie er es geplant hatte und wie es ihm gefiel. Er fand Quartier, kein allzu teures, kein allzu billiges, in einem kleinen Ort am Meta-Fluß, unweit von Weideland, von saftigen Wiesen. Inzwischen hatte er sich nicht zu gut, nicht zu schlecht ausgestattet. Er hatte sich rasch in die spanische Sprache hineingefunden, besondere Mundarten und Ausdrücke prägte er sich ein, weil er dazu begabt war. Er freute sich, daß er Spanisch sprach und daß man ihn spanisch ansprach, als ob sein Vater darüber dauernd in Wut gerate. Nach außen hin wirkte er wie ein schweigsamer, höflicher, etwas bekümmerter Mensch.

Er war ziemlich sicher, nicht vollständig sicher, aber ziemlich, daß ihn niemand verfolgte. Besonders, als er sich in der Ebene in San Juan niederließ und sich mit Vieheinkauf befaßte. Darauf verstand er sich. Er konnte sogar den Rest seines Dollarbestandes im Handel verwenden, und er fand bald jemand, und darauf war er von Anfang an aus gewesen, der ihm ein paar Koppel Vieh gegen Dollars abnahm, und diese wurden in einer anderen Gegend eingetauscht gegen anderes Vieh.

Er blieb auf der Hut, gewohnheitsmäßig, doch er stellte nirgends eine Spur von Verfolgung fest. Er dachte: Ich habe Glück, und ich habe gewonnen. Gegen wen gewonnen? Gegen die Polizei? Gegen das Schicksal? Es gab kein Schicksal. Und offenbar auch keine Polizei, die hinter ihm her war. Er war mutterseelenallein. Er war immer, immer allein gewesen. Wenn es im Krieg auch Kameraden gegeben hatte, darunter den Henry Maxwell, gegen Alleinsein kam das nicht auf. So ist es am besten. Wer etwas wagt, muß allein sein. Das bedachte er jetzt, da er

Zeit hatte, manches zu bedenken. Die Zeit zerlief ihm zwischen den Fingern.

Er war gut gekleidet, wenn er in die Stadt fuhr, und zweckmäßig für die Arbeit. Das erste Auto, das er sich angeschafft hatte, tauschte er bald gegen ein anderes. Die Frauen, die er sich auswählte, waren ihm meistens vorher empfohlen worden. Sie kamen ihm aber plump oder geziert vor und allzu offen in ihrer Geldgier. Er fand keine, die in ihrem Beruf gelernt hätte, die kurze Stunde Zusammensein, nach der man sich für immer trennte, dem Mann so froh zu machen, als bleibe man für immer zusammen. Ihm wurde bang, er könne sich nie seines Lebens freuen, wie er es gewünscht hatte.

Er fuhr in die nächst erreichbare Stadt, in der es eine Bank gab. Dort hinterlegte er etwas von seinem verdienten Geld, einen anderen Teil überwies er in eine andere Stadt, alles gemessen an einem mittleren Einkommen.

Bald hatte er so viel verdient, daß er ein kleines Rancho kaufen konnte, und er pachtete Weideland, und er schaffte sich Vieh an. Die Ortschaft am Fluß, die er gefunden hatte, gefiel ihm überaus gut. Er fuhr jeden Monat in die Stadt, aber das Leben auf dem Land, die weite Sicht über die Ebene und über den Fluß und das gegenüberliegende Ufer, die Einsamkeit und der Frieden taten ihm wohl. Er fühlte sich jetzt vollkommen sicher, nicht eigentlich glücklich, denn das Glück kann auch mal schiefgehen, aber die Sicherheit ruht unverletzbar in sich selbst. Er behielt recht in allem, was er vorausgeplant hatte. Er dachte sogar, er sei im Recht. Sein Leben war so einfach und ruhig geworden, daß er manchmal dachte: Ist das alles?

Er war bei der Polizei gut angeschrieben. Politische Sachen, die manchmal an ihn herantraten, durch eine Redensart oder durch eine direkte Frage, waren ihm gleichgültig. Als die Polizei zu ihm kam auf der Suche nach einem Burschen, der in einer verbotenen Demonstration eine Rolle gespielt hatte, ging er mit ihr die Liste seiner

Leute durch. Er führte sie auch von Koppel zu Koppel, weil der Gesuchte beschrieben war als Mestize von kleinem Wuchs mit Schlappohren.

Er galt als ein strenger Herr, der gerecht war im großen und ganzen und gute Arbeit ordentlich bezahlte. Er machte an seinem Haus diesen und jenen Anbau. Er ritt regelmäßig die Weideplätze ab. Angebote aus der Stadt, mit seinem Geld in irgendeinem Betrieb einzusteigen, lehnte er entschieden ab.

Manchmal mietete er sich ein Zimmer im kleinen Gasthaus in der Stadt. Dort hörte er Radio, und er sah sich die Zeitungen an. Er erfuhr, daß es wahrscheinlich in Vietnam bald Frieden geben würde. Man hatte also all die Leute vollkommen unnütz hingeschickt, um ganze Landesteile auszuradieren. Er wunderte sich. Daß die Zeit, die er hier verbrachte, etwas mit seinem vergangenen Leben zu tun hatte, kam ihm nicht in den Sinn.

Er spielte Karten. Er hatte bald ein paar Bekannte. »Ah, wieder mal da, Hernández!« Er fragte öfters um Rat, weil er wußte, daß sich die Menschen gern um Rat fragen lassen.

Ein gewisser Echevarría bat ihn, auf seiner Veranda etwas zu trinken. Die Familien seiner zwei ältesten Söhne wohnten gleichfalls im Haus. Der jüngste Sohn wollte bald heiraten.

Die künftige Schwiegertochter stellte ihm eine junge Frau namens Eliza vor, die sie »meine Freundin« nannte, und sie fügte hinzu, »und unsere Schneiderin«.

Gary sah Eliza überrascht an. Er verlor beim Kartenspiel. Eliza Méndez hatte in einem berühmten Modehaus in Bogotá gelernt. Ihr erster Freund, den sie für ihre einzige Liebe hielt, war bei einem Flugzeugunglück umgekommen. Sie hatte kein Geld und keine Familie. Sie zog unruhig, tieftraurig von Bogotá weg in eine kleinere Stadt. Und bald fand sie dort eine gute Stellung. Schließlich, in ihrer rastlosen, traurigen Unruhe, gab sie diesen festen Arbeitsplatz auf, sie fuhr von Ort zu Ort, überallhin empfohlen.

Gary wunderte sich, wie klug und unabhängig das Mädchen war, das zart wie ein Kind aussah, mit ernsten Augen. Sie fuhr herum, wie es ihr gefiel, verdiente ziemlich viel Geld durch eigne Arbeit. Alle Bewerber wies sie ab. Jetzt staffierte sie die Frauen der Familie Echevarría zum Hochzeitsfest aus.

Schließlich traf sie sich mit Gary im Park. Wieso gerade er den Bann gebrochen hatte, der sie umgab, das hätte sie nicht erklären können. Sie gestand ihm, daß sie wie unter einem Zwang herumfuhr, nach dem Tod ihres Freundes. Sie fragte plötzlich, warum Hernández sie anstarrte. »Sie sind schön.« – »Nun, und?« – »Wenn ich Sie ansehe, wird es mir leicht ums Herz.« – »Tragen Sie denn an etwas Schwerem?« – »Ach, nein, nicht wie Sie. Mein Herz war weder leicht noch schwer. Jetzt ist es mir einfach leicht geworden.«

Je länger ihre Bekanntschaft dauerte, desto besser verstand Eliza, daß ihre erste Liebe doch nur eine Kinderei gewesen war, verglichen mit dem Empfinden, das sich ihrer bemächtigt hatte.

Es war kein Entschluß, zu ihm in das kleine Rancho am Fluß zu ziehen, etwas anderes wäre für beide nicht möglich gewesen. Sie war froh wie Gary über die Weite des Landes, in der man atmen konnte wie nirgends sonst. Sie half ihm, das Haus einzurichten. Sie pflanzte den Garten an.

Gary suchte und kaufte vortreffliche Pferde. Sie ritten den Strom entlang bis zum Hafen, und es kam vor, daß sie dort in der Ortschaft Hand in Hand den Landungen zusahen.

Er hatte bald ein gutes Einkommen. Eliza war so umsichtig, wie sie zart war, und sie verstand sich schnell auf seine Geschäfte. Es fiel nicht auf, daß er Geld aus einer anderen Stadt seinem Konto hinzufügte. Nur bei solchen Geschäften trennte er sich von Eliza. Sie strahlte vor

Glück, als er ihr einen türkischen Teppich mitbrachte. Manchmal fühlte er nachts, wie ihre Hand im Traum seine Hand suchte.

Nur etwas verstand er nicht. »Ich möchte gern von dir einen Sohn. Warum gibst du immer acht?«

Sie sagte: »Ich hab dir erzählt, was mir einmal geschah. Das Glück kann sich gar so leicht verflüchtigen.«

»Unseres nicht. Warum sagst du so etwas?« –

Inzwischen hatte der jüngste Sohn Echevarrías geheiratet. Die Frau machte ausfindig, wo Eliza wohnte. Sie erschien plötzlich auf dem Rancho. Sie flehte Eliza geradezu an, ihr Kleider anzufertigen, die sich leicht und vorteilhaft ändern ließen, wenn ihre Schwangerschaft sichtbar wurde. Sie dachte im stillen, daß sie Eliza bei einer Gelegenheit fragen wollte, wie diese verhindere, ein Kind zu bekommen.

In Eliza erwachte wieder die Lust auf ihre alte Arbeit. Sie fuhr dann und wann zu der Familie Echevarría, um zuzuschneiden und anzuprobieren. Nach einem solchen Besuch erzählte sie Gary: »Da war ein Verwandter oder Freund der Familie. Ein komischer Kerl.« – »Warum?« – »Das weiß ich nicht recht. In Bogotá sah ich öfters solche Leute. Er kennt sich hier gut aus, aber er stammt von woanders her. Er möchte gar zu gern unser Haus sehen. Frau Echevarría hat ihm davon wunder was erzählt.«

Gary sagte rauh: »Ich bin am liebsten mit dir allein!«

»Es ist hierzulande nicht üblich, jemand abzuweisen, der einen besuchen will. Er kommt mal und geht.«

Darauf erwiderte Gary nichts. Ihm kam wieder alles in den Sinn. Er dachte: Jetzt sind sie mir auf der Spur. Wahrscheinlich sind sie dem Geld nach, das ich vor zwei Jahren ausgab. Es war auch ein Fehler, mir Geld auf die Bank schicken zu lassen. Es ist ihr Beruf, mich zu suchen, und sie üben ihn aus, und man hat den Haftbefehl nicht abgeblasen.

Er machte sich nachts einen Plan zurecht. Ihr Kopf, mit

der Mähne goldschwarzen Haares, lag an seiner Schulter. Er zog sachte den Arm heraus. Er stand früh auf. »Ich muß etwas in der Stadt besorgen. Bis du richtig wach bist, bin ich zurück.« Er wußte, wie gern sie lange im Bett lag.

Als sie aufstand, sagte das Hausmädchen: »Nein, der Herr ist noch nicht zurück.« – Sie trank ihren Kaffee allein und wartete. Sie zog das rosa Morgenkleid an, das er liebte, und sie steckte sich eine Blume hinters Ohr. Er war auch zu Tisch noch nicht da. Er kam abends nicht wieder, er kam nachts nicht wieder. Er kam nie mehr wieder. –

Er hatte in der Stadt einen Teil seines Kontos abgehoben. Ihm war zum Glück niemand in den Weg gelaufen. Eliza, die wird keine Not leiden. O nein. Sie hat das Haus und die Weiden und Pferde und Schmuck und allerlei Firlefanz. Die wird sich über Wasser halten, bis wieder ein Freier auftaucht.

Er zog nach Osten. Mal mit dem Autobus, mal mit der Bahn, mal mit dem Dampfer. Kaufend, verkaufend, oft den Ort wechselnd. Das war das alte Spiel. Irgendwo durchquerte er eine schmale Waldzone. Er kam von neuem in Weideland. Man ließ ihn an einem Lagerfeuer schlafen. Er war wieder ganz ruhig. Vielleicht war dieser Mann gar nicht hinter mir her, der unbedingt unser Haus sehen wollte. Auf jeden Fall, gut ist gut, und besser ist besser.

Er hatte sich etwas ausgedacht, um unbesorgt schlafen zu können, da er ziemlich viel Bargeld bei sich trug: Eine Schnur, die er um den Leib wand, mit einem Stachel, der ihn weckte, falls jemand an ihm herumwühlte.

Sein Herz war nicht schwer geworden. Es war auch nicht mehr leicht. Es schwebte.

An einem Abend im Weideland trat er zu einer Gruppe Vaqueros. Sie tranken Kaffee am Feuer, alle zusammen. Sie fragten ihn aus. Er sagte, er sei auf der Suche nach einer guten Stelle. – Was er darunter verstehe? – Am liebsten Aufseher mit allen Vollmachten. Zum Beispiel auf einer so großen Farm wie die da drüben, wenn er das volle Vertrauen des Herrn genieße. – Sie lachten ihn aus. »Ich bin nicht in Not. Man kann's zuerst mit mir probieren. Dann wird man weitersehen.«

In San Sebastian hinterlegte er Geld. Er zog ein paar Tage herum. Er kam in der Gegend ins Gerede. Da war der Besitzer des großen Ranchos, der suchte genau, was Gary suchte. Dieser Mann mit Namen González beobachtete Gary scharf beim Umgang mit Menschen und Tieren. González fand Gary geschickt und schweigsam. Er bot ihm für eine Probezeit die Aufseherstelle auf seinem Rancho an. Gary stellte sich gleichgültig. Er dachte aber, er hätte wieder mal Glück.

Das Jahr verging. Im stillen wunderte sich González, warum ein Mensch, der etwas eignes Geld besaß, wie er herausgefunden hatte, bei ihm den Aufseher machte. Er war aber noch nie so vorzüglich, so vertrauenswürdig versorgt worden.

Nach einer Reise erzählte González: »Einer, mit dem ich über den See fuhr, hat erzählt, an einem Ort, an dem er sich in Geschäften aufhielt, sei eine junge, ausnehmend schöne Frau plötzlich von ihrem Mann verlassen worden, ohne Streit, ohne ersichtlichen Grund. Man hat den Mann umsonst gesucht. Er war offenbar freiwillig weg, und er kam nicht mehr zurück. Verstehen Sie so was?« – Gary dachte einen Augenblick nach. Dann sagte er: »Er hatte sie satt.«

González dachte gleichfalls nach. »Nun ja. Man kann auch manchmal genug von einer Schönen haben.«

Er hatte selbst keine besonders schöne, aber eine warmherzige, sehr arbeitsame Frau und drei gutgeratene Kinder. Gary hielt sich streng von der Frau zurück. Die Kinder liebten ihn. Er dachte: Der Fremde hat gar nicht über Eliza geredet. Mein Vorgefühl, ein Spitzel sei in der Nähe, war also blinder Alarm. Sonst hätte González etwas davon erwähnt. Nur keine Vorgefühle! Ein Glück, daß dieser Schwätzer keine Namen genannt hat. Vielleicht doch? González sieht mich seltsam an. Ach was, er sieht mich an wie immer. –

González schickte ihn manchmal mit Vollmachten in die Stadt, Verschiedenes zu erledigen. Einmal saß Gary müßig im Café. Sein Blick fiel auf eine liegengebliebene, eine amerikanische Zeitung. Er griff nicht danach, aber er schielte nach der aufgeschlagenen Seite. Da stand gedruckt, man hätte den Luftpiraten, der vor drei Jahren mit seiner Beute abgesprungen sei, in Venezuela gestellt. Gary dachte: Unsinn. Sie haben niemand gestellt. Diese Sache drucken sie nur, um den zu beruhigen, den sie noch immer vergeblich suchen. Damit er nicht mehr achtgibt und ihnen in die Falle geht.

Die Probezeit war längst abgelaufen. Er hätte sich keine bessere Stelle wünschen können. Er wurde fast als Familienmitglied betrachtet. Für die Angestellten und die Vaqueros und die Bekannten, die gelegentlich kamen, war er ein guter Freund des Hausherrn. Er dachte: Oberaufseher mit allen Vollmachten ist sogar besser als Besitzer mit eigener Verantwortung für alles. – Es gab nur eine ganz unerwartete Sache, die mit der Zeit störte.

Hier im Land waren fast alle Menschen katholisch, wenn auch die meisten nur ihres Rufes halber, um bei der Obrigkeit und in der Gesellschaft gut angesehen zu sein, an den Vorschriften und Gebräuchen festhielten. Echt gläubig waren nicht allzu viele.

Die González hingen aus tiefstem Herzen an ihrem Glauben. Sie nahmen wahr, daß Gary so etwas auf die leichte Schulter nahm und sich an nichts hielt. Die Familie feierte auf dem Rancho die hohen Feiertage. Da war es besonders die Frau, die sich irgendwelche Vergnügen für ihre Leute ausdachte, auch für die Namenstage Antonio und Ursula. Gary riet ab von den Belustigungen und Jahrmärkten, weil dabei eine Menge getrunken und die Arbeit schlechter wurde in der folgenden Woche.

Das Paar González hatte sicher, wenn es allein war, über die Seelenverfassung seines Oberaufsehers gesprochen, und auf den Rat ihres Mannes nahm die Frau Gary beiseite und fragte ihn aus. Gary, im Innern belustigt, stellte sich ernst und nachdenklich. Er behauptete, er hätte es selbst schon als Mangel empfunden, zumal bei dem Vorbild der González, daß er solange der Kirche ferngeblieben sei. Frau González empfahl ihm einen Pater, der manchmal bei ihnen zu Gast war. Sie erschrak, als Gary gestand, er sei seit Jahren nicht mehr zur Beichte gegangen. – Er dachte sofort: Warum hab ich so was gesagt, die hätten das gar nicht gemerkt. – Jetzt mußte er hinzufügen, er hätte beinahe vergessen, was er dort sagen müsse.

Obwohl sich Frau González bestürzt zeigte, war sie sichtlich befriedigt, ihrem Oberaufseher Hernández beizustehen. Sie prägte ihm verschiedene Sätze ein, zum Beispiel: Ich habe gesündigt vor Gott und der Welt und bin nicht wert, Dein Sohn zu sein. – Gary wiederholte die Worte in ernstem Ton, die er dem Pater zu sagen habe.

Er dachte: Ich will diese Stelle noch nicht aufgeben, und ich will deshalb zu ihm gehen. Ich werde ihm schon irgend etwas erzählen, was Schlimmes von Frauen. Das hört er sicher oft. Und er wird jedes Wort, das ich ihm sage, demnächst der Familie González mitteilen.

Die González hatten zum Himmelfahrtstag gelobt, die kleine Kapelle auf dem Rancho zu erneuern und die Jungfrau neu zu kleiden. Gary war daran gewöhnt, daß man hier in den Kirchen und Kapellen das Holz anmalte, aus dem sie Christus und die Heiligen schnitzten, mit grellem Blut, ihnen glänzende Augen einsetzte und sie ankleidete. Das Kleid der Jungfrau in dieser Kapelle war morsch. Frau González hatte in der Stadt Seidenstoff gekauft. Sie bat jetzt Gary und den Jungen, der das älteste der drei Kinder war, bei der Auffrischung der Kapelle zu helfen. Sie schnitt den Mädchen den Stoff zurecht und ließ sie das Kleid nähen. Der Junge fragte, warum das die

Mutter nicht täte, die die geschickteste sei, doch Frau González erwiderte kurz: Besser ein Mädchen.

Der Junge wollte etwas erwidern, verstand aber die Antwort und senkte den Blick. Gary fiel plötzlich sein kleiner Bruder ein – es hatte daheim außer dem älteren Bruder, dem unerträglich groben, gemeinen, einen Nachkömmling gegeben. Auf den hatte er so wenig geachtet wie auf ein Kätzchen.

González war nach dem Feiertag kurz verreist. Bei seiner Rückkehr erzählte er, er sei während der Fahrt auf denselben Mann gestoßen, der die Reise schon einmal gemacht hat. Der müsse wahrscheinlich Geschäfte regelmäßig am selben Ort erledigen. »Erinnert ihr euch, der Mensch, der mir von der schönen Frau erzählte, die ihren verschollenen Ehemann überall suchen ließ?«

Frau González fragte: »Hat man ihn inzwischen gefunden?«

»Nein.«

Gary schien es, González sehe ihn besonders scharf an. Er versuchte, ihm ruhig und fest ins Gesicht zu blicken. González sprach dann auch gleich von der Erledigung seiner eigenen Geschäfte.

Als Gary wieder einmal in die Stadt fahren mußte und in seinem gewohnten Café saß, nahm er sogleich eine weggeworfene Zeitung »Californische Nachrichten« wahr.

Mein Gott, mit Vietnam war Frieden! Die bauen dort auf! Wenn diese Vietnamesen so wild hinter den Deichen und Städten und Häfen her sind, wie sie im Krieg zugebissen haben, kommt ihr Land nochmals hoch. Und er dachte: Dafür hat der General befohlen, Vietnam zurückzubomben in die Steinzeit, und unser Fleisch und unsere Knochen hat es gekostet. Mich hat es noch mehr gekostet. Wenn ich mich jetzt auch nicht übel befinde. Er hätte sich vielleicht gefragt, was es ihn außer Fleisch und Knochen gekostet hätte – denn die Nachricht über den Frieden in Vietnam beunruhigte ihn mehr als die Nachricht von dem angeblich aufgefundenen Luftpiraten –, da setzte sich jemand an seinen Tisch. Der Fremde war komisch, aber nützlich gekleidet. – Keiner von hier. Er sah wie ein Stöpsel aus mit seinem kurzen Hals. Er sagte: »Entschuldigen Sie, Sie sprechen Englisch?« Gary zuckte die Achseln. Der andere fuhr fort in schlechtem Spanisch: »Sie können aber, glaube ich, Englisch lesen?« – »Ein bißchen. Mit meinen Leuten war ich einmal als Kind in New Mexiko.«

Der Stöpsel fragte ihn unverblümt nach seiner Stellung aus. Irgendwie tat es Gary wohl, daß er wahrheitsgemäß antworten konnte: »Mein Chef, der Ranchero, bei dem ich Oberaufseher bin, und ich bin hier der Geschäfte halber, die er mir anvertraut hat, besitzt eine große Farm mit vortrefflicher Zucht.«

Der andere sagte: »Mein Name ist Harry Gold. Ich bin hier für meine amerikanische Firma. Und zwar besonders für Plattenspieler, Bandaufnahmen, Radio, Reparaturen aller Art. Vielleicht interessiert sich Ihr Chef für so was?«

»Ich fürchte nicht. Er hatte schon Gelegenheit, sich anzuschaffen, was er braucht.«

»Meine Dinger sind neuestes Modell. Ich muß Ihnen offen sagen, ich habe in Venezuela und auch hier im Land vorzügliche Geschäfte gemacht. Je tiefer ich ins Innere kam, desto kaufgeneigter waren die Leute. Gerade in kleinen Städten und auf Farmen. Von der Langeweile abgesehen – es ist doch was Großartiges, wenn so ein Farmer nicht dauernd von einer Herde zur anderen zu reiten braucht, sondern auf Band seine Anweisungen diktiert, gemäß den Berichten des Aufsehers. Und seine Anweisungen werden dann abgespielt auf allen möglichen Weideplätzen. Änderungen, Entlassungen – alles auf Band. Der Aufseher kontrolliert nur. Ich sage Ihnen: Die Stimme, die wirkt. Allein die Stimme des Menschen. Geradezu wie ein Zauber.« Er habe sich vorgenommen,

Ortschaften und Niederlassungen bis tief in den Süden hinunter aufzusuchen. Vielleicht sogar bis zum Amazonas. Da soll es doch eine große Strafkolonie geben. Dann gibt es sicher auch Beamte, Aufseher, Wächter. Die langweilen sich. »Eine große Strapaze, so weit hinunter, darüber bin ich mir klar, aber sie wird sich lohnen. Was glauben Sie?«

»Kann sein, Herr, ich habe da keine Erfahrung.«

Sie bezahlten sich gegenseitig ein Glas.

Daheim erzählte Gary dem Chef von dieser Begegnung. Die Kinder riefen sofort, daß sie sich dies und das wünschten, von all den seltsamen Dingen, die dieser Harry Gold anbot.

González aber zog es vor, selbst von Herde zu Herde zu reiten oder statt seiner José Hernández. –

Plötzlich, als ihn schon alle vergessen hatten, erschien der kleine, hartnäckige Stöpsel. González machte einen belanglosen Einkauf, vor allem, um ihn schnell loszuwerden. Zu seinem Erstaunen nahm Harry Gold ihn beiseite, er hätte da eine besondere Bitte. Gary wartete ruhig, er wußte, daß dieser Mensch keinen Anlaß zur Vorsicht bot. Lachend kam González zurück. »Er will durchaus, daß ich Sie höchstens auf drei Monate beurlaube. Er würde Sie sehr gut bezahlen. Und ich, so meint er, gäbe Ihnen den unbezahlten Urlaub. Sie würden sich sicher überall rasch auskennen. Sie seien wendig. Sie möchten ihn doch hinunterbegleiten, weil ihm das Land ganz und gar fremd sei. Dann kämen Sie gleich zu mir zurück. Ich glaube sogar, er hat Angst, Sie könnten ihm Prozente abverlangen, was ich an Ihrer Stelle täte.«

Gary hatte kurz und scharf nachgedacht. Er sagte scheinbar zögernd, er müsse sich alles gründlich überlegen. Er wolle den Harry Gold nächste Woche im Café treffen.

Seit González nach seiner Reise die Geschichte erzählt hatte von der schönen Frau, die unerklärlich plötzlich von ihrem Mann verlassen wurde, und ihm mit der Frage gekommen war, warum wohl so was geschehen könne, dachte Gary darüber nach, ob er sich irgendwann irgendwie von seinem Chef trennen sollte. Wenn er auch nicht fürchtete, die Frage sei auf ihn gemünzt gewesen: Es war für ihn besser, von Zeit zu Zeit den Ort zu wechseln. Und dieser Händler brachte ihm eine gute Gelegenheit.

Er sagte schließlich, gern gehe er nicht weg, auch nicht für Monate, aber er hoffe, dabei zu verdienen und vielleicht für González allerlei zu erledigen.

Die Kinder klammerten sich an Gary, sie weinten beim Abschied. Gary gab González die Hand darauf, spätestens in drei Monaten zurückzukommen. Der Handschlag galt hier soviel wie ein geschriebener Kontrakt.

Harry Gold war zufrieden. Er versprach sich vorzügliche Geschäfte, auch in dem südlichen Landzipfel, den er auf der Karte betrachtete. Gary sagte, er hätte sich stets gewünscht, den Amazonas zu sehen. Und erzählte, was Harry Gold sich immer wieder gern erzählen ließ, Manaŭs, am selben Ufer des Stromes weit weg in Brasilien, sei eine großartige Stadt gewesen, in ihrem Opernhaus hätten sogar Gäste aus Paris gespielt, bis ein englischer Gauner Kautschuk klaute und in seinen eigenen Kolonien anpflanzte, so daß der Staat sein Kautschukmonopol verlor und dadurch auch Manaŭs seinen Glanz.

»Wir werden schon Geschäfte machen hier im Land an kleinen Orten«, sagte Gold. »Übrigens, haben Sie, Hernández, einen Ausweis?« – »Gewiß.« – »Man bleibt meist ungeschoren. Trotzdem, es ist besser, und Sie können sich auch auf Ihren Chef beziehen?«

»Gewiß«, sagte Gary. In seinem Gedächtnis war Henry Maxwell aufgetaucht. Ich rate dir gut, du kennst mich, du gibst nicht umsonst dein Geld aus. Du wirst diesen Paß gebrauchen können.

Er dachte: Ich mache mich unterwegs davon, und ich fahre, wohin ich Lust habe.

Oft war er erstaunt, wie flink sich dieser dicke, kleine Stöpsel bewegte und wie er sich rasch zurechtfand, er konnte sogar ganz gut reiten. Er sah so komisch aus, daß es schon möglich war, jemand hetze ihm eine Behörde auf den Hals.

Harry Gold, der wunderte sich, wie gut Hernández alle möglichen Dialekte sprach. Überall blieben an ihm die Ausdrücke und die Aussprache und sogar ganz besondere Redewendungen hängen.

In San José ging Harry Gold noch einmal auf die Post. Er kam mit Briefen zurück und alten Zeitungen. Er machte sich neugierig darüber her. Verschiedenes las er laut vor, sich selbst und in unbeholfener Übersetzung seinem Begleiter: »Sie bauen die Long-Bien-Brücke bei Hanoi wieder auf. Ich ahne, wir zahlen da Anleihen. Die Vietnamesen werden es Wiedergutmachung nennen. In den Staaten braucht man sich nicht zu fürchten vor Arbeitslosen. Wenn in einem Land der Krieg aus ist, anderswo wird er schon wieder losgehen.«

Gary hätte gern mehr gewußt. Er hielt es für ratsam, keine Fragen zu stellen. All seine guten Kriegskameraden hatten also für nichts und wieder nichts ihr Leben aufs Spiel gesetzt. –

Eines Tages verlangte er Prozente von den Verkäufen, die er vermittelte, ja, die ohne ihn gar nicht zustande gekommen wären. Gold hatte gehofft, Gary gebe sich einfach mit seinem Gehalt zufrieden. Da dieser aber auf seiner Forderung bestand und außerdem vorgab, er müsse rechtzeitig zu González zurück, suchte Gold einen Anlaß, den allzu schlauen Gehilfen loszuwerden. Er wunderte sich, wie streng die Menschen in diesem Land Versprechen einhielten, die ungeschrieben waren, sozusagen luftig.

Auch für ihn sei es günstig, meinte Gold, die Reise abzukürzen. In seiner Post hätte ihm ein Geschäftsfreund geraten, so schnell wie möglich zurückzufahren, darum wolle er gleich über Bogotá in die Staaten, Hernández möge ihn nur zur nächsten Flugstation bringen.

Gary vergewisserte sich recht gern selbst, daß Harry Gold abfuhr. Man wird ihn sicher ausfragen, sagte er sich, und er wird auch von mir erzählen. Dann glauben sie, nichts sei leichter, als mich auf González' Rancho zu greifen. Ich will in eine Gegend fahren, in der mich niemand vermutet. Warum soll ich nicht allein zum Amazonas? Hab ich nicht zu Harry Gold gesagt, als wir zusammen die Karte beguckten, es hätte mich immer dorthin gezogen. Vielleicht hat's mich dorthin gezogen. Jedenfalls zieht's mich jetzt dorthin. – Auf jeden Fall würde er dort die Vergangenheit los sein, die alte und die jüngste.

Von der nächsten Dampferstation aus fuhr er ein Stück nach Osten; als Ortschaften und Siedlungen selten wurden und schließlich ganz aufhörten und der Wald sich vollständig des Landes bemächtigte, erreichte er eine Missionsstation, die jeden Monat ihr eigenes Flugzeug in die Provinz Amazonas schickte. Sie nahmen Waren mit, auch einzelne Personen, die hierher verschlagen worden waren in Amtsgeschäften, bisweilen zur Kontrolle der Strafkolonien. Das alles und mehr erfuhr Gary erst unterwegs, und er murmelte etwas Unbestimmtes über den Grund seiner Reise. Mochten sie denken, er fahre zu einer Revision. Er blieb schweigsam, höflich, steif ernst.

Die beiden Pater, die gleichfalls flogen – Gary dachte bei sich, er hätte nicht umsonst bei den González gelernt, auch mit dieser Art Leute umzugehen –, waren gesprächig, lustig, offenbar untereinander völlig einig, über was, verstand Gary nicht. Auf ihre Frage, ob er mit ihnen umsteige, behauptete Gary, er müsse nach San Cristóbal. Die Pater waren ein wenig erstaunt, sie überließen ihn seinem Wunsch und Weg.

Auf dem Flugplatz, der wahrscheinlich auch der Mission gehörte, warteten die zwei Pater auf ein anderes Flugzeug. Eine befahrbare Straße führte nach einem Ort nahe dem Ufer. Die verschiedenen Waren, die das Missionsflugzeug gebracht hatte, holte ein Lastwagen ab. Gary sprang auf. In der Ortschaft, an der er nach ein paar Stunden aussteigen mußte, ging es zu seiner Verwunderung lebhaft zu. Menschengewühl, Geschrei, Geschäfte. Er dachte: Ich bin nicht mehr weit vom Amazonas. Er sah zwar nur manchmal etwas schimmern zwischen den Lagerhäusern am Kai, aber er wußte, das war der große Strom, und er fühlte sich leicht und frei.

Doch gleich darauf stutzte er. Seine Aufmerksamkeit war plötzlich aufs höchste gespannt. An einer Umladestelle vor dem Steg, über den die Lastträger keuchten, gab es mehrere Militärposten. Er hatte den Anblick der Stromfreiheit noch nicht einmal in sich aufgenommen, da begriff er, wo er war. Auf den nächsten Wachhäusern und rechts und links des Landungssteges flatterten kolumbianische Fahnen. Dann kam eine Zwischenstrecke, auf der Polizei in raschem Tempo auf und ab ging. Hinter dem Niemandsland war abermals eine starke Reihe Grenzposten erkennbar. Von hier aus erblickte man die Fahnen Brasiliens. Wahrscheinlich gab es da drüben noch einen besonderen brasilianischen Landungssteg.

Da wurde er schon von einem Posten angesprochen. Gary zeigte ihm seine kolumbianischen Papiere. Der Militärposten fand nichts daran auszusetzen. Er warnte ihn nur, auf den Steg zu gehen, dazu bräuchte man eine besondere Erlaubnis. Auch für die Zwischenzone. Gary sagte einfältig: »Ich war mit einem Geschäftsmann hier. Ich will auf unser Rancho zurück.«

Der Polizist mahnte nochmals, die Zwischenzone zu meiden. Gary nickte. Er machte kehrt. In seinem Gedächtnis war abermals und genau der Freund aufgetaucht, dem er diese Papiere verdankte. Der Blick des Freundes, der seltsam schiefe, aber zugleich genaue Blick in Garys Seele hinein, um sieben Ecken herum.

Gary entfernte sich von dem verbotenen Uferstreifen.

Er bog bald gedankenlos, ziellos ab von der ausgefahrenen Straße, auf einen Weg, der nicht angelegt war und nicht ausgefahren, aber von vielen Schritten und Hufen ausgestampft. Da gab es noch eine Ortschaft, ein paar Baracken und Hütten und eine Kneipe. Er trank etwas, fragte mehr sich selbst als die anderen: »Wie weiter?« – Die Leute wußten besser, als er selbst wußte, wohin man von hier aus gelangte.

Er schlug einen Weg in nordöstlicher Richtung ein, den sie ihm empfahlen. Im Unterholz verlor sich der Weg. Er entdeckte Spuren zerfallener Siedlungen, verlassener, schon überwucherter Ranchos. Er prägte sich die Kennzeichen ein, falls er zurückkehren wollte. Sein Proviant war knapp.

Er dachte: Ich will mich irgendwo ausruhen, solange ich Lust habe. – Bis jetzt hatte er die Lust, sich auszuruhen, noch nicht gespürt. Als ob er sich nicht aus eigener Kraft bewege, sondern durch eine Gewalt, die ihm die Anstrengung abnahm.

Es zog ihn gewaltig in die Wildnis. Die Wildnis zog ihn gewaltig in sich hinein. Oft sah er etwas, was er aus Vietnam kannte, wie es ihm dünkte. Aus Vietnam. Nicht, wie er darübergeflogen war, sondern wie sie eindringen mußten. Er sagte zu seinem Freund Henry, der war in seinem Gedächtnis eingenistet, seit man ihn nach dem Paß gefragt hatte: »Sieh mal, erinnerst du dich, war's so? War's anders?« – Er dachte sogar: Hat der mich deshalb hierhergeschickt? Dann beruhigte er sich, weil alles auf einmal anders war. Das Vogelgeschrei war anders, und anders waren auch die Verschlingungen von Lianen. Er hätte jetzt bald die Machete gebraucht. Er entschloß sich, umzukehren. Da stieß er noch einmal auf ganz und gar überwucherte, kaum erkennbare Reste einer Siedlung. Er umging sie erstaunt, dabei entdeckte er einen Trampelpfad. Er kam noch einmal auf ein Stück gerodete Erde. Und genau in der Mitte lag ein würfelförmiges Farmhaus, trotz der Einsamkeit gründlich eingezäunt.

Hunde schlugen an, ein paar Kinder kamen heraus und starrten. Ein alter Mann öffnete ihm, der war, wie sich gleich zeigte, das Oberhaupt der Familie. Das jüngere Paar, die Eltern der Kinder, sahen ältlich und abgerackert aus. Man brachte Gary etwas zu essen und zu trinken, aber man bot ihm kein Obdach. Alle sahen ihn an wie einen Eindringling, der sie störte, obwohl es unklar war, wobei er sie hätte stören können, und er sah mit einem Gefühl von Unbehagen, wie sie genau seinen Bewegungen folgten. Obwohl es noch Tag war, legte er sich in den Winkel, in dem wohl die Kinder schliefen, und er schlief sofort ein. Und er hörte im Traum etwas in Abständen ticken, vielleicht sein Herz, vielleicht etwas von außen.

Der Alte oder der Älteste weckte ihn und brachte ihm Kaffee. Sie wiesen eine Bezahlung zurück, doch das Angebot stimmte sie etwas freundlich. Man beschrieb ihm, obwohl er gar nicht danach gefragt hatte, den Weg vom Rancho zum Fluß. Wenn er sich nordöstlich halte, würde er auf die Halbinsel stoßen. Sie nahmen von vornherein an, Gary wolle dorthin, und sie fügten hinzu, es gäbe jetzt in der Trockenzeit keine Schwierigkeiten. Gary fragte aufs Geratewohl: »Auf der Halbinsel liegt die Siedlung?« – »Nun ja«, sagte der älteste Alte. »Sie kommen von dorther in der Regenzeit im Boot.« – »Warum?« – Sie sahen ihn mißtrauisch an. »Zum Tausch. Wozu sonst? Für Salz.«

Sie gaben ihm gegen Geld etwas Proviant und Streichhölzer und Salz, das er offenbar brauchen würde.

Er hatte wieder ein Ziel, die unbekannte Halbinsel. Er mußte sich abquälen ohne Machete. Er brach oft erschöpft zusammen, er fuhr hoch, wie gehetzt von einem Befehl. Er war gewohnt, so rasch wie möglich jedwedem Ziel zuzusteuern, das man ihm angegeben oder das er sich vorgenommen hatte.

Er quälte sich so lange in den Wald hinein, daß er schon fürchtete, sein Proviant reiche nicht aus. Er hatte noch nie so hohe Palmen gesehen. Als er den Kopf zurücklegte und an einem kahlen Stamm hinaufsah bis zu der Krone, an der die Büschel von Früchten hingen, entdeckte er, befestigt an dem Knorzen des Stammes, ein sonderbares Gestell, das einer Leiter glich. Dann sah er das Menschlein, das diese bewegliche, aus Ästen angefertigte Leiter erklomm; es hing sie am nächsten Knorzen auf und stieg höher.

Irgendwie tat es Gary gut, in dieser Einsamkeit auf eine menschliche Fertigkeit zu stoßen, so sonderbar sie ihm vorkam. Er war also doch nicht völlig allein. Er sah dem Eingeborenen zu, der aber sah hinauf in die Baumkrone.

In der Nähe brannte ein Feuer. Ein paar Hütten standen auf Pfählen. Die kleingewachsenen, schwarzbraunen Bewohner empfingen ihn arglos, weil er allein war und ohne Schutz.

Gary ahmte ihre ehrfurchtsvollen Bewegungen nach. Er beschloß, was er sah, nachzuahmen. Seine Begabung für Gesten und Laute kam ihm zustatten.

Man machte ihm Platz am Feuer. Nie war er in Vietnam so treuherzig empfangen worden. Wilde, dachte er, sind es hier wie dort.

Er schlief sich aus. Er ging mit ihnen zum Fischfang, zum Früchtesammeln. Diesen Menschen genügte das Leben um ihre Siedlung herum, am Ufer der Halbinsel. Es hätte auch Gary vorerst genügt. Er verstand bald die meisten Ausdrücke, und es gelang ihm, diese zu wiederholen. Denn viele Worte enthielt ihre Sprache nicht.

Was aber Gary nicht nachahmen konnte, waren die Tänze und die Musik. Was sie damit feierten, verstand er nicht. Vielleicht einen glücklichen Fang, vielleicht den Gott, der in einem Pfahl eingekerbt war.

Eines Tages kam eine fremde Schar Eingeborener, die den Leuten der Siedlung glichen. Sie wurden freudig begrüßt. Es war offenbar ein erwartetes Wiedersehen.

Gary empfand einen Stich im Herzen, als er unter diesen Besuchern einen einzelnen Weißen erblickte, der war groß und blond. Was suchte der hier?

»Was suchen Sie hier?« fragte der Fremde, als er Gary gewahrte, in einem mühsamen Spanisch.

Ein Mann aus den Staaten, dachte Gary, und er erwiderte, was ihm einfiel: »Ich studiere die Sprachen der eingeborenen Stämme.«

»Das ist ein glücklicher Zufall«, sagte der Fremde. »Ich bin Anthropologe. Ich schreibe über die Eingeborenen in Brasilien, Venezuela und Kolumbien. Ich heiße Tom Hilsom.«

Gary stellte sich vor: »José Hernández.« Und er fügte hinzu: »Ich bin Kolumbianer. Spanischer Herkunft.« Hilsom war offensichtlich froh über dieses Zusammentreffen. Die Eingeborenen kannten ihn wohl von anderen Besuchen. Sie hielten ihn für einen weisen und guten Mann, und sicher war auch sein Freund gut und weise. Wie hätte es ihnen in den Sinn kommen sollen, daß sich die beiden zufällig trafen? Gary war auf der Hut. Er sagte sich: Es ist eine Sache, auf mich zu stoßen, und eine ganz andere Sache herauszufinden, wer ich bin. –

Hilsom setzte sich neben ihn, und er fragte, ob José Hernández – er wiederholte den Namen genau, aber in einzelnen Silben, wie Leute es tun, die nicht an die Sprache gewöhnt sind – zufällig sein letztes Buch kenne. »Ich vergleiche darin das Leben gewisser Gruppen Eingeborener in gewissen Ländern mit dem Leben von Menschen in der jüngeren Steinzeit, soweit man es erforscht und beschrieben hat und darüber berichtet.« Er setzte lächelnd hinzu: »Wahrscheinlich zum größten Teil falsch.« – »Ja, falsch«, sagte Gary, als hätte er gleichfalls darüber nachgedacht.

In der folgenden Zeit saßen sie oft zusammen. Gary brauchte nicht viel zu sprechen; denn Hilsom erzählte von seiner Arbeit. Er erklärte verschiedene Stammesgebräuche, Götter und Feste.

Meistens kannte Gary besser als Hilsom den Sinn der hier üblichen Worte. Hilsom wunderte sich über die Unterschiede in den Ausdrücken der beiden Stämme, die sich die Halbinsel teilten. Hier wurden Pflanzen und Tiere, sogar der Fluß anders benannt, als befände man sich in einem entfernten Land. Er sagte: »Die Conquista hat einem ganzen Erdteil ihre Sprache aufgedrängt. Und auf dieser kleinen Halbinsel haben zwei Nachbarstämme für ein und dieselbe Sache verschiedene Ausdrücke. Aus welchem Grund? Vielleicht hat sich schon in der Zeit der Conquista ein Teil vom anderen aus Vorsicht getrennt.« – Er dachte laut weiter: »Dann kam die zweite Verfolgung. Es sind schon ein paar Generationen vergangen, seit man in Brasilien Kautschuk gesammelt hat und auch hinter der Grenze Menschen gejagt und zur Arbeit gezwungen. Verfolgung macht immer mißtrauisch und isoliert.«

Gary hoffte ein Sekunde unter Hilsoms ruhigem und offenem Blick, von diesem Mann sei nichts zu befürchten, es gab ja eigentümliche Berufe. Dann wieder warnte ihn irgendein Wort, eine Redewendung, seinen Argwohn nie aufzugeben.

Hilsom fuhr fort in seinem Gedankengang: »Sogar jeder Stamm ehrt seine eigenen Symbole, die er für die Gottheit selbst hält.« Er fügte hinzu: »Wie wir.« – »Wieso?« fragte Gary. – »Mancher verteidigt das Symbol seines Landes, zum Beispiel das Sternenbanner, bis zum letzten Blutstropfen.«

Gary hörte aufmerksam zu. Ganz fern lag ihm der Gedanke, er könne zu denen gehören, die das Sternenbanner verteidigt hatten. Was Hilsom da sagte, kam ihm sonderbar vor, völlig unverfänglich. Er wünschte sich in diesem Moment, Hilsom möge nichts gegen ihn im Schild führen; wenn Gary auch auf der Hut war, nach wie vor, in ihm entstand das Gefühl, von diesem Menschen drohe ihm nichts.

Als Hilsom eines Tages etwas auf Englisch erklärte,

nickte Gary, und er warf gedankenlos ein englisches Wort ein. Sofort verstand er, was für ein Fehler ihm unterlaufen war, und er setzte die Unterhaltung Spanisch fort.

Hilsom spürte, daß sein Gefährte nicht Englisch sprechen wollte, aus welchem Grund immer. Gary aber, argwöhnisch seit Jahr und Tag, war nicht entgangen, daß Hilsom seinen Fehler bemerkt hatte. Darum erschien es ihm besser, scheinbar offen zu erklären, was er dem Händler Harry Gold erklärt hatte, als der ihn über einer englischen Zeitung ertappte. Seine Familie hätte ein paar Jahre in den Staaten gelebt, er selbst sei dort sogar eine Zeitlang zur Schule gegangen.

Hilsom fragte: »Waren Sie gern dort?« – »Ich?« – Trotz aller Vorsicht wünschte sich Gary plötzlich, gerade diesem Mann, der, wie er spürte oder zu spüren glaubte, gar nicht zu seiner Verfolgung hier war, etwas aus seinem Leben zu erzählen. Er fuhr fort: »In den Staaten kenne ich mich nicht aus. Daheim auf dem kleinen Rancho, das wir bloß gepachtet hatten, erlebte ich immer Schlechtes. Ich mußte schuften von morgens bis abends. Mein Vater verprügelte mich, dazu lachte mein älterer Bruder, die Mutter gab ihnen in allem recht.« – Hilsom hörte ihm nachdenklich zu. Gary verstummte, und er dachte: Hätte ich so was nicht sagen sollen? Nur schweigen, das fällt erst recht auf. Obwohl Hilsom ihn nichts mehr fragte, fügte Gary hinzu: »Ich hatte genug, und ich ging zur See.« –

In einer der folgenden Nächte fand ein Fest auf der Halbinsel statt, an dem die beiden sonst getrennt lebenden Stämme teilnahmen. Hilsom zeichnete ihre Tänze auf und die Tonfolge ihrer Trommelwirbel. Und Gary konnte ihm bald erklären, was ihre Rufe bedeuteten, ihr leidenschaftlicher Dank, wenn ihre Köpfe bald den Boden berührten, bald zurückgeworfen wurden.

Das Fest galt einem Stern, der in dieser Nacht zum erstenmal am Himmel erschienen war. »Ein Himmel, ein Stern, darum die Gemeinsamkeit«, sagte Hilsom. Er war fast beschämt, daß Gary sich besser als er in den Sternbildern auskannte.

»Seit ich zur See fuhr«, sagte Gary, »weiß ich Bescheid am Nachthimmel.« – »Dann war es also ganz gut für mich, daß Sie von daheim durchgebrannt sind.«

Die Eingeborenen hatten inzwischen ein Feuer entzündet. Sie rösteten verschiedene Speisen, doch legten sie immer wieder die Köpfe zurück, um sich zu überzeugen, daß der neu erschienene Stern seinen Platz am Himmel bewahrte.

Gary und Hilsom waren langsam ein Stück aus dem Kreis der Festgäste ins Dunkle gerückt. In der sternklaren Nacht fühlte Gary, daß Hilsoms Gesicht ihm zugewandt war, und er erzählte: »Weg von daheim wär ich auf jeden Fall. Mein Bruder, das sagte ich Ihnen, war ein gemeiner Kerl. Der kleine Bruder war nicht mehr als ein Kätzchen – « Er brach ab, als falle ihm etwas ein beim Gedanken an den kleinen Bruder. Obwohl Hilsom nichts fragte, fuhr er von selbst fort: »Ich ging vor allem zur See, um zu verdienen, denn ich hatte ein Mädel am nächsten Ort, dorthin mußte ich manchmal auf den Markt. Wie die mir gefiel! Sie war mein Lichtblick. Meine einzige Freude. Wir machten aus, daß ich mich anheuern lasse, zurückkomme, wenn ich genug verdient hatte, daß wir heiraten könnten. –

Das dauerte aber länger, als wir gehofft hatten. Als ich zurückkam, war sie mit einem anderen verheiratet.«

Hilsom hatte sich abgewandt, und er dachte: Ist davon Hernández noch immer bedrückt?

In der Zeit, die dem nächtlichen Fest folgte, versuchten Hilsom und Gary festzustellen, ob die verschiedenen Pflanzen, die die Eingeborenen mühsam suchten, aus alten Erfahrungen zu Heilzwecken benutzt wurden oder aus Aberglauben. Die Gelegenheit bot sich, ihnen etwas vom Ackerbau beizubringen. Man lehrte sie Furchen ziehen und zu säen. Hier wuchs alles zauberhaft schnell.

Gary sagte: »Wie lange hat meine Mutter gewartet, bis irgendein Zeug, das sie pflanzte, schließlich so weit war, daß sie daraus ihre Tees braute gegen Husten und gegen Fieber, besonders für meinen Großvater, ihren Vater, ja, der war plötzlich zu uns gekommen von sehr weit her, weil er sonst niemand hatte. Mein Vater schimpfte, er kann niemand brauchen, der unser bißchen Brot mitißt. Aber der Alte war nun mal mit auf der Farm, und er konnte nicht weiter und nicht zurück. Mich hat er gedauert, und ich gab ihm mal was von meinem Teller ab, und ich hab ihn gedauert, wenn der Vater wie wild auf mich losschlug.« –

Er brach ab, fuhr aber kurz darauf fort, obwohl Hilsom nichts fragte, als sei in seinen Gedanken der Faden nicht abgebrochen: »Auf dem Schiff hab ich manchmal an den Alten gedacht, ja, und als mir das Mädchen fremdgegangen war, bin ich doch noch mal heim, nur um den Alten wiederzusehen, und ich kaufte für ihn ein Päckchen Zigaretten. Er war aber schon gestorben. Ich rauchte die Zigaretten allein auf und blies allen den Rauch in die Gesichter, bot niemand was an. Auch nicht meinem kleinen Bruder, der gar nicht mehr so klein war, und er hat gehofft, ich lasse ihm eine, zumindest die letzte. Das tat ich nicht. Verstehen Sie, daß mich das jetzt dauert?« –

»Vollkommen«, sagte Hilsom. – »Dann bin ich weg, möglichst weit, wo niemand mich findet, das war damals leicht.« –

Bald darauf verfertigte Gary im Handumdrehen eine Art Zelt aus Moskitonetzen. Er sagte, als Hilsom seine Geschicklichkeit bewunderte: »Das lernt sich in Vietnam –« Er dachte sofort: Warum hab ich so was gesagt?

Hilsom verstand, daß diese Bemerkung Gary entschlüpft war, und er ging nicht darauf ein, und wenn er auch dachte: Das also ist es, was diesen Menschen dauernd bedrückt, er stellte sich, als sei ihm nichts aufgefallen.

Aber in Gary jagten nun wieder die Gedanken: Warum hat er nichts mehr gefragt? Entweder weil er ohnedies alles über mich weiß, oder weil er mich nicht ausfragen will.

Mich hat der Teufel geritten. Warum hab ich Vietnam erwähnt? Die haben drüben doch längst raus, einer, der in Vietnam gedrillt war, hat den Fallschirm benutzt. Ein anderes Mal dachte er: Ich hab gar nichts Besonderes gesagt. Ich bin wahrhaftig nicht der einzige, der in diesem Krieg gesteckt hat. Zudem kann man Hilsom getrost manches erzählen.

Zuletzt sagte er sich: Nein, ich darf nicht mehr sprechen. Mein Herz erleichtern, was für ein Unsinn. – Er war einen Augenblick, nur einen Augenblick, wie überwältigt von dem Zwang zu schweigen sein Leben lang.

Wie auf Verabredung sprachen sie in den nächsten Tagen nicht viel miteinander. Sie zeigten mit großer Geduld den Eingeborenen, wie man ein Stück Land rodete und Furchen zog und Samen legte. Gary äußerte seine Meinung, verschiedene Worte entstünden aus den Bewegungen, aus den unwillkürlichen Zurufen. Er erklärte den Unterschied von ich und du, von mir und dir und wie sich die Worte verschieden bildeten bei einzelnen Stämmen, beim Fischen oder beim Fallenstellen. Er erfand solche Erklärungen, obwohl er selbst der Sache nicht sicher war.

Die Eingeborenen hatten ihren Spaß an der Arbeit, der selbstbewirkten Regelmäßigkeit. – Hilsom erklärte eines Tages, er müsse auf kurze Zeit in die nächste Siedlung, um verschiedene Geräte zu besorgen. Zu Gary sagte er: »Auch um zu erfahren, was in der Welt geschieht.« Wenn er eine spanische Zeitung fände, könne Gary sie ihm nach Rückkehr genau übersetzen. Er berechnete seine Abwesenheit auf ungefähr zwei Wochen.

Gary nahm an, daß Hilsom das würfelförmige Farmhaus aufsuchen wollte. Er hatte dort im Schlaf etwas tikken hören. Wahrscheinlich gab es dort eine Funkverbindung. Hilsom nahm als Führer zwei Eingeborene mit, die zugleich dort Salz eintauschen wollten. –

Zuerst war Gary bedrückt vom Alleinsein, als hätte Hilsom sein Leben ausgefüllt. Die alte Leere machte ihm die ersten Tage fast unerträglich. Ein anderes Menschenleben, das auf ihn wirkte, auf das er wirkte, hatte die Leere beschwichtigt. Manchmal drehte er sich jäh um, als sei er von Hilsoms Blick getroffen. Dann gewöhnte er sich an seinen Zustand, und er dachte nach. Er verstand jetzt erst richtig, was er für eine Dummheit begangen hatte, Vietnam zu erwähnen. Hilsom hatte sicher so gut wie er selbst, vielleicht in derselben Zeitung, gelesen, ein Luftpirat – aus seinem Absprung hätte man schließen können, er sei in Vietnam ausgebildet – wäre in Venezuela verhaftet, und Hilsom hatte sich wahrscheinlich auch gesagt, man verbreitet eine solche Nachricht, um den Gesuchten irrezuführen. Von dieser Verfolgung war es nur ein Gedankensprung, die Vergangenheit zu erraten. –

Zuerst hatte Gary, wie vorher Hilsom, die Eingeborenen angehalten, ein beträchtliches Stück Land zu roden, damit Hilsom sich freuen würde bei seiner Rückkehr. – Jetzt verfolgte ihn der Gedanke: Er ist nicht weg, um Gerät zu kaufen. Er setzt die Polizei in Kenntnis, auf wen er im Dschungel gestoßen ist. Ich muß davon.

Er versah sich mit Proviant, er prüfte seine Waffen und sein Moskitonetz. Die Leute gaben nicht acht auf sein Tun und Lassen.

Er rechnete nach, wie lange Hilsom schon fort war. Er verließ die Halbinsel. Mit irreführendem Kehren und Wenden schlug er mehrere Wege ein mit der oft erprobten Schnelligkeit. Er hatte wieder zutiefst die Gewißheit, das Glück würde ihm beistehen, wenn er allein und rücksichtslos seinen Plan durchführe. –

In der Pfahlbausiedlung hatte man seine Abwesenheit nicht beachtet, dann hatten sich die Leute gesagt, er sei auf Fischfang oder auf einer Pflanzensuche, er kehre über kurz oder lang zurück. Sie hatten kein Gefühl für den Ablauf der Zeit. Sie suchten ihn nicht besonders gründlich, sie glaubten schließlich, die beiden weißen Männer kehrten zusammen zurück.

Hilsom kam eines Tages wieder. Er war höchst erstaunt über Garys Verschwinden. Da er nicht recht in Erfahrung brachte, wie lange die Abwesenheit schon dauerte, wartete er zunächst mit den anderen. Er zeigte ihnen, wie man die neuen Spaten benutzte. Und lachend und freudig gespannt machten sie alles nach. Inzwischen waren vielleicht schon Lianen über Garys Spur gewachsen.

Als Hilsom festgestellt hatte, daß Gary mit ziemlich viel Proviant fort war, mit seinen Waffen und seinem Moskitonetz, dachte er nach, worüber sie in der letzten Zeit gesprochen hatten. Ob Garys Familie aus Kolumbien stammte, ob sie kurz oder lang in den Staaten gelebt hatten, darüber machte sich Hilsom keine besonderen Gedanken. Sicher war Gary verwirrt, ja völlig erschüttert durch seine Erlebnisse in Vietnam, er war herumgezogen, um das Vergangene zu vergessen. Hilsom grübelte sogar gequält, ob er den Mann, der sich José Hernández nannte, durch unbedachte Worte fortgetrieben hätte. Was Hernández in Vietnam erlebt hatte, war sicher so tief in ihn eingedrungen, daß er auf die Dauer kein Zusammensein mit anderen Menschen ertrug. Trotzdem glaubte Hilsom, er hätte irgendwie Schuld an dem jähen Aufbruch, ohne zu wissen wodurch.

Inzwischen war Gary auf seiner Flucht ganz ausgelaugt. Er war aber stolz. Nein, er hatte nichts eingebüßt an Kraft und an Wendigkeit. Er ruhte sich aus in einem Gewinde gestürzter und wieder zusammengewachsener Baumkronen, einem Urwaldhorst. Er fuhr hoch, als sei plötzlich Hilsoms Blick auf ihn gerichtet. Der hatte ihn vielleicht aufgespürt und schließlich entdeckt. Dann beruhigte sich Gary. Er aß etwas, schlief noch einmal ein, dachte halb wach: Des Raubes wegen verfolgt man mich, wegen der paar Beutel von Dollars. Davon sind die nicht ärmer geworden. Was alles in Vietnam passiert ist, das kam ihnen ehrlich vor. Die würden niemals ein Wort verlieren über die Städte und Brücken, die ich auf ihren Befehl zusammenknallte. Und dieser Hilsom? Daß ich in Vietnam war, hat er geschluckt, auch wenn er sich seinen Teil dabei dachte. Die letzte Sache mit dem Flugzeug, die würde er mir nicht verzeihen. Trotzdem, mir wäre wohl, wenn ich noch einmal mit ihm sprechen könnte. Doch hätte ich je mit ihm gesprochen? Jetzt ist es zu spät. Er hat wahrscheinlich die Polizei auf mich gehetzt.

Er fühlte die Verfolgung in allen Fasern. Die Bedrohung trieb ihn tiefer und tiefer in den Urwald. Er rechnete nicht mehr die Tage nach. Er war in Zeitlosigkeit verfallen. Bisweilen erschrak er, die Regenzeit müsse bald beginnen. –

Er erreichte fast plötzlich einen Fluß, der ihm mächtig vorkam nach der Dichte und Dunkelheit des Waldes. Zwischen den düsteren Spiegelbildern der waldigen Ufer zog sich, schwach gekräuselt, ein helles Band Wasser. Gary legte den Kopf zurück, und er stellte fest, daß sich der Himmel nach wie vor hoch über allem wölbte. Er dachte: Mündet in diesen Strom der Fluß, an dem die Halbinsel lag? Er beschloß, das Ufer entlang, stromaufwärts zu gehen. Denn eine menschliche Siedlung mußte alsbald erreichbar sein. Das nahm er an manchen Kennzeichen wahr. Dort würde er rasten können. Es gab hier keine Drohung von der Halbinsel aus. Die Spuren von Menschen kamen aus entgegengesetzter Richtung.

Nach einigen Stunden erkannte er eine Station oder ein Lager oder was es sonst war am gegenüberliegenden Ufer. Er schrie. Seine Rufe drangen nicht durch. Er machte sich durch Feuerzeichen bemerkbar.

Schließlich gab man ihm ein Zeichen. Ein Boot wurde herübergeschickt, ein altes Ruderboot, wie er bald sah, dem ein Motor aufgesetzt war.

Ihn holte ein kolumbianischer Junge ab. Trotz seiner Erschöpfung staunte Gary über die Schönheit dieses Jungen. Sein Lächeln war freimütig, beinahe strahlend. Er fragte, während er Gary mit seinem Gepäck beim Einsteigen half: »Wo kommst du denn plötzlich her?«

Gary erzählte vage, als könne er vor Schwäche keinen rechten Bericht geben, er hätte seine Leute verloren und sich verirrt, dann sei er stromaufwärts davon. »Du bist nicht der erste, dem so was passiert«, sagte der Junge. »Du hast noch Glück. Wir sind im Aufbruch, vielleicht kommt schon morgen das Schiff von unserer Gesellschaft.« –

»Was für ein Schiff? Was für eine Gesellschaft?«

Der Junge erzählte, das Dampfboot habe sie abgesetzt nach der Regenzeit und hole sie vor der nächsten Regenzeit wieder ab. Sie müßten ein bestimmtes Holz schlagen, das nur hier wuchs, mit solcher Maserung und solcher Farbe. Die Sägemühle sei schon abmontiert, die Bretter gestapelt. Alles würde mit den Arbeitern zur nächsten Station gefahren werden, die läge nicht weit von der übernächsten. Dort, bei der übernächsten, läge ein Flugplatz. –

Gary hörte ihm gern zu, obwohl er die Mundart kaum verstand. Er dachte nach, an wen ihn der Junge, der sich Estébano nannte, erinnere. Sie waren dem anderen Ufer schon nahe, da fiel es ihm ein. Die Ähnlichkeit war freilich nicht groß, doch eine gewisse war da, mit dem Sohn des Rancheros González, bei dem Gary Aufseher gewesen war, bevor er mit dem Stöpsel, dem Amerikaner, davonfuhr. Sein Versprechen, zurückzukehren, hatte er nicht gehalten. Er hatte schon, als er es gab, gewußt, daß er es nicht halten würde. Und der Sohn des González, jünger als dieser Bursche, hatte geweint, als ob er wisse, der Abschied sei endgültig.

Fast war es Gary zumute, als halte er doch sein Versprechen und kehre zurück: Worüber hätte sich sonst dieser Junge gefreut, mit seinem fast strahlenden Lächeln? Estébano rief abermals: »Was für ein Glück, daß du uns noch getroffen hast!«

Gary nickte. Er glaubte wieder, das Glück käme ihm zu.

Bei ihrer Ankunft drängten sich die Leute zusammen. Sie hofften vielleicht, obwohl diese Hoffnung sinnlos war, Gary brächte ihnen Bescheid; denn sie hatten längst ihre Arbeit eingestellt und waren zur Rückfahrt gerüstet. Der Junge erzählte ihnen, in der Mundart, die Gary schlecht verstand, wie dieser Mensch hierher gelangt sei. Ruhig, fröhlich dichtete er vermutlich manches dazu, was glaubhaft sein konnte. Die Leute waren aber enttäuscht. Manche von ihnen verzweifelt. Man würde sie, das war ihre Angst, sich selbst überlassen. Manche sagten: »Ach was, die Gesellschaft braucht das Holz.« Sie würde vielleicht die Menschen ersaufen lassen, wenn der Strom über die Ufer trete, das Holz aber müsse sie trocken bergen.

Für Gary hätte die Wartezeit endlos dauern können, nur als Zeitablauf, ohne Ziel, in dieser Gemeinschaft von Holzarbeitern und Baumfällern, die ihm bald vertraut vorkam. Die Leute aber sahen ihn schief an, als hätte er ihnen Schlechtes gebracht, da er nichts Gutes gebracht hatte. Nur der Junge blieb gleichmäßig freundlich und ruhig, er brachte ihm Essen, denn es gab noch einen Rest Vorrat, er lehnte sich manchmal an seine Schulter, er war nicht angesteckt von dem krankhaften Warten. Die anderen saßen wortlos und reglos und horchten angestrengt, bis sie wieder in Wut gerieten und sich von Gott und der Holzgesellschaft verlassen glaubten. Endlich ertönte von weit her doch unverwechselbar die Sirene. Es gab ein Echo von allem, was im Wald lebte. Die Leute rückten wie gehetzt ihre Holzstapel, ihr Werkzeug, ihr ganzes Gepäck ans Ufer, als sei es möglich, den Dampfer zu versäumen. Und sie trugen auch auf rasch verfertigten Bahren drei oder vier, die bei der Arbeit zu Schaden gekommen waren, an die Anlegestelle. Sie waren zugänglich geworden. Die Sirene spornte sie an. Sie machten Gary klar, kein Mensch würde darauf achten, wenn er mit ihnen an Bord gehe. Sie gaben ihm irgendwelche Papiere von einem, der umgekommen war. Mit diesen Papieren könne er sich sogar den Lohn des Toten auszahlen lassen.

Die Sirene war Gary zuwider. Wo aber hätte er bleiben sollen, wenn der Fluß anschwoll und die Ufer kilometerweit unter Wasser lagen? Sein Herz schlug nicht vor Freude, als das Schiff sichtbar wurde. Es war ein alter Dampfer mit drei Schleppern. Hier war es gerade noch möglich anzulegen, dann war der Strom bis zur Mündung nur befahrbar für die Kanus der Eingeborenen.

Gary erlebte, was man ihm vorher gesagt hatte. Der Beauftragte der Holzgesellschaft kannte niemand von Gesicht zu Gesicht bis auf den Lagerverwalter. Jeder wurde nach einer Namensliste an Bord gerufen. Gary zufällig nach Estébano. Das war für ihn ein gutes Zeichen. Der Junge drehte sich mit seinem schönen Lächeln nach ihm um, als sei auch er befriedigt.

Die Abfahrt ging den Leuten viel zu langsam vonstatten. Gary kam sie erstaunlich rasch und reibungslos vor. –

Sie ließen den Wald zurück. Schon nannte man einzelne Siedlungen, die vom Ufer entfernt in den Hügeln lagen. Bei der ersten Station, keine für große Dampfer, sondern nur für den Zwischenverkehr, trat Estébano an Gary heran und redete auf ihn ein und umarmte ihn. Ehe Gary begriffen hatte, daß Estébano hier den Dampfer verlassen wollte, um zu Fuß seinen Heimatort zu erreichen, drehte sich dieser betrübt über die Trennung, doch schon froh über das Wiedersehen mit den Seinen, nochmals nach Gary um, er winkte vom Ufer, bereits halb abgewandt, und war dann in den Hügeln verschwunden.

In den folgenden Stunden fühlte sich Gary besonders allein, in einem neuen, ungewohnten Alleinsein. Er dachte nach: War's mir nicht genauso zumute gewesen, als dieser Hilsom die Halbinsel verließ? Warum ging der weg? Wohin? Wozu? Er ist inzwischen längst zurück. Falls er Spürhunde auf mich gehetzt hat, bin ich rechtzeitig auf und davon. Estébano, der hat keinen Hintergedanken gehabt, der nicht. Ich hab nicht mal richtig mit ihm sprechen können. Zum Glück. Doch Hilsom? War der denn sicher ein Mann mit Hintergedanken? Ich hoffe, er war's nicht.

Kurz darauf fragte ihn einer der Mitfahrenden, warum er nicht ausgestiegen sei mit Estébano. Gary fragte erstaunt: »Warum hätte ich mit ihm aussteigen sollen?«

»Ich habe geglaubt, ihr wärt aus einer Familie, weil er dich im Boot abgeholt hat und auf der Holzstation immer für dich gesorgt.«

Gary sagte: »Ihr habt ihn ja selbst geschickt mit dem Boot, um mich abzuholen. Erinnerst du dich?« –

»Ich, für meine Person, dachte schon damals, er sei dein jüngerer Bruder oder sonstwie mit dir verwandt. Wir waren alle hundemüde, er aber war gleich bereit, dich abzuholen.«

Gary stellte mit Genugtuung fest, daß er in diese Gruppe Menschen und dadurch in die Menschen des Landes hineingewachsen war. Hätte man sonst Estébano für seinen jüngeren Bruder gehalten?

Da alle während der Fahrt vergnügt und lockerer wurden, konnte er sich leichter als bisher mit manchem unterhalten. Er entschloß sich, wie es viele vorhatten, an der Station auszusteigen, die durch eine feste Straße landeinwärts mit der Ortschaft verbunden war, in der das Verwaltungsgebäude der Holzgesellschaft lag. –

Die Ortschaft war ein Städtchen, und an seinem Rand lag der ziemlich große Betrieb. Die Löhne waren schon auf dem Schiff ausgezahlt worden. Und Gary, wie alle anderen, hatte Lust auf die Freuden des Lebens. Niemand war erstaunt, daß er sich ausstaffierte, in diese und jene Kneipe ging. Die meisten Geschäfte gehörten der Gesellschaft. Es gab hier genug junge, gutaussehende Mädchen; er brauchte nicht lange zu suchen. Eine, noch nicht gewöhnt an ihren Beruf – ihr Blick blieb scheu, wenn sie die üblichen Worte sagte –, hatte sich an Gary herangemacht. Vielleicht kam ihr der Mann nicht so grob wie die anderen vor. Sie führte ihn in eine Kneipe. Sie hieß Luisa. Sie gefiel Gary ganz gut, und sie blieben zusammen in dieser halb städtischen, halb dörflichen Siedlung. Luisa war nie erstaunt und stellte ihm keine Fragen. Sie glaubte, sie sei zu ihrem Glück auf diesen Menschen gestoßen, der auch nichts fragte, schweigsam war und bereitwillig Geld ausgab, wenn auch nicht zügellos.

Die Leute der Holzgesellschaft waren inzwischen in der Fabrik oder sonstwohin auf Arbeit. Nur einer hatte Gary und Luisa noch mal gestreift und lachend gesagt: »Gut, daß du für den armen, toten Alberto auf der Liste gestanden hast.«

Daran wollte Gary nicht mehr erinnert werden. Er hieß, entsprechend seinem Paß, José Hernández, das war in Ordnung, das genügte vollauf. Er dachte, am besten sei es, so schnell wie möglich zurück zur Station, dann stromaufwärts zum Flugplatz, dann in die Stadt Claro Horizonte. Er hatte sich dorthin vor ziemlich langer Zeit Geld anweisen lassen. Das wollte er von der Bank abholen, um irgendwo ruhig zu leben. Wenn man ihn vor Jahr und Tag nicht aufgespürt hatte – falls damals der Bericht des Rancheros González ihn selbst betroffen hatte und nicht einen Fremden und eine ganz andere, verlassene Frau, es gab ja schließlich genug verlassene Frauen –, dann würde man ihm in Claro Horizonte sein Geld glatt auszahlen.

Die Regenzeit hatte begonnen, sie verbrachten jeden Tag ein paar Stunden müßig in Kneipen und Cafeterias. Als er Luisa plötzlich erklärte, er müsse fort, war ihre Bestürzung so sichtbar, daß er nach kurzem Nachdenken fragte, ob sie ihn bis Claro Horizonte begleiten wolle. Obwohl ihm nichts an ihr lag, war es ihm recht, wenn dieses arglose Mädchen noch kurze Zeit bei ihm blieb, denn jetzt stand ihm etwas Heikles bevor. Sie stimmte freudig zu. Sie war noch nie im Flugzeug gefahren. Gary war froh, daß sie vor Erregung nichts fragte.

Sie war erst recht von erschrockener Freude überwältigt, als er ihr gleich nach der Ankunft Kleider und Schuhe kaufte, wie sie nie welche besessen hatte, nicht einmal geahnt, daß es so etwas gab. Gary stellte fest, daß sie den Frauen der Stadt rasch absah, wie sie sich kleiden mußte und sich bewegen. Sie wohnten zuerst in einem mittleren Gasthaus. Auf was noch warten? dachte Gary. Er wagte den Weg zur Bank, als ob er ins Meer springe oder in die Luft.

Man zahlte ihm glatt aus. Er stellte sich, wennschon dennschon, dem Bankdirektor vor und bat ihn um diese und jene Auskunft.

Jetzt wußte er, man war seiner Geldspur nicht gefolgt. Er dachte: So hätte ich einen wie mich gefunden. Henry Maxwell, mein Freund, hat mich gut beraten. Im Krieg, in Vietnam, fand ich einen richtigen Freund.

Inzwischen hatte sich Luisa an die Seltsamkeiten der Stadt gewöhnt. Sie zogen aus dem mittleren Gasthaus in ein gutes Hotel. Gary dachte nach seinem Bankbesuch: Meine Ruhe ist erst dann richtig, wenn ich überhaupt nicht mehr warte. Auf was warte? Auf Polizei? Und wenn die nie kommt, auf was warte ich dann?

Er ließ sich bei der Mahlzeit in ein Gespräch ein mit den Leuten am Nachbartisch. Die waren Edelsteinhändler, auf der Reise in das Smaragdgebiet. Ein Breiter, Schwerer, mit einem Schnurrbart, der schwarzlackiert aussah. Ein Wendiger, Kleiner. Sie nannten einander Don Ernesto und Don Alfredo. Man konnte nicht gleich erkennen, wer wessen Anhängsel war. Der Breite führte das

Wort, und er redete Gary zu, mit ihnen zu fahren. Sie hätten Beziehungen, da könne er sein Geld im Nu verdreifachen.

Gary erkundigte sich nach dem Ablauf solcher Geschäfte. Der mit dem Schnurrbart beschrieb ihm eingehend ihre Verbindungen und Empfehlungen. Der andere ließ ihn reden, er besah sich Gary – viel zu genau, wie diesen dünkte –, und er warf plötzlich dazwischen: »Ich hab doch schon mal wo Ihr Gesicht gesehen!« Ein Wirbel sauste sekundenkurz in Garys Kopf. Sind die mir doch hier auf der Spur? Vielleicht war einer von den Spürhunden auf dem Dampfer der Holzgesellschaft? Dort hab ich nicht scharf genug auf jeden geachtet. Wenn man mich schon von dort aus verfolgt, dann hat man herausgefunden, wohin ich ging von der Halbinsel aus. Dann war es also doch Hilsom, der sie hinter mir herschickte. Ich will aber nicht, daß es Hilsom gewesen sein soll, der nicht.

Der Kleine, Wendige, sagte: »Jetzt fällt es mir ein. Vor ein paar Tagen hier in der Stadt. In der Bank.«

Gary dachte: Ich will mit denen nicht ins Smaragdgebiet. Ich will in den Westen. In die Berge. Ich suche mir dort einen Ort mit Weideland und mit Vieh. Davon versteh ich was.

Er erklärte Luisa: »Ich muß morgen fort.« Sie starrte ihn an. »Ich hab dich gefragt, ob du mich begleiten willst bis Claro Horizonte.« Sie war so fassungslos, daß er hinzufügte: »Hier hast du einen guten Start. Du hast eine Ausstattung, wie du sie dir nie im Leben hättest anschaffen können. Das Hotel ist auf den Monat vorausbezahlt. Hier hast du auch Geld zum Essen in diesem Monat.«

Seine Stimme war ruhig, aber sie merkte, es war sinnlos, ihn umzubewegen. Er dachte: Das geht glatt mit Luisa, ganz offen, nicht heimlich wie damals mit Eliza.

Bei der letzten Mahlzeit sagte er zu den Händlern am Nachbartisch, eine dringende Nachricht rufe ihn weg. »Nach Bogotá?« – »Nein, nein, nach dem Westen.« –

»Nach Ibagué? Nach Manizales?« Er entnahm ihren neugierigen Fragen etliche Möglichkeiten. Luisa hörte reglos zu. Ihr hatte er keine Begründung für seinen plötzlichen Aufbruch gegeben. –

Der neue Anfang war ihm geglückt. Ein zweites Leben lag vor ihm, nach dem von jeher viele Menschen umsonst trachten. Ihn verknüpfte jetzt kein Faden mehr mit der Vergangenheit. Augenscheinlich verfolgte ihn niemand. Doch er blieb wachsam. Unter den fast unmöglichen Möglichkeiten schien ihm die Verfolgung durch Hilsom besonders lästig. Aber auch dieser Gedanke war ferngerückt. Was vor ihm lag, hing von ihm ab.

Nachdem er das Flugzeug an der letzten Station verlassen hatte, suchte er sich seinen Weg auf der Landkarte, die an die Bretterwand genagelt war, mehr als amtlicher Zierat als zur Benutzung. Ihre Städte lockten ihn nicht. Ihre Flüsse nur, um die Sierra zu erreichen. Er hatte gehört, es gäbe Weideland um die Ortschaft Santa Josefa herum im Westen der Hochebene, schon am Abfall der Sierra. Er fand auf der Karte eine Haltestelle am Fluß, der weit weg, irgendwo dem Gebirge entsprang und irgendwann weit weg im Magdalena-Strom mündete. Er aber, Gary, würde dem Land, das dieser Strom nun einmal durchziehen mußte, den Rücken wenden. Den Magdalena-Strom wollte er nicht wiedersehen. Irgendwo auf einem großen Plateau in den Bergen würde er sicher und ruhig leben können.

Er erreichte sein selbstbestimmtes Ziel mit allerlei Schwierigkeiten, die ihm Vergnügen machten. Er hatte inzwischen aus Gesprächen gelernt, daß es von der letzten Dampferstation aus – höher hinauf war der Fluß unbefahrbar durch Strudel und Wasserfälle – einen Zug Lastwagen nach Santa Josefa gab. Außer einzelnen Ranchos und armseligen Dörfern gab es keine Siedlungen mehr auf der gewundenen Straße an diesem Gebirgsabfall.

Er brach auf mit dem Warentransport, der das Land jeden zweiten Monat bis zu den Abhängen des Gebirges durchquerte und von dort mit frischer Ware zurückfuhr. Manchmal sogar mit einer bestimmten Sorte Vieh. Die Lastwagen nahmen außer den Treibern und Trägern und Waren auch ein paar Reisende mit, die entweder unterwegs ausstiegen oder das gleiche Endziel hatten wie der Transport. Man saß und schlief recht und schlecht, man versorgte sich an den Haltestellen.

So durchholpert er war, Gary gefiel die Reise durch das bergige Land. Es gab Abhänge, scharfe Kurven. Die Mitfahrenden schwatzten eine Menge über ihre verschiedenen Vorhaben, ihren Handel mit Reis und Kaffee und Baumwolle und Holz und Kupfer und Halbedelsteinen und auch mit Vieh. Auf ihre Fragen sagte Gary unbestimmt, er müsse auf ein Rancho hinter Santa Josefa. Die Viehtreiber erzählten, sie würden auf dem Plateau Las Pinas besondere Tiere abholen und hauptsächlich per Schiff ins Innere des Landes befördern zu einem großen Ranchero, der scharf sei gerade auf diese Zucht.

Ein kleiner, knorpliger, zäher Mann mit gelbgegerbter Haut trug einen gewaltigen Sack. Als er darin kramte, nahm Gary wahr, daß darin sonderbare, ganz verschiedene Dinge steckten. Handmühlen, Siebe und anderes Gerät, wie man es in großen Geschäften erhielt und wahrscheinlich nicht in Santa Josefa. Ein Mitreisender fragte diesen Mann, was es bei ihnen Neues gebe. Gary entnahm dem Gespräch, der war ein Familienvater aus einer Ortschaft auf dem Hochplateau in den Bergen, die langsam, zuerst unendlich langsam auftauchten und wieder verschwanden, als seien sie nur ein Traum gewesen, doch schließlich dauerhaft, unbedingt wirklich und wuchtig vor ihnen lagen.

Eines Abends kamen sie in dem Städtchen Santa Josefa an. Die Schneegipfel fingen noch Sonne. Gary starrte hinauf zu einem immer noch sonnennahen, beharrlich leuchtenden Gipfel, dem Bürgen ewiger Sicherheit. Dann schlief er in der Herberge in einem Bett, das ihn gut und fest dünkte, weil ihn nichts mehr durchrüttelte.

Beinahe in Frieden trank er morgens seinen Kaffee. Er erzählte dem Wirt von seinem letzten Stück Fahrt, von den Mitreisenden, von dem kleinen Mann mit dem großen Sack. Der Wirt kannte ihn. »Der kauft jedes Jahr ein, für seine Familie und für die Nachbarn.« Die Herberge lag an der offenen Straße, hier war die letzte Haltestelle fast für alle Transporte. Hinter der Ortschaft teilte sich die Straße in einige, nur von vielen Schritten ausgetretene Wege, die zu kleinen Ortschaften liefen oder zu einzelnen Ranchos.

Gary erfuhr, daß das letzte von hier erreichbare Rancho, es hieß nach seinem Besitzer Batista Gómez, höher und tiefer in den Bergen lag als Santa Josefa. Er erkundigte sich, wie lange er bräuchte, um dort hinzukommen. Er sann nach über das Rancho und seine Leute. Vielleicht waren sie gutwillig. Der Herr mochte so großzügig sein wie jener González, bei dem er einmal Aufseher gewesen war. Man würde ihn einschätzen und hochschätzen. Man würde ihn über die kalte Jahreszeit aufnehmen.

Als er diese Mutmaßung aussprach, lachte der Wirt. »Ach was, mit dem ist nicht gut Kirschen essen. Ein gerissener Schuft. Wer auf sein Rancho gerät, wird bis auf die Knochen geschunden. Weiß der Teufel, wofür er sich und die anderen quält. Hat weder Frau noch Kinder. Der Mann mit dem Sack, der wohnt auf dem Plateau Las Pinas. Dort gibt es Weiden und Vieh wie nirgends sonstwo. Dort kann man sein Glück machen, wenn man etwas hineinsteckt.« –

Gary dachte: Da könnte ich was reinstecken. Davon versteh ich was. Dort kann ich mich festsetzen. Er erkundigte sich, wie man über die Berge käme. »Wenn die Luft klar ist«, erzählte der Wirt, »erkennen Sie die Gipfel, die höher sind als die vor uns. Zwischen den beiden Bergketten liegt die Hochebene. Dort gibt es sogar einen Privatflugplatz. Der gehört ausschließlich der Gesellschaft, die Kupfer fördert zwischen der übernächsten und der dritten Bergkette. Ich habe aber nie gehört, daß sie einzelne Passagiere mitnimmt, vielleicht mal diesen und jenen mit ganz tollen Beziehungen. Wenn Sie nach Las Pinas wollen, müssen Sie zuerst hier vor uns den Hang hinaufklettern, nachts sehen Sie dort die Hirtenfeuer, dann finden Sie einen ordentlichen Gebirgspaß, der bringt Sie auf das Plateau. Sie müssen sich nach Süden halten, denn die Gebirgswand fällt nach Nordosten ab in das Tal, in dem dieser Gómez sich niedergelassen hat. Er bekommt aber Sonne genug, denn gegenüber fällt das Gebirge weich ab, dort pflanzt er an, doch weiden läßt er sein Vieh auf unserer Seite. Er erlaubt auch niemandem, sein Rancho zu durchqueren, um dann auf der weichen Seite zum Paß zu gelangen.« Gary schwieg. Er erwog die Auskunft.

Er kaufte sich alles ein, was er brauchte, auch Proviant für viele Tage, damit er nicht sogleich angewiesen sei auf die Gastfreundschaft der Leute in Las Pinas. Im Laden stieß er noch einmal auf seinen Transportleiter. Der wunderte sich gar nicht. Gary hatte den Besuch eines Ranchos in der Nähe von Santa Josefa angegeben. Auf Garys Frage erzählte der Mann, seine Familie lebe in Bogotá. Nach dreimal sechs Wochen Reisen hin und zurück verbringe er einen Monat daheim. Auf der Fahrt war Gary sein Blick scharf und spähend erschienen. Jetzt kam er ihm ruhig und gleichmütig vor. Gary dachte: Der hat's gut. Ferien daheim. Die schöne Frau fiel ihm ein, die er Hals über Kopf verlassen hatte. Bei der wäre es gut gewesen. Die hätte ihn freudig begrüßt.

In der Herberge waren die Leute, besonders der Wirt, mit seinem Entschluß zufrieden. Sie hofften, er würde im Lauf des Jahres mal runterkommen und ihnen erzählen, wie sein Vorhaben verlaufen war.

Beim Abschied nahm ihn der Wirt nochmals beiseite.

»Wie sind Sie denn zuerst auf den Gómez verfallen? Sollen Sie ihm was ausrichten? Lassen Sie ja die Finger davon. Sie würden nur in des Teufels Küche geraten.«

»Schon gut«, sagte Gary, »ich habe ihm gar nichts auszurichten. Sie wissen doch, was alles gequasselt wird in den Tagen und Nächten auf so einer Reise. Irgendwer hat seinen Namen erwähnt.«

Nachts glimmte ein Hirtenfeuer auf dem Abhang. Es lockte Gary mächtig an. Er hielt am kommenden Abend darauf zu. Denn obwohl er frühmorgens weg war, der Aufstieg dauerte länger, als er gemutmaßt hatte. Am Feuer sahen sie ihm gespannt entgegen; sie luden ihn ein. Er aß und rauchte und versuchte zu schwatzen, obwohl er die Mundart schwer verstand. Die Hirten sammelten das Vieh, um es hier auf den Bergwiesen zu weiden, aus den letzten zerstreuten Siedlungen.

Es gab zwei Hirten, die zu Batista Gómez gehörten, Vater und Sohn, ein ausgemergelter Alter, der sich alle Bewegungen sparte, und ein Junge, der sprunglebendig war.

Das Gras sei besonders saftig auf dieser Halde. Hier trafen sich alle nachts. Sie sagten lachend, der Herr des großen Ranchos sei kein Freund ihrer Zusammenkünfte. Seine Hirten sollten sich abseits halten und auch sein Vieh, als könne es sich von dem fremden Vieh die Räude holen.

Sie beschrieben Gary nochmals genau den Weg, damit er zu dem richtigen Bergeinschnitt gelange. Gary fragte, ob es Ortschaften jenseits der zweiten Bergkette gäbe. Da erfuhr er, daß drüben, und ihm war in Santa Josefa »drüben« wie das Ende der Welt erschienen, abermals eine Hochebene lag, auf der es mehrere Dörfer gab, dahinter läge die nächste Bergkette, dahinter das große Bergwerk, von dort aus käme man an die Küste mit Glück und Kraft. Davon hatte der Wirt in Santa Josefa nichts erwähnt.

»So weit kam aber niemand von hier aus. Einmal kam einer vom Meer her vorbei.«

Wenn ich mich ansiedeln kann auf diesem Plateau, dachte Gary, dann brauch ich nicht zum Meer. Wer sollte mich auch dort finden? Selbst wenn Hilsom welche hinter mir hergeschickt hätte – ach nein, der nicht.

Sie zeigten ihm, auf welchen Steinen und wie man Funken schlug, so daß das Feuer entstand, das ihn in Santa Josefa gelockt hatte. Sie wickelten sich zum Schlafen ein. Alle schliefen so gründlich, wie sie vorher durcheinandergeredet hatten oder versucht, sich verständlich zu machen. Gary schlief ruhig wie ein Kind.

In der folgenden Nacht war er bereits so hoch gestiegen, daß er das Hirtenfeuer tief unter sich blinken sah. Von der Höhle aus, die er sich zum Nachtquartier wählte, sah er die Lichter von Santa Josefa. Jetzt sah er auch deutlich im Westen hinter der Bergkette, die ihn drunten erstaunt hatte, zwei höhere Bergketten. Ihre Eisgipfel glühten noch im letzten Widerschein der seinem Blick entschwundenen Sonne. Er fühlte Genugtuung, als hätte auch er seinen Anteil an der unendlichen Welt. Er kroch in seinen Schlafsack. Er langte sich eine Zigarette. Dabei fiel ihm sein Freund Henry ein. Ohne Verbindung mit seinem Paß. Nur so, wie Henry ihn ausgelacht hatte, als er aus dem Päckchen die letzte Zigarette nahm und selbst rauchte.

Er schlief rasch ein.

Er mußte sich überwinden, um wieder aufzubrechen. Wie leicht war die Luft geworden! Zum Fliegen leicht, nicht zum Steigen. Er war erschöpft nach jedem kurzen Stück Aufstieg. Er hätte sich nach heißer, dunstiger Ebene gesehnt, wenn er nicht hier in den Klüften vollkommen sicher gewesen wäre. Er wunderte sich flüchtig, daß er den Eingang zum Bergpaß noch nicht erreicht hatte. Es kam ihm aber nicht auf Stunden an, im Grunde genommen nicht mal auf Tage.

Er legte sich nieder, und er kaute an dem Zwieback, der

ihm beim ersten Griff zwischen die Finger gekommen war. Er war halbwach, aber wach genug, um an dieses und jenes zu denken, folgenlose Gedanken, die keinen nächsten Schritt erforderten. Er fühlte sich nur durch irgend etwas bedrängt, schließlich sogar bedrückt. Aber durch was? Ihm drohte nichts. Sogar der Gedanke an jenen Menschen, der ihm auf der Halbinsel ein Gefährte gewesen war und ihn plötzlich, grundlos, vielleicht in böser Absicht, verlassen hatte, war überflüssig geworden. Als er mühsam den Kopf zurücklegte, sah er zwei leuchtende Eisgipfel, die schon zur nächsten Bergkette gehörten, hinter dem Hochplateau, das er erreichen wollte, ohne Zwang, ohne Befehl, nur um sein Leben ruhig fortzusetzen. Das Dickicht, in dem er lag, wuchs aus einem Spalt, in dem sich eine Erdkrume gefangen hatte, aus dem Gestein heraus. Und wie er sich umsah mit großer Mühe, erblickte er da und dort noch rote Reste von Sonnenlicht, die aber bereits unter seinem Blick erloschen.

Dumpf und grau war die Steinwelt geworden, in die er geraten war. Wenn er sich anstrengte und den Kopf weit zurücklegte, waren die Sterne kein Trost. Er fand keinen Schlaf, trotz seiner Erschöpfung, denn er war noch stärker bedrückt. In seinem Innern quälte ihn ein unbekannter Schmerz. Er verstand nicht, was ihm weh tat, er hatte am Körper keine Verletzungen. Es gab in seiner Erinnerung unzählige zerschundene, versengte Gesichter, doch sie zerschmolzen wie Eis im Feuer.

Greifbar und faßbar war das Gesicht des Jungen, der ihn im Boot abgeholt hatte und für ihn gesorgt und mit ihm zurückgefahren war und dann plötzlich ausgestiegen und im Land verschwunden auf dem Weg zu den Seinen. Wie man ein Blatt von dem anderen ablöst, erkannte er das Gesicht eines anderen Knaben, der Sohn des Rancheros, der beim Abschied gefühlt hatte, daß er sein Wort nicht halten würde. – Das alles hatte mit dem, was er hier und jetzt nicht abschütteln konnte, gar nichts zu tun.

Schließlich entstand ganz klar und deutlich das Gesicht seines kleinen Bruders mit dem erwartungsvollen Blick. Gary möchte ihm wenigstens die letzte Zigarette überlassen, aus dem Päckchen, das für den Großvater bestimmt war. Gary spürte durch und durch die Enttäuschung des Jungen; als sein Bruder nach böser, scheinbar anbietender Bewegung die Zigarette doch wieder in das Päckchen steckte und dieses in die Tasche.

Gary dachte: Warum hab ich so was getan?

Er duckte sich, und er fror. Als ihm die eisige Sonne ins Fleisch schnitt, versuchte er, seine Erschöpfung bezwingend, etwas Warmes in den Bauch zu bekommen. Er öffnete eine Konservenbüchse.

Er machte ein kleines Feuer, unwillkürlich behutsam, damit es niemand gewahren konnte. Er aß etwas, dann verschnürte er seinen Sack und brach auf. Hier war der Abhang fast kahl bis auf ein scharfes Gestrüpp. Ihm kam der Gedanke, er hätte den Bergpaß verfehlt. Das Gestrüpp zerkratzte ihm das Gesicht. Er konnte es nicht auseinanderbiegen. Er hatte gerade noch die Kraft, um durchzukriechen.

Einen Halt fand er nicht beim Absturz. Noch ein Gedanke sauste durch seinen Kopf: Der Fallschirm, verdammt, geht nicht auf.

Auf dem Rancho von Batista Gómez nahmen die Leute wahr, wie der Schwarm Geier auf ein Ziel zuschoß und sich niederließ nach wenigen, todsicheren Kreisen. Die Stelle lag außerhalb des Ranchos, nicht allzuweit entfernt, im Schatten der Felswand. Sofort brachen die Leute auf. Es war nicht das erstemal und würde nicht das letztemal sein, daß ein unerfahrener Hirtenjunge abstürzte oder ein Tier aus der Herde.

Was noch von dem Toten vorhanden war, wurde ins Rancho getragen. Der Gutsherr, ein harter, entschlossener Mensch, befühlte den festen, noch beinahe unversehrten Gürtel, den der Abgestürzte getragen hatte. In den Gürtel war auf der Innenseite die Geldtasche eingenäht; sie enthielt nur wenig Geld und den Paß auf den Namen Hernández. Mit halblauter, aber drohender Stimme befahl der Ranchero, mit dem Geld herauszurükken, denn der Abgestürzte hatte zweifellos viel mehr bei sich getragen. Die Leute wußten, der Herr würde kein Federlesens machen, und sie legten ohne zu blinzeln auf den Tisch, was sie für sich behalten hatten. Der Gutsherr steckte das Geld ein, und er verwahrte den Paß, falls irgendwann einmal eine Amtsperson danach fragen sollte. Eine solche Amtsperson kam aber nie.

Manchmal, so selten und kurz wie möglich, ritt Gómez nach Santa Josefa zum Markt und zur Kirche. Als er in der Herberge etwas trank, fragte der Wirt, ob ein Mann zu ihm gekommen sei, der letztes Jahr nach ihm gefragt hatte. Der Ranchero erwiderte: »Nach mir? Warum? Wer weiß. Ich weiß nichts davon.«

Hilsom setzte noch lange Zeit seine Forschungen fort. Er kehrte in die Staaten zurück, und er hielt ein paar Vorträge. Dann machte er sich daran, alle Erlebnisse aufzuschreiben. Dabei benutzte er seine Notizen, in der winzigen Schrift, die er sich zugelegt hatte, die wichtigsten Beobachtungen jedes Tages.

Er kam, seinen Stichworten folgend, zu dem Besuch des befreundeten Nachbarstammes in einer Siedlung aus Pfahlbauten, auf einer Halbinsel, die nur in der Trockenzeit zu erreichen war. Er schilderte in dem Buch ausführlich das Fest zu ihrem Empfang. Er stockte, weil er nach Worten suchte für sein Staunen, als er unter den Eingeborenen den fremden Mann bemerkte. In seinem Notizbuch stand: Kolumbianer? Warum hier? –

Hilsom hatte auf seinen Reisen so seltsame Bekanntschaften gemacht, er hatte so viele verschiedenartige Menschen gesehen, daß er manchen auf eine gewisse Zeit vergaß. Jetzt sah er plötzlich den Fremden, aufgerüttelt durch die Erinnerung, deutlich vor sich, als stünde er ihm gegenüber. Es war ihm sogar zumute, der Unbekannte, der sich Hernández genannt hatte, sei immer gegenwärtig gewesen, gleichsam als Zeuge aller anderen Begebenheiten, wie sie Arbeit und Freundschaft bringen. Ihre Gespräche hatte er wiederholen können, die Erklärung, die er dem Mann verdankte, der behauptet hatte, er sei wie Hilsom aus Berufsgründen auf dieser Halbinsel.

Jetzt entdeckte er von seiner eignen Hand die winzigen Fragezeichen hinter den Worten: Warum hier?

Ich war also beim ersten Eindruck meiner Sache nicht sicher, fuhr Hilsom im Denken fort. Während meiner Abwesenheit ist er spurlos verschwunden. Weshalb? – Er grübelte nach, wie er damals nachgegrübelt hatte. Doch war es seltsam, daß sein Gedächtnis, anstatt sich mit der Zeit zu verflüchtigen, genauer und tiefer in die Vergangenheit eindrang. Erst jetzt erinnerte er sich an Einzelheiten aus ihren Gesprächen. Er hörte sogar den Tonfall der Worte, die ihm der andere gesagt hatte, halb widerwillig, halb unwillkürlich, manchmal mit einem Blick, als wolle er das Gesagte zurücknehmen. In seiner Erinnerung war Hilsom überzeugt, daß dieser Gefährte, den ihm ein unvermuteter Zufall beschert hatte, durchaus etwas verbergen wollte.

Er wollte allein sein, dachte Hilsom, soll er.

Hilsom strich die Worte, die die Begegnung schilderten. Dann sah er sein Notizbuch gründlich durch und machte jedes Wort unlesbar, das sich auf den Mann bezog. Als könne jemand in diesem Heft ihn doch noch aufstöbern, löschte er jede Spur für jetzt und immer.

Wiederbegegnung

I

Diese Geschichte begann an meinem Nachbartisch in einem Café in der Stadt México. Ich ahnte nicht, daß sie damals begann, trotzdem weiß ich genau den Zeitpunkt. Nach langer Krankheit war ich zum erstenmal wieder in dieses Café gegangen, in dem ich gern las und schrieb. Es befand sich an einer Ecke der Calle Gante, nicht weit entfernt von dem Mercado, dem großen Markt, den es heute, wie man mir sagt, nicht mehr gibt.

Während ich im Krankenhaus lag, war Hitler an der Wolga geschlagen worden – diese Nachricht drang durch den dumpfen Nebel meines halben Bewußtseins –, die Rote Armee kämpfte sich vor von Osten nach Westen, der Kursker Bogen lag hinter ihr, sie stand in Weißrußland.

Jeder von uns verfolgte die Kriegsereignisse jeden Tag. Auch die spanischen Emigranten am Nachbartisch sprachen darüber. War doch das Café eins ihrer Lieblingscafés. Die Kellner hatten sich an sie gewöhnt, wenn sie auch wenig verzehrten und wenig Trinkgeld gaben, arm wie sie waren. Sie kamen nur, um sich hier zu treffen, Zeitungen zu lesen und zu streiten. Mir wenigstens kam ihr Gespräch, mit dem gelassenen Spanisch der Mexikaner verglichen, oft wie ein heftiger Streit vor, der sich immerzu steigerte, selbst wenn es nur um Tagesnachrichten ging oder um Familiensachen.

Ich hatte etwas bestellt und mein Heft aufgeschlagen. Ich war zwar müde, doch das von früher gewohnte, heftige Reden der spanischen Emigranten störte mich nicht.

Ich gab nicht acht auf die einzelnen Sätze, ich dachte an eignes.

Erst nach einer Sekunde Stille horchte ich auf, weil ein einzelner besonders scharf und entschieden sagte: »Sein Gesicht war ganz nah. Ich habe ihn sicher erkannt. Er ist hier.« –

»Das glaube ich nicht«, sagte ein anderer, »das wüßte ich auch. Wir waren wie Brüder.« – »Er wird sich schon melden. Ich sah ihn mit eignen Augen.« – »Alfonso ist tot!« rief ein dritter. – »Oder irgendwo eingesperrt.« – »Und wir erfahren es erst in einem Jahr oder später.« – »Oder nie.« – »Oder er ist in Frankreich oder sonstwo in einem Lager.« – »Oder geflüchtet.« – »Auf jeden Fall ist er jetzt hier«, wiederholte der erste entschieden. –

»Celia wüßte etwas. Sie setzt ständig alle Hebel in Bewegung, um eine Spur von ihm zu erfahren. Sie denkt an nichts anderes.« – »Ich vergesse nie ihr Gesicht, als das Schiff von Europa abfuhr. Sie starrte immerzu nach der Küste, als könne Alfonso doch noch über das Meer dem Schiff nachrennen.« Ein anderer sagte, wie man eine Wahrheit ausspricht: »Das war eine heiße Liebe. Von ihr zu ihm, von ihm zu ihr.« – »Jetzt ist er bei ihr. Er ist hier. Ich sah ihn.« – »Ach was.«

»Warum sagt ihr ›war‹, warum sagt ihr ›ach was‹? Er ist jetzt bei ihr. Ich sah ihn abends in der Avenida Veinte de Noviembre.« – Und er, ein junger, hagerer Mensch mit langen Gliedern, die sich im Takt seiner Worte bewegten, auch die Beine, die ganze Gestalt, erzählte hastig, warum er an diesem Abend zufällig in der Avenida Veinte de Noviembre gewesen war. – Ich hörte dann nicht mehr zu. Offenbar glaubten ihm seine Gefährten nicht. Die Stimme des Mannes, der von heißer Liebe gesprochen hatte, drang wieder durch: »Als die Küste versunken war und der Abschied endgültig, schloß sie sich in die Kabine ein, die sie mit der Frau von Antonio Méndez teilte. Als sie heraustrat, war sie gefaßt, ruhig. Sie hatte ihr Haar und ihr Kleid in Ordnung gebracht. Sie rief die Kinder zusammen, zur Erleichterung ihrer Mütter, während der ganzen Reise half sie auf diese und jene Art.« – »Hier ist auch immer Verlaß auf Celia.«

Ich hätte gar nicht mehr auf die Leute gehört, wenn an diesem Nachbartisch nicht eine Bewegung entstanden wäre. Ein neuer Gast war ins Café gekommen und hatte sich ihnen zugesellt. Die alte Geschichte fing wieder an. »Er behauptet, er hätte Alfonso gesehen. Du, Miguel, mußt es doch wissen.« Der Angesprochene sagte: »Unmöglich.«

Der junge, hagere Spanier erzählte abermals, wo er ihn gesehen hatte. Der Ankömmling, der Miguel hieß, wiederholte: »Unmöglich.« Und er fügte hinzu: »Kann sein, er ist eingesperrt oder halb oder ganz totgeschlagen. Kann sein, er lebt noch frei unter einem anderen Namen. In den letzten Berichten wurde nichts erwähnt.«

Ich hatte meinen Stuhl schräg gestellt, um den Mann zu sehen, der zu Miguels Stimme gehörte. Ich hatte ihn schon ein paarmal gesehen, in Zeitungen und auf Versammlungen. Nichts war ihm von alldem anzumerken, was ich über ihn wußte. Er sah nicht nach Tapferkeit aus, nach entschlossenem Handeln, auch nicht nach scharfem Denken, auch nicht nach einem Mann, der viel liest und schreibt. Man hätte ihn nicht einmal unbedingt für einen Spanier gehalten. Aus diesen Gründen war er sicher besonders gut geeignet für das Leben, das er geführt hatte und vermutlich noch führte. –

Ich weiß nicht, was dann die Spanier miteinander besprachen. Sie gingen nach einer Weile fort. Mir fiel nur auf, daß Miguel den jungen, hageren Menschen einen Augenblick zurückhielt, ihm in die Augen sah und fest sagte: »Du hast dich geirrt. Du hast Alfonso nicht gesehen. Verstehst du?« – Der andere zögerte kurz, dann sagte er unter Miguels Blick: »Ja. Ich muß mich geirrt haben.« –

Für Jahre vergaß ich die Worte am Nachbartisch. Sie lagen scheinbar folgelos, sinnlos mit zahllosen anderen, in anderen Gesprächen vernommenen Worten auf dem Grund meiner Erinnerung, wie Kieselsteine, die Kinder spielend so flach übers Wasser werfen, daß lange keiner auf den Grund sinkt. Natürlich, zuletzt fällt der Stein auf den Grund. Die Spanier hatte ich nicht gekannt, ich ging nicht mehr in dieses Café. Nach meiner Krankheit war ich wahrscheinlich allzu müd.

II

Im Sommer 1944 bestieg ein Mann, der sich Enrique Gómez nannte, in Lissabon einen kleinen Frachter. Der sollte verschiedene Inseln zum Aus- und Einladen anlaufen und in Mexiko in Veracruz landen. Die Reise war ziemlich gefährlich in Kriegszeiten, obwohl Portugal wie Spanien neutral war. Es gab außer dem Schiffspersonal nur wenige Passagiere.

Dem Mann, der sich Enrique Gómez nannte, kam es fast wie ein Wunder vor, daß die portugiesische Küste blasser und blasser wurde und schließlich verschwand. Er wäre von Herzen gern allein geblieben, aber man ging zum Essen, wie es meistens nach einer Abfahrt der Fall ist. An einem Tisch saßen der Kapitän, der Erste Offizier und der Schiffsingenieur. Am anderen Tisch saßen die paar Passagiere, die aus verschiedenen Gründen die Fahrt unternommen hatten. Zu ihnen gehörte auch, gleichsam diese Gruppe bewirtend, die Frau des Ersten Offiziers. Sie war vielleicht vierzig Jahre alt, gut frisiert und gekleidet. Die Kapitänsfrau, eine ältere, schweigsame, die wie eine ordentliche Hausfrau wirkte, kam etwas später. Sie aß am Offizierstisch.

Ein altersloser Mexikaner, der bis Veracruz mitfahren würde, sprach nur, was unbedingt nötig war. Auf Fragen erwiderte Enrique Gómez, er sprach fast ebensogut Portugiesisch wie Spanisch, er fahre gleichfalls nach Veracruz. Dann hätte er aber noch eine Landreise vor sich, denn er besorge eine besondere Art Hanf für seine Firma, die für Schiffsausrüstungen, speziell für Seile und Taue, berühmt sei.

Alle äußerten ihre Angst vor Minen und Unterseebooten. Ein junger Kaufmann, der seine Ladung Draht selbst begleitete, hielt Hitlers Niederlage für sicher. Der Erste Offizier rief hinüber, und seine Frau stimmte ihm zu, das hänge von den Amerikanern ab. Die könnten sich immer noch eines Besseren besinnen und mit den Deutschen verbünden.

Gómez war froh, gerade mit dem schweigsamen Mexikaner die Kabine zu teilen. Der sagte nur manchmal ein höfliches Wort. Plötzlich überfiel Gómez der Gedanke, daß Celia in dem Land dieses Mannes lebe, vielleicht hatten sie sich sogar, seine Frau Celia und dieser schweigsame Mexikaner, an irgendeinem Ort gestreift. Dann schalt er sich selbst: Es gab keinen solchen Zufall. Wie hätte sie in dem großen Land gerade auf diesen Menschen stoßen sollen?

Zurückgeschoben wurde in seinem Kopf der Riegel, der die Gedanken an Celia bremste. Er wußte jetzt, daß er sie wiedersehen würde.

Ihr Gesicht hatte sich zum letztenmal beim Abstieg von den Pyrenäen ihm zugewandt. Die Flüchtlinge wurden dauernd von Tieffliegern bombardiert. Celia hatte mit Antonio und Anna Méndez ein Kinderheim nach Frankreich in Sicherheit gebracht. Er aber und einige Freunde erhielten den Auftrag zu wachen, bis auch die letzten die Grenze passierten.

Wenn jemand ihn fragte, als der Flüchtlingsstrom noch nicht abgebrochen war: »Wann gehst denn du? Und wohin?«, erwiderte er: »Ich bleibe.« –

Er wurde alsbald von den Franquisten gesucht, und er

mußte sich verstecken, und immer weiter wurde nach ihm gefahndet. Er suchte in Aragon und in Katalonien zuverlässige Leute auf. Mit neuen Papieren, verändert im Aussehen, vielleicht auch im Innern, sofern das Innere eine Veränderung zuläßt, ging er für eine gewisse Zeit nach Barcelona. Er brachte sich in Fabriken durch und auf Schiffen, er war am Meer aufgewachsen. – Es war schwer, in Verbindung zu bleiben mit der Leitung, die ausgemerzt wurde und neu entstand.

Sie hatten immer gewarnt, dem Bürgerkrieg, der ihr Land zerriß, folge ein Weltkrieg, der Europa zerreißen würde. Was heißt denn »warnen«? Was heißt denn »erleben«? Im Herbst begann der Krieg. Die Postenkette hinter Celia war eine unerbittliche Grenze geworden. Dann wurde die Grenze ein unüberbrückbarer Strom. Die Zeit, die man »Drôle de guerre« nannte, war übers Jahr zu Ende, die Wehrmacht besetzte Nordfrankreich.

Er sah dreimal Celias Handschrift. Zweimal auf Briefen, die jemand erreicht hatten. Wahrscheinlich hatte sie Dutzende solcher Briefe geschrieben, in der Hoffnung, einer käme ihm unter die Augen. Das dritte Mal stand ihre Handschrift auf einem Zettel, der aus einem Brief gerissen war. »Ich kann nicht zu Dir, Du nicht zu mir.« Das ging ihm durch und durch. Er spürte, daß ihn das durch und durch verzehrte. Das durfte nicht sein in dem Leben, das er jetzt führen mußte.

Als er die Nachricht bekam, sie sei in einem Lager eingesperrt, war sie in Wirklichkeit schon frei mit Hilfe einer Schwester der Méndez, die mit einem Franzosen verheiratet war. Als er erfuhr, sie ernähre sich durch Schneiderei in Paris, hatten die Deutschen bereits Frankreich überrannt. Und sie hatte wohl schon in Mexiko Fuß gefaßt, als er vernahm, die Méndez drängten sie, mit dem letzten Schiff abzufahren. Viel später – Hitler hatte inzwischen die Sowjetunion angegriffen – bekam er Nachricht, sie sei in Sicherheit, weg von Europa. Sein Herz war bald zersprungen vor Freude und Schmerz. Vor Freude, daß sie in Sicherheit, und vor Schmerz, daß sie weit von ihm weg war.

III

Die Parteileitung in Mexiko rief in gewissen Abständen Illegale aus Spanien, um auf Grund ihrer Berichte die Lage zu beurteilen. –

Enrique Gómez hieß mit seinem wirklichen Namen Alfonso Varela. Wenn es in einem Gespräch hieß, Alfonso aus Teruel, dann wußte man, von wem die Rede war. Denn er hatte dort bei dem Sieg über Franco eine wichtige Rolle gespielt, die alle kannten. – Plötzlich erhielt er den Auftrag, zur Leitung nach Mexiko zu fahren, und er gelangte auf vielen Umwegen mit neuen Papieren nach Portugal. Damit er sich völlig einleben konnte in die Person, die er auf seinem Paß darstellte, war er eine Zeitlang in Arbeit in Cádiz bei einem Unternehmen für Schiffsausrüstungen. Die Sicherheitsmaßnahmen und die dadurch erzwungenen Aufenthalte hatten viel Zeit in Anspruch genommen. Der Sommer 44 begann, als er abfuhr, mit dem alten Mexikaner in einer Kabine.

Als er nun an Deck ging, um, wie er sagte, Luft zu schnappen, und er lief hin und her, überkam ihn die Gewißheit, Celia bald wiederzusehen. Er breitete die Arme aus. Er verstand, daß er sich jetzt dem Glück hingeben könne und an Celia denken, ohne seinem dauernd gespannten Leben Abbruch zu tun.

Gewiß, er mußte den Bericht an die Parteileitung in Mexiko, der ein schwerer und harter Bericht war, durchdenken. Er hatte sich nichts notieren können, und er konnte es auch jetzt nicht, er war kein Alfonso Varela mehr, er war auch hier Enrique Gómez und mußte es bleiben während der Fahrt und bei der Ankunft. Deshalb war ein äußerst genauer Bericht notwendig, aus dem die Leitung dann ihre Schlüsse ziehen konnte, kein vage gedachter und kein geschriebener und auch kein hingesprochener Bericht, er mußte wie gemeißelt sein, wie in Stein gehauen. Trotz dieser Aufgabe konnte er zwischendurch, zum Beispiel jetzt, mit tiefer Freude an Celia denken. Er dachte nicht, ob sie noch so schön wie beim Abschied war, als sie sich zum letztenmal, die letzte in ihrem Flüchtlingstrupp, in den Pyrenäen umgewandt hatte, verzweifelt, aber zusammengenommen, etwas weniger schön, vielleicht mit Spuren von Krankheit oder von harter Arbeit – er dachte darüber nicht nach.

Er lief rasch hin und her. Sie waren längst auf offener See. Der Abend hatte die letzten Küstenlichter verschluckt. Bald gab es auch keinen Abenddunst mehr. Es gab kein Licht, weder vom Land noch von Schiffen, in der vollkommenen Einsamkeit. Nur die portugiesische Flagge war angeleuchtet. Alfonso suchte am Himmel die einzelnen Sternbilder, die er gut kannte, schon seit seiner Jugend. War in Mexiko das Kreuz des Südens zu sehen?

Er ging in die Kabine hinunter und fragte den Mitpassagier. Der lag unbeweglich, doch mit offenen Augen. Er richtete sich langsam auf und sagte: »Ja. Im Distrito Federal. Im Norden nicht.« Er streckte sich wieder aus, aber er sagte nichts mehr. Die Menschen aus diesem Land stellten offenbar wenig Fragen an Unbekannte, und sie erzählten wenig über ihr eigenes Leben. Das war Alfonso willkommen.

Erst im Speiseraum wurde er wieder ausgefragt. »Wohin? Warum? Was für Geschäfte?« Er war auf solche Fragen gerüstet. Gut, daß er eine Zeitlang das Leben gelebt hatte, von dem er jetzt noch einmal ausführlich berichten mußte. Er befriedigte die Neugier in jedem Punkt.

Nach Tisch ging Alfonso wieder an Deck. Er formulierte in Gedanken den Anfang seines Berichtes. Dann nahm er sich Zeit, unbelauerte, gefahrlose Zeit, nur an

Celia zu denken. Dann ging er zum Schlafen in die Kabine.

Sein Mitpassagier schlief noch nicht; er sprach diesmal als erster: »Mich stört es nicht, wenn Sie rauchen. Ich liege ausgestreckt, ohne zu schlafen.« – »Sind Sie daheim in der Stadt México?« – »Ja. Mein Bruder und ich, wir verwalten ein großes Warenhaus. Meine Frau hatte spanisches Blut, von Mutters Seite. Und unsere einzige Tochter, die vor kurzem gestorben ist, war mit einem Portugiesen verheiratet, einem Chemieprofessor. Ich machte ihrethalben die Reise in dieser unruhigen Zeit. Ich kam zu spät, aber noch rechtzeitig zur Beerdigung und zur Trauerfeier.«

Alfonso sagte die üblichen Beileidsworte. Er wunderte sich, daß der Mann in seinem traurigen Bericht nicht unterlassen hatte zu erwähnen, es gäbe in der Familie spanisches Blut. Ihm sah man stark den Indio an.

Auf dieser Fahrt hatte Alfonso seinen tiefen Schlaf wiedergefunden. Doch in der folgenden Nacht wurde er wachgerüttelt; jemand war in die Kabine geschlichen. Seine Gedanken richteten sich sofort auf Flucht, wie er es sich in den vergangenen Jahren angewöhnt hatte. Im nächsten Augenblick fiel ihm ein, daß es hier keine Möglichkeit zur Flucht gab, vermutlich auch keinen Anlaß. Der junge portugiesische Schiffsingenieur, mit dem er Schach gespielt hatte, zog ihn hinaus auf die Treppe. »Ich muß Ihnen gleich erzählen, was das Radio durchgibt. Etwas ist in der Welt passiert. Die zweite Front! Die Alliierten sind in der Normandie gelandet!«

Alfonso sprang auf. Er ging mit dem Ingenieur in die Funkerkabine. Sie suchten auf der Karte die Landungsstellen der Alliierten an der normannischen Küste.

Die Offiziere und die Schiffsgäste erschraken, weil die Alliierten offenbar planten, mit den Russen gemeinsam Hitlerdeutschland zu vernichten. Einer meinte, das Blatt würde sich bald wenden, das könne nur ein Schachzug sein. Der junge Ingenieur, mit dem Alfonso auf der Karte die Funknachrichten nachgeprüft hatte, sagte: »Dieser Schachzug kostet viel Blut.«

Die beiden Frauen bebten vor Angst und Schreck, als die Rede auf deutsche Unterseeboote kam, die jetzt sicher den Atlantischen Ozean absuchten.

In der Kabine sagte der Mexikaner, das Leben habe ohnedies für ihn keinen Wert mehr, und Mexiko sei auf der Seite der Alliierten. Dazu sagte Varela nichts. Die Nachricht hatte ihn aufgewühlt. Wenn Frankreich frei sein würde bis zur spanischen Grenze, mußte die Erregung in einem Augenblick überspringen. Wenn solche wie er daheim waren, seinesgleichen, die die richtigen Worte fanden, den richtigen Ruf.

Hatten seine Freunde in Mexiko etwas geahnt, als sie ihn hießen, unverzüglich zu kommen? Kaum. Alle hatten solange andauernd auf die zweite Front gewartet, daß keiner mehr für den nächsten Tag damit rechnete. Seit ihrem Geheiß abzufahren, waren Wochen vergangen. Varela war froh, daß er in der Kabine im Dunkeln lag, und er stellte sich schlafend. Diese Frauen am Tisch hatten Angst um ihr schäbiges Leben. Schäbig? Warum schäbig? Und ich selbst? Will ich zugrunde gehen auf der letzten Strecke, bevor ich Celia wiedergesehen habe

Sinnlos im Meer versinken, statt daheim in den Bergen zu kämpfen, wenn der spanische Widerstand sich vereinte mit dem französischen? – Auf jeden Fall war es nur eine Frage der Zeit, wann er mit Celia für immer in Spanien leben würde.

Er hatte die ganze Zeit über dem Leben so viel gegeben, und jetzt war er bitter nah daran, etwas für sich selbst vom Leben zu bekommen. Doch wenn er an Celia dachte, hier in der Kabine oder an Deck, gequält, gehetzt, auf und ab gehend, dann überfiel ihn der Gedanke an das, was daheim geschehen könnte.

IV

Celia war nach außen hin ruhig geblieben in den letzten Jahren. Sie war nicht einmal übertrieben schweigsam. Mit Anna Méndez und den Bekannten sprach sie über alle möglichen Dinge, über Kleider, über die Kinder, über die Jahreszeiten, über den Krieg. Nur wer sie gut kannte, wußte, was in ihr vorging.

Eines Tages besuchte sie ihre Freunde, die Familie Méndez. Beide Frauen, Anna Méndez und Celia Varela, hatten in Frankreich gemeinsam ihr Geld mit Nähen verdient. Gleich nach der Ankunft in der Stadt México eröffneten sie, bewandert in Entwerfen und Zuschneiden, ein Modeatelier.

Das Kind war geboren worden, das Anna schon auf der Flucht getragen hatte, der ältere Bruder würde bald in die Schule gehen. Wenn Celia zu Besuch kam, betrachtete sie die Kinder in tiefer Trauer. Antonio Méndez verstand, was sie dachte: Werde ich meinen Mann wiedersehen? Ein Kind von ihm haben? – Er brachte sie an den Autobus in der Woche, in der man in der Leitung beschlossen hatte, wenn irgend möglich, Alfonso Varela kommen zu lassen. Der wußte nicht nur in den Provinzen Bescheid, die an die Pyrenäen stießen, in Katalonien und in Aragon und im Baskenland, der kannte in Spanien die wichtigen Stützpunkte – sie waren furchtbar zusammengeschmolzen.

Der nächtliche Platz Melchor do Campo war beinahe menschenleer. Die Mauern schimmerten mondweiß. Celia sah Méndez mehrmals von der Seite an. Sie kannten einander gut. Sie waren Nachbarskinder gewesen. Sie sagte plötzlich: »Du hast etwas auf dem Herzen. Was?« – Antonio sagte: »Nichts, Celia, nichts.« Auf einmal rief Celia in tiefer Verzweiflung: »Es ist etwas geschehen mit Alfonso!« Sie versuchte sich zu beherrschen. Sie sagte still: »Ich kann nicht ertragen, daß du mir etwas verschweigst.«

Antonio Méndez erwiderte: »Ich verschweige dir nichts. Mit Alfonso ist nichts Schlimmes geschehen.« Sie dachte einen Augenblick nach. Ihr Gesicht im Mondlicht, vor der weißen, mit Bugambilien bewachsenen Mauer, war auf einmal ganz kurz das Kindergesicht, vor dem er als Knabe mitten im Spiel gestutzt hatte. Denn er war sich bewußt geworden, daß es mit jener Gefährtin irgendeine besondere Bewandtnis hatte, was für eine Bewandtnis, das wußte er damals nicht, und sie setzten auch unbekümmert ihr Spiel fort. Jetzt dachte er zurück an diesen Augenblick Zögern. Inzwischen war ihm klar geworden, was ihn als Knaben betroffen hatte: Schönheit, ihre Schönheit, wahrscheinlich mehr als Schönheit, denn ihre ging bis ins Innere hinein, auch in sein eignes. Davon war er damals betroffen, und jetzt fiel es ihm wieder ein.

Nach kurzem Nachdenken sagte Celia: »Wenn du so sicher weißt, daß es ihm gut geht, dann mußt du von ihm eine Nachricht haben.« – »Nein. Bitte, beherrsch dich.« Er fügte hinzu in dem Gefühl, er könnte zuviel gesagt haben: »Frag nichts. Erwähne auch nicht seinen Namen. Schon eine Andeutung, die bloße Erwähnung seines Namens bringt ihn in Gefahr.«

Celia sagte: »Ich werde nicht nach ihm fragen. Du aber, mein Freund, der einzige aufrichtige Freund, den ich hier habe, du wirst mir sagen, wenn du etwas über Alfonso hörst.« – »Das werde ich tun. Und jetzt sei ruhig. Noch einmal: Bezwing dich.«

Sie sprang auf den Autobus und drehte sich kurz im Wegfahren zu ihm um. Ein Schweif hinein in die nächtliche Stadt war der Schimmer von Lächeln auf ihrem Gesicht, ein Lächeln aus Glück und Angst, aus Hoffnung und vergeblichem Warten.

Er fragte sich, ob er etwas aus der geschlossenen Sitzung verraten hätte. Nein. Sie hatte dem Ton seiner Stimme nachgeforscht.

Daheim fragte seine Frau: »Bist du verliebt in Celia?

Sag's mir offen.« – »Nein.« – »Du findest sie schöner als andre Frauen?« – Er strich ihr übers Haar, und er ging zu den Kinderbetten, dann trat er wieder zu seiner Frau. »Ja. Ich finde sie schöner als andre Frauen. Das hat aber nichts mit Verliebtheit zu tun, gar nichts. Ob du mich verstehst?«

Die Frau sagte nichts mehr. Sie sah ernst, nachdenklich aus. Dann machte sie sich in der Küche zu schaffen. Sie setzte sich zuletzt an den Wohnzimmertisch mit einer Handarbeit. Antonio Méndez las sorgfältig Zeitungen durch, in spanischer und englischer Sprache, er unterstrich dieses und jenes.

Er steckte die Front auf der Karte ab. »Die Rote Armee stößt jeden Tag weiter in Weißrußland vor, aber die Nazis, sieh mal hier, sitzen noch im Dnepr-Gebiet. Sie haben noch solche Städte wie Witebsk und Orscha.«

Die Frau beugte sich über die Landkarte, ohne ihr Nähzeug loszulassen – nichts für das Atelier, sondern um Flicken einzusetzen in Kinderkleider. Sie wußte, wie gern es Antonio hatte, wenn sie seinem Gedankengang folgte. Sie sagte, wenn auch in sanftem und weichem Ton: »Wenn man ein Kind geboren hat und zwei Kinder großzieht in diesem fremden Land, nach allem, was vorher war und uns vielleicht noch bevorsteht, dann ist es schwer für eine Frau, wunderbar schön auszusehen.«

Antonio sagte: »Für mich bist du wunderschön. Und die Beste, die Liebste.« Die Frau schwieg. Antonio prüfte auch wieder die Karte, und er sprach mit sich selbst: »Wir sind wahrscheinlich im letzten Kriegsjahr.«

Jedes Mitglied der Leitung starrte auf Miguels Mund, als sei das Ereignis, das alle kannten, sobald er hier davon sprach, erst wirklich geworden und folgenschwer. Sie hatten schon vor der Zusammenkunft untereinander erwogen, was die Eröffnung der zweiten Front für Spanien und für sie selbst bedeuten könne. Miguel machte das

Wichtigste klar in ruhigen, beherrschten Sätzen. Er sagte zuletzt: »Spätestens übermorgen, vielleicht schon morgen, wird Alfonso Varela in Veracruz ankommen.« –

Alle spanischen Emigranten, ob sie zu dieser oder zu einer anderen Gruppe gehörten, hatten an ihren Zufluchtsorten auf halbausgepackten Koffern gelebt. Die Koffer standen wie Möbelstücke in ihren Wohnungen. Sie hatten nicht mit Bleiben gerechnet, sondern mit Rückkehr. Jetzt ist es soweit, dachten sie. Wenn sich die Westmächte mit den Sowjets verbündet haben und vereint die Achse Deutschland, Italien, Japan zerbrechen, waren Francos Tage gezählt. Gezählt waren auch die Tage, die sie noch in der Emigration verbringen mußten. –

»Alfonso wird ankommen, ja«, sagte José, »wen aber werden wir nach Spanien senden?«

In seinem Vortrag hatte es Miguel für sicher gehalten, daß sich alsbald der Widerstand in Südfrankreich mit dem spanischen Widerstand zusammenschließe.

José fragte in seinem lässigen Ton: »Bist du sicher, daß Franco an sein Ende glaubt?« – »Was willst du damit sagen? Er ist gemein und grausam. Aber er ist nicht dumm.«

Man kam zu dem Beschluß, den geeigneten Mann so rasch wie möglich nach Spanien zu schicken, um dort eine Gruppe erfahrener Genossen aufzustellen, die fähig war, die Fäden aus allen Provinzen zu verknüpfen. Und diese Fäden würden in dem Aufstand in Nordspanien münden.

José sagte wieder in der ihm eigenen, trockenen Art, die herausfordernd wirkte, gerade weil sie von den anderen abstach: »Nehmen wir an, alles verläuft, wie wir hoffen. Wen schicken wir?«

Jeder war dazu bereit. Wer aber war der Richtige, um zu tun, was zu tun war? Es gab eine neue, heftige Beratung, unterbrochen von Nachdenken.

Zuletzt sagte Miguel: »Der Beste von allen wäre Alfonso Varela. Man müßte ihn anhören, alles beurteilen und ihn gleich wieder mit unseren Anweisungen zurückschicken.«

Man merkte dem Schweigen an: Miguel hatte recht. Varela kam aus dem Land, das er genau kannte, und nach der Beratung dorthin zurückgehen, wäre das Richtige. Er dürfte sich gar nicht hier blicken lassen, nur der Leitung berichten, mit ihr übereinkommen, und nach Spanien zurückfahren.

Sein Paß laute wahrscheinlich auf einen bestimmten Namen, der an einen bestimmten Beruf gebunden war. In diesem Fall müsse er hier so leben, wie es die Angaben auf dem Paß erforderten. Ein zuverlässiger Mensch in Veracruz müsse ihn sofort bei der Ankunft an den ausgemachten Ort schicken. –

Als alles festgelegt war, trennten sie sich, schweigsamer als gewöhnlich. Antonio Méndez hielt Miguel zurück. Er sagte, was ihm auf dem Herzen lag. Miguel erwiderte: »Es ist trotzdem unmöglich, daß Celia etwas von seiner Ankunft erfährt.« – »Es ist unmöglich, daß sie nichts erfährt«, sagte Antonio Méndez. – »Es ist deine Pflicht, ihr nichts zu sagen.« – »Selbst, wenn ich nichts sage, wird sie es meinem Gesicht anmerken.« – »Was für ein Unsinn. Sie sieht dich immerzu daraufhin an. Du wirst schweigen.«

»Hör mal gut zu, Miguel – –« – »Sie wird nie erfahren, daß er hier war.« – »Ich lege für Celia die Hand ins Feuer. Wenn sie weiß, daß sie ihrem Mann mit einem Wort schadet, wird sie kein Wort fallenlassen, auch nicht im Traum, auch nicht auf der Folter.« – »Ach, Antonio, was nützt mir und was nützt uns deine Hand im Feuer?« – »Sie geht vor meinen Augen langsam, ganz langsam zugrund. Sie lebt von der Hoffnung, ihn doch einmal wiederzusehen.« – »Sie wird ihn bald wiedersehen. Wir werden alle zurückfahren.« – »Miguel, legst du dafür die Hand ins Feuer?«

Sie sahen einander in die Augen. Sie schwiegen eine Sekunde.

Dann begann Antonio von neuem: »Sprechen wir nur von Alfonso. Die Frau wiederzusehen, wie kurz auch, für drei Tage, für einen Tag, das wäre für ihn ein ungeheurer Ansporn. Das würde ihm diese Fahrt hin und zurück ertragbar machen.« – Miguel sagte: »Alfonso braucht keinen Ansporn.« – »Braucht ihn, doch, braucht ihn. Er ist auch ein Mensch. Sehr Schweres steht ihm bevor. Und Schweres liegt hinter ihm. Er braucht einen Funken Freude, nur einen Funken Freude.« Antonio merkte Miguel an, daß er nachdenklich wurde. Er hoffte stark, daß sein Freund nicht kommen und abreisen würde, ohne sich mit Celia zu treffen, wenn auch nur kurz.

V

Alfonso war daran gewöhnt, ein Gefühl zu bezwingen, wenn es entstand, bevor es sich seiner bemächtigte. Sonst hätte er tiefe Enttäuschung gespürt nach der Landung, als seine Papiere geprüft waren. Nicht Celia erwartete ihn. Eine ältliche Frau trat auf ihn zu mit zerknittertem, gelblichem Gesicht. Sie war Mexikanerin, doch europäisch – hier hieß es wohl amerikanisch – gekleidet.

Sie sagte ein paar Begrüßungsworte. Während sie neben ihm herging, erklärte sie, er müsse in der Stadt México den Besitzer eines Geschäftes für Haushaltsgegenstände, man nenne es hier Tlapaleria, in der Calle Bucareli aufsuchen und den Besitzer, Don Pablo, sogleich nach den vorbestellten verschieden großen Sieben fragen. Dieser Don Pablo würde ihm alles Nötige mitteilen. Alfonso wiederholte die Angaben.

Er dachte in seinem Abteil, während der Zug bergauf fuhr: Mein altes Leben geht offenbar weiter, mit all seinen Vorsichtsmaßnahmen. – Es gab im Abteil ein nordamerikanisches Ehepaar und seine Tochter. Die Frauengesichter waren glattgebügelt wie ihre Kostüme.

Mutter und Tochter waren dauernd über irgend etwas erstaunt, was es daheim bei ihnen nicht gab. Der Mann ließ sich durch nichts erstaunen. Ein mexikanischer Passagier war in seiner Schweigsamkeit dem Mitreisenden auf dem Schiff so ähnlich, daß ihn Alfonso beinahe begrüßt hätte.

Die Ausrufe der Amerikaner, die sich zum Fenster drängten, ließen Alfonso gleichfalls Ausschau halten. Zwei einzelne Schneegipfel stiegen auf zwischen Himmel und Erde. Er dachte nicht an die Pyrenäen, denn diese Schneegipfel waren unvergleichbar, vereinsamt und fern. Ihr Anblick erstaunte ihn, machte ihn ruhig, vielleicht weil er unbewußt fühlte, daß sie von jeher ragten, die beiden einzelnen, und auch für immer ragen würden.

Bei einem kurzen Aufenthalt erstand er eine Zeitung. Wie er es sich längst gesagt hatte, war der Atlantikwall der Nazis nichts als Gefasel gewesen. Die Alliierten waren in Frankreich eingedrungen. Sie hatten bereits Rouen besetzt. Glockenschläge für die Befreiung von Paris, dachte Alfonso, und auch für unsre.

Er war so erschöpft, daß sein Bewußtsein verdampfte. Halb im Schlaf fiel ihm, ohne jede Verbindung, das junge, verwegene, irgendwie böse Gesicht des Matrosen ein, mit dem er, Seile knotend, auf dem Frachter Santa Isabel gehockt hatte. Er sah es deutlich, das junge, aber schon böse Gesicht. War dieses Seil aus derselben Faser, für die man ihn zum Einkauf weggeschickt hatte? Bestimmt nicht. Die Firma wäre sonst nicht berühmt für ihre einmalige Qualität. Und der Matrose sagte rasch mit einem schrägen, unguten Blick: »Du, sprich nicht mit mir!« Alfonso hatte gelacht. »Ich hab gar nicht die Absicht, mit dir zu sprechen. Was willst du denn?« – »Ich weiß, was du für einer bist. Ich seh's dir an. Was sie hier auf dem Schiff auch mit uns treiben, sollen sie! Ich will keine Unannehmlichkeiten. Ich werde nicht mucksen. Ich will einfach gesund heim.« Alfonso hatte noch mal gelacht. »Wer hindert dich daran? Doch ich nicht.« – »Ich seh's dir an. Du bist so einer, der will in einem fort Gerechtigkeit. Ich will meine Ruhe. Es gibt für mich keine gerechte Ruhe und auch keine ungerechte. Ruhe ist Ruhe. Du, laß mich aus.« – »Was willst du denn? Ich hab ja nicht die geringste Absicht, mich mit dir einzulassen.« – »Doch, hast du, ich seh's dir an.« – »Was denn?« Der Bursche hatte nichts erwidert. Beide hatten sie schweigend Seile geknotet. Alfonso fragte sich: Was denkt der heute, wenn es losgeht? –

Es gab eine neue Zeitung. Alfonso wurde hellwach. Er übersetzte den Amerikanern mit seinen paar Brocken Englisch. Der französische Widerstand half allerorts den Alliierten. – Und wieder knirschte sein Herz: Warum bin ich gerade jetzt hier? Er beschloß, an nichts anderes mehr zu denken als an seinen eignen Bericht, den er bald vortragen mußte, damit man die neue Lage richtig einschätzen konnte. Jedes Wort war einschneidend, da der Umschwung bevorstand.

In der Stadt México suchte er sich den Vorort und die Straße. Auch hier, wenn er den Kopf zurücklegte, blieben die beiden Berggipfel seine Zeugen.

Dieser Don Pablo hatte wohl ein beliebtes Geschäft. Alfonso stellte sich unter den Wartenden an. Es gab nur scheinbar Gedrängel. Man ließ einem den Vortritt, wenn man den Einkauf als eilig abgeschätzt hatte. Ein frecher Bursche verlangte einen Korkenzieher für seinen Vater, er selbst schlage einfach die Flasche gegen die Wand, bis der Pfropfen herausspringe. »Ich weiß, ich weiß«, sagte Don Pablo, »warum verbraucht nur dein Vater so viele Korkenzieher?« Dann verlangte schüchtern die Frau mit dem kleinen Kind im Rebozo und dem größeren an der Hand eine neue Bratpfanne, und sie drehte die angebotene um, jeden Centavo abwägend, bis Don Pablo ein bißchen ungeduldig, ein bißchen gutmütig sagte: »Zahl den Rest nach dem Lohntag!« Er verkaufte schnell einer hübschen, nach der Mode gekleideten Frau mit einem Witz eine Gartenschere.

Alfonso fragte, ob seine Siebe verschiedener Größe endlich gekommen seien. »Ja, mit der letzten Lieferung. Gucken Sie mal, Herr Gómez«, sagte Don Pablo, »gut, daß Sie alles gleich abholen. Da ist die Rechnung. Während Sie zahlen, bringt Ihnen mein Junge das Paket ins Auto. Ecke Calle Río de la Plata?« – »Ja. Danke.« – »Zu Ihren Diensten.«

Es gab in Alfonsos Rücken bereits einen Haufen neuer Käufer. Der Weg zum Auto – ein paar Minuten ins Innere der Stadt. Auf dem Pflaster hockten Mädchen mit Zöpfen, verkauften Tomaten, Zitronen, Kräuter. Auf Holzfeuern röstete man Fleisch, die braunen und bräunlichen Menschen drängten dazu in ihrer Arbeitspause. Obwohl Alfonso selbst hungrig war und sich immer erst richtig angekommen an Orten fühlte, an denen er etwas gegessen hatte, blieb ihm jetzt kein Augenblick Zeit. Alles waren Stücke von Träumen, kurz vor dem Aufwachen, man ist aber noch nicht aufstehbereit, obwohl es sein muß.

Der Junge hatte den Satz Siebe ins Auto gelegt. Sie fuhren zwanzig Minuten. Dann mußte Alfonso umsteigen. Im neuen Auto fand er endlich ein vertrautes Gesicht. José mit dem kalten und trockenen Spott, den er sich zugelegt hatte, nachdem er so oft und so lange kaltblütig, unverfroren bei Razzias und Verhören geblieben war, eine Handbreit vom Tod entfernt.

Er umarmte Alfonso. Er sagte: »Wir fahren noch eine Stunde. Dann triffst du Miguel und manchen anderen.« Und er fügte hinzu: »Wie du siehst, bin ich noch am Leben. Aus dem Lager gewitscht, bevor mich die deutsche Besatzung fing. Und mit dem letztmöglichen Schiff hierher.« – Alfonso sagte: »Celia kam auch mit dem letzten Schiff.« – José sagte nur: »Ja«, in einem Ton, der Alfonso aufreizend trocken vorkam. Er spürte eine Last Angst auf dem Herzen. Doch widerstand es ihm, José nach ihr auszufragen. José schwieg beharrlich. Er wußte nichts von dem geheimen und kurzen Wiedersehen, das Miguel schließlich bewilligt hatte.

Alfonsos Ankunft war nicht nur gerade jetzt ein Ereignis, das alle aufwühlte. Jeder Bote aus Spanien bedeutete für den einen ein kleines Feld oder eine Olivenpflanzung oder ein Patio, für den anderen das Pflaster einer Stadt mit darüberhallenden Schritten oder das Werktor oder die Tür einer Werkstatt. Und deutlich wie nie, als hätten sie Flügel bekommen, umschwebten den Ankömmling viele Tote, viele Lebende.

Jeder umarmte Alfonso, redete auf ihn ein. Miguel unterbrach die Begrüßung fast schroff: »Die Minuten sind kostbar. Fang an, Alfonso!«

Nach kurzem Nachdenken, so scharf, daß es ihn fast schmerzte, sprach Alfonso was nötig war. Darauf folgten Fragen, einige hart wie Steinwürfe, andere zögernd, seit langem verschluckte. – Miguel hatte sich die Punkte notiert, die ihm in Alfonsos Bericht unklar geblieben waren.

Schließlich, nach stundenlanger Beratung, stimmte Alfonso Miguels Vorschlag zu. Im Grunde genommen war keiner besser geeignet als er selbst, sofort zurück nach Spanien zu fahren. Das hatten ihm Kopf und Herz schon bei der Beratung gesagt. Er fand nicht die Worte, um den Wunsch auszusprechen, der ihn jetzt erst recht brannte.

Miguel sagte wie nebenbei, als hätte ihn Alfonso gefragt: »Du mußt also die Besorgung für deinen Reeder dem Anschein nach machen, falls dich jemand beobachtet hätte. In zehn Tagen fährst du spätestens ab. Es wäre besser, in zehn Minuten. Wir lassen aber in Gottes Namen euch beiden, Celia und dir, drei Tage. Wir haben euch schon eine Bleibe ausgesucht, am Stadtrand von Taxco. Dort wird sie sein, wenn du hinkommst. Dort wirst du abgeholt. Klar, Mensch?« – »Klar.«

VI

Celia sprang auf, als sie das Auto anfahren hörte, und sie kam in der Tür Alfonso entgegen. Sie gingen sogleich in den kühlen, sonnigen Garten. Es war beiden zumute, als sei ihr Zusammensein nie unterbrochen worden. Hatten sie nicht auch im Bürgerkrieg auf jedes Zusammensein warten müssen und alles angstvolle Warten vergessen, sobald sie sich trafen?

Alfonso hatte sich vorgenommen, die ersten zwei Tage überhaupt nicht an die unvermeidliche, nahe Trennung zu denken. Er wollte davon mit Celia erst sprechen eine Stunde bevor man ihn abholte, am letzten Tag. Er brauchte sich gar nicht zu diesem Vorsatz zu zwingen. So war es immer gewesen, bei jedem kurzen Urlaub. In dieser Zeit war vergessen, was hinter ihm lag, bald vor ihm liegen würde.

Sie liefen tief hinein in den Garten. Gestreifte, lange Morgenschatten hatten ihn nicht verdunkelt, vielmehr kam von den Acarandablüten ein hellblaues Licht, die grauen, schmalen Stämme glänzten, und Eukalyptus und Pfefferbäume nahmen nur soviel Sonne weg, daß es kühl blieb und hell. Alfonsos Blick war immer klar gewesen, wenn er von der Front kam zu einem raschen Zusammensein, klar waren seine hellen Augen, bis auf den Grund, und auch was sie ansahen, machten sie klar.

Celia hatte im Bürgerkrieg Schreibarbeiten hinter der Front im Stab gemacht, und als die Front nach Norden rückte, war ihr Büro mit dem Stab nach Norden gerückt. – Plötzlich und völlig ungewiß waren ihre Begegnungen immer gewesen.

Sie legte den Kopf zurück und strich von seinem Kopf jede Last weg, falls er eine zu tragen hatte, aber jetzt gab es keine, die ihn sonderlich drückte.

Die Wirtin rief sie zum Essen. »Ich setze mich einen Moment zu Ihnen, wenn Sie's erlauben.« – Gewiß, was machte es aus? Sie hatten Zeit in Fülle. Man sah vom Tisch aus im Garten die Wassertropfen funkeln. Die Frau sagte, die Sprenger seien jetzt aufgedreht, sie müßten sich aber alle im Haus an die Zeit halten bei ihrem Wasserbedarf. Ihr Mann, der Arzt gewesen sei, hätte einmal den Sohn des Wasserverteilers gesund gepflegt, die Stadt hätte ihren Wasserverteiler, und dieser verfüge über die Schlüssel zur Leitung, die er stundenweis öffne, die meisten Frauen müßten am großen Brunnen schöpfen, ihr hätte er aus Dankbarkeit eine eigne Leitung bewilligt und noch vier, fünf anderen Häusern, das große Hotel da drüben hätte Duschen und Bäder für eine gewaltige Summe.

Da beide schwiegen, weil die Geschichte vom Wasserverteiler ihre Gedanken an eine Grenze brachte, die sie nicht überschreiten durften in ihrer Zeitlosigkeit, fuhr die Frau fort: »Ich las, die Grundbesitzer, die jetzt in Spanien wieder auf ihrem Land sitzen, die stellen in der Dürre das Wasser so ein, daß es nur in ihr eignes Land fließt und auf die fremden, kleinen Äcker höchstens ein Rinnsal.« – »So mag es dort wieder zugehen«, sagte Alfonso kurz. Der Gedanke ergriff ihn, mächtiger als sein Wille, an nichts, als an Glück zu denken: So geht es dort zu, aber nicht mehr lange. Dieser Gedanke war gleichsam verborgen hinter den Worten. Er sah Celia an. Ihr Gesicht war arglos. Sie hatte wahrscheinlich nicht einmal richtig zugehört. – Die Wirtin dachte, sie hätte noch nie so frohe Gäste gehabt.

Sie liefen nach Tisch nicht in den Garten, sondern zuerst über die Straße, dann hinter die Hügel. Es gab eine Maispflanzung, ein ärmliches Dorf. Die Zäune waren Orgelkakteen. Er hätte gern Celia ausgefragt, die das Land kannte. Celia fragte plötzlich: »Weißt du etwas von meiner Mutter?« – »Wie soll ich?« erwiderte er. »Von der Familie Gaitán?« – »Wie soll ich?«

Da klammerte sie sich an ihm fest, als seien sie in Gefahr, ihrem Glück untreu zu werden und sich zu verlieren im Dunkeln. Die Dunkelheit war plötzlich gekommen.

Zwischen den Hügeln glänzte ein Licht auf, gleichzeitig mit dem Abendstern. Das Dorf blieb aus Armut fast ohne Licht, der Himmel war sogleich mächtig ausgestirnt.

Sie gingen in ihr Heim, das war jetzt das kleine gastliche Haus mit dem Garten. Ein Wunder, daß sie einander gefunden hatten zwischen Leben und Tod in der geborstenen, wirren Welt.

Der folgende Tag war so schön, wie noch keiner gewesen war. Celia sagte: »Die Regenzeit ist knapp zu Ende. Alles ist in Blüte. Die Sonne ist noch nicht heiß. Sie ist klar, und sie kühlt.«

Am dritten Tag gingen sie rasch hin und her auf dem Gartenweg. Ihr Ellenbogen lag in seiner hohlen Hand. Auf einmal begann er: »Celia!« Sein Ton war verändert. Sie drehte sich schnell um und legte die Hand auf seinen Mund und sagte: »Ich weiß, was du mir jetzt sagen willst. Du brauchst es gar nicht zu sagen. Ich habe es gewußt, bevor du herkamst. Ich wollte nicht unser bißchen Zeit mit Abschied verkürzen. Du mußt gleich wieder fort.« – Auch er verlor keine Zeit mit Staunen. Er sagte: »Ich hab dir damals, als wir uns trennten, versprochen, wir sehen uns wieder, und ich hielt mein Versprechen, und jetzt sag ich's dir noch einmal. Nur, daß ich nicht mehr zu kommen brauche. Du wirst zu mir kommen.«

Sie brachte ihn an die Gartentür, als das Auto vorfuhr. Der Wirtin erschien der Abschied so unbekümmert, daß sie nur fragte: »Holt er Sie hier ab?« Celia erwiderte: »Ich weiß noch nicht, ob ich zu ihm fahre oder ob er mich abholt.«

VII

In den folgenden Wochen bezwang sich Celia; sie stellte keine überflüssigen Fragen, die Antonio Méndez weder beantworten wollte noch konnte. Sie war einstmals fröhlich gewesen und mitteilsam, jetzt war sie scheinbar fröhlich und mitteilsam, vor allem in dem Modegeschäft, das sie zusammen mit Anna Méndez besorgte. Sie hatten gute Kundschaft. Wenn Celia allein war, grübelte sie über den Zeitungen. Diese berichteten gründlich über Frankreichs Befreiung von den Nazis, dem Vordringen der Sowjetarmee von Osten nach Westen. Am 20. Juli 1944 brachten die Schlagzeilen »Gescheitertes Attentat auf Hitler!«. Die Nazis waren bedroht, aber noch nicht gewillt, aufzugeben.

In Mexiko galt die spanische Exilregierung, nicht Franco, als legitime Regierung Spaniens. Doch Celia erfuhr nicht nur durch Zeitungen, was nach der Eröffnung der zweiten Front in Europa geschah, und auch nicht nur durch die Zusammenkünfte mit ihren Freunden, die erregt und hoffnungsvoll blieben, sondern von andersartigen, fernstehenden Leuten, mit denen sie zufällig bekannt war durch ihren Beruf als Schneiderin.

Eine der Kundinnen machte oft und großzügig Bestellungen im Atelier. Ihr Geschmack kam überein mit dem Geschmack von Anna Méndez und Celia Varela. Die Familie der Kundin stammte aus Kanada. Ihr Mann hatte vermögende Eltern, er hatte an Hochschulen studiert, sprach mehrere Sprachen. Er war zuerst Mitbegründer eines Verlages gewesen, doch bald schlug er die diplomatische Laufbahn ein; er war jetzt Gesandter seines Landes in Mexiko.

Celia stellte kaum Fragen, obwohl die beiden ungefähr gleichaltrigen Frauen ganz gern mal zusammen Kaffee tranken und miteinander sprachen. Diese Kanadierin, Frau Duverger, lud Celia in ihr Wochenendhaus nach Cuernavaca ein, um eine ganze Ausstattung, von Kostümen bis Abendkleidern, sorgfältig mit ihr zu besprechen. Man hätte ihren Mann Robert beauftragt, mit der neuen Gesandtschaft nach Frankreich zu fahren, sobald dort die letzten Wirren beendet waren. In ganz Europa würde schließlich bald Schluß sein mit diesem furchtbaren Krieg und mit dem Faschismus. Ihr Mann, sagte Frau Duverger, sei sehr zufrieden, wenn Celia ein paar Tage bei ihnen wohne, da könne er gleich ein bißchen sein Spanisch üben, das bräuchte er später im Dienst.

Frau Duverger dankte oft dem glücklichen Zufall, der sie in das Modeatelier der zwei spanischen Frauen geführt hatte. Sie wußte, daß Celia nach Francos Sieg über die Pyrenäen nach Frankreich gekommen war, von dort nach Mexiko. Sie bewunderte Celias gleichmäßige Heiterkeit, nach allem, was sie durchgemacht hatte, ihr Aussehen, ihren Geschmack. –

Antonio Méndez war fast erleichtert, daß Celia ein paar Tage wegging. Sie fragte zwar nichts, er glaubte aber, ein stummes, immer gespannteres Warten in ihrem Gesicht zu lesen. Er war selbst gespannt, fast verzweifelt. Längst war die Frist abgelaufen, in der Alfonso sie hätte in Kenntnis setzen müssen, daß er gut daheim angekommen war. Diese Nachricht blieb aus, und er wurde in keinem Bericht aus der Heimat erwähnt. Fast jede Nachricht, die so oder so ankam, war gleichsam doppeldeutig, enthielt etwas, was ihre Hoffnung stärker und stärker machte, fast, aber immer nur fast, bis an den Rand der Gewißheit, und etwas Zögerndes, Unsicheres war in einer anderen, manchmal sogar in derselben.

Miguel glaubte nicht, daß Alfonso bereits etwas zu tun haben könnte mit den Aufständen, die im Norden aufgeflammt waren, und mit dem Streik in Asturien; in dieser Zeit war Alfonso noch unterwegs gewesen. Er erfuhr, daß Alfonsos Freund und Verbindungsmann verhaftet war. Kurz danach wurden zwei entscheidende, ebenso kluge wie vorsichtige Leute verhaftet. Es scheint, dachte Miguel – aber er war dieser schweren Sache noch längst nicht sicher genug, um sie einem Freund auch nur im Frageton zu erwähnen –, daß Franco gerade jetzt besonders entschieden und grausam zugreift. Das ist kein Raubtier, das wild um sich schlägt in den letzten Zügen. Das ist ein gefährliches Raubtier, dauernd auf dem Sprung. Und Franco ist seiner Sache sicher. Er hat eine feste Stütze, einen Rückhalt. Die Amerikaner? Die kämpften zwar mit den Sowjets gegen Hitler. Nur, unser Mann deutet was an von Unterredungen, die beobachtet wurden zwischen Franquisten und Amerikanern. Manchmal weiß ein Illegaler mehr als ein Gesandter in seiner Botschaft, ein Illegaler in einem Hafen oder in einem Betrieb oder in einem Hotel. –

Bestürzt war Antonio Méndez, als seine Frau Anna eines Abends bei ihrem stillen, grüblerischen Zusammensein erwähnte, sie sei fast sicher, Celia erwarte ein Kind. Auf seine erregte Frage erwiderte sie: »Das kann man ihr anmerken, wenn sie unsere Kinder betrachtet, auch an ihrer ganzen Erscheinung.« Sie fügte nach einer Pause hinzu: »Sie hat mir früher einmal versichert, sie wolle und sie bekäme nur von Alfonso ein Kind.« Antonio erschrak. Er hatte nie und vor niemand ein Wort verlauten lassen, auch nicht vor seiner Frau, über den kurzen Aufenthalt des Freundes. Er konnte nicht glauben, daß Celia etwas mitgeteilt hatte.

In Annas Kopf liefen viele Fäden zusammen, die sie in Gedanken entwirrte. Vor Wochen, es waren vielleicht schon Monate, hatte ihr Mann eine Zeitlang besonders oft und hartnäckig geschwiegen; er war damals zu Miguel gefahren, an einen Ort außerhalb der Stadt. Von diesen Begegnungen kam er meistens erregt zurück, mit dem Bedürfnis, ihr etwas mitzuteilen. Und war nicht Celia um diese Zeit für ein paar Tage verreist unter einem Vorwand, so wie sie jetzt auf Einladung der Familie Duverger nach Cuernavaca fuhr? Hinterher war sie Anna verändert erschienen aus unerklärlichen Gründen. Jetzt war Anna sicher. Der Kurier, den man damals erwartet hatte, war Alfonso gewesen. Zu ihrem Mann Antonio sagte Anna nur: »Nein. Celia hat mir kein Wort gesagt.« Darauf schwiegen beide. –

Gelassen, ruhig, fröhlich kam Celia den Leuten vor im Landhaus in Cuernavaca. Frau Duverger wußte, daß diese anmutige und immer gefällige Schneiderin ihren Beruf nicht von jeher ausgeübt hatte, obwohl sie dafür begabt war. Es war ihr auch klar, daß Celia Republikanerin war und hier Asyl gefunden hatte. Celia ließ höchstens dann und wann ein paar Worte fallen über ihre Vergangenheit und ihre Flucht, etwa: »Diesen Mantel da, den ich hier manchmal trage, halb als Erinnerungsstück, halb weil ich ihn plötzlich doch noch brauche, wenn es mal überraschend kalt wird, den trug ich, als wir nach Frankreich hinüberstiegen.«

Frau Duverger dachte dann: Eine tapfere Frau und immer heiter, aber sie fragte nichts. Jetzt wollte sie Celia eine neue Kundin verschaffen. Ein Ehepaar war zu Gast in der Villa; der Mann war im Verlag Duvergers Mitarbeiter gewesen. Ein sehr junger Kanadier, namens Henry Field, war gleichfalls zu Gast, der würde mit ihrem Mann nach Europa fahren.

Henry Field, der gut französisch sprach, wollte sein Spanisch gleichfalls vervollkommnen. Es war jetzt so gut wie sicher, Duverger würde Gesandter in Frankreich werden und Henry Field sein Attaché. Bei ihrer Tätigkeit, hieß es, seien spanische Sprachkenntnisse wünschenswert.

Henry Field machte einen jungenhaften Eindruck. Der Verleger wirkte wie ein Gelehrter. Die Frauen guckten sich Modezeitschriften an. Oft unterbrach Henry Field ihr Gespräch, er guckte sich Celia an, und er machte kein Hehl daraus, daß sie ihm gefiel.

Er saß beim Essen zwischen ihr und der Frau des Verlegers. Hier sei die beste Gelegenheit, fand er, Spanisch zu üben. Und Celia erklärte ihm den Unterschied zwischen dem mexikanischen Spanisch und dem Spanisch daheim.

Beim Essen war recht viel getrunken worden. Nachher tranken die Männer noch eine Menge. Henry Field versuchte verschiedenes, dann blieb er bei seinem Whisky. Celia hielt ihn lachend zurück. Da stellte er seine Flasche entschieden in die Männergruppe, die sich inzwischen gebildet hatte. Celia blätterte bald in einem Modeheft, bald in einer Zeitschrift. Die jungenhaft helle Stimme Fields drang öfters durch: »Stierkämpfe. Prado, Escorial! Ich hoffe stark, wir kommen bald richtig rüber.« Und etwas später: »Verdammt schlauer Fuchs, dieser Franco. Hat mal dem Hitler seine Legion Azul geschickt, er selbst aber blieb hübsch aus dem Spiel. Neutral in dem verdammten Krieg.«

Celia starrte und starrte in eine Zeitschrift, als ob sie da etwas ungewöhnlich in Anspruch nehme. Der Hausherr Duverger, der künftige Gesandte, sagte: »Die Nordgrenze ließ er hermetisch schließen, da kommen keine Menschen mehr durch und keine Waffen. Er schlägt unerbittlich zusammen, was sich aufbäumt bei den Basken und bei den Katalanen.« – Der Verleger sagte ruhig: »Jetzt werden dort vielleicht mehr Menschen verhaftet und totgeschlagen als beim Ende des Bürgerkrieges.«

Henry Fields jungenhaft helle Stimme drang ohne Anstrengung durch: »Das kann er ganz ungestört. Weil er im Krieg neutral blieb, der schlaue Fuchs, der gerissene, das hab ich ja vorher gemeint, und sich keine Blöße gegeben hat und sich nicht den Deutschen und Italienern angeschlossen. Da können die Amerikaner jetzt ruhig mit ihm verhandeln. Ah, Duverger, wann werden wir nach Madrid versetzt?«

Celia hatte ein paar Seiten umgeschlagen und starrte ein anderes Foto an. Field war in seiner Erregung plötzlich aufgestanden, er legte den Kopf einen Augenblick an Celias Kopf, und er setzte sich wieder. Celia zerknäulte irgend etwas in der Hand. »Halt! Halt!«, rief lachend Frau Duverger, »unsere Zeichnung!«

Celia strich das Blatt Papier sorgsam glatt. Sie dachte: Was für Schufte die sind! Wie gemein ist er doch, dieser

Henry Field. Gedankenlos, dumm, stumpf. Kein Glaube, kein Ziel. In Madrid eine Stellung. Das ist sein Ziel, seinen Posten als Attaché behalten. Alles andere ist ihm egal.

VIII

Was Miguel und seine Freunde erhofft, ja für sicher gehalten hatten, kam nicht zustande. Franco bewachte unerbittlich die zurückeroberte Herrschaft der Herren.

Tiefe Hoffnungen kann man so leicht nicht aufgeben. Man kann sich an große Enttäuschungen nicht gewöhnen. Enttäuschung, Erwartung, neue Enttäuschung und wieder Hoffnung las einer dem anderen vom Gesicht ab. Bis schließlich in ihren zerquälten Herzen, ihren müden Köpfen die Einsicht feststand, an Heimkehr sei immer noch nicht zu denken. –

Doch was in Spanien geschah oder nicht geschah, war keine Erklärung, warum man nichts von Alfonso Varela hörte. Er hätte sich längst melden müssen, falls er nicht, ja, falls er nicht in einem überfüllten Gefängnis steckte, sein Urteil erwartend, vielleicht gleich bei der Ankunft verhaftet.

Jetzt merkten alle, daß Celia ein Kind erwartete. Trotz der verzweifelten Hoffnung auf Heimkehr und der Verbitterung, daß sie wieder und wieder den Gedanken aufgeben sollten, liefen ihre tagtäglichen Mutmaßungen weiter, wie in jeder großen Familie, über alle möglichen wichtigen und unwichtigen Vorkommnisse. Einer sagte zum anderen: »Sie hat also doch einen Freund gefunden.« – »Zum Glück.« – »Ich weiß nicht. Gerade bei Celia kommt es mir irgendwie sonderbar vor.« – »Ein Spanier?« – »So viele Ausländer kommen in ihr Atelier. Sie geht in vielen Familien aus und ein. Da gab es vielleicht eine Liebschaft.« – »Ach nein, bei Celia gibt es Liebe, nicht so was wie eine Liebschaft.« – »Wir werden's erfahren.« –

Celia war in die Wohnung des José Batista gezogen, denn dort war ein Zimmer frei geworden. So abwägend kühl und spöttisch der einem vorkam, herausfordernd, hart – in seinen Mundwinkeln hatte sich im Laufe der Zeit etwas wie Hohn festgebissen, nach allen Verhören und Fluchtwegen –, daheim war er ein sehr besorgter Familienvater. Er kümmerte sich beständig um seine Frau und seine Tochter Gabriela. Als viel von Celia die Rede war und dem mutmaßlichen Vater, fiel es José ein, wie man ihn beauftragt hatte, Alfonso Varela mit aller Vorsicht in einem Auto aufs Land zu Miguel zu bringen. Er sagte sich: Mann und Frau sind zusammengekommen bei diesem kurzen Aufenthalt. Vielleicht ist der Genosse, der behauptete, Alfonso im Dunklen begegnet zu sein, durch Zufall auf ihn gestoßen.

Josés Tochter Gabriela, die noch sehr jung war, hatte sich Hals über Kopf in einen Mexikaner verliebt. Sein Vater besaß ziemlich weit weg im Süden eine Farm, der Sohn kam öfters zum Tabakverkauf in die Stadt. Eine Verwandte ging in die Schule mit Gabriela, es gab eine Abkühlung der Freundschaft zwischen den beiden Mädchen, als dieser Sohn des Tabakfarmers ihr nicht mehr den Hof machte, sondern plötzlich mit großer Entschiedenheit die junge Spanierin heiraten wollte. Sein Vater war ein leidenschaftlicher Anhänger des Präsidenten Cárdenas gewesen, der die ausländischen Erdölgesellschaften enteignet hatte. Die Farm war nicht groß und verlangte Mühe und Umsicht. In ihrer Gesinnung waren die Leute ganz ordentlich, das gab José Batista zu, doch kamen sie ihm und seiner Frau unüberwindlich fremd vor. Und die Tochter hing auf einmal an dem gutaussehenden, stolzen Burschen. Es zog sie viel mehr auf das Rancho im Süden, als zurück in die Heimat, die sie als kleines Kind verlassen hatte.

Auch der Gedanke, sich hier im Land, weit weg von den Eltern, ja ihrer engsten Umgebung, neu zu verwurzeln, kam gegen die Liebe nicht an. Und José, ihr Vater, litt schwer, als sich dabei herausstellte, sein eignes Leben mit allen Gefahren, mit Flucht, Verhaftung, wiederum Flucht, wie er es oft erzählte, hatte keineswegs so stark, wie er selbst glaubte, auf Gabriela gewirkt; sie streifte leicht die Bande ab, die sie mit den Schicksalsgenossen verbanden, sie spürte diese Bande offenbar gar nicht so stark und auch kein gemeinsames Schicksal.

Nach der Heirat, die für José und seine Frau eine schmerzliche Angelegenheit war, zog Celia in das Zimmer der Tochter. Sie hätte für sich und das erwartete Kind keinen besseren Wohnort finden können. Sie brachte es sogar fertig, José halbwegs zu trösten: »Worüber beklagst du dich? Das sind doch brave Menschen. Gabriela liebt den Jungen, und er liebt sie. Sie war ein Kind, als wir fliehen mußten.« – »Daß du, gerade du, so was sagst. Und was sie von mir, von uns allen weiß, zählt das nicht?« – »Doch, doch, nach und nach, später. Da unten auf dem Rancho erzählt sie von uns allen.«

Celia hatte jetzt zusammen mit Anna Méndez unerwartet viel in ihrem Beruf zu tun. Vor allem für die Kanadierin. Die hatte wahrscheinlich kaum beachtet, daß die Zuneigung abgekühlt war nach dem Besuch im Landhaus.

Die Eröffnung der neuen Gesandtschaft in Paris hatte sich etwas verzögert. Frau Duverger fragte Celia um Rat, was für Kleider sie bräuchte, um richtig gekleidet in diese Stadt zu kommen, in der man, wie jeder weiß, darauf großen Wert legte.

Celia brauchte das Geld, und sie brauchte Arbeit, um nicht verzweifelt zu grübeln. Ihr Kind sollte froh und gesund sein. Nie fragte sie nach Alfonso, sie war überzeugt, daß Antonio Méndez ihr eine Nachricht sofort mitteilen würde. Antonio war gequält von dieser tapferen Stummheit. Er fragte sich selbst sogar manchmal, wenn auch nur einen Augenblick, ob es besser sei, zu behaupten, eine

Nachricht sei gekommen, statt hart bei der harten Wahrheit zu bleiben. Warum hat man nicht einmal seine Ankunft gemeldet? Hat man ihn gleich bei der Ankunft verhaftet? Ist er, da sein Freund verhaftet war, in den Süden gefahren? Ist er tot? Oder irgendwo eingesperrt?

Er verbot sich aber, etwas zu erfinden, nur weil er sich quälte unter Celias Blick. – Da kam im letzten Kriegswinter, kurz vor Celias Niederkunft, aus Frankreich ein ausführlicher Bericht, Alfonso sei glücklich angekommen, nur, wo er jetzt lebe, wisse man nicht, das sei gut. Kurz darauf kam ein Brief jener Schwester Annas, die mit einem Franzosen verheiratet war und den beiden Frauen bei der Ankunft in Frankreich geholfen hatte. Diese Schwester wurde bisweilen als Poststelle benutzt.

Als Alfonso angekommen war, hatte man ihn rechtzeitig gewarnt, die Firma für Schiffseinrichtungen aufzusuchen. Dort war schon nach ihm gefragt worden, dort hatte ihn Polizei erwartet. Bei irgendeinem Verhör hätte man seinen Namen aus jemand herausgeprügelt, der ihn außerhalb des Landes, in Sicherheit glaubte. Jetzt müsse Alfonso das Leben führen, das er vor seiner Abfahrt geführt hatte. Mit anderem Namen, bald an diesem, bald an jenem Ort.

»Wir werden ihn wiedersehen, deinen Vater, ganz gewiß«, tröstete Celia ihr Kind, das noch nicht geboren war.

Sie war überzeugt, es würde ein Mädchen sein. Luisa sollte es heißen.

Die Sowjetarmee kämpfte sich nach Westen durch. Paris war im August befreit worden. Doch Hitlers General Rundstedt hatte den Krieg im Dezember für kurze Zeit mit vielen Toten und Verstümmelten verlängert. Aus dem Blut, das damals in den Ardennen floß, saugten die Nazis noch einmal ein paar Tropfen Hoffnung. –

Mussolini war auf der Flucht mit seiner Geliebten nicht weit von der Schweizer Grenze entdeckt und erschossen worden; sie wurden an den Füßen, Kopf unten, nebeneinander aufgehängt. Hitler hatte sich in seinem Bunker das Leben genommen, als die Sowjets Berlin eroberten. Doch Franco saß im Escorial. Er feierte jedes Jahr den Tag, an dem er mit seinen maurischen Regimentern in Spanien gelandet war.

Celias Kind erblickte im März 1945 das Licht der Welt, das ein gesprenkeltes Licht war, düster und grell, als dringe es durch eine mächtige Baumkrone. –

IX

Celia entwarf Kleider und nähte im Modegeschäft in den folgenden Jahren. Ruhig war sie immer gewesen. Jetzt war sie still.

Eines Abends überließ sie ihr Kind der Obhut der Frau Batista und fuhr, wie sie es öfters in alten Tagen gemacht hatte, zu der Familie Méndez.

Die Batistas hingen fast so stark an Luisa, wie sie an ihrem eignen Kind Gabriela gehangen hatten, wahrscheinlich noch hingen. Luisa war jetzt vier Jahre alt. Sie war fröhlich, wie einstmals ihre Mutter gewesen war. Sie spielte längst mit Nachbarskindern. Oft wirbelte sie allein, lautlos wie ein Blatt, herum, unbehindert von den Lasten, die die Erwachsenen trugen. –

Celia war froh, daß sie Anna allein antraf. »Gerade mit dir muß ich sprechen. Wir haben beide wieder im Atelier und daheim die Hände voll zu tun für unsere Frau Duverger und jetzt auch noch für ihre Freundin.« – Anna Méndez sagte trocken: »Für die eine ein Abendkleid, für die andere ein Nachmittagskleid. Frau Duverger schrieb ihrer Freundin, in Paris seien die Röcke gar nicht so weit, wie man hier annimmt, wenn man von der französischen Mode spricht. Und dann hat sie mich angefleht, noch zwei Meter Stoff in demselben Geschäft aufzutreiben.« – –

Celia sagte: »Ich muß dich fragen, und deshalb bin ich schnell mal her, wie schätzt du sie ein, ich meine als Mensch, die Duverger?« – »Als Mensch? Was meinst du damit?« – »Ja, Anna.« Und sie erzählte rasch und erregt, sie hätte den ersten Brief aus Spanien bekommen über den Ladenbesitzer Don Pablo, den sie ihrer Freundin Jacqueline in Paris als Adresse angegeben hätte. Der Brief aus Spanien sei ihr über diese Jacqueline nachgeschickt worden von einer Tante Josefa, an die sie sich kaum erinnere. Jetzt lebe ihre Mutter bei der Tante, der älteren, vermögenden Schwester. Diese teile ihr mit, sie hätte Celias Mutter in ihrem Landhaus aufgenommen. Die unglückselige Frau sei todkrank; ihre einzige Tochter noch mal zu sehen, das sei ihr Herzenswunsch. Manchmal bilde sie sich ein, es genüge, Celia zu rufen, denn sie verstünde längst nicht mehr, daß die in der Ferne lebe. Übrigens verstehe sie, Josefa, es selbst nicht. Sie hatte dem Brief zugefügt. »Wenn Du Deine Mutter noch einmal sehen willst, mußt Du rasch kommen.«

»Hier gibt es keinen Franco-Konsul«, sagte Celia. »Daß mich der spanische Konsul in Paris heimläßt, glaube ich schwerlich. Selbst der französische Konsul hier in Mexiko läßt keinen spanischen Emigranten nach Frankreich. Wenn die Duverger ein halbwegs anständiger Mensch ist, könnte sie mir da helfen. Ein Konsul steht oft gut mit dem anderen.« – Anna starrte ihre Freundin an. »Du bist verrückt.« – »Ich? Warum? Was ist daran verrückt? Meine Mutter noch mal zu sehen und ihr das Kind zu zeigen?«

Mitten in diesem Gespräch war Antonio Méndez zurückgekommen. »Celia ist nicht verrückt«, sagte er, »ein Teil unserer Leitung wird bald nach Frankreich hinüberwechseln. Jeder sucht sich eine Route. Eure Duverger, habt ihr immer erzählt, sei gutmütig.« – »Celia ist nicht Mitglied der Leitung.« – »Deshalb wird sie auch nicht ständig beobachtet.«

An diesem Abend wurde nicht mehr über die Angelegenheit gesprochen. Celia kehrte zurück zu ihrem Kind.

Die Kanadierin kam eines Tages auf Besuch nach Mexiko. Sie wollte ihr Landhaus verkaufen. Und sie trank Kaffee mit Celia wie vordem und hörte sich ihre Frage an und erwiderte lebhaft, gern würde sie helfen. Sie fahre mit einem Teil der Gesandtschaft nach Paris, ohne Schwierigkeiten könne Celia mit ihrem Kind auf die Liste gesetzt werden.

Die Abreise verzögerte sich, so daß Celia noch vorher die Nachricht bekam, ihre Mutter sei gestorben. Celia erklärte traurig und ruhig, aber entschieden, sie fahre trotzdem. –

Zwei Tage vor Celias Abreise gab es in der Familie Batista eine Begebenheit, die Celia nötigte, noch einmal bei Antonio und Anna unterzukommen. José Batista war erbittert gewesen, daß seine Tochter Gabriela ihren Mann nie nach der Stadt México bei seinen Tabakgeschäften begleite, um ihre Eltern wiederzusehen und ihnen ihr Kind zu zeigen. Nun kündigte sie ihren Besuch an. Sie erwartete schon ihr zweites Kind. Es gab ein zorniges Hin und Her zwischen Mann und Frau Batista. Ein Hotelzimmer nehmen, sagte die Frau, sei ganz und gar unmöglich. Nie würde der Schwiegersohn begreifen, daß man nicht alle im eignen Heim aufnehme. Die Tochter hatte sogar geschrieben: Bleibt in euren Betten, Vater und Mutter. Wir können alle auf Matten schlafen.

Celia lachte aber in ihrer alten ruhig-fröhlichen Art über den Zank der Batistas. Und sie besänftigte José, Gabriela sei offenbar zufrieden mit ihrer Ehe.

Sie räumte ihr Zimmer. Ein wenig neugierig war sie trotz aller Reiseerregung, Gabriela wiederzusehen. Abschiednehmend sagte Gabriela leise: »Ja, Celia, ich erwarte mein zweites Kind. Ist alles andre ein Traum? Mein Vater denkt, ich hätte Spanien ganz und gar vergessen. O Celia, manchmal denke ich, mein Leben auf diesem Rancho sei nur ein Traum, und was ich als Kind in Spanien erlebte, sei die wirkliche Wirklichkeit gewesen.«

Zu einer der letzten gemeinsamen Mahlzeiten in der Familie Méndez brachte Celia ihr Kind mit. Sie sagte: »Ich trag's im Rebozo wie eine mexikanische Frau. – Danach hab ich mich immer gesehnt: Daß Luisa einmal mit euren Kindern spielt.«

Antonio Méndez sah sie ernst und nachdenklich an. Seine Frau gab sich mit den Kindern ab. Antonio sagte: »Wenn du wirklich heimkommst, vergiß keinen Augenblick, daß du auf Schritt und Tritt überwacht sein kannst. Wenn du versuchst, mit Alfonso zusammenzukommen, kann es dir und ihm zum Verhängnis werden.« – Anna mischte sich ein: »Miguel hat uns einmal erzählt, kurz nachdem Hitler in Deutschland die Macht ergriff, hat dort die Staatspolizei, die Gestapo heißt, im Notizbuch eines wichtigen Mannes, den sie verhafteten, ich glaube den Leiter der Jugendgruppe, ein Datum gefunden, nur so hineingekritzelt, da haben Spitzel den Verhafteten ganz unauffällig durch die Stadt begleitet, und als der seinen Freund von weitem erblickte, schmiß er sich unter ein Auto, es gab einen Auflauf, der Freund entkam. Verstehst du, warum mir das einfällt?« – »Ja«, sagte Celia, »seid ruhig.«

Als Antonio Méndez Celia zum Flugplatz brachte, wo die Duverger sie erwartete, sagte er: »Gesteh mir's ein, Celia, du willst zwar für uns fahren, mit den Aufträgen, die man dir in Paris gibt, aber nicht nur für uns. Du hast die Hoffnung, Alfonso wiederzusehen.«

Celia sah ihn groß an. »Wie soll ich die Hoffnung aufgeben? Ich werde ihn sicher wiedersehen. Das weiß ich.« –

Als Celia mit ihrem Kind fort war und auch die Tochter Gabriela mit ihrer Familie zurück auf das Rancho, wurde José bald zu seiner Frau so hart und rauh und spöttisch, wie er es früher daheim nie gewesen war. Neue Untermieter in dem leer gewordenen Zimmer wechselten oft, weil sie seine Grobheiten nicht vertrugen. Die Tochter schrieb selten und kam nie mehr.

X

Gleichgültig war es Luisa, wenn nur ihre Mutter den Arm um sie legte, ob sie in einem Autobus in der Stadt México von der Familie Batista zu der Familie Méndez fuhren oder im Flugzeug über den Atlantischen Ozean mit Frau Duverger und dem kanadischen Gesandtschaftspersonal. In Paris hatte sie sich gewundert, weil sie nicht verstand, was gesprochen wurde, aber geschwind hatte ihr Celia viel erklärt. Sie wurde unruhig in Spanien, nicht weil die Sprache anders klang, so daß sie scharf aufpassen mußte, sondern weil Celia aus Erregung den Arm fest um sie legte; sie sah ihre Mutter oft von der Seite an. Was war geschehen? Was würde geschehen? Warum hatte sich das Gesicht ihrer Mutter verändert?

Celia hatte die Fragen auf den spanischen Ämtern in Paris und an der Grenze gut überstanden. Vor allem nutzte ihr der Brief der Tante Josefa. Die war die Frau des verstorbenen Kaufmanns Alberto Ramírez, eines geachteten Bürgers, vormals Besitzer einer bekannten Textilgroßhandlung in der Stadt B.

Auf den Ämtern hatte Celia nicht erwähnt, daß sie bereits in Mexiko einen zweiten harten und vorwurfsvollen Brief der Tante Josefa mit der Nachricht vom Tod ihrer Mutter erhalten hatte. Das würde den Grund ihrer Heimreise hinfällig machen.

Jetzt fuhr sie mit dem Kind fast dieselbe Strecke, die sie bei der Abfahrt aus Spanien zurückgelegt hatte, in umgekehrter Richtung. Ihr fiel alles ein. Sie brauchte nicht nachzudenken: Hier mußte sich unsere Gruppe abermals teilen. Die Méndez und ich und das Kinderheim und noch ein paar Flüchtlinge, die sich uns angeschlossen hatten. Alfonso und seine zwei Freunde, die waren bald bei uns, bald bei einem anderen Trupp. Hier wurden wir abgerissen von dem großen Flüchtlingsstrom. Warum läutet denn jetzt die Kirchenglocke? Warum halten wir hier so lange? Ich kenne euch wieder, euch riesige Baumstümpfe der beiden gefällten Bäume, die man aus irgendeinem Grund liegenließ hinter dieser Reihe neuer Baracken. Nur sind die Baumstümpfe jetzt vollständig übergrünt.

Was wir durchfahren, ist echte, durchlebte Zeit, all die Jahre, die nachher kamen, waren Staubzeit. Bis auf die Tage mit Alfonso, die waren echt, die waren kein Staub. –

»Man nennt mich Concha«, sagte die ältliche, freundliche Frau, die sie in B. in der Stadtwohnung der Tante Josefa empfing. »Frau Ramírez lebt fast immer im Landhaus. Ach, Ihr Kind? Und eine Schönheit!« Sie brachte ihnen Kaffee und Gebäck. Wahrscheinlich hatte sie den Gästen angemerkt, wie hungrig sie waren.

Celia sah sich im Zimmer um. Die Bilder an den Wänden, alte und neue, waren ganz gut. Celia hatte nur Angst, ihr Kind könnte sich vor dem Kruzifix fürchten, das auf einem niedrigen Sockel stand. Christi Gesicht, geprägt von allem, was man erleiden muß und erleiden kann, war unheimlich nahe. Luisa aber, gewohnt an mexikanische Kruzifixe und Heilige, fragte nur: »Warum fließt das Blut nicht in roter Farbe?«

Erst als Celia sie unter der Obhut der Concha lassen mußte, mit der Versicherung, sie käme bald wieder, fing das Kind zu weinen an. Luisa hatte bisher in ihrem Leben nur dreimal geweint. Jetzt erklärte sie, sie wolle weinen, bis ihre Mutter zurück sei. Als die Concha sagte, soviel Tränen hätte sie gar nicht, erwiderte sie: »Du wirst es sehen, ich hab sie.« –

»Nein«, sagte Concha, »denn ich wische sie ab mit diesem Tüchlein. Guck mal, Engel sind reingestickt und

Sterne, da kommt dir keine einzige Träne mehr nach.« Im Nu war Luisa eingehüllt in warme Geduld. –

Celia fuhr bis zum Dorf San Pedro. Hier haben wir Rast gemacht. Angeblich war der Vorstoß geglückt. Wir waren glücklich. Dann wurde das Dorf von Franco zurückerobert.

Celia hielt vor der weißen, geschlossenen Front des Landhauses. Ramírez hatte es nach dem Bürgerkrieg gekauft, mit etwas Grund und Boden, um als eine Art Gutsherr zu leben. Zugleich machte er Bankgeschäfte. –

Josefa Ramírez, die ältere Schwester der verstorbenen Mutter, war in ihrer Jugend hübsch gewesen. Sie war schon vor dem Bürgerkrieg mit dem vermögenden Mann verheiratet. Celia konnte sich vage an ihren einzigen Sohn, den Vetter Emilio, erinnern. Ramírez hatte seine Textilgroßhandlung gut verkauft, knapp vor dem Wahlsieg der Volksfront. Er spürte immer rechtzeitig den Geschmack der Zeit, und er hatte es dabei fertiggebracht, jedesmal an die Festigkeit seiner eignen Gesinnung zu glauben. Schon damals mißfiel es seinem Spürsinn, daß sich Josefas jüngere Schwester mit einem republikanischen Arzt verheiratet hatte. Das heißt, zu allererst waren Schwager und Schwägerin zu Gast in der Stadtwohnung. Es hatte damals eher genützt als geschadet, diesen Schwager zu haben. Celia hatte als Kind manchmal mit ihrem Vetter Emilio gespielt. – Dann kam der Generalsputsch, die Landung Francos mit seinen maurischen Regimentern. Alberto Ramírez spürte trotz des erbitterten Widerstandes der Republikaner, trotz der Internationalen Brigaden – Franco wird siegen, bleiben. Und er verbot seiner Frau Josefa, sich um die republikanische Arztfamilie zu kümmern. Er blieb in der Stadt, als Franco sie einnahm. –

Die Pförtnerin beäugte Celia, die war offenbar erwartet worden. Auch hier war der Raum nicht übel, in den man sie führte. Ein Kruzifix, aber ein gotisches, hoch an der Wand, an den anderen Wänden alle möglichen Bilder,

Landschaften und Porträts. Der Textilhändler-Gutsherr-Onkel hatte wohl eine Neigung zur Kunst gehabt.

Tante Josefa erschien mit einer Haltung, die den Besuchern Achtung einflößen sollte. Sie war noch immer ansehnlich. Eine weiße Strähne durchlief ihr rötlich-braun getöntes Haar. Sie begrüßte Celia kaltfreundlich, ihre Stimme wurde dann geradezu hart. »Warum bist du nicht früher gekommen? Warum kommst du jetzt doch noch? Hast du denn meinen Brief nicht erhalten, vom Tod deiner Mutter? Sie hat zum Glück gar nicht verstanden, wo du lebst. Warum bis du nach dem Bürgerkrieg fort? Und so weit? Was hast du dort drüben getrieben? Wo ist dein Mann? Was ist sein Beruf?« –

»Er ist Mitbesitzer eines großen Warenhauses«, Celia erzählte ungefähr, was ihr Alfonso einmal von seinem Mitpassagier auf dem Schiff berichtet hatte. Sie fügte hinzu: »Ich ließ das Kind in Ihrer Stadtwohnung, Tante.«

Josefa machte große Augen. »Ein Kind? Hier? Ein indianisches Kind?« – »Es ist gut spanisch. Seien Sie darüber ruhig.« Jetzt fing die Tante zu weinen an. »Der Tod deiner Mutter war auch für mich schwer. Für mich scheint das Leid nie zu enden. Mein Sohn Emilio ist ganz zuletzt im Bürgerkrieg gefallen. Vielleicht war er der allerletzte. Denn wir hatten schon längst gesiegt, doch es gab noch ein paar Räubernester in den Pyrenäen. Dann kam mein Mann ums Leben.« – »Ihr Mann? Im Bürgerkrieg?« – »Ach nein, ein Jahr nach dem Weltkrieg. In Amerika. Er fuhr dorthin in Geschäften. Ein Flugzeugunglück.«

Frau Ramírez starrte eine Minute vor sich hin. Dann sagte sie plötzlich: »Wo wirst du wohnen? Wie wirst du hier leben? Du bist wohl nicht als Touristin nach dem Tod deiner Mutter hergekommen?« – »Gewiß nicht. Ein paar Nächte darf ich vielleicht hier schlafen oder in Ihrer Stadtwohnung? Dann suche ich mir Arbeit.« – »Du fährst nicht zurück zu deinem Mann?« – »Nein. Er wollte durchaus bleiben, ich wollte durchaus nach Spanien. Wir haben uns getrennt.« – »Ist so was da drüben gang und gäbe? – Wenn du Arbeit suchst, kann ich dir gern mit diesem und jenem Rat behilflich sein.« –

»Zeit für die Injektion!« rief in der Tür gebieterisch aufmunternd eine fremde Stimme. Tante Josefa sagte: »Das ist meine Nichte Celia, und das ist Fräulein Teresa.«

Teresa stand kerzengerade, ihr dunkles Kleid zeigte deutlich die schöne, hohe Gestalt. Ihr Gesicht war nicht unschön, es war nicht eigentlich hochmütig, aber abweisend, etwas gespannt, verstellt. Sie begrüßte Celia, ihr Blick war mißtrauisch. Wovor ist sie auf der Hut? dachte Celia. Ich nehme ihr nichts weg. –

»In diesem Raum und auf diesem Bett«, sagte Tante Josefa – inzwischen hatte Teresa über ihr Kleid eine weiße Schwesternschürze gezogen –, »ist deine Mutter gestorben. Solltest du einmal hier übernachten, wirst du im selben Zimmer schlafen«, fügte sie hinzu, als sei solche Unterkunft eine Strafe. Teresa fühlte ihr den Puls, maß ihren Blutdruck, gab ihr die Injektion, tat alles, was dieses Leben kräftigen und verlängern könnte.

Dann sagte Frau Ramírez: »Bitte, Teresa, zeigen Sie mir die Tafel. Du, Celia, wirst an unserem festlichen Abendessen im Trauerjahr ohnedies nicht teilnehmen.« Sie vergaß, daß dieses Trauerjahr auch für sie, die Schwester der Toten, galt. »Daß du nach Spanien zurückgekommen bist, wird kein Geheimnis bleiben. Man hat auch nicht vergessen, wer dein Vater war. Darüber ging schon das Gerede, als deine schwerkranke Mutter hier Unterkunft fand. Man hat es aber begriffen, daß ich sie aufnahm. Ja, man hat mich sogar dafür geachtet. Ich sagte immer wieder: Der eignen Schwester, die so krank ist, kann ich nicht nachtragen, was ihr Mann in der Zeit der Republik anstellte. Dein Vater hatte die Idee, dich auf alle möglichen weltlichen Schulen zu schicken und so was. Nun, wenigstens kannst du jetzt für dich selbst sorgen. Oft ist Schlechtes mit Gutem gemischt.« –

In einem schmalen, langen Saal war der Tisch gedeckt für etliche Gäste, in ländlichem Stil, mit buntgemaltem Tongeschirr, doch mit Kristallgläsern und Kerzen in silbernen Haltern. »Teresa, mein Kind, du machst immer alles nach meinem Geschmack! – Trinken wir noch einen Kaffee mit Celia, bevor ihr Autobus in die Stadt zurückfährt. Vor dem letzten Schichtwechsel.«

Teresa, die ihre Schwesternschürze abgelegt hatte, goß im Vorzimmer ein. Tante Josefa wandte sich ihr lebhaft zu: »Teresa, Teresa, ich bitte dich nur um eins: Komm dem Herrn Echevarría entgegen. Er hat deinethalben die Einladung angenommen. Wie oft ich schon mit dir über diese Sache sprach! Nie mehr in deinem Alter wirst du einen solchen Verehrer, ja Freier finden wie den Herrn Echevarría. Denn er hat echte Absichten. Nimm dir ein Beispiel an meiner Nichte. Die hat mit dem Kind ihren Mann verlassen. Du aber willst ewig deiner ersten Liebe nachtrauern.«

Teresa und Celia sahen sich rasch von der Seite an. Dabei begegneten sich ihre Blicke. Eins las in den Augen der anderen: Die Frau faselt allerhand über dich zusammen.

Teresa sagte: »Sobald die Injektionen beendet sind, also im nächsten Monat, erwartet man mich in meinem Krankenhaus.« – »Daß Sie sich davon nicht abbringen lassen!« – »Ich sagte Ihnen sofort und immer wieder, daß ich der Schwester Veronika versprach, pünktlich zurückzukommen.« – »Gib acht, Celia, daß du deinen Autobus nicht verfehlst, der bringt die letzte Schicht aus der Stadt. Übrigens aus der Tuchfabrik, die die Firma beliefert, die der Herr Bordátegui leitet, der dir vielleicht, ich wiederhole vielleicht, einen Arbeitsplatz als Sekretärin beschafft.«

XI

»Mein Gott! Seid ihr Frühaufsteher«, rief Concha, als Celia mit dem Kind frühmorgens in die Stadt ging. Sie zog den langentbehrten, in der Frühe besonders starken Jasmingeruch ein; Luisa tat es der Mutter nach. Zuerst fühlte sich Celia frei, aller Bürden ledig, aller Reden und Blicke. Sie lief in dem stillen Viertel umher. Manchmal stockte sie, wenn sie mit dem Kind um die Wette rannte, an einer Ecke, als könnte sie gerade an dieser Ecke mit einem Menschen zusammenprallen, der ihr entgegenrenne.

Alle Häuser in diesem Stadtteil waren abweisend ruhig und sauber, Villen, zwei-, dreistöckige Mietshäuser. Sie setzte sich mit dem Kind in eine kleine Parkanlage, fast als erste Besucher des Tages bis auf einen Schwarm Tauben. Nur ein paar singende oder pfeifende Heimkehrer gab es, die sich vielleicht nur hierher verirrt hatten. Plötzlich kam eine bunte, zottige alte Frau, um ihr in aller Morgenfrühe die Zukunft aus der Hand zu lesen. Die Alte hatte wahrscheinlich Tag und Nacht, immerzu, auf Kunden gelauert. Celia ließ es geschehen, weil das rascher ging als abweisen. Sie wachte aus ihren Gedanken erst auf, als die Frau auch nach Luisas kleiner Hand griff, gab ihr ein paar Münzen. – Sie waren nicht mehr allein. Allerlei Leutchen, Friseure, Bäcker, Dienstboten machten da und dort einen Schwatz. Schuhputzer, von den übrigen abgesondert, erspähten die ersten Stiefel, an denen sich bereits Straßenstaub abgesetzt hatte.

Hinter dem Gebüsch erblickte Celia ein Postgebäude, das in ihr ein Gefühl erweckte, nicht ganz sich selbst überlassen zu sein. Sie hätte hier eine Karte an Jacqueline einwerfen können. Ja, wenn sie es gekonnt hätte! Jacqueline, ihre Freundin aus der Pariser Zeit, sollte Verbindung halten zwischen Celia und der spanischen Gruppe in Frankreich. Antonio Méndez war jetzt in der Pariser Leitung, nachdem man beschlossen hatte, erfahrene Leute hinzuschicken.

Der kalte Krieg war dem blutigen Weltkrieg gefolgt nach kurzer Atempause, die kaum zum Atemholen reichte. Er war nicht ausgebrochen nach einer Kriegserklärung, er hatte sich in den verschiedenen Ländern eingeschlichen mit Ausweisungen, Mißtrauen eines gegen den anderen, einer Gruppe gegen die andere, Hetze gegen die Sowjetunion. Was manche spanische Emigranten in Mexiko befürchtet hatten, geschah jetzt überall und offen in ihrem Land: Franco hatte freie Hand, nicht nur beim Ausrotten der Guerilleros, sondern auch bei der Verfolgung aller Republikaner; er spürte jeden auf, der etwas mit ihnen zu tun hatte oder gehabt hatte.

Luisa betrachtete aufmerksam die Linien im Innern ihrer kleinen Hand; das hatte sie der Wahrsagerin doch noch schnell abgesehen. Dann kaute sie den Honigkuchen, die Concha hatte ihn ihr zugesteckt. Wie wird man mich hier finden? dachte Celia. Zu welcher Arbeit verwenden? In dieser Wohnung kann ich nicht lange bleiben. –

Luisa machte große Augen, als Tante Josefa sehr aufrecht in unauffälligem, glattem Kleid, aber mit sonderbarem, ins Auge fallendem Schmuck bei ihrer Rückkehr in der Stadtwohnung saß. Sie sah diese Frau so streng an, wie die Frau das Kind. Frau Ramírez strich ihr übers Haar, wie man eine Figur oder eine Vase abstaubt. »Das ist also deine Tochter! Wenn ich denke, ich könnte jetzt Enkel haben, hätten mir die Roten nicht Emilio ermordet.

Ich muß mit dir, Celia, wichtige Sachen besprechen. Concha! Gib jetzt acht auf das Kind! – Wie ich hoffte, du bekommst einen Posten, eine kleine Stelle, doch eine Vertrauensstelle, in der Textilgroßhandlung, die früher liiert war mit der Firma Ramírez. Sie nimmt nur durchaus zuverlässige Leute. Meine Empfehlung bürgt. Der Chef der Großhandlung, Herr Bordátegui, war bei mir zu Gast, da nahm ich gleich deinen Vorteil wahr.« –

Josefa Ramírez sah Celia hart ins Gesicht. »Dein Anfangsgehalt wird dir niedrig vorkommen, weil du dir keine großen Sprünge leisten kannst. Daher habe ich dir bereits eine angenehme, nicht zu teure Wohnung besorgt in einem Neubau, mit großem, gemeinsamem Patio; denn meine Stadtwohnung muß für Gäste und mich selbst stets frei bleiben. In deiner ersten Arbeitszeit kann das Kind unter der Obhut der Concha bleiben. Doch nur zuerst. Dann schickst du es in die Schule des Klosters von Santa Clara. Du hast dir selbst für das Kind – wie heißt es? Luisa? – eine spanische Schule gewünscht. Hast du alles verstanden?« – »Ja, Tante Josefa, besten Dank.« Sie dachte: Diese Josefa hilft mir, wenn sie mich in irgendein Büro steckt. Ich kann den spanischen Freunden nützlich sein, und ich kann Jacqueline schreiben, sobald ich in diesem Neubau wohne. – In ihren Gedanken gab es eine vage, doch zähe Hoffnung, wenn sie erst Freunde gefunden hatte, etwas über Alfonso zu erfahren.

Die Tante Josefa wäre ein wenig erstaunt gewesen, daß Celia sofort mit ihren Anweisungen zufrieden war, wenn sie es nicht für selbstverständlich gehalten hätte, daß jeder glatt ihre Anweisungen befolgte.

Im Büro wurde Celia von den Angestellten mit Zurückhaltung aufgenommen. Die Verwandtschaft hatte man schnell herausgefunden. Warum hatte Frau Ramírez ihre Nichte gerade hier untergebracht? Solche Fragen verstummten langsam, weil Celia freundlich und hilfsbereit war und offen um Hilfe bat, wenn sie dieses und jenes nicht gleich verstand. Ihren Beruf, erklärte sie, hätte sie jahrelang nicht ausüben können. Darum bräuchte sie sicher oft den Rat ihrer Kolleginnen.

Am ersten Tag hatte das Kind geweint, als es allein bei der Concha geblieben war. Jetzt blieb es ohne Widerrede. Sei es, daß Conchas Gesicht ihm vertraut war unter all den fremden Gesichtern, sei es, weil es das Muß begriff, mit einem Ruck war es älter geworden.

Als Celia in den Neubau zog, holte Concha in aller Frühe das Kind dort ab. Celia und Luisa gefielen der Concha. Doch an ihrer Ergebenheit zu Frau Ramírez war nicht zu rütteln. Sie trug ein paar alte Möbelstücke, wie man ihr befohlen hatte, in Celias neue Wohnung.

Zuerst erschien Celia ihr Heim annehmbar – sie war eine der ersten Bewohner im Wohnblock –, es gab einen großen Patio, auf dem Rasen zwei kleine Palmen und einen bunt ausgelegten Brunnen. Hier spielte Luisa, wenn Concha nur kam um sie zu küssen und ihr schnell zu sagen, sie müsse heute die Frau Ramírez bedienen.

Nach ein paar Wochen war der Neubau vollgestopft. Der Rasen war zerstampft. Der Springbrunnen war abgestellt worden. Wenn Celia vom Büro kam, hörte sie Lärm und Gelächter und Streit, Gitarren, wütende Flüche, Tanzlieder. Dazwischen erhob sich eine unvergleichliche Engelsstimme, so daß alles eine Minute zuhörte. Es gab oft Krach um Gott weiß was, alle horchten aufmerksam und verfolgten die Prügeleien mit »Los! Gib's ihm!«. Dann kam die Engelsstimme wieder, die gehörte, wie Celia herausfand, einem unbändigen Burschen, der auch manchmal zum Prügeln Lust hatte, wenn er von seiner Arbeit kam. Nicht nur der Neubau war eng geworden, jede Wohnung war viel zu eng für ihre Bewohner, man lebte soviel wie möglich im Hof. Celia war auch hier freundlich und hilfsbereit.

Sie atmete auf, als sie Jacquelines Handschrift sah. Jetzt wissen die in Paris, wo ich wohne. Ich bin nie und nirgends allein. Jacqueline war aus besonderer Vorsicht zu einem Tagesausflug von Hendaye in die spanischen Pyrenäen gefahren.

Man rief Celia zu, wenn sie von der Arbeit kam: »Sie haben Post.« Denn die Ansichtskarten, die der Briefträger brachte, waren bereits von vielen beguckt, als ob alle zusammen eingesperrt wären in dem großen Neubau. Unter den Bewohnern gab es Büroangestellte, die noch schlechter dran waren als Celia, mager verdienende Handwerker, Verkäufer, kleine Post- und Bahnangestellte, die vor Entlassung Angst hatten, manche, die schon entlassen waren und eine Weile hungerten, bis sie ausziehen mußten.

Doch abends waren alle zusammen lustig und wütend, und sie schwatzten und sangen, und man rief Celia zu: »Schöne! Wo bleibt er denn solange?« Denn sie hatte, um allem Gefrage auszuweichen, den Mitbewohnern erzählt: »Er ist Seemann.«

XII

Teresa kam kurz, um zu prüfen, ob alles glatt laufe, Celias Arbeit und ihre Wohnung. Kommt sie im Auftrag der Tante? dachte Celia, oder aus eignem Antrieb? Im Weggehen sagte Teresa: »Wie Sie das alles ertragen, Celia, dieses Durcheinander. Diesen Lärm.«

Celia erwiderte lächelnd: »Zum Glück schlafen die Leute auch manchmal.« Und sie fügte hinzu: »Nur leider nicht alle zur selben Zeit.«

Teresa sagte: »In meinem Krankenhaus ist ja auch was los. Doch für mich gibt es immerhin Stunden, in denen ich frei von allem bin.« Sie dachte: Einen Grund muß sie haben, daß sie das alles erträgt. Und das Weib, die Ramírez, die läßt ihren Haß gegen die toten Eltern an der jungen Frau aus.

Bald darauf holte Teresa Mutter und Kind im Auto ab. Sie erzählte unterwegs: »Ihre Tante ist auf den Balearen zur Erholung. Ich werde sie nicht mehr sehen. Ich versprach der Schwester Veronika, spätestens nächste Woche wieder im Krankenhaus zu sein. Ich hatte hier in der Stadt noch zu tun. Wir werden dann auf dem Land allein sein.«

Celia dachte: Was will Teresa gerade von mir? Warum besteht sie darauf, draußen mit mir allein zu sein?

Gleich nach der Ankunft führte Teresa beide durch den Patio. Das Kind horchte in die Stille und befühlte das Mosaikmuster des Brunnens, und es versuchte, die Tropfen aufzufangen.

Im Haus sagte Teresa: »Wähl dir das Zimmer, in dem du schlafen willst, wenn auch die Frau Ramírez meinte, du solltest das Zimmer benutzen, in dem deine Mutter starb.« Sie fügte hinzu, Fragen zuvorkommend: »Deine Mutter starb ruhig. Sie fragte zwar oft nach dir, aber sie glaubte, du seiest nur mal weggegangen. Sie hatte kein Gefühl mehr für Zeit.« –

Über dem Schreibtisch der Tante hingen mehrere Fotografien des einzigen Sohnes Emilio, der kurz vor dem Ende des Bürgerkriegs gefallen war, als Franco die letzten Widerstandsgruppen in Asturien vernichtete. Jede zeigte Emilio in einem anderen Lebensabschnitt, als Knabe bei einer gewagten Übung am Turngerät und als junger Mensch und in Uniform mit vielen Orden.

Celia deutete auf den Jungen am Turngerät. »So hab ich ihn gekannt. Ich glaube sogar, ich habe ihn damals bewundert. Haben Sie ihn später gekannt?« – Teresa erwiderte trocken: »Und ob!« – »Was ist denn aus ihm geworden?« – »Was soll aus ihm geworden sein? Für Franco ein prächtiger Offizier.« – Sie schwieg einen Augenblick. Bei dem Ton der Antwort sah Celia in Teresas Gesicht. Obwohl Teresa nie ihre Meinung sagte, nahm Celia an, daß sie als Betreuerin dieses Hauses etwas übrig hätte für die Falange. Unverblümt, unverstellt war jetzt Teresas Gesicht, jede Spur von Zweideutigkeit oder Gleichmut war daraus verschwunden. Es war ein finsteres Gesicht geworden. Es kam aber Celia, gerade weil es unverstellt war, mit einemmal schön, sogar jung vor, und sie dachte: Wenn Teresa nicht immer so was Zweideutiges, Gezwungenes an sich hätte, bei allem, was sie sagt, könnte sie eine schöne Frau sein. – Teresa wandte ihr den Blick voll zu, und sie sah Celia aufmerksam an. Ihr Gesicht war nicht nur finster, es war unglücklich. Dann brach es aus ihr heraus: »Dir, Celia, kann ich alles sagen. Du wirst mich nicht verraten. Du nie.«

Celia fühlte, wie kalt Teresas Hand war, als diese auf ihrer lag. Teresa zog sie zuerst aus dem Zimmer der Tante und dann aus dem Patio heraus in den großen Garten. Dicht hinter der Mauer war schon das Land bebaut; die Felder zogen sich bis zu den Hügeln hin, und da und dort in der Morgensonne glänzte ein dünnes Rinnsal auf. Die Gartenmauer hatte nur zwei, drei den Einwohnern bekannte Pforten, durch die man auf Feldwege gelangte. Im Garten stand ein kleines Holzhaus mit einer Veranda. Von hier aus sah man nichts als Korn bis zu den Hügeln.

»Deinen Vetter, den hab ich als Mann gekannt. Allerdings nur zwei Wochen. Das hat mir gereicht. Wie ich in dieses Haus geriet? In dem Kloster Santa Clara, das du von der Straße nach B. siehst, war ich am Ende des Bürgerkriegs hängengeblieben. Damals wollte ich zu meinem Vormund, denn ich wußte mir keinen Rat. Meine Mutter hab ich nie gekannt, mein Vater war irgendwo in Afrika, und er hatte mich der Schule von Santa Clara überlassen und der Vormundschaft irgendeines Verwandten, der sich nur notgedrungen um mich kümmerte. Ich würde ihm erzählen, so stellte ich es mir vor, ich sei vom Krieg festgehalten worden auf der republikanischen Seite. Er hatte in seinem kleinen Geschäftshaus gewohnt. Als ich irgendwann, irgendwie hinkam, war es verschwunden. Glatt weg. Man baute dort schon was anderes. Stört es dich, wenn ich soviel erzähle?« – »Nein, nein«, sagte Celia, »ich möchte gern alles wissen, was dich betrifft.« Aber sie war ein wenig erstaunt über das jähe Drauflosreden. Ihr kam es seltsam vor, daß sich Teresa gerade ihr offenbarte.

»In den Ferien fuhr ich meistens zu meiner besten Freundin aufs Land. Gott, wie das alles schon lange her ist. Und noch heute verzehrt es mich –« Sie sprach leise und rasch. Ihre Stimme zischte fast vor Erregung. »Wart mal, wie lange ist das her? Wir waren in Ferien, als das geschah, was man später den Aufstand der Generäle nannte. 1936. Kurz vor dem Bürgerkrieg, in den Ferien, war ich in einen Arzt verliebt. Der trat dann ein in die republikanische Armee. Wir waren Mann und Frau, und ich blieb bei ihm als Krankenschwester. Oft fuhr er an die Front, ich tat meinen Dienst und wartete. Als die Nachricht kam, er sei gefallen, war ich betäubt. Ich war nicht mehr ich. Rechne mal nach, soll das wahr sein, vor zwölf, dreizehn Jahren, und ich war vielleicht achtzehn. Und wirklich, ich war schön, sehr schön, das kannst du mir heute nicht glauben. Heute hab ich ein Fratzengesicht. Wie sollst du für wahr halten, wenn ich sage, ich war schön? –« In ihrer Frage lag ein Flehen: Ach, finde doch noch eine Spur Schönheit. Celia sagte aufrichtig: »Manchmal siehst du wirklich schön aus.« – »Ja, findest du?« fragte Teresa im Ton eines Kindes, und Celia wunderte sich, wieviel dieser Frau daran lag.

»Die Falange tobte und jagte. Und ich, nicht mehr ich, abgerissen von allen, fuhr an den nächsten Ort. Plötzlich bekam ich einen Anfall von Angst, in dieser Stadt, in der ich allein stand, könnte mich jemand erkennen, könnte wissen, ich sei auf der republikanischen Seite mit Wissen und Absicht geblieben. Ich hätte als Krankenschwester aus freiem Willen Republikaner gepflegt. Mein Freund sei ein roter Arzt gewesen, das könnte ja einer wissen.

Also, ich bin nach dem Süden. Mal zu Fuß, mal mit einem Lastwagen, der mich mitnahm. Und schließlich; wohl aus alter Gewohnheit, die sich wieder einschlich in mein völlig entleertes, nach allen Windrichtungen offenes Herz, zu Tode erschöpft, bat ich um Unterkunft in dem Kloster Santa Clara. Man hielt es dort für ausgemacht, ich sei als Krankenschwester mit Franco gekommen. Man trug mir eine Arbeit auf in einem ihrer Krankenhäuser.

Schwester Veronika, die früher mal meine Lehrerin war – sie sah mich manchmal so sonderbar an, daß ich Angst bekam, sie hätte etwas erraten –, bat mich, als Krankenschwester zu einer Frau Josefa Ramírez auf kurze Zeit zu gehen. Dann sollte ich in das städtische Krankenhaus von R. Mir wäre es lieb gewesen, Frau Ramírez hätte mich einfach als Krankenschwester angestellt. Sie fand aber angeblich heraus, ich sei über den Berg herum mit ihrem Mann verwandt gewesen. Sie sah in mir eine Verwandte. Darum gab sie mir kein Gehalt. Doch sie war immer freundlich, deine Tante; sie ermunterte mich, alles zu kaufen, was ich bräuchte. Sie überließ mir nach und nach den ganzen Haushalt, hier und in der Stadtwohnung. Abrechnungen. Alles.

Eines Tages höre ich, wie ein Auto vorfährt. Gleich darauf klingt ein Jubelschrei durchs Haus. Der Ankömmling, ein Franco-Offizier, sagte: ›Wir haben sie fertiggemacht, fix und fertig. Da nahm ich mir ein paar Tage frei, um dich, Mutter, wiederzusehen.‹ –

Dieser Emilio sah aus, wie so einer aussehen muß. Ich tat, was ich konnte, um mich vor ihm zu verbergen. Es gab eine Menge zu tun. Notgedrungen half ich mal da, mal dort. Gastmähler wurden zu seinen Ehren bereitet. Beamte, Geistliche, Offizierskameraden. Bald merkte ich, daß sein Blick mich suchte, gerade mich. Entdeckte er mich, dann glänzten seine Augen. Schließlich erwischte er mich allein. Mir graute vor seiner Werbung. Ich entwich ihm, aber er legte das anders aus. – Ein paar Tage später verstellte er mir den Weg. Sein Gesicht war vor Wut verzerrt. ›Da hat doch einer behauptet, du hättest etwas zu tun gehabt mit einem Roten. Ich hab dem Kerl gesagt, wenn er so was noch mal verlauten läßt, würde ihm meine Faust den Schädel zertrümmern, denn eine Kugel sei mir zu schade.‹ – Ich stammelte etwas und ging. Oh, Celia, ich glaube, du kennst die Angst nicht.«

Celia unterbrach diesen ganz unerwarteten, heißen Bericht: »Doch. Doch. Ich glaube, jeder muß einmal Angst überwinden.«

»Vielleicht hast du recht. Mir jedenfalls war es zumute, als ob ich in einem Moor versänke. Kein Halt. Mein Gebet war leer. Denn ich glaubte halb an Gott. Nicht ganz. Halb. Ich dachte: Sei! Gott! Laß Hilfe sein! Nein, du bist nicht, und du läßt keine Hilfe sein. – Dann legte sich die Angst, doch sie kam wieder, der Anfall dauerte immer nur eine Minute. –

Er wurde plötzlich nach dem Norden gerufen. Ein paar Nester von Aufständischen in den Bergen müßten noch vertilgt werden. Seine Abreise war überstürzt. Doch die Drohung vergaß er nicht. Ich glaube, irgendein Argwohn war an ihm hängengeblieben.«

»Hör endlich auf, dran zu denken«, sagte Celia. Sie dachte: Hab ich was falsch gemacht, daß diese Frau gerade zu mir soviel Vertrauen hat?

Als sei sie angesteckt von Celias Ruhe, fuhr Teresa in verändertem Ton fort: »Ich habe an das Schicksal geglaubt, als die Nachricht kam, Emilio sei gefallen. Seine Mutter schrie und weinte. Ich aber, und das ist sonderbar, war auf einmal, als diese furchtbare Angst von mir abfiel, aller Angst ledig. Ich werde nie mehr Angst haben. Vor niemand. Vor nichts. Wie gemein ist die Angst! Wie sie den Menschen erniedrigt! Seinen Verstand zerfrißt und sein Herz. Heute verstehe ich nicht mehr, daß ich durch den Tod eines Menschen, und wenn er auch noch so schlecht war, erleichtert sein konnte.«

Celia dachte: Warum aber hat sie mir das alles erzählt? War es ihr doch noch eine Bürde? Die sie erst ganz los ist, wenn sie alles erzählt hat? –

Das kleine Mädchen kam angelaufen. »Da seid ihr zwei! Endlich! Ich hab euch überall gesucht.«

»Jetzt bringst du uns beiden mal ein Glas Saft. Ohne was zu verschütten. Jedem ein Glas voll.«

Als sie wieder allein waren, sagte Teresa: »Wie das Kind deinem Alfonso gleicht! Ja, ich weiß, ihr wart im Krieg zusammen. Ich habe ihn ein paarmal gesehen. Alle liebten und achteten ihn. Es hieß im Lazarett: Jetzt kommt er sogar zu uns. Ich hab ihn ein paarmal gesehen. Vielleicht auch dich. Aber ich gab nicht acht auf die Frau, die mit ihm war. Er hatte helle Augen, nicht wahr? Das fiel mir auf, als ich dein Kind sah. Dabei ist es doch gar nicht Alfonsos Kind, denn er fuhr ja nicht weg aus Spanien. Man sagt freilich, daß ein Kind oft so aussieht wie der Mann, den man sehr geliebt hat, weil man bei der Empfängnis eben an diesen denkt.«

Nach einer Minute Schweigen sprach Teresa, wie sie meistens sprach, gleichmütig, mit unmerklichem Spott, als berichte sie, was einer fremden Person widerfahren war: »Schwester Veronika, die mich hergebracht hatte, brachte mich von hier weg in das Krankenhaus, wie es ausgemacht war. Doch Frau Ramírez besann sich später wieder auf mich, als deine Mutter schwerkrank zu ihr kam. Es gelang ihr, wie, weiß ich selbst nicht recht, mich viel länger als ausgemacht war, auch nach dem Tod deiner Mutter, in ihren Fängen zu halten.

Vielleicht, vielleicht«, setzte sie leise, mehr zu sich selbst, hinzu, »war ich daran schuld, denn ich hatte heimlich doch noch eine gewisse Angst, ihr Sohn könnte mit ihr von seinem Verdacht gesprochen haben.« –

»Ach was«, sagte Celia, »fang nicht noch mal davon an. Hast du nicht eingesehen, Angst ist erbärmlich? Hast du denn alles vergessen, was dein Freund gesagt hat, dein wirklicher, erster Freund?« –

»Jeden Tag kommt es mir in den Sinn wie ein Echo, das sich in den Bergen verfangen hat und dann widertönt. Nur aus Angst war ich taub und elend.«

Die Hausbewohner fragten Celia: »Wie hast du das Wochenende verbracht? War's gut? War's richtig?« Und Celia erwiderte: »Wunderbar! Obwohl wir nur kurz zusammen waren. Ich habe euch schon erzählt, er fährt zur See. Wenn er nur kurz an Land ist, läßt er mich mit dem Auto abholen. Bleibt er länger, fahr ich zu ihm.«

XIII

In der Firma war man mit Celia zufrieden. Sie wurde in eine andere Abteilung versetzt. Mehr Arbeit, bessere Bezahlung. Man schickte sie in verschiedene Textilgeschäfte, manchmal in kleine Nachbarstädte, die alle ihre Stoffe von der Textilgroßhandlung erhielten.

Manchmal kam ein Angestellter ins Geschäft, um Verrechnungen zu erledigen. Man nannte ihn lachend den kleinen Manuel. Im Gegensatz zu einem andren Angestellten, der hochgewachsen war und hochmütig und selbstbewußt und der jetzt der große Manuel hieß. Der kleine Manuel war äußerst höflich, er war stets sorgfältig gekleidet, als könne er damit seinen kleinen Wuchs wettmachen.

Als Celia zum Vergleich eine alte Abrechnung heraussuchen mußte, war sie ein paar Minuten allein mit Manuel in einem staubigen, zum Ablegen alter Geschäftspapiere benutzten Raum. Manuel bestellte ihr einen Gruß von María Pérez, die mit ihr in die Schule gegangen war und mit ihrem Mann Alfonso und Manuels Frau die Ferien verbracht hatte. Dieser Satz war mit der spanischen Parteileitung verabredet worden.

Da Manuel geschäftlich öfters kam, waren Zusammentreffen nicht schwierig. Er wies Celia an, zuerst auf dem Markt mit einer Frau aus der Weberei zusammenzukommen und mit ihr eine Frauengruppe zu bilden. Gleichzeitig wurde Celia in eine bereits bestehende Gruppe von Männern und Frauen aufgenommen. Zum erstenmal sollte in dieser Stadt ein Flugblatt zum Ersten Mai herauskommen. Celia erinnerte sich, da ihr diese Aufgaben beinah zu einfach vorkamen, an Worte Miguels in Mexiko. Der hatte dort allen Mitgliedern den Bericht eines Kuriers aus Spanien vorgelesen und hinzugefügt, ein solcher Bericht sei unter Lebensgefahr hier angelangt, in jedem Satz stecke mühevolle, gefährliche Kleinarbeit. –

Außerdem, sagte Manuel, soll man so schnell wie möglich ein Flugblatt herausbringen mit Forderungen nach höheren Löhnen, entsprechend den ständig steigenden Preisen für Öl, Reis, Brot und andere Lebensmittel. Die Polizei müsse glauben, dabei seien viel mehr Leute im Spiel als diese Handvoll Menschen. –

»Unsinn«, sagte ein Buchhalter in der Firma, als ihm das Flugblatt unter die Augen kam, »besser in Ruhe bei niedrigem Lohn als mehr Lohn bei blutigen Unruhen.« Er wurde sofort gefragt: »Glauben Sie, daß Ihr Gehalt hier zu niedrig ist?« – »Ich habe doch gar nicht von meinem Gehalt gesprochen.« – Er wurde kurz darauf entlassen.

Celia war beunruhigt, wenn Manuel lange Zeit nicht im Geschäft erschien. Und unauffällig konnte er sich nur einfinden bei einem begründeten Anlaß. Wenn aber Celia glaubte, der Anlaß sei längst fällig, dann wuchs ihre Angst um den kleinen, höflichen Mann, der unablässig an die gemeinsame Arbeit dachte.

Endlich erschien er, lächelnd und ruhig, und erledigte einige Sachen im Büro. Bald fand sich eine Gelegenheit, zusammen in die Vorstadt zu fahren. Dort mußte er Celia verschiedenes diktieren.

Unterwegs fragte Celia nach einigen, vielleicht gemeinsamen Freunden aus der Zeit der Republik. Manchen hatte er nicht gekannt, einer war im Gefängnis, ein anderer in der Emigration, und wieder ein anderer lebte ganz ruhig, der neuen Regierung scheinbar ergeben, geachtet in seinem Beruf. Der zeigte alte Freunde nicht an, das nicht, der sagte nur, wenn man ihn ansprach um eine Unterschrift oder um eine kleine Geldgabe für die Familie eines Verhafteten: »Du mußt verstehen, warum ich so was nicht mitmache. In einem wirklichen Ernstfall, ja, da könnt ihr mit mir rechnen.«

»Nicht nur der sagt so was«, meinte Manuel, »viele sprechen wie er. Als ob der Ernstfall in unserer Zeit nicht etwas Dauerndes wäre!«

Da fragte Celia wie zufällig, ohne besondere Aufmerksamkeit zu verraten, ob er einen Mann kenne, der so und so aussähe und sich vor Jahren Alfonso Varela genannt hätte. Manuel dachte nach. Dann sagte er: »Ich glaube, ich weiß, nach wem Sie fragen, falls er derselbe ist. – Er hat sicher inzwischen schon ein paarmal den Namen gewechselt. Natürlich auch sein Aussehen. Was daran zu verändern ist. Ja, ja, im Bürgerkrieg gab es einen Alfonso Varela. Gesehen hab ich ihn nachher nicht mehr.«

Celia konnte ihre Erregung verbergen, weil sie aussteigen mußten und Manuel zuerst das Gebäude, dann die Firma suchte. Der Chef gab ihm dann Auskünfte, die Manuel Celia diktierte. Der Chef musterte Celia mit Wohlgefallen, dann überflog er das Diktat, um es schließlich zu unterschreiben.

Ein Freund schöner Frauen war der Chef dieses Büros, sein schräger Blick wurde nie von Celia erwidert. Manuel mußte noch eine Zeitlang bleiben, und Celia mußte mit dem Diktat in die Stadt zurückkehren. –

Einem Brief, den ihr Jacqueline schickte, war ein Bogen beigelegt mit fremder, kindlicher Handschrift. »Ich schreibe an Anna, damit mein Vater den Brief nicht liest. Du bist mir die Nächste geblieben unter meinen alten Bekannten. Darüber wunderst Du Dich vielleicht, denn wir kennen uns kaum. Wenn ich an Dich denke, wird mir das Herz schwer, weil ich nicht bei Dir bin, doch wäre ich bei Dir, würde mein Herz mich zurückziehen, dahin, wo ich jetzt bin. So ist es nun mal. Das kann ich nur Dir sagen. Gewiß nicht meinem Vater. Und meiner neuen Familie auch nicht. Alle sind hier gut zu mir, auch mein Mann. Wir haben drei Kinder.« –

Celia hatte in ihrem Gedächtnis gesucht, bis sie sich an das Gesicht des Mädchens erinnern konnte, das einen Mexikaner geheiratet hatte zum Verdruß ihrer Eltern. –

Die Firma schickte Celia im Februar 1951 in einige Stoffgeschäfte in Nachbarstädten, auch in die kleine Stadt

N. Manuel war sehr zufrieden, als sie diesen Auftrag erwähnte. »Das spart mir selbst eine Menge Zeit. Du kannst dort an meiner Stelle etwas erledigen.« Sie müsse in einem kleinen Papiergeschäft, Calle San Isidro Ecke Calle Calderón, eine Art offener Kiosk, in dem außer Zeitungen allerlei Krimskrams, Schnittmuster, auch Spielkarten zu kaufen seien, nach einem Modeheft fragen. Auf die Minute würde eine Person eintreten und sich erkundigen, ob es noch einen Taschenkalender des neuen Jahres gäbe. Im Februar sei so etwas meistens ausverkauft. Celia müsse dann sagen: »Ich hätte auch gern einen.«

Er gab ihr ein Papier, das sie bei dem Einkauf dem anderen Käufer zuschieben sollte, ohne mit ihm zu sprechen.

Celia fuhr los. Sie sah sich, als sie den Auftrag ihrer Firma erledigte, in der fremden, bunten Stadt um, mit all dem Vergnügen, das man empfindet, wenn man gezwungen war, lange an einem eintönigen Ort zu bleiben. Sie stellte dabei fest, wo der große, halb offene, halb überdachte Kiosk lag. Zu der vorgeschriebenen Zeit kaufte sie dort das Modeheft.

Eine Sekunde später war jemand eingetreten, und er sprach die vereinbarten Worte. Celia horchte auf den Klang dieser Stimme. Sie wurde bleich, doch ihr Verstand prüfte Wort für Wort. Sie machte, halb umgewandt, ihre Bemerkung, unauffällig, belanglos. Dabei sah sie dem Mann voll ins Gesicht. Der sagte noch etwas, den Blick langsam in ihren Blick tauchend, als ob sich die Zeit dehnen ließe. Seine Augen, ohne sie wahrnehmbar anzublikken, glitten noch einmal ihre ganze Gestalt entlang, er sagte: »Wie schade, vielen Dank«, und er ging hinaus.

Celia hatte den Einkauf bezahlt. Niemand sah ihr Gesicht an, es war weiß. Die Straße, die sich bis zum Denkmal hinunterzog, wimmelte von Menschen, von bunten Sonnenschirmen vor den Cafés. Ihr kam die Straße verödet vor. Die Sonne kalt. Ihren Weg machte sie ohne Anstrengung, geschoben von einem Luftstrom. –

Alfonso merkte nicht, daß sie noch einmal an dem Caféhaustisch vorbeikam, an den er zurückgekehrt war. Er schwatzte mit seinem Begleiter. Er hatte diesen Gefährten, der Pablo hieß, schon einige Zeit gekannt. Er war ihm zuerst anständig erschienen. In dieser Woche war ihm aufgefallen, daß Pablo durchaus in die Stadt fahren wollte, in die er, Alfonso, fahren mußte. Und daß er nicht abzuschütteln war, und in diesem Café wartete, bis Alfonso seinen Einkauf gemacht hatte. Pablos Blick war an seinem Rücken kleben geblieben. Das hatte Alfonso gespürt; dabei hatte sich zwar noch nicht richtiger Argwohn seiner bemächtigt, aber die Mahnung zur Vorsicht. Und jetzt betrachtete Pablo genau Alfonsos Gesicht – das wenigstens glaubte Alfonso –, ob irgend etwas Auffälliges, irgendeine Erschütterung daraus zu entnehmen war. Vielleicht bilde ich mir das alles nur ein, dachte Alfonso, vielleicht nicht. –

Hat er mich mit Absicht zusammengebracht mit der Frau, die ich liebe? Hat er denn das herausfinden können? Ja. Nein. Ja. Nein.

Alfonso hatte sich jedenfalls nichts anmerken lassen. Geschehen war, was er sich gewünscht hatte. Jahr um Jahr, Tag um Tag. Wie in einer alten Sage, die ihm jemand erzählt hatte, war die Geliebte noch einmal aufgetaucht aus der Unterwelt. Aber anders als in der Sage, er hatte sich nicht nach ihr umgedreht. Sie war nicht ins Dunkle zurückgeglitten. Er hatte weder sie noch sich selbst verraten. Sie war daher nicht endgültig verloren, und er würde sie wiedersehen. Davon war er überzeugt, während er Pablos lässige Fragen beantwortete. –

Als Celia am nächsten Morgen in den Patio des Wohnblocks zurückkam, sprang Luisa von dem trocknen Springbrunnen weg und warf sich ihr an den Hals. Das Kind hatte halb gespielt, halb gewartet. Es küßte die Mutter ab, dann blickte es erstaunt in ihr Gesicht. »Was hast du, Mutter?« – »Was soll ich denn haben? Gar nichts.« – »Doch, doch.« – »Ach nein. Wenn ich's dir sage.«

Celia ging ins Büro und in ihren Wohnblock, wie sich ein Blinder zurechtfindet auf altgewohnten Wegen. Es hieß im Hof: »So kurz! Ich hätte dich, Schöne, nicht so früh fortgelassen.«

»Immerhin, wir sahen uns.« In ihrem Herzen tönte ein Echo: Immerhin, wir sahen uns.

Ihr Gesicht hatte aufgeglänzt. Die Leute sagten einander: »Die lieben sich stark, man sieht es ihr an.«

Als Manuel sagte: »Ich muß fort«, stand sie fest auf der Erde, und sie hatte nicht einmal Zeit zum Erschrecken. Er fuhr fort: »Mein Nachfolger wird Estébano, der Geselle, den du kennst aus der Klempnerei. Bei der Arbeit pfeift er gern. Mit ihm hab ich die Worte festgelegt, die ihr euch sagen müßt.

In dieser Stadt gibt es sieben, acht vollständig zuverlässige Menschen. Ich halte Estébano für den besten. Es gibt Dutzende, die so denken wie wir, sich aber fürchten. Und Hunderte, wenn nicht Tausende, die nachzudenken begonnen haben. Mach's gut. Auf Wiedersehen.« –

Sie ging in der ausgemachten Stunde in die Klempnerei. Dort hörte sie schon Estébano pfeifen, als sie beim Meister eine Bestellung aufgab. Estébano war ein magerer, gutaussehender Mensch mit schmalen, geschickten Händen, etwas Verwegenes lag in seinem Gesicht, auch wenn er lustig pfiff. Sie trat zu ihm, als sich eine Gelegenheit bot. »Ihr Vetter Carlos läßt Sie sehr herzlich grüßen. Er wohnte im Urlaub bei meinem Vetter in den Bergen.« – »Danke. Wie geht es ihm?« Celia fuhr lächelnd fort, nachdem sich mit diesen Worten einer des anderen vergewissert hatte: »Ach, nicht besonders gut, mein Vetter hat ihn nämlich rausgeschmissen.« Der Meister suchte etwas in ihrem Rücken. »Mein Gott, warum denn?« – »Er hat mit der Frau meines Vetters angebändelt.« Estébano lachte.

Ein paar Wochen, nachdem Estébano an Manuels Stelle getreten war, schoß Polizei in eine Gruppe Arbeiter, die auf dem Heimweg war von der Zementfabrik. Man gab als Grund an: Verbotene Demonstration.

Zum erstenmal nach dem Bürgerkrieg sah Celia in der weißglühenden Nachmittagssonne Schatten und Blut auf dem Pflaster. – Ähnliche Vorfälle gab es in Valencia und in anderen Städten unter demselben Vorwand. Ein Arbeiter schoß bald darauf auf einen der Polizisten, den er in einer Streife wiedererkannte. Er war rasch versteckt worden in dem unbenutzten Hühnerstall einer Wohnbaracke. Nachdem er gefaßt worden war, wurden er selbst und sein vermutlicher Helfer zum Tode verurteilt; alle Mieter der Wohnbaracke, obwohl sie nichts von dem Versteck gewußt hatten, erhielten zehn- und fünfzehnjährige Kerkerstrafen. –

Estébano hatte bereits nach dem Vorfall in seiner eigenen Stadt mit den Männern und Frauen, die zu seiner Gruppe gehörten, ein Flugblatt verfaßt und abgezogen. Es gab so viele erregte Gespräche in den Betrieben, Werkstätten und Büros, daß niemand glaubte, nur ein paar Menschen hätten die Unruhe erzeugt.

Sogleich mußte Estébano ein neues Flugblatt herausbringen über den Vorfall in Valencia, die Hinrichtung der zwei Arbeiter und die Verurteilung aller erwachsenen Einwohner der Wohnbaracke. Dieses Flugblatt mußte so scharf, so abgewogen wie möglich sein; er wollte den Entwurf mit Celia durchsprechen. Sie fanden dazu keinen besser geeigneten Ort als ihr eignes Zimmer. Um eine halbe Stunde allein zu sein, zeigte er ihr, wie man unauffällig eine Leitung beschädigt, und er kam, um sie instand zu setzen, mit seinem Werkzeug und dem Entwurf des Flugblatts.

Die Lötflamme glimmte. Durch die Fensterläden fiel in Streifen das Sonnenlicht auf ihr Papier. Celia dachte: Manuel hat sich wahrhaftig einen ebenbürtigen Nachfolger ausgesucht.

Zwischendurch pfiff Estébano, und er rief schließlich: »Fertig!« Und er ging weg.

In Celias Firma lief eine Angestellte mit dem Flugblatt sogleich zum Bürovorsteher. Manche sagten: »Der eine Mann hat geschossen, der andere hat ihn versteckt. Die Polizei war im Recht.« – »Wieso im Recht? Dürfen nicht welche auf dem Heimweg über was reden?« – »Niemand hat deshalb geschossen.« – »Das soll woanders passiert sein, heißt es im Flugblatt.« – »In welchem Flugblatt?« – »Es gab also noch mal ein andres?« –

Es klopfte frühmorgens an ihre Tür. Durch Celias Kopf gingen alle Art Antworten, bevor es zum zweitenmal klopfte; sie beruhigte sich, Polizei wäre hereingestürzt.

Im Türrahmen zeigte sich die Tracht einer Krankenschwester. Teresa sagte: »Ich komme so früh, weil ich einen Zug übersprang, damit ich dich, wenn auch kurz, wiedersehe. Ich mußte einen Kranken in seine Wohnung bringen. Heute kann ich nicht mehr verstehen, warum ich noch ein zweites Mal zu deiner Tante Josefa ging. Ich glaube, jetzt bin ich wieder die, die ich früher war. Dazu hast du mir geholfen.«

Celia dachte beunruhigt: Wieso? Was hab ich zu ihr gesagt?

Teresa fuhr fort, ihr Gesicht war nachdenklich, ruhig: »Gewiß, du bist wortkarg, ich merkte dir aber an, daß du richtig bist.

Im Grunde genommen kam ich nur, um dir zu sagen, was mit mir los ist. Ich bin im städtischen Krankenhaus, und ich habe mein Zimmer anderswo, und ich hab freie Stunden.

Und du? Das Kinderbett ist leer. Ich weiß von der Schwester Veronika, daß Luisa jetzt in Santa Clara übernachtet, seit dort die Schule anfing.«

Celia erwiderte: »Siehst du, davor war mir bange. Es ist aber nicht so schlimm geworden, wie ich's mir vorstellte. Aufs Wochenende kommt sie zu mir, und sie erzählt, was sie dort hört und sieht, als sei alles ein Märchen, mit bösen und guten Geistern und einer unglaublich guten Frau, die den Menschen mit ihrem Zauber hilft.« – »Sie hat vielleicht recht, eine unglaublich gute Frau. Das Kind wird bald bei der Schwester Veronika lernen, die auch meine Lehrerin war.«

Teresa besann sich plötzlich, sie könne den letzten Zug verpassen, wenn sie nicht schleunigst zum Bahnhof fahre. Sie hatte schon die Hand auf der Türklinke, da gewahrte sie über einer Stuhllehne zugeschnittenen Stoff. »Kannst du auch schneidern?« – »In Frankreich mußte ich es lernen, um mich damit zu ernähren.« Teresa sah sie erstaunt an, sie sagte: »Mach's gut für heute. Auf bald.«

Nach diesem Besuch dachte Celia: Ist Teresa nur zu mir gekommen, um mir zu versichern, sie hätte sich endgültig frei gemacht von Zweifeln und Angst? Gerade mir? Weil ich plötzlich in diesem Landhaus erschien? –

Zufrieden war Tante Josefa, weil ihre Nichte in der Firma Stufe um Stufe hochgerückt war und schließlich im Büro des Herrn Bordátegui gelandet. Sie dachte dabei: Ganz gut, dort jemand zu kennen, der manches erfährt über die Firma, die eng verbunden war mit den Geschäften meines verstorbenen Mannes.

Sie schickte ihr Auto und lud Celia zum Abend in die Stadtwohnung ein. »Mir gefällt deine Qualifikation. Um so mehr, als ich Herrn Bordátegui gleich zu Beginn deiner Tätigkeit sagte: ›Versuchen Sie's! Ich weiß nicht, ob die junge Frau Ihnen nützlich sein wird. Vergessen Sie bitte, daß sie irgendwie mit mir verwandt ist. Es gibt schließlich gar keine rechten Verwandtschaftsbande. Ich empfehle sie Ihnen nicht einmal.‹ – Wenn du jetzt ein höheres Gehalt bekommst, sieht man, daß Herr Bordátegui mit dir zufrieden ist.«

Obwohl Frau Ramírez weder Celia noch das Kind jemals beschenkt hatte, fügte sie eifrig hinzu: »Du wirst dir jetzt zwei einfache, aber ansprechende Kleider für dein

Büro anschaffen, außerdem ein Feiertagskleid. Die Leute haben vermutlich inzwischen erfahren, mit wem du verwandt bist. – Geh in das Geschäft Moralez und Rodó.« – Sie legte eine Pause ein, um über etwas nachzudenken. »Man empfiehlt dir sicher das Richtige, wenn die Rechnung an meine Adresse geschickt wird. Mir widersteht es, dir Geld in die Hand zu drücken. Außerdem, du hast selbst guten Geschmack, das stellte ich fest an mancher Kleinigkeit.« Ihr Mund spitzte sich zu einem Lächeln, als sauge sie den Saft ihrer Großmut.

Celia erwiderte: »Vielen Dank. Ich bin, wie Sie festgestellt haben, in meinen alten Kleidern und diesen und jenen billigen neuen zu einem besseren Platz in der Firma gekommen. Und jetzt verdiene ich etwas mehr, und ich kann mir kaufen, wozu ich Lust habe. Sie haben mir guten Geschmack zugebilligt.«

»Wie stolz du bist«, sagte die Tante Josefa. »Man könnte meinen, du seiest blutsverwandt mit der Familie meines verstorbenen Mannes.«

XIV

Der witzige, törichte Attaché, dem Celia in Mexiko in der Villa der Kanadier begegnet war, bekam nicht so schnell Madrid zu sehen, wie er gehofft hatte. Die Alliierten waren genötigt, im ersten Friedensjahr ihre Botschafter abzuberufen; denn in den Hauptstädten waren die spanischen Botschaften zertrümmert worden, als Franco Tausende Arbeiter, die sich nicht fügten, im Baskenland, in Asturien, in Katalonien, einkerkern ließ und manchen erschießen.

In diesen Jahren hatte sich mancher aus der spanischen Gruppe, die nach Frankreich gezogen war, da oder dort verbergen müssen. Einige hatten lange Umwege gemacht, andere waren in Nachbarländer gezogen, um sich von neuem kurzbefristete Aufenthalte zu beschaffen.

Antonio Méndez lebte in einer kleinen Stadt, nicht weit von Paris, einigermaßen ruhig durch die Hilfe seines französischen Schwagers. In seiner Wohnung gab es oft Besprechungen mit spanischen Freunden.

Der älteste Sohn Pedro setzte sich gern in eine Ecke, wenn die Gäste mit seinem Vater sprachen, und er wartete gespannt auf ihre Entscheidungen. Er erinnerte sich an manche Einzelheit ihres Abstiegs aus den Bergen, am Ende des Bürgerkriegs, zusammen mit einer Schar fremder Kinder und mit Celia.

Sein kleiner Bruder Luis, der in Mexiko geboren war, machte die Erwachsenen lachen mit seinen pfiffigen Einfällen, er war immer vergnügt, als hätte er von klein auf eine andere, eine sorgenlose Luft geatmet.

Eines Tages kam ein fremder Gast in die Wohnung von Antonio und Anna Méndez. Er strich den Jungens übers Haar. Die beiden wurden dann rausgeschickt.

»Du siehst gut aus, ganz verjüngt«, sagte Anna. – »Wißt ihr wodurch? Ich war in Spanien. Nein, in keinem besonderen Auftrag, aus Heimweh. Ich war auch nur kurz dort.« – Sein Blick fiel auf Pedro, der sich wieder hereingeschlichen hatte und aus einem Winkel horchte.

Antonio Méndez sagte zu der Handbewegung des Gastes: »Laß ihn ruhig hier. Der sagt nie was.«

Der Gast beschrieb seinen kurzen Aufenthalt. Nicht weit von der Grenze. Aber immerhin auf der spanischen Seite. Als er sich verabschiedet hatte, sagte Anna, ihr Freund hätte unüberlegt gehandelt, bekannt, wie er sei, sein Bild sei auf dem Steckbrief und in allen Zeitungen.

Pedro trat an den Tisch. Er sagte: »Es ist nicht schwer, hinüberzukommen, ohne von jemand gesehen zu werden. Ich war selbst zweimal über der Grenze.«

Die Eltern starrten ihn an. »Du? Wieso?« Der Junge erzählte ruhig mit seinen großen Augen, die so dunkel waren, daß man die Pupillen nicht sah, wenn er das Licht im Rücken hatte: »Ja, zweimal. Als ich in den Ferien mit Jacqueline in Hendaye war. Dort kenne ich einen Jungen, der ist mein Freund. Sein Vater ist Fischer. Er sagte mir, am Ufer, auf der großen Straße, gäbe es viele Posten. Er hat aber einen Onkel, der ist Waldhüter in den Bergen auf der spanischen Seite. Von dem Bergabschnitt aus läuft hinter dem Kamm eine Linie, die muß man sich merken. Dort gibt niemand acht.« – Für sein Leben gern war Pedro hinüber über die Grenze. Er glaubte, das Land sei anders als andere Länder. Er glaubte, es lohne sich, dort zu leben und dort zu sterben. Mit seinem Freund war er lange im Farnkraut hochgestiegen. Gab es nur hier so viel und so hohen Farn? Er hatte darauf nicht geachtet bei der Flucht vor Jahren. »Jetzt sind wir schon über der Grenze«, hatte sein Freund gesagt. – »Nun laß mich allein. Geh zu deinem Onkel! Hol mich ab!« Pedro hatte sich ausgestreckt. Das war der Boden, von dem sie daheim sprachen. Er hörte es aus der Erde klopfen. Das war sein Herz. –

Als seine Eltern ihn anstarrten, sagte er: »Nun ja, es ist gar nicht schwer.«

Als Celia am späten Nachmittag heimging, kreuzte Teresa ihren Weg. Celia begrüßte sie freundlich, etwas überrascht. Teresa sagte: »Gehn wir ein bißchen in den Park?« Und sie nahm, jeden Einwand abschneidend, Celias Arm. Sie war nicht in Schwesterntracht. Sie trug ein schlichtes unauffälliges Kleid, das ihre schöne, hohe Gestalt nicht verbarg.

»Ich muß dir etwas erzählen, etwas Wichtiges –« Celia dachte: Was hat sie wohl heute auf dem Herzen? Teresas Besuch im Wohnblock lag schon recht lange zurück. Doch absagen wollte sie nicht und konnte sie nicht; schon zog Teresa sie entschieden über die Straße.

»Hör mir genau zu. Mach dich darauf gefaßt, Celia, etwas zu erfahren, was wichtig ist. Vielleicht das Wichtigste, was es für dich gibt. Du mußt dich mit aller Kraft beherrschen. Du mußt lachen und lächeln, was ich auch sage. Ich weiß, daß du dich beherrschen kannst.« – Sie gingen bereits durch den Park. Celia war höchst erstaunt, aber sie deutete, Teresas Geheiß folgend, lachend auf einen Mann mit einer Drehorgel und einem Affen. Sie warf ihm sogar eine Münze in den Teller. Mit leichtem Druck auf Celias Arm fuhr Teresa fort: »Das Wichtigste, sage ich. Ich weiß, was Alfonso für dich bedeutet. Er ist für dich der wichtigste Mensch. Das hab ich dir schon angemerkt, als ich seinen Namen das erstemal erwähnte. Den suchst du unablässig, seit du in Spanien bist.« –

Celia stockte der Atem. »Sieh dich noch mal um nach der Drehorgel«, mahnte Teresa, und sie fuhr beiläufig fort: »Nun darf ich dir mitteilen: Wir haben ihn gefunden.«

Das »Wir« aus Teresas Mund, verbunden mit dieser Nachricht, erstaunte Celia erst, als sie später zum Nachdenken kam. Die Nachricht erschütterte sie, doch sie dachte sofort: Vielleicht, weil ich es mir so stark wünsche, glaube ich ihren Worten. – In Celias Kopf entstand die gewohnte Warnung: Gib acht! – Die beiden Frauen gingen auf und ab, scheinbar in einem vergnügten Gespräch. Teresa sagte: »Ich bitte dich, Celia, vertraue mir! Schon hab ich alles in die Wege geleitet, damit du ihn sehen kannst. Er steckt in einem Krankentransport aus dem Gefängnis von Burgos. Und gar nicht so weit weg in dem Spital für Gefangene, das auch der Obhut der Schwestern von Santa Clara untersteht. Dort bleibt er eine Woche nach einer schweren Operation.«

Bezwing dich, bezwing dich, sagte Celia zu ihrem Herzen. Sie kaufte eine Illustrierte Zeitung an einem Kiosk, und sie hielt sich fest, aber Teresa packte barsch ihren Arm und zog sie mit sich. »Unsere Gruppe hat ihn ausfindig gemacht. Nicht nur du warst in Sorge um Alfonso. Gehört er doch zu unseren wichtigsten Leuten. Plötzlich war er verschwunden. Unsere Genossen suchten ihn im ganzen Land. In Betrieben. Sogar auf Schiffen. In Gefängnissen. Er trägt nicht mehr den Namen Varela und auch keinen der Namen, die er vor seiner Verhaftung benutzte. Er arbeitete auf der Werft in S., und bei einem Streikversuch, oder bei der Vorbereitung zu einem Streikversuch, wurden alle Verdächtigen verhaftet. Er unter dem Namen Andrés Videla.« – Teresa ging schnell. Sie schleifte Celia neben sich her. »Du verschaffst dir Urlaub. Sag deinem Chef, du möchtest dich für kurze Zeit in das Kloster zurückziehen. Die Schwester Veronika bringt dich zusammen mit der Schwester Antonia, die nächste Woche Dienst haben wird; denn diese Nonnen versorgen auch kranke Häftlinge, die nach Operationen Station machen müssen. Unsere Gruppe hat sich die Namen der Kranken verschafft. Sie allein weiß über Alfonso Bescheid, auch daß er jetzt den Namen Andrés Videla trägt. Ihre Nachricht ging nur an die Leitung. Keine andere Gruppe darf etwas davon erfahren. Verstehst du?« – »Ja«, sagte Celia. – »Du mußt jetzt die Kraft aufbringen, mir zu glauben. Um Gottes willen, glaub mir. Man wird deinen Urlaub früher ansetzen, weil du dich zu einer geistlichen Übung zurückziehst, die der Pater Hieronymus leitet. Das hab ich alles bedacht. Übers Wochenende sorge ich für dein Kind, und wenn du zurück bist, bring ich's dir. So und nicht anders muß man es machen. Du fährst zum Kloster, dort erwartet dich die Schwester Antonia. Das sagst du gleich an der Pforte. Die Schwester Antonia weiß Bescheid. Aber sie redet nicht darüber, auch nicht mit dir. Frag sie nichts. Hast du mich verstanden?« – »Ja«, sagte Celia.

Auf dem Rückweg erzählte Teresa belangloses Zeug. Sie sagte zwischendurch: »Alfonso, genannt Andrés Videla, hat bei allen Verhören wiederholt, er sei im Waisenhaus groß geworden. Und dieses Waisenhaus ist im Bürgerkrieg aufgelöst worden. Dadurch hat man ihm nichts nachweisen können, nur die Teilnahme an der Vorbereitung einer verbotenen Versammlung. Jetzt ist er schlimm krank. Man mußte ihn operieren. Doch seinem Leben droht keine Gefahr. Also. Sei tapfer. Hast du alles verstanden?« – »Alles.« –

Celia zwang sich, ihre Erregung zu beherrschen, auch als sie endlich allein war. War dieses Wiedersehen sicher? Auch nur wahrscheinlich? Sie, die die schwere Schule steten Mißtrauens durchgemacht hatte, die schwerste vielleicht, die sie kannte, mußte sich fragen: Warum vertraue ich dieser Teresa? – Ich vertraue ihr nicht nur, weil ich mir von ganzem Herzen wünsche, was sie verspricht, sondern weil ich plötzlich weiß, sie lügt mich nicht an. – Die schmerzliche Hoffnung war durchdrungen von dem Staunen über Teresa. Was sie erlebt hat, war nicht umsonst, schlug Wurzeln. Alle Angst fiel ab von Teresa. Früher war ihr Gesicht immer verstellt. Jetzt ist es offen und klar. Sie ist tapfer, sie ist gut. Doch diese Schwester Veronika? Und diese Schwester Antonia? Ich weiß nicht, was in dem Kloster vor sich geht. Warum soll es dort nicht auch eine Frau geben, die sich sagt, ich muß in jedem Fall etwas Gutes tun? Aus anderen Gründen als wir. Aber gleichwohl, sie will etwas Gutes tun. Da muß ich mich auf Teresa verlassen, die sich dort auskennt.

»Wir können auch diesen da noch schnell umbetten.« – »Wozu?« Scharf kratzte die Stimme der Nonne, die heute als Aufseherin den Dienst versah; trotz ihres Alters durchkreuzte sie hurtig den Saal, mit da- und dorthin spähenden Augen. – »Schluß jetzt! Keine Zeit mehr!« – »Doch. Fassen Sie nur noch mal an, Celia. – Ist schon gemacht.« Die Schwester Antonia half, da sie kein frisches Bettuch hatten, das alte, das steif von Schmutz und Blut war, zurechtziehen und dann die Decke wenden. Celias Hände griffen zu. Sie war starr, bis auf ihre Hände.

Von allen Seiten kamen flehentliche Bitten, auch freche Zurufe. Wächter stürzten herein mit Strafen und Drohungen. Dann gab es einen Moment Stille. Einer winselte, der seine Schmerzen nicht verbeißen konnte, ein anderer fluchte, die Drohungen wurden schärfer.

Der Gefangene, den die Schwester Antonia mit Celia versorgte, achtete zuerst kaum auf die beiden Frauen. Eine war Nonne, die andere vielleicht Laienschwester. Er hatte zuerst nichts, was ihn anging, wahrgenommen an der schmalen, fremden Gestalt, in dem langen Rock, das Gesicht unterm Kopftuch, so grau wie das Kleid. Einen Augenblick horchte er hin bei dem Klang der Stimme, die etwas Vertrautes und Dringendes hatte. Die Hände der jüngeren Frau berührten ihn, der steif war vor Schmutz und vor Schmerzen. Er wußte plötzlich Bescheid, als ihr Blick auf ihm ruhte. Erkenn mich! Ich bin's. Und sein Blick erwiderte diesen Blick mit einer Spur Lächeln. In der Bewegung, die seinen Körper mehr streifte als anfaßte, war die Liebe, die ihre Leben so heftig zusammengetrieben hatte. Die Liebe, die ihm mehr als das Leben war. Ist das wahr? Mehr als das Leben? Und was war sein Leben wert? Wozu wird es noch wert sein? Was war das, was einem Menschen, was ihm selbst wert war? Er bewegte ein wenig die Lippen, und Celia verstand, was er sagen wollte. Sie war verzweifelt und glücklich. Würde er diesen Transport überstehen? Er war ja sehr krank. Die Ärzte hatten an ihm herumgeschnitten. Und vorher war er, wer weiß wie oft, geschlagen, gequält worden, als man ihn verhaftet hatte und herausbringen wollte, wer er war. Er war ausgezehrt, alt geworden, unkenntlich für alle. Sein Blick kam aus den gleichgebliebenen, unveränderten, hellen Augen.

Das Umbetten war geschehen. Celia folgte der Schwester Antonia zu einem anderen Bett, nachdem sie nochmals seinen Fuß berührt hatte, der unter der Decke hervorsah. Ein Blick mehr war schon unmöglich geworden. –

Er aber, halb bei Bewußtsein nach tiefer und langer Narkose, war keineswegs überrascht, daß sie an seinem

Bett aufgetaucht war. Das war kein Wunder und auch kein Traum. Er hatte kein Gefühl für Entfernung und Zeit. Sie hatte jetzt an seinem Bett erscheinen müssen, die grimmigen Schmerzen vertreibend, die beim Nachlassen der Narkose zurückkamen. Er dachte nur flüchtig, wie man noch halb bewußtlos für eine Sekunde einen Gedanken ergreift: Warum zeigt sie mir unser Kind nicht? Denn vor einer gewissen Zeit war ihm mitgeteilt worden, daß sie mit ihrem Kind lebe. Ein Kind, freilich, gehörte nicht an diesen Ort. Solche Gedanken jagten durch seinen Kopf. Ich werde von hier wegkommen, weiterleben, dachte er in einem Zustrom von Kraft. –

Im Kloster sprach Celia kein Wort mehr mit der Schwester Antonia. Diese vermied es, Celia allein zu begegnen; sie kam nicht dazu, eine Frage zu stellen, und sie wollte es nicht.

Als Celia nach diesem Urlaub abends in ihre Wohnung zurückkam, hatte Teresa das Kind schon zu Bett gebracht. Teresa sagte: »Es geht Alfonso besser, das haben wir erfahren. Er liegt nicht mehr auf der Krankenstation. Er wurde in ein anderes Gefängnis gebracht. Nur wissen wir nicht, wohin. – Sobald ich etwas Sichres weiß, erfährst du's. Komm bitte die nächste Zeit nicht in mein Krankenhaus.«

Das Kind hatte sich schlafend gestellt. Als Teresa fort war, sprang es auf die Füße, warf sich der Mutter an den Hals. Celia redete ihm zu, sich schlafen zu legen. »Laß das Licht noch ein bißchen brennen«, sagte das Kind. Es sah seine Mutter aufmerksam an. Die stand stumm und reglos im Zimmer. Das Kind sprang noch einmal auf, trat neben Celia. Dann sagte es, nicht als Frage, sondern mit Entschiedenheit: »Du hast ihn wiedergesehen.« Celia erwachte aus ihren Gedanken, und sie sagte: »Wen? Wo? Wieso wiedergesehen?«

»Warum sagst du mir nichts?«, das Kind rieb seinen Kopf an Celias Arm und sah ihr ins Gesicht. »Damals, als du spät von der Reise kamst, hast du so ausgesehen wie heute.« – »Was meinst du damit?« fragte Celia bestürzt, »von wem sprichst du?« – »Von ihm, das weißt du. Deine Augen blickten damals genau wie heute. Als ob es hier nichts zu sehen gäbe, sondern weit weg. Und dein Mund hat auch so ausgesehen, als ob du gar nicht denkst, was du sagst, ja, wie heute.« –

Celia strich dem Kind über das weiche, warme Haar. »Was du dir alles ausdenkst. Jetzt ist's aber höchste Zeit zum Schlafen.«

Luisa dachte im Bett, in sich zusammengerollt, mit hochgezogenen Knien, an vergangene Zeiten. Wie kurz auch ihre Vergangenheit war, ihre Gedanken tauchten hinein, wie in einen bodenlosen Brunnen. Sie war überzeugt, daß ihr Vater am Leben war und die Mutter ihn manchmal sah. Es kam ihr vor, er sei schon immer dagewesen. Längst vor jener Begegnung, von der die Mutter so stumm und bleich zurückgekehrt war wie heute. Wie die Erwachsenen versuchen, sich in die ferne, ungewisse Zukunft hineinzudenken, so versuchte das Kind, sich das Vergangene vorzustellen; obwohl es in seinem Leben erst wenige Jahre bedeutete, war es so tief, so verborgen wie die Zukunft. –

Nachdem fast ein Jahr verflossen war, ohne etwas von Alfonso erfahren zu haben, konnte Celia sich nicht mehr zurückhalten. Sie fragte Estébano: »Hör mal, weißt du vielleicht, was aus einem Alfonso Varela geworden ist, der im Bürgerkrieg eine Rolle gespielt hat bei der Einnahme von Teruel, man nannte ihn deshalb auch oft Alfonso von Teruel? Lebt er noch? Ist er eingesperrt? Weißt du darüber Bescheid?« –

Estébano erwiderte lebhaft, erstaunt: »Das hab ich mich schon selbst gefragt. Denn ich habe früher oft über ihn gehört. Manche meinten, er sei fort aus dem Land, man wußte nicht recht wohin, andere sagten, er sei bestimmt in Spanien geblieben, und sie behaupteten, er und kein anderer hätte diese kurzen, schlagartigen Demonstrationen in Asturien zustande gebracht, zusammen mit ein paar Freunden, die, wie er selbst, so geschickt waren, daß keiner von ihnen verhaftet wurde. Davon hast du selbst gehört. Es hieß auch, sein Deckname sei eine Zeitlang Simon Soler gewesen. In Wirklichkeit war es aber jener Alfonso, den mancher aus dem Bürgerkrieg kannte. Mein alter Freund behauptet, die Polizei hätte ihn zwar später verhaftet, er sei aber bei dem Transport von einem Gefängnis zum anderen entsprungen. Er hätte bereits wieder jene Aktion in Cádiz geleitet, du weißt, dort kam ein Flugblatt heraus, das sogar in Schiffe kurz vor ihrer Abfahrt eingeschmuggelt wurde. Auch in viele Betriebe. Ich kann nicht beschwören, daß es sich um den Mann handelt, nach dem du mich fragst. Manches spricht dafür. Wir werden die Einzelheiten nicht so leicht erfahren. Vielleicht wird er selbst sie uns eines Tages erzählen. Wenn er noch lebt.«

Das Versteck

Die Schiffe, mit denen Kolumbus zum drittenmal von Haiti nach Spanien fuhr, um der Königin Bericht zu erstatten, waren wiederum nicht mit Gold beladen, wie man gehofft hatte, sondern mit rötlichen und hellen, in Europa noch unbekannten Hölzern, mit Samen und Früchten, mit Ballen von Gewebe.

Vor allem hatte Kolumbus den ausdrücklichen Wunsch der Königin erfüllt: Er brachte ihr zwölf sehr junge Mädchen, die er in seinen Berichten paradiesisch an Anmut und Schönheit genannt hatte.

Die Königin Isabella wollte diese Mädchen am spanischen Hof erziehen und sie aufwarten lassen zum Staunen ihrer Gäste. Die anmutigsten wurden bestimmt als Geschenke für einige Adlige, die sich um die Krone besonders verdient gemacht hatten.

Wie Fliegende Fische schnellten die Mädchen in ihren Tänzen aneinander vorbei unter der Abendsonne, an Deck des Admiralsschiffs. Die Schönste unter ihnen war daheim Toaliina gerufen worden, der Name war ihr geblieben. Oft drängten sich die Gefährtinnen um sie zusammen. Sie zeigten sich den Inselbewohnern, die an der Küste nahe der Landungsbrücke die Abfahrtsmanöver verfolgten, von Spaniern bewacht. An Deck bestaunten Schiffsleute aus einiger Entfernung die Tänzerinnen. Es war ihnen verboten, eines der Mädchen, wenn auch noch so flüchtig, zu berühren.

Die Anker wurden eingezogen. Die Küste verdunstete schnell mit einem tiefen Atemzug.

Toaliina stieß einen Vogelschrei aus. Sie schwang sich über die Reling. Sofort sprangen alle Mädchen ihr nach. Mit gleichmäßigen Stößen strebten sie dem Küstenpunkt zu, den sie vor kurzem verlassen hatten. Von dort kam über das Meer dieser und jener Ruf, der eine Warnung sein konnte oder ein Ansporn.

Ein besonders geschickter Schiffsjunge sprang Toaliina nach. Sie machte blitzschnell eine Drehung und biß ihn in die Hand. Inzwischen wurden mehrere Boote heruntergelassen. Die Mädchen bildeten einen Zug. Toaliina schwamm an der Spitze. Schon setzten die Seeleute ihnen nach, schwimmend oder rudernd.

Hätte man auf die Mädchen eingeschlagen oder gar auf sie geschossen, wäre es nicht möglich gewesen, sie dem spanischen Hof als Geschöpfe paradiesischer Anmut vorzuführen.

Toaliina hatte die Richtung geändert. Zwei ihrer Gefährtinnen waren noch auf dem Meer gefaßt worden. Diese hatten ihren Weg genau auf die Küste zu gehalten; andere wurden bei ihrer Ankunft von der Wache ergriffen. Die Gesichter der Zuschauer hatten sich verfinstert. Vor kurzem, bei der Abfahrt, hatten sie gelächelt. Jetzt schienen sie zu begreifen, was auf dem Spiel stand. Die man wieder gefangen hatte, wurden in dunkle Kabinen gesperrt. Man rätselte auf dem Schiff, warum sie die Flucht unternommen hätten. »Sie ahnen nicht, was Spanien ist.« – »Und was es für sie bedeuten würde, am spanischen Königshof zu dienen.« Zwei Freunde äußerten sich, der gestrige Gast des Admirals sei ein Bruder des Häuptlings gewesen. Er hätte, als er die Abschiedsgeschenke brachte, mit Toaliina leise Worte gewechselt und ihr in die Luft Handzeichen gemacht. –

Toaliina war nicht an Land geschwommen. Sie hatte sich in einem schwimmenden Busch versteckt, dann war sie an einem von der Abfahrtsbrücke beträchtlich entfernten Punkt an der Küste gelandet. Sie ging mit raschen, genauen Schritten auf eine Mulde zu. Dort blieb sie stehen und spähte in eine mächtige Baumkrone, die, mit Absicht oder durch ein Unwetter, vom Stamm gerissen war. Die Krone hatte wieder Wurzeln geschlagen. Aus dem Geäst kroch jetzt ein altes Weib. Es zog sich zurück, als es festgestellt hatte, daß Toaliina ihm ohne Zögern nachkam. Es rief nichts, es winkte nicht, es hob nur den Zeigefinger gegen die Bergwand, an der sich das frische Astwerk festhielt.

Der Alten folgend, wühlte sich Toaliina hinter ihr ins Gestein. Nur selten drang etwas Licht in die vielen Gänge und Höhlen. Sie dachte dann an die Worte, die der Haitianer ihr zugezischt hatte, als er auf das Admiralsschiff Geschenke für den spanischen Königshof brachte. Dieser Bruder des Häuptlings war sicher nicht nur der Abschiedsgeschenke halber an Bord gekommen, sondern um ihr diesen und jenen Ratschlag zu geben. Er hatte, anders als sein Bruder, mit vielen Inselbewohnern von Anfang an den Spaniern mißtraut. Er hatte Toaliina ein Zeichen gemacht. »Du bist nur bei dieser Frau, der Mutter meines Freundes, sicher, dein Leben lang.«

Toaliina hatte über diese Worte nicht nachgedacht, und sie dachte auch jetzt nicht darüber nach, was es bedeuten konnte: dein Leben lang.

Die alte Frau war ihren Weg in die Felswand hinein so ruhig und sicher gegangen, als sei er ein Feldweg. Toaliina kroch hinter ihr. Sie machten in einer Höhle halt. Ihre Wände waren abgeschabt, auf diesem und jenem Vorsprung stand allerlei Gerät. Auf dem Boden lagen ein paar Decken. Die waren zertreten und zerfranst, aber nach Webart und Farbe hätte man solche Decken zu den Geschenken nach Spanien legen können. Toaliina sehnte sich bereits nach Luft und Meeresrauschen. –

Die alte Frau rieb einen Brei aus Knollen und Wurzeln. Man hörte Schritte aus einem rückwärtigen Zugang. Die Frau sagte: »Tschanangi! Mein Sohn!« Und sie rieb mit freudigem Eifer. Toaliina strahlte beim Anblick des Ankömmlings, und dieser strahlte bei ihrem Anblick.

Er berichtete, drei Mädchen seien sofort bei ihrer Ankunft ergriffen worden. Die Spanier seien zwei anderen nachgeschlichen und hätten ihre Unterkünfte entdeckt. Man hätte sie blutig geschlagen. Man hätte sie eingesperrt. Man hätte ihre Hütten verbrannt. Toaliina rief: »Blutig geschlagen! Verbrannt!« – »Gewiß«, sagte der junge Haitianer, der nicht aufhörte, Toaliinas Arm zwischen den Lippen zärtlich hin und her zu ziehen. Er fuhr fort: »Der Häuptling hat uns einreden wollen, die Götter hätten diese Fremden zu uns geschickt, sein Bruder aber hielt sie von Anfang an für die Bewohner einer entfernten Insel, die hierherfuhren auf Beute. Was die Wahrheit ist, hat sich bald herausgestellt. Wir sind uns auf der Insel nicht mehr einig.«

Seine Mutter sagte: »Wenn du wieder zu uns kommst, nimm einen anderen Weg. Durch den Wald. Nur wir kennen diesen Zugang. Toaliina darf gar nicht hinaus. Ihr Haar ist schwarz, aber mit goldenen Punkten. Man erkennt sie von weitem.« –

Toaliina war betäubt von ihrer Liebe zu Tschanangi. Sie verstand nichts mehr von Zeit. Sie verstand nichts von der Zeit zwischen zwei Umarmungen. Nichts von der Zeit zwischen seinem Abschied und seiner Wiederkehr. –

Sie gebar einen Sohn. Tschanangi kam später als je zuvor. Er trug eine sonderbare Münze durch eine Schnur gezogen, die um seinen Hals geknotet war. Er erklärte: »Wer die Schnur mit der Münze nicht trägt, wird festgenommen. Sie ist das Zeichen für den Goldtribut. Sie wird jedem umgehängt, der ihn abgab. Ich weiß nicht, ob dieser Admiral gut oder schlecht ist. Seine Leute werden tolldreist, wenn er, wie jetzt, ihnen den Rücken kehrt. Er kann sie nicht bändigen aus der Ferne. Wer von uns keinen Goldtribut abgab, wird ins Bergwerk geschickt. Dort muß er, was er nicht freiwillig abgab, aus der Erde graben.«

Ein anderes Mal sagte er: »Der Admiral ist mit seinem Freunde zurückgekommen. Er war nicht glücklich über die Ereignisse, die hier inzwischen geschehen sind. Die Spanier sind dreist und herzlos. Du, Toaliina, geh keinen Schritt von hier weg.«

Sie dachte wieder, jetzt aber angstvoll, an die Worte, die ihr der Bruder des Häuptlings auf dem Schiff gesagt hatte: »An diesem Ort, bei der Mutter meines Freundes, wirst du dein Leben lang sicher sein.«

Sie sehnte sich heftig nach dem Meer. Eines Abends trug Tschanangi ihr zuletzt geborenes Kind durch den rückwärtigen Zugang an die Küste. Toaliina sog den Salzgeruch ein, als es wieder in ihren Armen lag.

Die alte Frau starb. Das Alleinsein war bitter. Nach langem Warten, und Toaliina hatte inzwischen begriffen, was Warten war, kam anstelle von Tschanangi sein bester Freund. Er sagte: »Tschanangi hat mir genau den Weg zu dir beschrieben. Sie haben ihn schließlich doch ins Goldbergwerk gesteckt. Für mich ist es leichter, mit dir hier zu leben als draußen, von den Spaniern bedroht.«

Kolumbus war in Cádiz nicht ganz so herzlich empfangen worden wie bei seiner letzten Rückkehr. Man teilte ihm mit, daß an seiner Stelle verschiedene neue Oberbefehlshaber über neuentdeckte Länder und Inseln ernannt worden waren. In seiner Abwesenheit hatte man in Haiti die Festung La Navidad zerstört. Auch dort war ein neuer Gouverneur an Kolumbus' Stelle eingesetzt.

Der Bruder des alten Häuptlings, der vor der letzten Abreise Kolumbus mit Geschenken für den spanischen Königshof bedacht hatte, war seiner Widersetzlichkeit halber aller Würden enthoben worden. Er mußte sich mit vielen Haitianern in dem Gebirge im Westen der Insel verstecken. Die hatten von Anfang an die spanischen Ankömmlinge nicht für Götter gehalten, sondern für Eindringlinge, scheinheilige, gierige. Jetzt war es klar, wer gegen wen war. Auf einer Hochstraße schlugen sich die Haitianer mit den Spaniern. Die Spanier kämpften mit vorzüglichen Waffen. Die besiegten Haitianer wurden zu Sklaven gemacht.

All das erzählte Tschanangis Freund. Er blieb in der Höhle versteckt. Nur um Früchte und Wasser zu holen, schlich er, so selten wie möglich, fort auf einem Seitenpfad. Toaliina hatte gelernt, ihm vorzügliche Mahlzeiten zu bereiten wie Tschanangis Mutter. Sie lebte mit diesem Freund zusammen, nicht so glücklich wie ehemals, doch ohne Ungemach. Sie gebar ihm zwei Kinder.

Inzwischen hatte in Spanien die Königin Isabella bei den Geistlichen und den hohen kirchlichen Beamten nachfragen lassen, ob Menschenhandel und Sklavenverkauf erlaubt seien. Nach gründlichen Forschungen war die Antwort: »Ja. Durchaus erlaubt, schon in der Heiligen Schrift.« –

Die schönsten und gewandtesten unter den Mädchen, die einmal mit Toaliina geflohen waren, doch wieder gefangen wurden, hatten zuerst ihre Dienste am Hof verrichtet und in den Häusern von Adligen. Als man ihrer satt war, landeten sie auf den Sklavenmärkten. Es heißt, einige blieben gleichwohl die Geliebten und Frauen adliger Herren.

Kolumbus, aus seiner Entdeckerunruhe, unternahm, als er nach Haiti zurückgekehrt war, von neuem viele Fahrten. Nichts brachte ihn davon ab, die Inseln und Küsten, zu denen er vorstieß, für Teile von Indien zu halten – den Orinoco, in dessen Mündung er eindrang, hielt er für einen der mächtigen indischen Ströme.

Der spanische Hof war zwar erregt über diese neuen Entdeckungen, doch noch viel mehr über die Vorgänge im eignen Land. Am Hof folgte eine Hochzeit der anderen. Die jüngste Prinzessin heiratete den Herrn der Niederlande, der spanische Thronerbe dessen Schwester. –

Tschanangi, der erste Mann Toaliinas, war längst aus dem Bergwerk geflohen. Er gelangte in ein Gebirge im Westen, das von einem Häuptling Bujarda beherrscht wurde, der die fremden Ankömmlinge niemals für Götter gehalten hatte. Immer klarer wurde es ihm und seinem Anhang, daß gemeine, gierige, schlaue Menschen auf gewöhnlichen Beutezügen seine Insel beraubten. Zu den besten Wächtern und Kampfgefährten Bujardas gehörte bald Tschanangi. Als der nach einem Vorstoß der Spanier schwer verwundet ins Innere der Berge getragen wurde, kam es ihm im Fieber vor, er läge in der Höhle, die lange sein Obdach gewesen war. Die Frau, die ihn pflegte, schien ihm schöner zu sein als irgendeine, die es sonstwo geben mochte. Ihr Anblick überschüttete ihn mit Glück. Er vergaß seine Wunden, solange er ihren Namen suchte. Er wurde plötzlich hellwach und rief: »Toaliina!« Mit dieser Erinnerung widerstand er eine Zeitlang dem Tod. –

Der Haitianer, der jetzt Toaliinas Mann war, machte beim Verlassen der Höhle auf Nahrungssuche eine zu rasche, zu arglose Wendung. Er wurde von Wächtern angerufen. Sie stürzten sich auf ihn mit der Frage: »Wo kommst du her? Wie heißt dein Herr?« Er erwiderte: »Der Herr der Berge im Westen.« Diese Berge galten für unüberwindlich. Auf die Frage, wen er denn hier besuchen wollte, sagte er, jeden, der ihn anhören würde.

Man band ihn fest, man schlug ihn, unter ständigen Fragen rieb man ihm Salz in die blutigen Striemen. Er lachte, und er war gewillt, sich totschlagen zu lassen, nie würde er den Ort angeben, an dem sich Toaliina versteckte, der war eine Zuflucht für manchen Verfolgten geworden.

Nach und nach suchte niemand mehr nach ihrem Versteck. Es gab wohl einzelne Menschen, die mutmaßten, daß sie sich irgendwo im Gebirge verbarg. Sie hatte ja damals nach ihrer Landung nicht wie ein Geist verschwinden können.

Der spanische Thronerbe Johann, der eine Tochter aus der niederländischen Königsfamilie geheiratet hatte, war plötzlich gestorben. Trauerfeierlichkeiten lösten die Hochzeit ab. Die spanisch-niederländische Hausmacht war im Entstehen, die noch hundert Jahre Europa zerreißen würde. –

Vielleicht schlich sich manchmal einer in Toaliinas Versteck, dem man in Todesgefahr diese Zuflucht anvertraut hatte. Vielleicht sagte manchmal einer zum anderen: »Dort lebt wohl die Frau, die vor vielen Jahren nach Spanien verkauft werden sollte und vom Admiralsschiff gesprungen ist und zurückgeschwommen und sich hier an der Küste versteckt hat.«

So erfuhr sie ihre eigne Vergangenheit, die sie selbst fast vergessen hatte, bis auf das Brausen der Wellen. –

Einmal, als sie in ihrer Höhle lag, brach ein rasender Sturm aus. Das Meer riß Stücke der Küste ab. Bäume wurden entwurzelt. Die Wände der Höhle gaben nach. Toaliina kroch durch den rückwärtigen Zugang, der zum Teil schon verschüttet war. Sie klammerte sich am Gestein fest, um zu verschnaufen. Ihr Gesicht war bald zerbissen von der Salzluft. Wo sind meine Kinder? Im Bergwerk? Gefesselt? Gefangen? Auf der See? Jeden Augenblick konnte die Brandung sie mitreißen. Mit letzter Kraft krallte sie sich an einen Felsbrocken, sie fühlte bei aller Gefahr, daß das Meer ihr half, mit dem sie von klein auf vertraut war.

Sie wußte, ihre Flucht war geglückt.

Der Schlüssel

Die gußeiserne Tonne war ausgekühlt, in der man in Paris Kastanien geröstet hatte. Hier gab es keine Kastanien. Die Negerin Claudine röstete darum zur Mittagszeit Mais, Haselnüsse, Hagebutten und andere Früchte. Die Arbeiter, die die große Straße im Jura-Gebirge anlegten, hielten sich auf, um eine Handvoll zu kaufen von dem, was Claudine schnell zubereitete. Dann legte Amédée das Kopftuch seiner Frau über die ausgekühlte Tonne, er zog eine Weinflasche aus der Tasche und einen Kanten Brot, den er mit seiner Frau teilte. Ein paar Leute, die nach Pontarlier oder in irgendein Dorf gingen, blieben einen Augenblick stehen, um die karge Mahlzeit zu betrachten. Alles kam ihnen sonderbar vor, die Tonne, in der man Mais röstete, die Mahlzeit des Negerpaares, die rasch und ordentlich verzehrt wurde, trotz Hunger ohne Gier. Kauend, im Weitergehen, sagten die Leute: »Er trägt ein Kreuz an der Schnur um seinen Hals.« – »Das war kein Kreuz, sondern ein Schlüssel.« – »Ein Schlüssel?« – »Geh mal näher heran, dann wirst du sehen: ein Schlüssel!«

Amédée sprang auf nach dem letzten Schluck, seinem Arbeitstrupp nach. Die Mittagspause hatte er aus eigenem Willen eingelegt. Sein Meister hatte Leute aus Haiti mitgebracht, einige hatte er in Paris übernommen und den Trupp hier in der Gegend aufgefüllt. Der Bauherr in Paris hatte sich in staatlichem Auftrag verpflichtet, die Straße durch das Gebirge zu legen.

Amédée erfuhr auf dem Schiff, das ihn nach Frankreich

brachte, von den neuen Ereignis, das abermals die Welt erschütterte: dem 18. Brumaire.

Bonaparte blieb endgültig an der Macht. Er ertrug keine Negerherrschaft in Haiti. Ihm waren die Neger zuwider. Toussaint, der auf Haiti die Macht hatte, und sie mit Weisheit gebrauchte, war ihm erst recht zuwider. Er schickte Kriegsschiffe aus. Die Insel wurde zusammengeschossen, ihre Farmen und Wälder verbrannt. Toussaint, der Führer der Negertruppe, wurde mit List gefangengenommen und weggeschafft in eine Festung im Jura-Gebirge.

Als Amédée von diesen Ereignissen erfuhr, erfaßte ihn Angst, man könnte Toussaint, den er unter allen Menschen am meisten liebte – er hatte vielleicht erst durch Toussaints Wirken ganz verstanden, was es bedeutete, einen Menschen zu lieben –, Böses antun. Es gelang ihm, bei dem Straßenbau im Jura unterzukommen. Hier hatte er beständig die Festung vor Augen, in der Toussaint eingesperrt war. Es war ihm zumute, als wüßte Toussaint in seiner Zelle, daß einer seiner treuesten Anhänger ständig sein Fenster beobachtete.

Nicht alle französischen Soldaten, die die Festung bewachten oder dort einen Dienst versahen, waren gleicher Gesinnung. Zwar auch glaubte hier Bonaparte, jeder müsse jeden seiner Befehle gutheißen. Amédée machte einen Wachsoldaten, Jean Violet, ausfindig, der ihm, sobald sie sich gegenseitig vertrauten, bei ihren kurzen, aber regelmäßigen Treffen alles mitteilte, was Toussaint betraf. Und dieser Violet machte kein Hehl daraus, daß er gleichfalls Toussaint für einen gewaltigen Menschen hielt, dem man Gemeines antat, weil man ihn fürchtete.

Nur dieser Blick während der kurzen Pause auf das Fenster in der Festung, hinter dem vermutlich Toussaint jetzt lebte, war Amédée noch geblieben für seine unauslöschbare Liebe. Darum kürzte er oft seinen Arbeitsweg ab, und er brachte seinen Gefährten, damit sie nicht grollten, Mais, Hagebutten und anderes, was seine Frau Claudine zuzubereiten verstand.

Amédée wußte nicht, und auch Jean Violet ahnte nicht, daß das Licht in Toussaints Zimmer nicht aufblinkte, um einem Mann, der ihm treu war, in dem Arbeitstrupp ein Zeichen zu geben, sondern weil zu dieser Minute Toussaints Zelle gründlich durchstöbert wurde. Amédée glaubte, der von ihm geliebte Toussaint müßte sein Hiersein ahnen und ihn erkennen.

In einem leeren Gehöft an der Straße, die gebaut wurde, hatte man eine Unterkunft für den Meister eingerichtet und einen Keller mit Arbeitsleuten vollgestopft. Hier schlief auch Claudine und manchmal, an sie gedrückt, ihre Freundin Sophie. Auch die war Negerin, hatte mit ihrem Mann die Stellung schon in Martinique angenommen. Aneinandergekuschelt, um sich zu wärmen, erzählten sich die zwei Frauen ihre Erlebnisse in den vergangenen Jahren. Weil diese dicht und brennend waren, blieben sie wach trotz Erschöpfung.

Da Amédée so lange wie möglich hinaufstarrte in die Festung, die von der Straße aus ein Gebirgsvorsprung zu sein schien, lag seine Frau Claudine an Sophie gedrückt und erzählte aus ihrem vergangenen Sklavenleben in Haiti.

»Kurz vor dem großen Fest, das die Evremonts jedes Jahr gaben, fiel mir eine Vase aus der Hand. Meine Herrin rief, die Vase sei überaus wertvoll gewesen, hätte dreimal soviel gekostet wie ich selbst auf dem Markt. Sie ließ mich zur Strafe in ein Wandgefängnis einsperren, das man von der Festtafel aus sehen konnte. ›Wenn es dir langweilig wird‹, sagte das böse Weib, ›kannst du dir die Gäste betrachten.‹

Die Herrin dachte sich oft und gern solche Art Strafen aus. Man stopfte mich in das dafür hergerichtete Loch in der Wand. Man drückte das Gitter zu. Die Aufseherin, obwohl sie Negerin war wie ich, stand in hoher Gunst, sie schloß mich ein, und sie steckte den Schlüssel an ihr Halsband. Ich konnte kaum ein Glied in dem Loch bewegen. Ich krümmte mich, und ich stöhnte. Zuerst starrten die Gäste am Tisch, manche neugierig, manche vielleicht sogar mitleidig. Nun mußt du wissen, in dieser Woche geschahen bereits da und dort auf der Insel, auf benachbarten Gütern, allerlei Dinge, von denen ich nichts richtig verstand auf meinem Gutshof, die ich nicht einmal für möglich hielt. –

Der neue französische Kommissar war gelandet. Er hatte den Auftrag, die Güter zu enteignen und dem Volk die Herrschaft über die Gutsbesitzer zu geben. Unter den Negern und Mulatten, lauter Verblendete, angstvolle Leute, hatte er keinen Beistand gefunden. Er hatte sich schließlich an Toussaint gehalten, der sich darauf verstand, in Menschen Widerstand zu entzünden. Auf einer Kaffeeplantage, nicht weit von den Evremonts, die den Grafen Monrois gehörte, war am Morgen desselben Tages, an dem man bei uns das Fest gab und mich in das Wandgefängnis sperrte, kein Afrikaner zur Arbeit gekommen. Das hätten Beauftragte des Kommissars so angeordnet. Sie lachten über Schläge und Tritte. Und plötzlich, das habe ich aber alles erst später gehört, hielten zwei Kutschen des Grafen Monrois vor Evremonts Tor; jemand kam an den Festtisch gerannt, kein Schwarzer, irgendein geputzter Weißer, festlich gekleidet wie unsere Gäste, aber er stürzte verzweifelt in den Festsaal. Niemand sah mehr in mein Wandgefängnis. Obwohl meine Rippen zerquetscht waren, verfolgte ich rasend gespannt, was da plötzlich vorging. Die Gräfin Evremont stand schließlich auf, mit fassungslosem Gesicht, der Graf stand auf und einer, der neben ihr saß, auch andere umringten den Ankömmling. Schließlich drängten alle mit bestürzten Gesichtern aus dem Saal. Dabei zerbrachen mehr Vasen und Teller, als zwanzig Mädchen gleich mir gekostet hätten. Sie warfen sich in die Kutschen, deren sie habhaft wurden. Die Weißen, für die es keinen Platz mehr darin dann gab, stiegen in irgendwelche Karren, die man inzwischen geschirrt hatte. Ich glaube, es gab nur einen Trieb: weg aus dem Gut, an die Küste hinunter. Das habe ich freilich alles erst später erfahren. Ich konnte nur feststellen, was es aus meinem vergitterten Loch zu sehen gab. Mein Staunen und meine Erregung, das mußt du mir glauben, Sophie, waren stärker als meine Verzweiflung. Von dem Monroisschen Gut kamen welche zu unserem. Es roch nach Brand, ich hab dir schon soviel erzählt, willst du jetzt schlafen?«

»Ja, jetzt müßte ich schlafen. Das alles habe ich auch miterlebt. Nur in ein Wandgefängnis war ich nicht gesperrt. Wie du da rauskamst, das muß ich doch noch wissen.«

»Ich rüttelte wie verrückt an dem Gitter. Ich glaubte, mir würden alle Knochen brechen, so rüttelte ich, damit ich befreit werde und raus zu den anderen könne. Unsere Schwarzen hörten mich nicht. Sie brachen in den Festsaal ein. Sie schrien, sie tobten, da und dort fraß eine Flamme ein Tischtuch weg oder einen Vorhang. Das Geschirr auf der Festtafel war längst zertrümmert. Ich schrie: ›Schließt auf! Laßt mich raus!‹ Doch unsere Sklaven, in ihrem Getobe, alles zerfetzend, zerreißend, zündend, drückten sich an der Wand vorbei. Sicher war das gemeine Weib mit dem Schlüsselbund, das mich in das Loch eingesperrt hatte, bereits voll Todesangst zum Hafen entkommen.«

Sophie war es nicht nach Schlaf zumut; sie horchte gespannt.

»All unsere Schwarzen durchrasten johlend das Gutshaus. Keiner gab auf mich acht, mich einzelne. Ich rüttelte an meinem Gitter, ich schrie, ich heulte, sie aber, die im Begriff waren, alle Schwarzen auf der Insel zu befreien, bemerkten mich gar nicht.

Auf einmal, mir schien es nach einer Ewigkeit, stockte

einer. Er stemmte sich gegen die Leute, die gegen ihn strömten, er selbst war groß und stark. Er bückte sich zu mir, sagte: ›Beruhige dich, gleich bist du frei.‹ Mit seinem ersten Handgriff gelang es ihm aber auch nicht, das Schloß aufzubrechen. Seine Stimme dröhnte: ›Her mit dem Schlüssel!‹

Ich weiß nicht, ob die Aufseherin, dieses gemeine Weib, der all die Schlüssel am Halsband baumelten, schon mit den Weißen auf und davon war. Ich weiß nicht, wo meine Leute sie erwischten, ob man sie totschlug, jedenfalls brachte man meinem Befreier, er wurde Amédée wie sein Herr gerufen, den Schlüssel zu meinem Gefängnis. Im Nu war ich frei. Meine Glieder knirschten. Man schleppte mich aus dem Gutshaus, wie machte die Luft mich glücklich! Ich konnte mich nicht bedanken. Damals war Amédée schon über alle Berge.

Die meisten zogen zuerst in die ehemaligen Wohnstätten ihrer Herren ein. Ich weiß noch gut, wie das erste Schiff voll von Kaffee, den wir gepflückt und gekörnt hatten, nach Frankreich fuhr. Es hieß, uns hätte die Französische Revolution befreit, wer das war, was das war, verstanden wir damals noch nicht. Ich hielt die Revolution für eine überaus mächtige Frau, um die wir singend tanzten.

Sie sagten, einer von uns, in einem Herrenhaus sei er Kutscher gewesen, sein Name sei Toussaint, reite an der Spitze eines Trupps Neger von einem Gut zum anderen. Ich jubelte mit den anderen, als dieser Mensch an uns vorbeiritt, obwohl ich gar nicht recht wußte, warum.

Bleib wach, Sophie, noch eine kleine Weile. Jetzt kommt etwas Wichtiges. Sehr viele von uns, ich war mittendrin, stiegen in die Berge. Es hieß, dort könne man diesen Toussaint von nahem sehen, er würde bald zu uns allen sprechen. Wir warteten. Doch ehe er auftauchte, fiel mein Blick auf einen Neger, den ich zu erkennen glaubte, einen großen, mächtigen. An einer Halskette hing auf seiner Brust ein Schlüssel. Ich schrie auf. Ich drängte mich durch die Menschen. Auch er erkannte mich, es war Amédée, der sich den Schlüssel verschafft und mich befreit hatte. Er kam zuerst zu Wort. Er erzählte mit seiner dröhnenden Stimme, wie ich auf dem Gut der Evremonts fast eingesperrt blieb in meinem Wandgefängnis, als sich das ganze Land befreite.

Plötzlich war Toussaint angelangt, er hielt sich aber zuerst zurück und hörte Amédée zu. Dann trat er dicht an ihn heran. Er nahm einen Augenblick den Schlüssel, der auf Amédées Brust hing, und betrachtete ihn; mir strich er übers Haar, er, Toussaint, in dieser Menschenmenge, die ihn erwartet hatte. Ich spüre es noch heute, wie seine Hand über mein Haar strich. Und wenn ich hinaufsehe auf sein Fenster in der Festung von Joux, in die er eingesperrt ist, dann spüre ich erst recht seine Hand.«

Der Winter ging zu Ende. Erschöpft waren die Leute, die die Straße geschlagen hatten im Jura-Gebirge.

An einem Aprilabend kam Amédée später als sonst in die Kellerherberge, ohne Gruß. Er legte sich stumm neben Claudine. Die Frau hatte ihn erwartet. Sie stützte sich auf die Ellenbogen und betrachtete ihn erstaunt. Sein Atem ging schwer. Da spürte sie, daß etwas geschehen war. Er konnte nicht länger an sich halten. Er weinte lautlos, er holte neuen Atem zum Weinen. Es kam ein Stöhnen aus seiner Brust. Jemand knurrte: »Du bringst uns um den Schlaf.« Er kauerte sich dicht an Claudine. Er sagte mit gedämpfter Stimme: »Toussaint ist tot. Wie ihm heute morgen einer das Frühstück brachte, fiel ihm der Teller aus der Hand. Toussaint hat schräg auf dem Stuhl gelegen. Der Kommandant gab sogleich die Meldung weiter. Solche Angst vor Toussaint haben diese Leute noch heute, obwohl er vor ihren Augen tot auf dem Stuhl lag. Der Gemeindepfarrer hat ihn begraben müssen. Sicher war er hier von Anfang an krank in der grimmigen Kälte. Schon als er auf diesen rauhen Erdteil kam und verschleppt worden ist von einem Ort zum anderen, konnte er den eisigen Wind nicht ertragen. Hier wurde er eingesperrt, du weißt, was es mir für einen Schlag gab, als ich davon erfuhr, in dem Kerker in diesem Gebirge ging es ihm täglich schlechter, wie Jean mir erzählte. Jeans Achtung vor unserem Toussaint ist gewachsen, je schlechter es ihm ging. Der Kommandant ahnte gar nicht, daß mein Freund Jean nicht der einzige war, mit seiner Achtung, seinem Zorn und seinem Mitleid; wie dem auch sei, Toussaint ist gestorben.«

Er schluchzte verhalten. Claudine wischte ihm das Gesicht. Sie weinte selbst.

Drei Abende später wartete Claudine gespannt auf ihren Mann, wie sie es jeden Abend tat. Sie erzählte nichts mehr, wahrscheinlich war Sophie froh, früh einzuschlafen. Am vierten Abend kam Amédée spät. Er erzählte: »Der Kommandant, der genau alles ausführt, was die Minister in Paris ihm befehlen, will verbergen, was Toussaint für ein Schwarzer war. Er mußte gegen seinen eignen Willen für Toussaints Grab einen guten Platz aussuchen unter den alten Soldatengräbern.« Er schwieg eine Minute. Claudine glaubte, er sei am Einschlafen. Er sprach aber noch einmal kurz: »Wenn ich vor dir sterbe, nimm mir den Schlüssel nicht weg. Laß ihn an meinem Hals hängen.«

»Warum sprichst du vom Tod? Das Leben ist hart, ja. Wir werden aber noch ein Stück zusammen leben. Wir sind doch nicht die einzigen, du hast es selbst gesagt, die leiden unter Toussaints Tod. Dieser Jean, der dir alles erzählt hat, versteht gut, was für ein Mann Toussaint war.«

»Er ist nicht der einzige auf dem Fort und nicht der einzige in Frankreich. Die Jakobiner sind doch nicht alle gestorben, als Bonaparte hochkam.«

Nicht nur Amédée weinte auf seinem schäbigen Lager. In der Stadt Joux, in vielen Ortschaften im Jura-Gebirge gingen Gerüchte um über den Tod Toussaints. Menschen, die kaum etwas von Toussaint gehört hatten, zu seinen Lebzeiten, redeten in den Wirtshäusern und in ihren Familien. Jean sagte zu Amédée: »Gefürchtet war er in Ketten, er bleibt es auch im Grab.«

Die Mitglieder des Clubs »Freunde der Schwarzen« in Paris waren verzweifelt über diesen Tod. Sie fanden sich wieder erregt zusammen, obwohl ihr Club in der Reihe der polizeilich verdächtigen oder sogar verbotenen Vereinigungen stand. Und in Bordeaux, wo es ebenfalls einen solchen Club gab, fing man an, Geld für ein Denkmal zu sammeln. Toussaints Sohn, der damals in Bordeaux wohnte, war in Frankreich erzogen worden. In jener Zeit hatte sein Vater geglaubt, in diesem Land erhalte der Sohn Schulbildung und eine gute Erziehung.

Sogar in den Sklavenquartieren der großen amerikanischen Farmen war man bestürzt über Toussaints Tod. Die Nachricht hatte sich überallhin verbreitet, wo Schwarze über ihr Schicksal nachdachten.

So heiß sich Amédée einmal gewünscht hatte, in die Nähe der Festung zu ziehen, in der Toussaint lebte und schließlich starb, er hatte jetzt nur den Wunsch, das Grab des Mannes aufzusuchen, an dem sein Herz hing.

Aus der Stadt Bordeaux kam ein dringendes Angebot, den Toten, der rasch die nahen Ortschaften mit Gerüchten beunruhigt hatte, auf dem Friedhof der Stadt zu beherbergen. Es war der Sohn Toussaints, der die Grabstätte kaufte. Der Club der »Freunde der Schwarzen«, der sich in Paris aufgelöst hatte und keinen Schutz mehr erhielt und keine Unterstützung, da er zuletzt doch polizeilich verboten wurde, bewahrte in kleinen Gruppen da und dort seinen Anhang. Jener Sohn Toussaints förderte eine solche Anhängerschaft in Bordeaux.

Amédée und Claudine hatten lange Zeit ein erbärmliches Leben im Jura geführt. Ihr nächtliches Lager in dem alten Gehöft wurde nur geduldet, obwohl der Straßenbau in diesem Gebirgsteil beendet war und eine andere Gruppe Arbeiter eingezogen, weil Amédée sozusagen als Vergütung sein Kastanienöfchen in kalten Nächten zum Heizen benutzte. Claudine verstand sich auch darauf, verschiedene Getränke zuzubereiten aus Baumrinden und getrockneten Früchten.

Ihrem Mann war es eine Wohltat, Toussaints Grab regelmäßig in der Festung Joux aufzusuchen. Als er plötzlich vernahm, der Tote würde abtransportiert werden nach einer entfernten Stadt, stand es für ihn fest, ihm nachzuziehen. Es gab niemand, der seinen Entschluß kannte. Als er ihn Claudine mitteilte, war sie sofort zu der schwierigen Reise bereit. Die furchtbaren Stunden in dem Wandgefängnis, vor vielen Jahren, gingen ihr nie aus dem Kopf, sowenig wie ihre Dankbarkeit für Amédée.

Erschöpft und ausgehungert kamen die beiden eines Tages in Bordeaux an. Ein Friedhofswächter zeigte ihnen den Weg zu Toussaints Grab. In dieser Stadt gab es endlich wieder Kastanien, und sie ernährten sich durch das Öfchen, das sie irgendwie mitgeschleppt hatten. Ein Grund mehr für Claudine, die Entschlüsse ihres Mannes zu billigen.

Nach ungefähr einer Woche sprach sie auf dem Friedhof ein Bürger der Stadt an, der ihre Besuche beobachtet hatte. Amédée erzählte ihm ihre Erlebnisse, und er zeigte ihm den Schlüssel, und er sagte: »Ja, das hier ist die Frau.« Claudine war früh gealtert und hutzelig.

Der Bürger führte die beiden zu Freunden ihrer Gesinnung. Sie erhielten Unterkunft und Arbeit.

Diese Gruppe, ein Überbleibsel des Clubs der »Freunde der Schwarzen«, lud sie regelmäßig ein, wenn auch sehr vorsichtig. Dann erzählte Amédée, und Claudine beantwortete, zaghaft und schüchtern, diese und jene Frage.

Als Napoleon zum Kaiser gekrönt wurde und die meisten Länder Europas veränderte, dachten die Menschen an andere Dinge als die Errichtung eines Grabmals auf dem Friedhof von Bordeaux. In Paris war der Club der »Freunde der Schwarzen« längst aufgelöst, es kamen aber noch immer, in Bordeaux und in anderen Städten, einzelne Gruppen zusammen. Sie sagten, wieviel Siege Napoleon auch erkämpft, in Haiti ist er geschlagen worden. Sie stellten fest: Er ist nicht unbesiegbar, wie es den Anschein hat. Vielleicht war der kleine Kreis Freunde der einzige, der den Einmarsch Napoleons in Rußland für aussichtslos hielt.

Vor seinem Tod hatte Amédée erlebt, daß Napoleons Armee in der Beresina zugrunde gegangen war. Vielen Menschen erschien diese Niederlage unfaßbar. Amédée verglich sie mit der Niederlage auf Haiti, da die französischen Kriegsschiffe die Insel nicht einzunehmen vermochten.

In der Nähe von Toussaint begraben zu werden, war sein letzter Wunsch. Vor der Bestattung nahm man den Schlüssel von seiner Brust, und man bat Claudine, ihn von nun an zu tragen. Die Freunde kauften eine silberne Halskette. Daran sollte der Schlüssel hängen, mit dem ihr Mann das Wandgefängnis geöffnet hatte. Sie müsse ihn immer tragen, an Feiertagen und bei der Arbeit.

Claudine, die man als schüchtern und zaghaft kannte, fuhr zornig dazwischen: »Nein, Amédée soll ihn tragen bis zur Auferstehung aller Sklaven der Welt.«

Man fügte sich ihrem Willen, und man begrub Amédée mit dem Schlüssel auf der Brust. Wer bei der Beerdigung eine Handvoll Sand in das Grab warf, fühlte sich mit dem Toten verbunden.

Die Trennung

Luisa wartete auf dem Steg. Von hier aus konnte man mit dem kleinen Dampfboot zur gegenüberliegenden Insel fahren. Sie brauchte dann nur eine halbe Stunde Fußweg bis zur Schule Santa Dolores. Die Schule war durch eine Reihe glücklicher Zufälle, vor allem durch die Gewandtheit ihrer Freundin Sophia, schon im fünften Jahr von einer wachsenden Anzahl Kinder besucht, meistens Kinder reicher Kaufleute, die ihre Geschäfte am Kai hatten und ihre Wohnhäuser an der See.

Sobald das Boot den Steg verlassen hatte, drängten sich die Fahrgäste zusammen. Sie sahen kaum auf das offene Meer. Es wimmelte in der weiten Bucht von Fischerbooten. Manche Fahrgäste gaben ihr Urteil ab über die vermutlichen Erfolge der Fischer. Wer Glück hatte, würde sofort seinen frischen Fang auf dem Markt verkaufen, wenn er nicht schon vorbestellt war von ein paar Familien oder Gaststätten. Die Fahrgäste sahen besonders aufmerksam den Booten nach, die eine Insel nach der anderen anliefen, meistens gerodetes, oft schon besiedeltes Land, das vermögenden Besitzern gehörte. Es gab auch winzige Inseln, auf denen gerade noch Platz genug für einzelne Hütten war. Die wurden zweimal im Jahr weggeschwemmt, wenn es scharf aus Nordwesten blies. Die Fahrgäste kannten all die Besitzer, die Gespräche wurden lebhaft.

Niemand hatte ein einzelnes Schiff auf dem Meer beobachtet, einen Punkt, der sich schließlich von anderen Punkten löste. Nur Luisa behielt diesen Punkt seit der

Abfahrt unverwandt im Auge. In ihrer Nähe sagte beiläufig ein Fahrgast: »Das fährt nach Mexiko. Einmal im Monat. Wer nach USA will, fährt von dort nach Florida.« – Irgendwelche Besonderheiten wurden nicht erwähnt. Niemand kam auf den Gedanken, daß diese Fahrt über Mexiko nach Florida die erste Etappe einer Reise nach Kuba sein konnte.

Als das Schiff plötzlich hinter dem Horizont verschwand, war Luisas Gesicht naß von Tränen. Sie hatte selbst gar nicht darauf geachtet, daß ihr Weinen stärker geworden war. Sie konnte sich nicht beherrschen, ihr Herz war am Zerbrechen. Eine alte Frau, auf die Luisa während der Fahrt nicht geachtet hatte, trat an sie heran und fragte: »Fehlt meiner Tochter etwas?«

»Nein, danke«, erwiderte Luisa, die es verstand, sich rasch zu fassen, »es war der Abschied von meiner Mutter. Die ist sehr krank.«

Die alte Frau wollte ihr Trost zusprechen, aber Luisa verabschiedete sich rasch bei der Landung, sie wollte durchaus ihren Weg zur Schule Santa Dolores allein machen.

Sophia wurde bei ihrer Ankunft aus dem Unterricht gerufen. Ihre Freundin sei plötzlich gekommen. Sophia wunderte sich einen Augenblick, denn Luisa war bei dem Kaufmann Lopez angestellt, und sie war immer stark angespannt. Jetzt erschrak sie beim Anblick des Gesichtes: eine ungewohnte, trocken erstarrte Schönheit.

Luisa sagte sofort ohne Begrüßung: »Cristobal ist also schon fort mit Filipe. Beide bekamen Ausreise. Ich sah, wie ihr Schiff plötzlich verschwand. Wie soll ich es dir erklären? Die Erde ist rund, und plötzlich war ihr Schiff weg. Ich werde ihn vielleicht nie mehr sehen.« Die Tränen strömten ihr wieder übers Gesicht. Sie konnte sich nicht bezwingen. So überraschend war dieses heftige Weinen, daß Sophia hart zu ihr sagte: »Sei froh, daß er rechtzeitig fort ist.«

Sie ging in ihre Klasse zurück. Luisa dachte laut: Ich werde ihn nie mehr wiedersehen. Er selbst war das Pünktchen, das vor drei Stunden verschwand. Gewiß, wenn man ihn hier gesucht hätte und gefangen, dann wär er zugrunde gegangen. Mein Herz wäre zerrissen. Jetzt zerreißt es immerzu. –

Ein paar Wochen später saß sie mit ihrer Freundin, der Lehrerin Sophia, auf dem Kai von San Anton.

Um sie herum klangen Gitarrenspiel, Gesang, Schimpfen. Luisa starrte auf den Horizont, als könne sie das Schiff, das vor ihren Augen verschwunden war, heute wieder zurückziehen. Cristobal würde hier am Kai von San Anton landen, er würde sie umarmen, sie würden lachend in die Stadt gehen. Die Lehrerin, als hätte sie ihre Gedanken erraten, sagte: »Du wirst ihn nie wiedersehen. Sogar, wenn du ihn irgendwo siehst, hast du ihn nicht gesehen.«

Luisa hörte plötzlich, nicht einmal allzuweit weg, Cristobals Lieblingslied »Du, Haiti, Tochter des Kolumbus und des Meeres«.

»Du hast dieses Lied nie gehört«, sagte Sophia, »weder jetzt noch früher. Ja, er kam an in Kuba. Das erfuhr ich. Er stürzte sich auf die Arbeit. Er rechnet mit der Rückkehr nach zwei Jahren Studium, um hier zu unterrichten, was er gelernt hat.«

Luisa dachte: Nach zwei Monaten wird er begreifen, daß er etwas falsch gemacht hat. Er wird fühlen, daß er hierher gehört, zu mir und zu uns, wahrscheinlich hatte er schon diesen Gedanken, als ich ihn verschwinden sah. Da bereute er schon, daß er sich überreden ließ, fortzugehen. Wir werden uns bald wiedersehen. –

Im folgenden Jahr saß Luisa mit ihrer ehemaligen Schulfreundin Ana in dem neuen Café gegenüber dem afrikanischen Museum. Sie versuchte die Noten zu lesen, die Ana auf eine Serviette schrieb. Ana stand kurz vor dem Examen. Luisas Familie hatte das Geld nicht aufgebracht für die Musikschule, nur für einen Kursus in der Handelsschule. Sie war fleißig, gewissenhaft, verläßlich. Lopez, bei dem sie in Arbeit stand, brauchte zuverlässige Angestellte. Luisa sah man nie zu einer Vergnügung ausgehen. Auch früher hatte sie sich mit ihrem Freund Cristobal nur an verschiedenen entlegenen Orten getroffen.

Auf einmal wurde in diesem neuen Café ein Lied gesummt: »Du, Haiti, Tochter des Kolumbus und des Meeres«.

Luisa schrieb schnell die Noten zu diesem Lied auf den Rand ihrer eignen Serviette, und sie stellte ihr Glas Eiskaffee darauf. Sie zitterte bis ins Innerste hinein; sich umzudrehn, wagte sie nicht. Sie wollte Ana bedeuten, auf welchen Tisch sie das Glas mit der Serviette stellen müsse.

Plötzlich stürzten schwarze, bebrillte Burschen, die von allen am meisten gefürchtete Staatspolizei, ins Café. Im Volk wurden sie Wodu-Teufel genannt. Papa Doc hatte sie zuerst eingesetzt, sein Sohn Bébé Doc verwandte sie dauernd. Luisa hörte Schläge, zersplitternde Gläser, sie hörte eine krächzende Stimme: »Glaubt nicht, ihr könnt eure Liebste treffen, wann und wo es euch paßt.«

Sie schleiften einen jungen Burschen vom Nachbartisch an ihrem Tisch vorbei. Luisa sah trotz ihres Schrekkens, daß er ein Fremder war. Sie zerriß den Fetzen Papier mit Noten.

Der Kellner, der Juan gerufen wurde, goldene Knöpfe waren auf seine weiße Jacke genäht, trat an ihren Tisch. »Zahlen Sie bitte auch für unseren Freund, er ist weg, bevor sein Begleiter verhaftet wurde.« Luisa sah ihn groß an. Ihre Schulfreundin hatte das Café mit den übrigen Gästen verlassen. Doch neue, die von dem Vorfall gar nichts gemerkt hatten, besetzten bald die freien Plätze. Luisa zahlte die kleine Summe. Dabei stellte der Kellner Juan fest, daß ihre Hand verletzt war. Sie hatte sich offenbar stark geklemmt. Er dachte fast zärtlich, als sei sie mit ihm verwandt, das wird sie bei der Arbeit hindern.

Er ging zur Theke, zählte das eingenommene Geld auf, sagte zum Wirt: »Bis Morgen.« Schnell war er fort.

Luisa blieb noch eine Weile schwer nachdenkend auf ihrem Platz.

Auf einmal kam ein sehr junges Mädchen aus der Küche mit leichten Schritten. Sie war außergewöhnlich schön. Wer sie ansah, vergaß sein Leid. Einer fragte den anderen, wer sie sei. »Juans Tochter, Susanna.« Sie wechselte auch die Gläser auf Luisas Tisch. Sie sagte: »Mein Vater erwartet Sie auf dem Kai San Anton.«

Luisa lief an den Ort, den sie bezeichnet hatte. Juan sah sie fest an. Er sagte: »Ihr Cristobal hat abermals Glück. Zwar traf er sich in unserem Café mit einem Verdächtigen, aber die Flucht gelang ihm. Er ist weg mit dem ersten Schiff. Geschickt, wie er ist, wird er bald richtigen Anschluß in Florida finden.«

»Wann kommt er zurück?«

»Hoffentlich nicht so bald. Falls die Zeit bleibt, wie sie ist. Er steht sicher unter Verdacht. Und was wird sein Freund, den sie schnappten, über ihn aussagen?«

Luisas Augen waren bei dieser Trennung trocken wie Zunder geblieben. Sie sagte: »Wann, glauben Sie, wird sich hier etwas verändern?«

»Wenn unser Bébé Doc nicht mehr da ist. Vielleicht auch dann noch nicht. Für uns ist jetzt ›Wodu‹, das sich als Volksreligion ausgibt, die größte Gefahr. Die Wodu hassen die Katholiken, und die Katholiken hassen die Wodu.«

»Ich verstehe davon nicht viel, seit mein Freund nicht mehr hier ist, der erklärte mir alles.«

»Da lebst du sehr schlecht, mein Mädchen. Du mußt die bleiben, die er liebgehabt hat, sonst hört er auf, sich nach dir zu sehnen.«

»Erkläre mir etwas, Juan.«

»Was ist da viel zu erklären? Papa Doc dachte dadurch den Heiden etwas Gutes zu tun. Er hat den alten Aberglauben, den Wodu-Glauben, zur Staatsreligion ausgerufen. Als wir Sklaven waren, bedeutete Wodu für uns etwas ganz anderes. Die alten Wodu-Götter riefen uns nachts in den Wald. Wir sangen und tanzten. Wir verfluchten die Herren, die uns keinen Augenblick Glück gönnten. Das hat sich inzwischen alles geändert. Bébé Doc, sein Sohn, will, daß alle wieder die Heidenlieder singen, wie wir sie früher als Sklaven sangen.

Ob Sklaven, ob Lohnarbeiter, unser Leben wird dadurch nicht leichter.«

»Und er selbst, Bébé Doc, was glaubt er?«

»Was ihm am meisten Geld einbringt. Jetzt müssen sich die Christen ducken, wenn sie den Armen helfen. Die Armen sind aber bei uns ganz und gar unwissend, sie beten zu den Heidengöttern gemeinsam mit ihren Herren, den Duvaliers. Und die haben Angst, daß hier bei uns ein neues Kuba entsteht.«

Luisa sagte: »Ist Cristobal jetzt schon weit?«

»Ich glaube, er ist schon in Sicherheit. Er ist einer, der Glück hat.«

»Sie ist schön, deine Tochter. Möge sie in der Liebe mehr Glück haben als ich.«

»Ihr sollt beide Glück haben. Man kann ohne Glück nicht leben.« –

Von nun an ging Luisa oft auch allein in das Café gegenüber dem afrikanischen Museum. Susanna sagte ihr dann, wo ihr Vater Juan sie erwartete. Juan sagte: »Du mußt dir vorstellen, bei allem, was du tust, Cristobal gibt dir den Auftrag.«

Luisa hätte durch ihr Fenster jeden Kunden, der vor Herrn Lopez' Geschäftshaus hielt, beobachten können. Lopez selbst dachte manchmal verwundert: Was zwingt dieses schöne Mädchen, sich derartig in meinem Büro abzuplagen?

Sie hätte oft eine Pause einlegen können, um sich

gründlich die Leute anzusehen, die zu ihrem Chef hinaufgingen.

Sie war bestürzt, als aus dem Nebenraum eine Stimme drang, die ihr vertraut vorkam. Umarmungen folgten und Ausrufe.

»Schickt mir das alles Platz Melchor Ocampo Nummer 9.«

»Das ist also, Cristobal, deine neue Wohnung?«

»Ja, wir sind endgültig hergezogen. Mania begreift, daß ich hier leben muß. Ihr Vater erfüllt ihr jeden Wunsch. Wir hätten nie ohne seine Hilfe die Bibliothek gründen können, aus der du ausleihen kannst, beinahe was du willst, Französisch, Englisch, Spanisch, sogar Russisch. Nie hätte die Partei das aus eignen Mitteln fertiggebracht. Die Bibliothek ist dreimal die Woche geöffnet. Vorträge werden auch sonntags dort gehalten.«

Sie verließen das Haus. Luisa griff aufs Geratewohl irgendein Kopftuch und band es sich um. Sie lief dicht hinter den beiden her zum Steg, dann in ihrem Rücken über die Schiffsbrücke. Sie hatte das fremde, ihr Gesicht völlig entstellende Tuch über die Brauen gezogen. Sie hörte den beiden aufmerksam zu.

Lopez sagte: »Sieh mal, da drüben das Schiff am Horizont wird gleich verschwinden. Du hast diese Fahrt schon zweimal gemacht. Möchtest du heute mitfahren?«

»Ja und nein«, erwiderte Cristobal, »ja und nein.« Und er fügte nach kurzer Pause hinzu: »Ich gehöre hierher, verstehst du? Vielleicht totgeschlagen, vielleicht verblutend in einem Straßengraben, aber hier. Verstehst du mich?»

Darauf sagte Lopez nichts.

»Ich kann hier mit unserer Bibliothek mehr erreichen, als es uns jemals möglich war. Ob die Leute erraten, was Manias Vater damit zu tun hat, kann uns egal sein. Mania versteht, ihn zu allem zu überreden. Das ist ein ungeheurer Gewinn für unser gequältes Land.«

Bisher hatte Luisas Herz geschwiegen. Auf einmal war es erwacht zu einem Leben, das schwer zu ertragen war.

Luisa fragte den Kellner Juan, den sie regelmäßig traf: »Glaubst du wirklich daran, daß er kam, um das Geld seines Schwiegervaters für unser Land zu verwenden?«

Juan sagte: »Oder deinethalben? Es ist auch möglich, zugleich aus beiden Gründen. Du darfst ihn auf keinen Fall mit solchen Fragen stören, verstehst du?«

Herr Lopez hieß Luisa, auf den Platz Melchor Ocampo zu fahren, um dort in Cristobals Wohnung die Bestellung zu überprüfen. Doch Luisa erwiderte, sie müsse in dieser Zeit in der Stadt einen Auftrag erledigen, überdies prüfe sie die Sendung gründlich bei der Verpackung.

Sie glaubte nicht, daß Cristobal sie beobachtet hätte, daß er wisse, sie sei bei Lopez in Arbeit. Cristobal seinerseits wußte nicht, ob Luisa etwas von seiner Rückkehr ahnte, vielleicht sogar durch das Gerede erfahren hätte, er sei verheiratet heimgekehrt mit einer schönen und reichen Frau.

Immerhin war es möglich, daß jedes etwas ahnte und sich nach dem anderen sehnte.

An einem Sonntagmorgen ging Cristobal mit seiner Frau vor Luisas Augen die Treppe zur Bibliothek hinauf. Luisa stellte fest, wie schön Manias Beine waren und wie gut sie gekleidet war.

In dieser Stunde begannen die Tontons Macoutes, die Geheimpolizei, in der Stadt herumzuwirbeln. In Werkstätten, in Häusern und Hütten, in Ateliers, in Fabriken. Sie stürzten in Bibliotheken, zertrampelten Bücher, griffen aufs Geratewohl diese und jene Leute und warfen sie die Treppe hinunter in ein paar Lastautos. Sie sausten durch die Stadt, mit Gebrüll und Hochrufen auf die Duvaliers, bis zum Zentralgefängnis.

Cristobal und Mania wurden nicht belästigt. Zwei Polizeiwächter nötigten sie, in ihr eignes Auto zu steigen.

Neben denn Chauffeur saß ein schwarzbebrillter Polizist. Sie fuhren zum Florida-Kai, dort wurden sie zu einem Schiff gebracht. –

Luisa gelangte sogleich zum Verhör. Sie wartete stumpf, ohne Furcht, sie hätte betroffen sein müssen, besaß aber nur noch ein geringes Maß an Erstaunen. Man fragte sie, wer sie auf diese Bibliothek verwiesen hätte, wer die Bibliothekarin sei und wo sie deren Bekanntschaft gemacht hätte. Luisa zuckte die Schultern. Schließlich empfing sie einen Peitschenhieb, der ihr Kleid zerriß, als sie auf die selben Fragen wieder mit den Schultern zuckte, einen zweiten Hieb, von wem hätte sie nicht sagen können, da der Schläger hinter ihr stand und nicht sichtbar war. Sie wurde in blutigen Fetzen in eine stinkige Zelle geschleift, in der es heulte und wimmerte. Doch fühlte sie, aus der Betäubung erwachend, einen gewissen Stolz, weil sie geschwiegen hatte. Wenn Juan es erfährt, wird er sich über mich freuen. Sie dachte nicht Cristobal, sondern Juan. Die Striemen brannten nicht mehr so stark, das Wimmern ließ nach in der Zelle, dünkte ihr.

Um einige Häftlinge wahllos zu quälen und dadurch alle in dauernder Angst zu halten, wurde bald diesem, bald jenem befohlen, die schmutzige Grube zu leeren, sogar zu säubern. Über ihnen, auf einer Rampe, wo der Gestank schwächer heraufdrang, standen höhnend und lachend etliche Aufseher, sie belustigten sich, wenn ein schönes Gesicht, ein nackter Arm besudelt wurde.

Eines Tages wurde eine Gefangene ihres Widerspruchs halber oder aus sonst einem Grund an einem Strick hinuntergelassen. Zum Erstaunen der Wächter löste sie eilig den Haken, der an ihrem Gürtel befestigt war. Sie stand sofort bis zu den Hüften im Schmutz. Sie ergriff die langstielige Schaufel und steuerte auf Luisa zu. Diese erkannte sie gleich, denn die neue Gefangene hatte vor Monaten oder vor Wochen in dem Betrieb der Lopez' irgendeine Arbeit verrichtet. Luisa fühlte, daß diese

Neue, sie hieß Amalia, ihr etwas Wichtiges sagen wollte. Als sie nebeneinander standen, fast ohnmächtig von dem Gestank, beugte sie sich zu Luisa. »Du, mit der Bande der Duvaliers wird bald Schluß sein. Bébé Doc, sagt man, liegt im Sterben, auch ihn haben die Pocken nicht verschont.«

»Und was wird dann?«

»Vermutlich etwas Besseres. Etwas anderes auf jeden Fall.«

Die Gefangenen merkten bald, wie die Wächter, ihr nahes Ende spürend, in einem Anfall von Angst, sich noch einmal austobten.

Cristobal war nach Frankreich gezogen. Er saß um diese Zeit mit seiner Frau Mania in einem Café in Paris auf dem Boulevard St. Germain. Er las wieder und wieder einen Brief von daheim.

»Was gibt es Neues?« fragte die Frau.

»Nichts Neues«, und er sagte nach einem Zögern: »Mania, ich glaube, wir waren lange genug hier.«

Die junge Frau sagte bestürzt: »Warum? Hier ist Ruhe und Frieden. Was nennst du daheim? Haiti? Das ist eine einzige Drohung und Angst. Was willst du dort? Hast du vergessen, was dir dort blüht? Stell dir nur vor, du leihst ein Buch in einer verbotenen Bibliothek. Wenn du dabei erwischt wirst, wird man dich einsperren. Du kannst dir nicht mehr vorstellen, was das für ein Land war. Zum Beispiel, du gingst hier in eine Buchhandlung, in die da uns gegenüber, man ist dir schon auf der Spur, man wird uns packen, uns abführen.«

Cristobal horchte belustigt. Er antwortete: »Ach was, dein Vater hilft uns, solange es diese Duvaliers gibt. Warum soll man unter solchem Schutz nicht das Richtige tun für sein Land, daheim?«

»Für sein Land das Richtige tun, daheim?« wiederholte Mania erstaunt.

Zwei spanische Afrikaner mit ihren Studentenmappen kamen vorbei, durch die goldzittrige Herbstluft. Einer sagte zum anderen: »Sieh nur, die Schöne!« Mania verstand die Worte, wenn sie auch spanisch gesprochen wurden. Ihre Augen blinkten.

»Weißt du was?« sagte Cristobal, »ich werde vielleicht zuerst fahren. Wenn dein Vater und ich der Meinung sind, jetzt ist es auch für dich erträglich, dann kommst du nach.«

Mania schwieg einen Augenblick. Dann brach es aus ihr heraus: »Ihr werdet mich beide nicht dazu bringen. Du hast sicher noch einen besonderen Grund, zurückzukehren auf diese furchtbare Insel. Vielleicht hast du dort eine Freundin aus früheren Zeiten. Sag's offen.«

Cristobal erwiderte: »Nein. Ich wäre dann nicht so weit und so lange weggefahren.«

Die Gefangenen hatten sich in die Freiheit gestürzt, nachdem ihr Kerkertor gesprengt worden war und eine Zelle nach der anderen. Wenn sie nicht so schwach und zerschlagen waren, daß ihre Leute sie heimschleppen mußten, tauchten sie in dem Menschenstrom unter, in seinen Jubel und seinen Gesang; sie glaubten felsenfest, ein neues Leben erwarte sie, das völlig anders war als das alte, das unerträgliche.

Es gab in dem Kerker ein paar ganz gemeine Wächter, die sich in verschiedenen Löchern versteckt hielten. Als der Menschenstrom, der alle mitriß, die noch eben gefangen gewesen waren und sich vor Verhören und Folter gefürchtet hatten, den Kerker hinter sich ließ, gewillt, das Zentralgefängnis am Meer zu stürmen, wußten die Totschläger, die Wächter des gesprengten Kerkers, sie müßten wohl jetzt selbst dran glauben, wenn man sie erkannte, hier oder draußen. Sie wußten, daß es im Kerker geheime Zellen gab für besondere Gefangene. Diese Wächter, als der Triumphzug die Straße hinter sich ließ, holten jetzt nach, woran sie die freudig vorwärtsstürmenden Menschen gehindert hatten. Sie schlossen die versteckten Zellen auf, und sie schlugen auf die vergessenen Gefangenen ein, sie zertraten sie, zerstachen sie, verstümmelten sie. Dann machten sie sich davon durch Höfe, über Mauern, die ihnen bekannt waren.

Triumphierend, unter Gesang und Jubel bewegte sich die Demonstration durch die Hauptstraße. Cristobal und Juan, den Cristobal an seiner goldknöpfigen Jacke wiedererkannt hatte, schlossen sich dem Zug an, da Juan in dem Kerker weder unter den lebenden Gefangenen noch unter den ermordeten die Frau fand, die er verzweifelt suchte.

Juan sagte: »Du warst oft in dem Café gegenüber dem afrikanischen Museum«, und er fuhr nach einem Zögern fort: »Bist du zur Befreiung aus Kuba zurückgekommen?« In seiner Stimme war eine Spur Spott, die Cristobal nicht gleich verstand. »Um uns zu befreien oder nach der Befreiung?« Er fuhr fort: »Dort hab ich dich zuletzt noch mal bedient. Deinen Freund haben sie abgeschleppt. Was mit deiner Braut geschah, weiß ich nicht.«

»Was für eine Braut?«

»Luisa. Ich hoffte, wir würden sie finden. Sie sei versteckt, da sie in keiner Zelle war, in irgendeinem Kellerloch. Ist sie woandershin transportiert worden? Vielleicht gar ermordet.«

Da lief es Cristobal kalt den Rücken herunter. Er fiel in Schweigen.

Ihr Zug, singend, wild schwatzend: »Der Neue wird ein ganz anderer sein –« – »Er soll bloß kein Enkel Doc sein«, war am Ufer angelangt. Einige Dampfer fuhren nach der Halbinsel San Jago. Dort lag das Zentralgefängnis, vom Meer aus gesehen ein steiler, hoch oben zackiger, unbesteigbarer Fels mit glatten Mauern. Fensterlos waren die Zellen bis auf die Löcher, durch die das Pflaster des Innenhofs sichtbar war. Dieser Kerker war von jeher besonders verhaßt, schon vor der Zeit von Papa Doc. Der Schrecken wurde dadurch erhöht, daß jeder Gefangene wußte und auch durch und durch fühlte, wie nahe das befreite Kuba lag, eine Schiffsreise hinter der fensterlosen Mauer.

In ihrer Hoffnung und zugleich Furcht, an diesem Ort Luisa zu finden, stürzten Juan und Cristobal, die vordersten Reihen durchbrechend, an die Abfahrtsstelle, um den ersten Dampfer nicht zu versäumen. Doch kurz vor dem Steg verzögerten beide ihre Schritte. Sie drangen nicht weiter vor. Sie sahen sich plötzlich in die Augen.

Cristobal packte Juan am Arm, sein Kopf war geneigt, er horchte auf etwas Unerklärliches in der Stadt. Gequälte Laute, bald übertönt von dem Reden um sie herum, bald klar und deutlich, drangen zu ihnen von dem Ort, den sie eben verlassen hatten.

Cristobal fragte: »Hörst du's?«

Juan erwiderte nach kurzem Schweigen: »Jetzt höre ich's, ja.«

Er war durchaus nicht erstaunt, daß Cristobal kehrtmachte, anstatt das erste Boot zu besteigen. Sie drängten beide aus aller Kraft zurück. Die Demonstranten fragten zornig: »Wohin? Warum zurück?« Sie schimpften empört; dann schlossen sich wieder die Reihen. Juan und Cristobal verschafften sich einen Durchlaß nach dem andren, bis sie wieder vor dem alten Kerkertor standen.

Sie zeigten den Wächtern – jetzt waren diese Wächter des Volkes – irgendwelche Papiere. Schließlich drangen sie abermals zu zweit in das Gefängnis, das sie vor einer Stunde mit der Volksmenge gestürmt hatten. Cristobal packte noch einmal Juan am Arm. Sie sahen sich wieder in die Augen. Beide hörten zugleich, nicht laut, aber deutlich vernehmbar: »Kommt zu mir! Verlaßt mich nicht!«

Sie stiegen hinunter in den Keller. Nach einem Augenblick Zögern sagte Juan: »Ich hör's wieder.«

»Ich auch«, sagte Cristobal.

Sie folgten einem Stöhnen, das sie hörten oder zu hören glaubten. »Geht nicht weg! Geht nicht weg!« Dann war es wieder still, als hätten sie nur geträumt, doch zog es sie durch den kalten Gang, den sie vor kurzem schon einmal durchlaufen hatten, in vergeblicher Suche. Auf dem Boden lagen blutige Kleiderfetzen. Vermutlich hatte man hier die letzten Gefangenen zerschlagen oder zertreten.

Auf einmal war dieser Keller lautlos still. Cristobal und Juan standen sich ratlos gegenüber. Umkehren? War alles ein böser Traum? Dann hörten beide zugleich aus nächster Nähe: »Hier bin ich. Bleibt.«

Juan, der immer alles einen Augenblick rascher begriff als Cristobal, sagte entschieden: »Wir bleiben, Luisa. Wir tragen dich weg. Fürchte dich nicht.«

In den Kellergang waren Leichen gequetscht. Das Blut floß einem Mädchen aus dem Bauch und aus dem Gesicht. Sie war zu schwach, um sich zu regen. Man hätte sie für tot halten können. Cristobal versuchte das Haar wegzustreichen, das ihr Gesicht verklebte. Er starrte an, was da zum Vorschein kam. Er zitterte vor Angst und vor Grauen. Juan nahm vorsichtig ihre Hand. Es schien ihm, ein Finger sei plattgeschlagen. Er sagte entschieden: »Es ist Luisa. An ihrem Finger erkenn ich sie.«

»Bist du ganz sicher?« fragte Cristobal.

Sie zuckte vor Schmerz zusammen, wenn er sie nur berührte.

Juan sagte: »Sie hat oft bei uns Kaffee getrunken. Unter tausend Händen würde ich ihre erkennen.« Ihr ehemals zartes Gesicht war entstellt, zertreten.

Sie schleppten Luisa aus dem Zuchthaus. – Juan bestand darauf. »Wir bringen sie zu mir.«

Sie versuchten die blutverkrustete Frau irgendwie zu waschen, Luisa stöhnte vor Schmerz bei jeder Bewegung.

Juan kannte einen Arzt, der zu alt war, um an der Demonstration teilzunehmen. Man rief ihn herbei. Er reinigte ihre ärgsten Wunden. Er brachte sie behutsam zum Sprechen.

Nun lag sie wortlos und reglos in Juans Hütte. Cristobal zitterte, als er Juan fragte: »Glaubst du wirklich, sie ist es?«

»Ich weiß es«, erwiderte der, »ich erkenne sie an dem Finger. Sie hat oft bei uns ihren Kaffee bezahlt. Ich hab ihr Zigaretten angezündet.«

Sie stöhnte, wenn Cristobal sie auch nur schwach berührte; ihr Gesicht war dann zu einer Grimasse erstarrt.

Susanna kam zurück aus der Schule. Sie wußte längst, was in der Stadt geschehen war, auch wen ihre Eltern beherbergten. Beim ersten Anblick Luisas war sie von Grauen erfaßt. Sie wurde bald die beste Pflegerin. –

Das Leben auf Haiti beruhigte sich. Man konnte freilich noch nicht darauf schwören, wie es sich endgültig gestalten würde. Oft stritt Juan mit Cristobal und vielen Freunden, und alle, die sich ihnen zugesellten, sprachen noch mit einer gewissen Vorsicht von den Ereignissen. Würde Wodu Staatsreligion bleiben, das ehemals in der Sklavenzeit die Neger in den Wald gelockt hatte? Zunächst hatte der Präsident es nicht nur geduldet, sondern gefördert. Könnte beides nebeneinander bestehen, der alte Sklavenglaube und das katholische Christentum?

Bis auf die, die am Hafen herumlungerten oder auf Arbeitsuche Schlange standen, gingen wieder viele ihren Berufen nach. Cristobal war in der Innenstadt zum Schulleiter ernannt worden. Juan war wieder Kellner in dem Café, das dem afrikanischen Museum gegenüberlag, die Bibliothek, in der man früher heimlich verschiedene Bücher versteckt hatte, besaß jetzt als Hauptbestand eben diese vor kurzem verbotenen Bücher.

Luisa blieb ein unverändertes Zeugnis der Verfolgungen, die sie durchstanden hatte. Ihr Gesicht wurde still und froh, wenn Cristobal ihre verstümmelte Hand streichelte. Sie war noch so schwach, daß die Liebkosung eher eine Qual war als eine Freude. Sie erwartete ihn in einer bestimmten Tagesstunde, das war ihr anzusehen, obwohl ihr Gesicht durch die Mißhandlungen eine verzerrte Maske geblieben war. Vielleicht verstand nur Susanna, was in ihr vorging.

Damit Luisa ruhig schlafen konnte, hatte man in der kleinen selbstgezimmerten Hütte von Susannas Vater einen schmalen Teil mit Bambus abgetrennt.

Manchmal kam Sophia, die Lehrerin. Sie überwand jedesmal neu ihren Schrecken beim Anblick der Freundin. Sie fing Cristobal ab. »Wie glaubst du, soll das mit euch weitergehen? Du willst doch nicht etwa mit ihr in ein eignes Haus ziehen, sie heiraten? Du wirst dich andauernd zusammennehmen müssen, um ihren Anblick zu ertragen. Denk darüber nach!«

Ein anderes Mal redete Juan auf den Freund ein. In seinem Café, sagte er, hätte früher oft eine Frau aus den USA gesessen. Ihr Gesicht sei entstellt worden bei einem Autounfall. Da sei sie in ihre Heimat zurück zu einem berühmten Arzt, der hätte sozusagen ihr Gesicht geheilt. Sie wäre jetzt nach ihrer Rückkehr schöner als vor dem Unfall. Sicher sei es nicht schwer, einen solchen Arzt zu finden.

»Nie würde ich Luisa so etwas antun! Im Gegenteil. Ich bin stolz auf diese Narben, wer sie sieht, weiß, wie sie entstanden sind.«

Juan schwieg.

Manchmal konnte Luisa aufstehen und Juans Frau einige Handreichungen machen. Sie war darüber glücklich, aber sie mußte verbergen, wie rasch sie erschöpft war. Sie brauchte all ihre Kraft, um Cristobal nicht mehr ausgestreckt auf ihrem Lager, sondern aufrecht zu empfangen.

Juan und seine Frau hatten alles oft bemerkt. Sie machten sich Gedanken über die Zukunft, die bald vor den beiden stehen würde, im Grunde genommen schon vor ihnen stand. Ihre Tochter Susanna hatte alle Gespräche angehört oder zumindest erraten, daß es dabei auch um sie selbst ging. Ihre Eltern merkten, wie oft Cristobal bewundernd auf das Mädchen blickte oder versuchte, ihren Arm zu berühren.

Als Susanna ein Abendessen für Cristobal und Luisa gebracht hatte, sagte Luisa mit fester und klarer Stimme: »Ich will euch etwas sagen. Bitte, bleibt beide an meinem Bett.

Wir haben uns alle drei lieb. Du weißt, Cristobal, wie ich verzweifelt war, damals, als du nach Kuba fuhrst und wir uns trennen mußten. Vielleicht war meine Verzweiflung noch stärker, als du wiederkamst und bald darauf abermals wegfuhrst mit einer fremden Frau. Juan hatte alles verstanden, damals, als man Paolo verhaftete und du, Cristobal, wieder abfuhrst. – Wir glaubten auf Jahre. –

Nun bist du wiedergekommen und hast mich gefunden als das geschundene, zerquetschte Geschöpf, das ich nun einmal bin und bleiben werde.«

Susanna wollte Luisa beruhigen, die schon zuviel gesprochen hatte. In der Erregung sah ihr geschundenes Gesicht erst recht verzerrt, fast fratzenhaft aus.

»Ihr Kinder, man kann ohne Freude nicht leben. Du, Cristobal, brauchst Susanna. Es wäre für mich ein großes Glück, ich könnte in eurer Nähe bleiben, so daß Susanna mir beistehen würde wie bisher. Das alles zusammen wäre für mich doch das größte Glück.«

Susanna und Cristobal erwiderten nichts. Luisa hatte keine rasche Antwort erwartet. Sie stellte sich schlafend.

In dem Teil der Hütte, der von Luisas Lager abgetrennt war, hatten Susannas Eltern dieses Gespräch und manches ähnliche in der Nacht mit angehört. Die bloße Möglichkeit einer solchen Heirat, gegen die sich Susanna, wie ihnen schien, nicht gebührlich wehrte, mißfiel ihnen. Obwohl Cristobal zuerst heftig nein sagte, dann aber oft nachdachte und den Gedanken nicht vollständig abwies, kam ihnen eine Verbindung zwischen ihrer Tochter und

Cristobal unmöglich vor. Nach ihrer Vorstellung war das Verlassen der Frau schandbar. Die ganze Idee büßte an Wert ein, auf der Luisas Rettung beruhte.

Luisa aber, mit großer Anstrengung, die sie beinahe erschöpfte, machte ihnen ausdauernd klar, was sie bereits den beiden klargemacht hatte: Susanna und Cristobal gehören zusammen. Für sie, Luisa, sei diese Verbindung ein Glück. –

Die Nachbarn sagten dies und das, als sich die neue Art Leben fügte. Doch bald war es allen klar, Cristobal und Susanna wurden Mann und Frau, und Luisa blieb in ihrer Obhut.

Cristobal stieß einmal auf den Vater von Mania. Der erzählte ihm, seine Tochter hätte in Paris einen Liebsten gefunden. Sie wolle nie mehr zurückkehren. –

Oft setzte sich Juan, von der Arbeit im Café heimkehrend, zu Luisa und erzählte, um sie aufzuheitern, von allerlei wunderlichen Gästen. Er fragte behutsam Luisa aus und versuchte zu erkennen, wie sie sich abfand mit ihrem neuen Leben.

Einmal änderte Luisa den Ton. Sie sagte mit jenem Lächeln, das ihr Gesicht zwar erhellte, wenn auch nicht mehr verschönern konnte: »Hast du mir nicht selbst immer gesagt, man kann ohne Freude nicht leben? Es gibt eine Freude, die aus dem Menschen nach außen dringt, dadurch kann sie ihn auch erregen und froh machen.«

Juan senkte seinen schweren Blick. Er gab auf Luisas Gedanken keine Antwort. –

In der kurzen Regenzeit, der trockene Wärme folgte und dann die lange Regenzeit, wurde Luisa von allen ermahnt, unter der Decke zu bleiben. Gleichwohl, als sie allein war, Cristobal war in der Schule und Susanna auf dem Markt, versuchte Luisa Luft zu schöpfen. Bald darauf begann sie zu husten, der Arzt konnte ihr nicht helfen. Der Husten quälte sie beinahe wie eine Folter. Es war ihr eine Erleichterung, rasch zu sterben. –

Sie bekam einen stolzen Begräbniszug, an dem alle teilnahmen, die ihre Gedanken geteilt hatten, und solche, in denen beim Mitgehen diese Gedanken zu keimen begannen.

Nachwort

Mit dem Erzählungsband *Die Kraft der Schwachen*, der 1965 erschien, hatte ein zentrales Motiv im Schaffen Anna Seghers' seinen Namen gefunden. Mit den Erzählungen von einfachen und unbekannten Menschen wollte sie ausdrücklich Gegenbilder zum Personenkult des Stalinismus schaffen, und insofern stellt der Band auch eine Auseinandersetzung mit dem XX. Parteitag der KPdSU (1956) dar. Im Dezember 1965 fand das 11. Plenum des ZK der SED statt; es ist als »Kahlschlag« im Literatur- und Filmschaffen der DDR, als Abrechnung mit unbequemen Künstlern und Intellektuellen in die Geschichte eingegangen. Gegen die Reglementierung und Ideologisierung von Kunst durch eine dogmatische Politik setzte sich Anna Seghers auf ihre Art zur Wehr: sie schrieb über das Gebrauchtwerden von Kunst und plädierte für einen weiten und offenen Realismusbegriff. Vor allem die Erzählungen *Das wirkliche Blau* und *Die Reisebegegnung* gaben der Literatur der siebziger Jahre in der DDR in dieser Hinsicht wichtige Anregungen. *Das wirkliche Blau. Eine Geschichte aus Mexiko* erschien noch vor dem Zeitgeschichtsroman *Das Vertrauen* (1968). Kurt Batt sprach von einer *Geschichte von Verlust, Suche und Wiederfinden der künstlerischen Subjektivität* (1973), ihr Thema, weiter gefaßt, ist die Suche des Menschen nach dem ihm Eigenen, Unverwechselbaren. In dieser Bedeutung zitierte Christa Wolf das »wirkliche Blau« in ihrem Roman *Nachdenken über Christa T.* (1968), dessen Entstehungs- und Publikationsgeschichte ebenfalls maßgeblich durch das 11. Plenum bestimmt war. *Das wirkliche Blau* bildete zugleich den Auftakt zu einer veränderten Romantik-Rezeption und verstärkten Thematisierung der Kunst- und Künstlerproblematik in der DDR-Literatur.

In mehreren Interviews verdeutlichte Anna Seghers ihre Auffassung: *Nicht nur, was man greifen und schmecken kann, auch Phantasie und Träume gehören zur Wirklichkeit. Unser heutiges, wirkliches, greifbares Leben wurde einmal erahnt. Das war damals für trockene, ja feindselige Menschen eine Traumwelt. Ich meine, daß Träume ein Bestandteil der Wirklichkeit sein können. Richtig gebraucht, erweitern sie die Literatur, die sozialistische Literatur.*(1973) Ihr Plädoyer für die »Emanzipation des Phantastischen« (Klaus Schuhmann) in der Literatur legte sie 1973 mit dem Band *Sonderbare Begegnungen* vor, in dem *Die Reisebegegnung*, von Seghers selbst eine *Literatur-Geschichte* genannt, eine zentrale Rolle einnimmt. Drei Phantastiker von Weltrang, deren ungleichzeitige Leben sie niemals zusammengeführt hätten – E.T.A. Hoffmann (1776–1822), Nikolai Gogol (1809–1852) und Franz Kafka (1883–1924) –, treffen sich um 1922 in einem Prager Café, um über Aufgaben, Gestaltungsweisen und Wirkungsmöglichkeiten von Literatur nachzudenken und zu sprechen. In der DDR hat man diese Erzählung vorrangig unter dem Aspekt der Kafka-Rezeption betrachtet, denn Kafka war als Dichter der Entfremdung im realen Sozialismus unerwünscht. Wenige Jahre nach der Niederschlagung des Prager Frühlings war der Schauplatz Prag sicher nicht ganz zufällig gewählt für eine undogmatisch-pluralistisch geführte Realismusdebatte, die zugleich anschloß an die Literaturdebatten der Exilzeit. Zweifellos war jedoch Hoffmann derjenige unter den drei Dichtern, dem sich die Autorin am nächsten fühlte; sein *Lebensmut* und *Schreibmut* ist am ungebrochensten, seine phantastische Schreibweise erweist sich nicht nur als kritische Auseinandersetzung mit der reaktionären gesellschaftlichen

Umwelt, sondern auch als Möglichkeit, der Enge und Bedrückung zu entfliehen. Gogol (über ihn hatte Seghers das meiste Material gesammelt) gilt ihr als der genialste unter den dreien, mit seinem Roman *Die toten Seelen* habe er die Wahrheit über die Leibeigenschaft in Rußland ein für allemal gezeigt; allerdings wird kritisch vermerkt, daß die Furcht vor der Staatsmacht in Gogols letzter Lebenszeit eine dem Schöpferischen hinderliche Selbstzensur in ihm befördert hat. Mit Kafka schließlich wird ein Dichter vorgestellt, für den das Schreiben innere Notwendigkeit und Gestaltung seelischer Verstrickungen, auswegloser Alpträume und Ängste war. Ebendiesen Kafka zitierte auch Franz Fühmann in seiner Erzählung *Pavlos Papierbuch* (in: *Saiäns-Fiktschen*, 1981), und das Seghersche Hoffmann-Bild wirkte, vertieft und verwandelt, bis in Fühmanns wunderbare Essays über Hoffmanns Erzählungen und Figuren.

Die Reisebegegnung legitimierte und unterstützte ausdrücklich den Einbezug von phantastischen, traumhaften, sagen- und märchenhaften Elementen in eine undogmatisch verstandene realistische Schreibweise; Beispiele hierfür sind auch Christa Wolfs *Unwahrscheinliche Geschichten* (1973), Irmtraud Morgners *Gauklerlegende* (1970), *Wundersame Reisen Gustavs des Weltfahrers* (1973) und *Trobadora Beatriz* (1974) oder Fühmanns Erzählband *Saiäns-Fiktschen* (1981) – um nur einige zu nennen. *Die Reisebegegnung* hat aber auch eine literaturpädagogische Dimension: das Gespräch der drei Dichter über die verschiedenen Arten realistischen Erzählens bezieht die Leser und Leserinnen ein und versucht, ihr Kunstverständnis zu sensibilisieren und zu erweitern. Ausdrücklich betonte Anna Seghers in einem Gespräch (1973), daß diese Geschichte lesen lehren will, *daß hier mit aufmerksam gemacht werden soll auf die Art und Weise, w i e etwas in der Literatur gesagt werden kann.*

Die erste Geschichte des Bandes, *Sagen von Unirdi-*

schen, handelt von einem Austausch zwischen Kundschaftern von einem anderen Stern, deren Kraft und Phantasie lediglich für wissenschaftliche Entdeckungen und Erfindungen reicht, und Erdenbewohnern, die trotz Krieg, Zerstörung und Verfolgung ergreifende künstlerische Werke zu schaffen vermögen. Der Bildhauer Matthias, der während der Bauernkriege lebt und schafft, erwidert auf die klassische Frage (hier nicht auf politische Überlegungen, sondern auf die Kunst bezogen) – *Wem nützt es?* – des Kundschafters Michael: *Zu Gottes Lob und zur Freude und Belehrung unserer Gemeinde. Jesus, Johannes, Judas – hier werden sie die Gesichter wiedererkennen.* Diese Funktionen von Kunst – den Menschen Trost zu spenden im Unglück kommt noch hinzu – lassen sich auch auf das Schreiben übertragen. Aber nicht nur vom Lob der Kunst ist in den *Sagen* die Rede, sondern auch vom notwendigen Austausch zwischen der »wissenschaftlich-technischen« und der »künstlerisch-schöpferischen« Welt. In der sagenhaften Figur der Hexe Kathrin, die den Kundschafter Melchior liebt und ihn auf der Erde zu halten vermag, ist das Urbild jener zahlreichen Hexen geschaffen, die in der Frauen-Literatur der DDR eine phantastische Rolle spielten.

In Stoff und Stil charakteristisch für das Erzählen Anna Seghers' ist die zweite Geschichte des Bandes, *Der Treffpunkt*, nur auf den ersten Blick. Wie viele der späteren Geschichten gehört sie in den Kontext der *Kraft der Schwachen*, der Anti-Helden: ein von Jugend an der sozialistischen Idee verpflichteter Genosse verändert sich während der illegalen Arbeit im »Dritten Reich«, er verliert zuerst die Genossen, dann die Idee und am Ende sich selbst. Auf wunderbare Weise erhält er jedoch schließlich die Chance zu einer erneuten Veränderung, die ihn mit allem, was er verloren glaubte, wieder in Beziehung bringt: sein Jugendfreund, den er damals im Stich gelassen hatte, hat ihn und den Treffpunkt nicht vergessen.

Die Frage: wodurch und unter welchen Umständen kann ein Mensch sich selbst und seinen Überzeugungen treu bleiben, wodurch verfehlt er sich? wird auch in den beiden folgenden Erzählungen, *Steinzeit* und *Wiederbegegnung*, zum grundlegenden Motiv, das in diametral entgegengesetzten politischen Kontexten entfaltet wird. Die erste Erzählung – sie erinnert übrigens an Geschichten des polnischen Schriftstellers Joseph Conrad – greift einen authentischen Fall auf. Einem ehemaligen amerikanischen Vietnam-Soldaten war eine Erpressung gelungen, er mußte mit dem Geld verschwinden und kam schließlich auf seiner Flucht elend und einsam ums Leben. Die Psychologie eines Täters wird hier sehr viel subtiler gestaltet als zum Beispiel in *Das Ende (1945)*, die Erzählung enthält darüberhinaus viele symbolische Bezüge. So erfüllt sich der Befehl des amerikanischen Generals, *Vietnam zurückzubomben in die Steinzeit*, letztlich an dem ehemaligen Soldaten selber, er kommt um in einer grauen Steinwelt, in der es weder Vegetation noch Sterne gibt. Seine Identität wird Stück für Stück zerstört, ohne daß er begreift, daß sein vergangenes Leben sein jetziges bedingt und bestimmt. Er beginnt seine Flucht mit der Identität eines Toten, und bei jeder Begegnung mit Menschen muß er sich eine neue Lebensgeschichte erfinden. Er wird sich selbst immer fremder, und er ist unfähig, eine emotionale, vertrauensvolle Beziehung zu anderen Menschen einzugehen. Konsequenz seines verfehlten Lebens ist schließlich sein spurenloses Verschwinden: als hätte es ihn nie gegeben.

Das genaue Gegenteil, nämlich das Überleben in den Gedanken und den Legenden seines Volkes, ist dem republikanischen Spanier Alfonso beschieden. Dennoch ist die Geschichte von Trennung, den kurzen, gefahrvollen Wiederbegegnungen und der uneingelöst bleibenden Hoffnung auf das Zusammensein eine tragische und traurige Geschichte. Auf diese Dimension schien die Autorin

Wert gelegt zu haben, denn als sie *Wiederbegegnung* schrieb, war Franco nicht mehr an der Macht. Es ist auch eine Geschichte über die Gemeinsamkeiten und die Unterschiede im Leben und Kampf der antifaschistischen Emigranten, die sich in Mexiko trafen. Das Exil der Spanier verlängerte sich ins Ungewisse, und ihre Rückkehr in die Heimat erforderte, in der Illegalität zu leben und zu kämpfen. Auch Wolf Biermanns *Ballade von den Spaniern im Dresdener Exil* oder Nuria Quevedos Bild *Dreißig Jahre Exil* erzählen von dieser Trauer über den Heimatverlust und dem Leben im Aufschub in der Emigration.

Das Besondere an Seghers' Erzählung – und das verbindet sie mit dem Zyklus *Drei Frauen aus Haiti* – ist das Gewicht, welches der weiblichen Hauptfigur, Celia, ihrer Erfahrung und ihrem Erleben gegeben wird. Nach dem Sieg Francos flieht Celia mit anderen Emigranten über die Pyrenäen nach Frankreich und von dort nach Mexiko; ihr Mann Alfonso bleibt zurück. Noch während des Krieges – Alfonso reist als illegaler Berichterstatter nach Mexiko – sehen sie sich in Mexiko, Celia wird schwanger. Als Celia mit ihrer Tochter zur illegalen Arbeit nach Spanien zurückkehrt, erhält sie zweimal die Gelegenheit, Alfonso zu sehen, dann weiß sie wieder lange Zeit nichts von ihm – nicht einmal, ob er noch lebt. Bei einem ihrer Abschiede wird aus der Perspektive Alfonsos an den Mythos von Orpheus und Eurydike erinnert, und tatsächlich ist *Wiederbegegnung* eine Erzählung mit einer mythischen Dimension. Das »Mythische« ist die über alle Schwierigkeiten und Gefahren, Ängste und Trennungen hindurch bewahrte, scheinbar unzerstörte und unzerstörbare Liebe zwischen Celia und Alfonso.

Aber steckt in dieser mythischen Überhöhung nicht auch eine unaussprechliche Trauer über ein derart entsagungsvolles und verlustreiches Leben, erzwungen nicht nur durch die politische Situation, sondern auch durch das vorbehaltlose Sich-Verschreiben dem Kampf, der die Verhältnisse ändern soll? Dieser Kampf mit letztlich ungewissem Ausgang kann ein Leben lang dauern: *Als ob der Ernstfall in unserer Zeit nicht etwas Dauerndes wäre!* heißt es in der Erzählung. Nicht das gefährliche Leben der Männer wie Alfonso wird daraufhin befragt, ob es diesen Preis wert ist, sondern das gewöhnliche, dem Alltag verpflichtete Leben von Frauen wie Celia, das in der Sorge für die kleine Tochter, der Arbeit, dem gelegentlichen Zusammensein mit Freundinnen und vor allem dem Warten auf den Geliebten vergeht.

Die Frage nach dem unterschiedlichen Anteil von Frauen und Männern sowohl an den revolutionären Veränderungen in der Geschichte als auch am (Er)Tragen der Begleiterscheinungen und der Folgen wird in Seghers' letztem Zyklus *Drei Frauen aus Haiti* im Sinne einer für die Frauen bitteren Bilanz beantwortet. Während eine Autorin wie Irmtraud Morgner in ihrem großen Roman *Leben und Abenteuer der Trobadora Beatriz* (1974) programmatisch den »Eintritt der Frauen in die Geschichte« gestaltete, gab Anna Seghers (sie fühlte sich bei der Lektüre des Morgnerschen Romans an die Frauenbeschlüsse der UNO erinnert) ein poetisches Bild, ein Triptychon vom Leid der Frau in der von Männern beherrschten Welt und Geschichte. Zugleich führte sie in diesen drei Geschichten den Diskurs über Möglichkeiten und Grenzen revolutionärer Veränderungen weiter – sie desillusioniert die Hoffnungen auf Humanisierung und ein Ende des Kämpfens, es bleibt Trauer über die Verluste an Menschlichkeit im Verlauf dieser Kämpfe. Brechts Gedichtzeile *Ach, wir, / Die wir den Boden bereiten wollten für Freundlichkeit,/ konnten selber nicht freundlich sein* scheint hier auf. In der Zusammenschau weisen die drei Geschichten menschheitsgeschichtliche Dimensionen auf, sie umfassen ein halbes Jahrtausend.

Die erste Geschichte, *Das Versteck* (sie war Mitte 1978

bereits abgeschlossen), ist in der Zeit der Eroberungen des Kolumbus für die spanische Krone angesiedelt. Das Mädchen Toaliina kann sich zwar der Versklavung entziehen, ihr Los bleibt jedoch die lebenslange Gefangenschaft und Isolation. Ihr Versteck wird Zufluchtsort für andere, die wieder weggehen – warum sie nicht? Bei einem Sturm ertrinkt sie im Meer. *Sie wußte, ihre Flucht war geglückt* – dies der letzte Satz. Der Tod erscheint als Erlösung aus einem Leben, in dem es alternativlos nur die Gefangenschaft gab, durch die Kolonisatoren oder im Versteck, aber kein Leben in Freiheit.

Der Schlüssel ist vielleicht die wichtigste Geschichte, sie erhält durch das Symbol eine weitreichende Bedeutung. Nach dem Umschlag der Revolution in Frankreich und der Verhaftung Toussaints auf Haiti folgen ihm die ehemaligen Sklaven Amédée und Claudine nach Frankreich. Claudine erzählt ihrer Freundin Sophie *aus ihrem vergangenen Sklavenleben in Haiti.* Weil sie eine kostbare Vase zerbrach, wird sie in ein enges Verlies gesperrt. Beim Aufstand der Sklaven flüchtet die Herrschaft, aber die Aufständischen übersehen die einzelne Gefangene, bis auf Amédée, der sie schließlich mit dem Schlüssel befreit. *Keiner gab auf mich acht, mich einzelne. Ich rüttelte an meinem Gitter, ich schrie, ich heulte, sie aber, die im Begriff waren, alle Schwarzen auf der Insel zu befreien, bemerkten mich gar nicht.* Ihr späterer Mann, und auch Toussaint, nehmen sie als einzelne und als Frau wahr. In dieser Sequenz stecken wichtige Gedanken über die Ursachen des Scheiterns einer Revolution: es liegt eine Gefahr darin, daß über der Menschheit, über der Idee der konkrete einzelne Mensch, die einzelne Frau vergessen wird. Zur Erinnerung daran soll Amédée, der auf Claudines Wunsch mit seinem Schlüssel begraben wird, diesen tragen *bis zur Auferstehung aller Sklaven der Welt.* Der Schlüssel ist nicht nur das Symbol der Befreiung, sondern auch des achtsamen Umgangs mit dem einzelnen Menschen im Kampf um ein großes Ziel. Die letzte Geschichte, *Die Trennung*, spielt in Haiti unter der Herrschaft der Duvaliers; sie beginnt mit dem Satz: *Luisa wartete auf dem Steg*, und dies ist bereits eine Charakteristik der Haltung Luisas: sie wartet auf Cristobal, sie liebt ohne Gegenliebe diesen fanatischen und scheinbar emotionslosen Revolutionär. Er läßt sie schließlich im Stich, weil sie durch im Gefängnis erlittene Folter und Mißhandlungen völlig entstellt ist. In den Augen anderer Genossen *war das Verlassen der Frau schandbar. Die ganze Idee büßte an Wert ein, auf der Luisas Befreiung beruhte.* Für Cristobal bestand der Sinn seines Lebens darin, an der Befreiung seines Landes von der unterdrückerischen Herrschaft teilzuhaben; Beziehungen zu anderen Menschen ordnete er diesem Ziel unter, und mit seinem Egoismus und seiner Emotionslosigkeit beschädigte er auch die Idee, in deren Namen er handelte. Für Luisa bestand der Sinn ihres Lebens in der Liebe zu ihrem Freund, im Bezogensein und Warten auf ihn, im Festhalten an der Bindung, die auch eine Bindung an die Idee war, für die er eintrat. Luisa bewies Stärke und Kraft nicht nur im Ertragen von Verfolgung und Folter, sondern auch darin, daß sie Cristobal »freigibt«.

Nicht nur die menschliche Kälte, die ein Revolutionärstum wie das Cristobals offenbar notwendig mit sich bringt, beschädigt die Idee, sondern auch, daß ein Opfer wie das Luisas scheinbar notwendig wird. Wofür dann die Kämpfe um ein besseres Leben für alle, wenn diejenigen Frauen und Männer, die daran beteiligt sind, einen so unsäglich hohen Preis dafür bezahlen müssen und die Verhältnisse doch noch immer die gleichen sind? Könnte diese Bilanz unerbittlicher ausfallen? Sie gewinnt übrigens dadurch an Intensität und Aussagekraft, daß sie geschlechtsspezifische Haltungen mitreflektiert – immer aus der Perspektive von Seghers' Generation.

Eva Kaufmann hat auf diesen durchgehenden Zug in

der Auffassung und Darstellung von Frauen und Männern im Werk von Anna Seghers aufmerksam gemacht: *Die Männer gehen in die Welt, kämpfen, haben Erlebnisse, leiden, siegen, unterliegen auch. Die Frauen bleiben zurück, warten, arbeiten, leiden. Der Mann ist beweglich, in einer äußeren Existenz wie in einer geistigen, die Frau ist mehr unbeweglich. Zu ihr kommt man und geht wieder. Die Männer tun die Taten, treffen Entscheidungen über ihr eigenes Tun und Lassen und über das der Frauen. Die Frau steht durch, was ihr aufgetragen ist. Sie sieht die Welt sozusagen nicht mit eigenen, sondern mit den Augen des Mannes. Die Existenz der Frau wirkt gegenüber der des Mannes abgeleitet. Daraus ergibt sich bei Anna Seghers gegenüber dem, was Frauen leisten und leiden, keine Geringschätzung. Sie haben einen anderen Anteil an der Menschheitsgeschichte. Nicht geringer in dem, was an Kraft ausgegeben wird, wohl aber in dem, was an Kraft gewonnen wird.* (in: Weimarer Beiträge 11/1980)

Dieses Geschlechterbild im Erzählwerk Seghers' wirkt auf den ersten Blick überholt vor dem Hintergrund der zeitgleichen Frauen-Literatur in der DDR (man denke etwa an Autorinnen wie Christa Wolf, Irmtraud Morgner, Brigitte Reimann, Gerti Tetzner, Maxie Wander und andere), der die Rebellion und die Polemik gegen ein männerbestimmtes Frauenbild und ein sozialistisches Patriarchat eingeschrieben ist. Allerdings wird in den Romanen und Erzählungen Seghers' in dieser Hinsicht nichts beschönigt, sondern nüchtern konstatiert, *daß die Frau der allgemeinen Emanzipation noch bedürftiger ist als der Mann. Die Frauen sind nicht nur in gleicher Weise wie Männer den gesellschaftlichen Verhältnissen unterworfen. Das Schicksal der weiblichen Figuren wird darüber hinaus eigens noch vom Mann bestimmt* (Eva Kaufmann).

Anna Seghers hat sich jedenfalls nicht allein als Chronistin der Geschichte von Frauen verstanden, sondern ihre erzählerische Aufmerksamkeit und Parteilichkeit galt denen, die in bedrückenden Verhältnissen die Kraft aufbrachten, für eine gerechtere, menschenfreundlichere Welt zu kämpfen. Der einzelne Mensch war ihr dabei wichtig, sie verlor ihn nie aus dem Blick, wo es um die Revolution ging, die Veränderung von Grund auf. Christa Wolfs Frage, gleichermaßen auf die Erzählerin wie auf ihre Figuren bezogen, bedarf deshalb keiner Antwort: *Was wäre das Jahrhundert ohne sie?*

Sonja Hilzinger
Juni 1994

Zu den Texten

ENT – Entstehungszeit; EV – Erstveröffentlichung; TG – Textgrundlage für diese Ausgabe;

Das wirkliche Blau
EV: Anna Seghers, Das wirkliche Blau. Eine Geschichte aus Mexiko, Berlin und Weimar 1967; TG: ebenda

Sagen von Unirdischen
ENT: 1970 (nach EV); EV: Anna Seghers, Sonderbare Begegnungen, Berlin und Weimar 1973; TG: ebenda

Der Treffpunkt
ENT: 1971 (nach EV); EV: Anna Seghers, Sonderbare Begegnungen, Berlin und Weimar 1973; TG: ebenda

Die Reisebegegnung
ENT: 1972 (nach EV); EV: Anna Seghers, Sonderbare Begegnungen, Berlin und Weimar 1973, TG: ebenda

Steinzeit
EV: Sinn und Form, Berlin 1975, Heft 4; TG: Anna Seghers, Steinzeit/Wiederbegegnung, Berlin und Weimar 1977

Wiederbegegnung
EV: Anna Seghers, Steinzeit/Wiederbegegnung, Berlin und Weimar 1977; TG: ebenda

Das Versteck
Der Schlüssel
Die Trennung
EV: Anna Seghers, Drei Frauen aus Haiti, Berlin und Weimar 1980; TG: ebenda

AtV

Band 5151 **Anna Seghers**
Das siebte Kreuz

Ein Roman aus Hitlerdeutschland

Mit einem Nachwort von Sonja Hilzinger

433 Seiten
16,80 DM
ISBN 3-7466-5151-4

Aus sieben gekuppten Platanen wurden im Konzentrationslager Westhofen Folterkreuze für sieben geflohene Häftlinge vorbereitet. Sechs der Männer müssen ihren Fluchtversuch mit dem Leben bezahlen. Das siebte Kreuz aber bleibt frei.

„Das bedeutendste Buch des Exils über das ‚Dritte Reich'".

Hans Albert Walter

AtV

Band 5153

Anna Seghers
Transit

Roman

Mit einem Nachwort von Sonja Hilzinger

304 Seiten
15,80 DM
ISBN 3-7466-5153-0

Wenn dieser Roman zum schönsten wurde, den Anna Seghers geschrieben hat, liegt es wohl an der schrecklichen Einmaligkeit der zum Vorbild gewählten geschichtlich-politischen Situation: Marseille 1940 – was so lieblich, in unserem Sprachgebrauch fast wie ein Pfadfinderunternehmen, immer noch „Frankreichfeldzug“ genannt wird ... scheuchte aus Paris, aus allen Teilen Frankreichs, aus Lagern, Hotels, Pensionen, Bauernhöfen ein ganzes Volk von Emigranten auf. Sie strebten alle dem einzig möglichen Ziel Marseille zu ...

Heinrich Böll